KB091425

독학사

2단계
경영학과

조직행동론

SD에듀
(주)시대고시기획

머리말

학위를 얻는 데 시간과 장소는 더 이상 제약이 되지 않습니다. 대입 전형을 거치지 않아도 '학점은행제'를 통해 학사학위를 취득할 수 있기 때문입니다. 그중 독학학위제도는 고등학교 졸업자이거나 이와 동등 이상의 학력을 가지고 있는 사람들에게 효율적인 학점 인정 및 학사학위 취득의 기회를 줍니다.

본 도서는 독학사 전공 중 경영학과 학위를 목표로 하는 분들을 위하여 집필된 것으로 전공기초과정의 경영학과 2단계 과정을 다루고 있습니다. 경영학과 2단계에서는 경영정보론, 마케팅원론, 마케팅조사, 원가관리회계, 인적자원관리, 조직행동론, 회계원리 등을 학습하게 될 것입니다.

경영학과 2단계 시험에 응시하는 수험생들이 단기간에 효과적인 학습을 할 수 있도록 다음과 같이 구성하였습니다.

01 기출복원문제
기출복원문제를 수록하여 최근 시험경향을 파악하고 이에 맞춰 공부할 수 있도록 하였습니다.
→ 기출복원문제 해설 무료 동영상 강의 제공

02 핵심이론
독학학위제 평가영역과 관련 내용을 면밀히 분석하여 시험에 꼭 나오는 '핵심이론'을 수록하였으며, 이론 안의 '체크포인트', '더 알아두기' 등을 통해 내용 이해에 부족함이 없도록 하였습니다.

03 OX문제 및 실전예상문제
핵심이론의 내용을 OX문제로 다시 한 번 체크하고, '실전예상문제'를 통해 앞서 공부한 이론이 머릿속에 잘 정리되었는지 확인해 볼 수 있도록 하였습니다.

04 최종모의고사
최신 출제유형을 반영한 '최종모의고사(총 2회분)'로 자신의 실력을 점검해 볼 수 있습니다. 실제 시험에 임하듯이 시간을 재고 풀어본다면 시험장에서 실수를 줄일 수 있을 것입니다.

05 빨리보는 간단한 키워드
핵심적인 이론만을 꼼꼼하게 정리하여 수록한 '빨리보는 간단한 키워드'로 전반적인 내용을 한눈에 파악할 수 있습니다. → '빨리보는 간단한 키워드' 무료 동영상 강의 제공

시간 대비 학습의 효율성을 높이기 위해 이론 부분을 최대한 압축하려고 노력하였습니다. 문제들이 실제 기출유형에 맞지 않아 시험 대비에 만족하지 못하는 수험생들이 많은데 이 책은 그러한 문제점을 보완하여 수험생들에게 시험에 대한 확신을 주고, 단기간에 고득점을 획득할 수 있도록 노력하였습니다. 끝으로 본 도서로 독학학위 취득의 꿈을 이루고자 하는 수험생들이 반드시 합격하기를 바랍니다.

편저자 드림

BDES

독학학위제 소개

독학학위제란?

「독학에 의한 학위취득에 관한 법률」에 의거하여 국가에서 시행하는 시험에 합격한 사람에게 학사학위를
수여하는 제도

- ⊘ 고등학교 졸업 이상의 학력을 가진 사람이면 누구나 응시 가능
- ⊘ 대학교를 다니지 않아도 스스로 공부해서 학위취득 가능
- ⊘ 일과 학습의 병행이 가능하여 시간과 비용 최소화
- ⊘ 언제, 어디서나 학습이 가능한 평생학습시대의 자아실현을 위한 제도
- ⊘ 학위취득시험은 4개의 과정(교양, 전공기초, 전공심화, 학위취득 종합시험)으로 이루어져 있으며 각 과정별
  시험을 모두 거쳐 학위취득 종합시험에 합격하면 학사학위 취득

독학학위제 전공 분야 (11개 전공)

국어
국문학

영어
영문학

심리학

경영학

컴퓨터
공학

간호학

법학

행정학

가정학

유아
교육학

정보
통신학

※ 유아교육학 및 정보통신학 전공 : 3, 4과정만 개설
  (정보통신학의 경우 3과정은 2025년까지, 4과정은 2026년까지만 응시 가능하며, 이후 폐지)
※ 간호학 전공 : 4과정만 개설
※ 중어중문학, 수학, 농학 전공 : 폐지 전공으로 기존에 해당 전공 학적 보유자에 한하여 응시 가능

※ SD에듀는 현재 4개 학과(심리학과, 경영학과, 컴퓨터공학과, 간호학과) 개설 완료
※ 2개 학과(국어국문학과, 영어영문학과) 개설 진행 중

독학학위제 시험안내

과정별 응시자격

단계	과정	응시자격	과정(과목) 시험 면제 요건
1	교양	고등학교 졸업 이상 학력 소지자	• 대학(교)에서 각 학년 수료 및 일정 학점 취득 • 학점은행제 일정 학점 인정 • 국가기술자격법에 따른 자격 취득 • 교육부령에 따른 각종 시험 합격 • 면제지정기관 이수 등
2	전공기초		
3	전공심화		
4	학위취득	• 1~3과정 합격 및 면제 • 대학에서 동일 전공으로 3년 이상 수료 (3년제의 경우 졸업) 또는 105학점 이상 취득 • 학점은행제 동일 전공 105학점 이상 인정 (전공 28학점 포함) ➜ 22.1.1. 시행 • 외국에서 15년 이상의 학교교육과정 수료	없음(반드시 응시)

응시 방법 및 응시료

- 접수 방법 : 온라인으로만 가능
- 제출 서류 : 응시자격 증빙 서류 등 자세한 내용은 홈페이지 참조
- 응시료 : 20,400원

독학학위제 시험 범위

- 시험과목별 평가 영역 범위에서 대학 전공자에게 요구되는 수준으로 출제
- 시험 범위 및 예시문항은 독학학위제 홈페이지(bdes.nile.or.kr) ➜ 학습정보 ➜ 과목별 평가영역에서 확인

문항 수 및 배점

과정	일반 과목			예외 과목		
	객관식	주관식	합계	객관식	주관식	합계
교양, 전공기초 (1~2과정)	40문항×2.5점 =100점	–	40문항 100점	25문항×4점 =100점	–	25문항 100점
전공심화, 학위취득 (3~4과정)	24문항×2.5점 =60점	4문항×10점 =40점	28문항 100점	15문항×4점 =60점	5문항×8점 =40점	20문항 100점

※ 2017년도부터 교양과정 인정시험 및 전공기초과정 인정시험은 객관식 문항으로만 출제

합격 기준

■ 1~3과정(교양, 전공기초, 전공심화) 시험

단계	과정	합격 기준	유의 사항
1	교양	매 과목 60점 이상 득점을 합격으로 하고, 과목 합격 인정(합격 여부만 결정)	5과목 합격
2	전공기초		6과목 이상 합격
3	전공심화		

■ 4과정(학위취득) 시험 : 총점 합격제 또는 과목별 합격제 선택

구분	합격 기준	유의 사항
총점 합격제	• 총점(600점)의 60% 이상 득점(360점) • 과목 낙제 없음	• 6과목 모두 신규 응시 • 기존 합격 과목 불인정
과목별 합격제	• 매 과목 100점 만점으로 하여 전 과목(교양 2, 전공 4) 60점 이상 득점	• 기존 합격 과목 재응시 불가 • 1과목이라도 60점 미만 득점하면 불합격

시험 일정

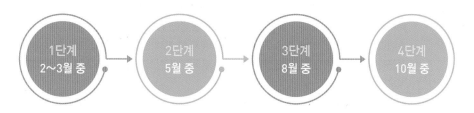

1단계
2~3월 중

2단계
5월 중

3단계
8월 중

4단계
10월 중

■ 경영학과 2단계 시험 과목 및 시험 시간표

구분(교시별)	시간	시험 과목명
1교시	09:00~10:40(100분)	회계원리, 인적자원관리
2교시	11:10~12:50(100분)	마케팅원론, 조직행동론
중식 12:50~13:40(50분)		
3교시	14:00~15:40(100분)	경영정보론, 마케팅조사
4교시	16:10~17:50(100분)	생산운영관리, 원가관리회계

※ 시험 일정 및 세부사항은 반드시 독학학위제 홈페이지(bdes.nile.or.kr)를 통해 확인하시기 바랍니다.

※ SD에듀에서 개설되었거나 개설 예정인 과목은 빨간색으로 표시했습니다.

독학학위제 단계별 학습법

1단계 평가영역에 기반을 둔 이론 공부!

독학학위제에서 발표한 평가영역에 기반을 두어 효율적으로 이론 공부를 해야 합니다. 각 장별로 정리된 '핵심이론'을 통해 핵심적인 개념을 파악합니다. 모든 내용을 다 암기하는 것이 아니라, 포괄적으로 이해한 후 핵심내용을 파악하여 이 부분을 확실히 알고 넘어가야 합니다.

2단계 시험경향 및 문제유형 파악!

독학사 시험 문제는 지금까지 출제된 유형에서 크게 벗어나지 않는 범위에서 비슷한 유형으로 줄곧 출제되고 있습니다. 본서에 수록된 이론을 충실히 학습한 후 '실전예상문제'를 풀어 보면서 문제의 유형과 출제의도를 파악하는 데 집중하도록 합니다. 교재에 수록된 문제는 시험 유형의 가장 핵심적인 부분이 반영된 문항들이므로 실제 시험에서 어떠한 유형이 출제되는지에 대한 감을 잡을 수 있을 것입니다.

3단계 '실전예상문제'를 통한 효과적인 대비!

독학사 시험 문제는 비슷한 유형들이 반복되어 출제되므로 다양한 문제를 풀어 보는 것이 필수적입니다. 각 단원의 끝에 수록된 '실전예상문제'를 통해 단원별 내용을 제대로 학습했는지 꼼꼼하게 확인하고, 실력점검을 합니다. 이때 부족한 부분은 따로 체크해 두고 복습할 때 중점적으로 공부하는 것도 좋은 학습 전략입니다.

4단계 복습을 통한 학습 마무리!

이론 공부를 하면서, 혹은 문제를 풀어 보면서 헷갈리고 이해하기 어려운 부분은 따로 체크해 두는 것이 좋습니다. 중요 개념은 반복학습을 통해 놓치지 않고 확실하게 익히고 넘어가야 합니다. 마무리 단계에서는 '빨리보는 간단한 키워드'를 통해 핵심개념을 다시 한 번 더 정리하고 마무리할 수 있도록 합니다.

COMMENT

합격수기

저는 학사편입 제도를 이용하기 위해 2~4단계를 순차로 응시했고 한 번에 합격했습니다.
아슬아슬한 점수라서 부끄럽지만 독학사는 자료가 부족해서 부족하나마 후기를 쓰는 것이 도움이 될까 하여
제 합격전략을 정리하여 알려 드립니다.

#1. 교재와 전공서적을 가까이에!

학사학위 취득은 본래 4년을 기본으로 합니다. 독학사는 이를 1년으로 단축하는 것을 목표로 하는 시험이
라 실제 시험도 변별력을 높이는 몇 문제를 제외한다면 기본이 되는 중요한 이론 위주로 출제됩니다. SD
에듀의 독학사 시리즈 역시 이에 맞추어 중요한 내용이 일목요연하게 압축·정리되어 있습니다. 빠르게
훑어보기 좋지만 내가 목표로 한 전공에 대해 자세히 알고 싶다면 전공서적과 함께 공부하는 것이 좋습니
다. 교재와 전공서적을 함께 보면서 교재에 전공서적 내용을 정리하여 단권화하면 시험이 임박했을 때 교
재 한 권으로도 자신 있게 시험을 치를 수 있습니다.

#2. 시간확인은 필수!

쉬운 문제는 금방 넘어가지만 지문이 길거나 어렵고 헷갈리는 문제도 있고, OMR 카드에 마킹까지 해야
하니 실제로 주어진 시간은 더 짧습니다. 1번에 어려운 문제가 있다고 해서 시간을 많이 허비하면 쉽게 풀
수 있는 마지막 문제들을 놓칠 수 있습니다. 문제 푸는 속도도 느려지니 집중력도 떨어집니다. 그래서 어
차피 배점은 같으니 아는 문제를 최대한 많이 맞히는 것을 목표로 했습니다.
① 어려운 문제는 빠르게 넘기면서 문제를 끝까지 다 풀고 ② 확실한 답부터 우선 마킹한 후 ③ 다시 시험
지로 돌아가 건너뛴 문제들을 다시 풀었습니다. 확실히 시간을 재고 문제를 많이 풀어봐야 실전에 도움이
되는 것 같습니다.

#3. 문제풀이의 반복!

여느 시험과 마찬가지로 문제는 많이 풀어볼수록 좋습니다. 이론을 공부한 후 실전예상문제를 풀다보니
부족한 부분이 어딘지 확인할 수 있었고, 공부한 이론이 시험에 어떤 식으로 출제될지 예상할 수 있었습니
다. 그렇게 부족한 부분을 보충해가며 문제유형을 파악하면 이론을 복습할 때도 어떤 부분을 중점적으로
암기해야 할지 알 수 있습니다. 이론 공부가 어느 정도 마무리되었을 때 시계를 준비하고 최종모의고사를
풀었습니다. 실제 시험시간을 생각하면서 예행연습을 하니 시험 당일에는 덜 긴장할 수 있었습니다.

학위취득을 위해 오늘도 열심히 학습하시는 동지 여러분에게도 합격의 영광이 있으시길 기원하면서 이만 줄입니다.

이 책의 구성과 특징

기출복원문제

▶ 온라인(www.sdedu.co.kr)를 통해 기출문제
무료 동영상 강의를 만나 보세요.

※ 본 문제는 다년간 독학사 경영학과 2단계 시험에서 출제된 기출문제를 복원한 것입니다. 문제의 난이도와 수험경향 파악용으로 사용하시
권고드립니다. 본 기출복원문제에 대한 무단복제 및 전재를 금하여 저작권은 SD에듀에 있음을 알려드립니다.

01 스트레스에 대한 설명으로 틀린 것은?

① 일반적으로 개인의 반응으로서 환경의 압력 또는 긴장과 불안
에 의해 야기되는 심리적 불안정 상태를 의미한다.

② 적절한 스트레스는 심리적, 창의적, 새로운 환경에서 순기능
을 가져올 수 있다.

③ 스트레스 유발 요인으로는 힘든 선택, 힘든 업무, 복잡한 인간
관계, 압박감, 욕구좌절, 갈등, 고립 등이 있다.

④ 가정 등 개인적 생활요인은 스트레스의 원인이 될 수 없다.

01 직무 스트레스의 원인
요인, 조직·집단·적
직적 요인, 가족·친구
종교 문제와 같은 개인
을 들 수 있다. 즉, 개인
도 스트레스의 원인이

01 기출복원문제

'기출복원문제'를 풀어 보면서
독학사 경영학과 2단계 시험의
기출 유형과 경향을 파악해 보세요.

제 **1** 장 | **조직행동 개요**

제1절 조직행동의 개념

1 조직의 개념 및 특성

(1) 조직의 개념 및 정의 기출

조직이란 '개인으로서는 성취 불가능한 목표를 달성하기 위하여 함께 모여 일하는 인간의 집합체'이
의식적으로 구성한 사회적 체제'이다. 또한 조직이란 '개인을 구성인자(Subsystem)로 하는 사회체
동시에 통합시스템(Total System)으로서의 작능체계이며, 개체와 부분으로 분화된 기능의 조정과 -
을 통해 특정 목표를 달성하기 위해 의도적으로 구조화된 계획적 단위'이다. 조직은 공동의 목적을 -
고 있으며, 그 목적을 달성하기 위해 정립한 체계화된 구조에 따라 조직 구성원들은 상호작용한

02 핵심이론

평가영역을 바탕으로 꼼꼼하게 정리된
'핵심이론'을 통해 꼭 알아야 하는 내용을
명확히 이해할 수 있어요.

○✕로 점검하자 | 제1장

※ 다음 지문의 내용이 맞으면 ○, 틀리면 ✕를 체크하시오. [1~15]

01 조직행동론은 조직 구성원 개인, 집단의 두 가지 분석수준에 초점을 둔다. (　　)

02 과학적 관리론의 주요 내용으로는 체계적인 직무설계, 생산 공정의 표준화, 시간·동작연구,
성과급제 등이 있다. (　　)

03 페이욜의 관리 5요소는 계획, 조직, 지시, 조정, 통제이다. (　　)

04 인간관계론은 공식집단의 중요성을 강조한다. (　　)

05 조직은 2인 이상 사람들의 힘과 활동을 의식적으로 조정하는 협력체라고 정의한 사람은 테일러
(　　)

06 상황이론의 변수로는 상황변수(환경, 기술, 규모), 조직특성변수(조직구조, 관리체계, 조직
성변수(성과, 능률) 등이 있다. (　　)

03 OX로 점검하자

핵심이론을 학습한 후 중요 내용을
OX문제로 한 번 더 점검해 보세요.

제 1 장 | 실전예상문제

01 조직은 개인들로 구성된 하나의 사
회체계(사회적 집단)로서 조직 전체
의 목적을 달성하기 위하여 부분적
목적을 가진 하위체계들로 구성된
통합 시스템이다. 동시에 투입 · 산
출 · 피드백을 통해 외부환경과 상호
작용을 하는 개방체계라는 특성을 지
닌다.

01 다음 중 조직에 대한 설명으로 옳지 않은 것은?

① 개인들로 구성된 하나의 사회체계(사회적 집단)이다.
② 공동의 목적을 가지고 체계화된 구조에 따라 조직 구성원
상호작용한다.
③ 조직은 폐쇄체계이다.
④ 조직 전체의 목적을 달성하기 위하여 부분적 목적을 가진
위체계들로 구성된 통합시스템이다.

04 실전예상문제

핵심이론에서 공부한 내용을 기억하며
'실전예상문제'를 풀어 보면서
문제를 해결하는 능력을 길러 보세요.

제1회 최종모의고사 | 조직행동론

제한시간: 50분 | 시작 ___시 ___분 ~ 종료 ___시 ___분

⊐ 정답 및 해설

01 조직에 대한 정의 중 버나드가 말한 것으로
옳은 것은?

① 다수의 개인이 목표 달성을 위해 상호작
용하는 구조화된 체계
② 2인 이상의 사람들의 힘과 활동을 의식적
으로 조정하는 협력체
③ 특정 목적의 달성을 위해 조직 구성원 간
상호작용하는 인간의 협동집단
④ 합리적이고 조정 · 분화된 기능을 통해 전

04 다음에서 설명하는 개념은 무엇인가?

어떠한 대상 또는 사람에 대한 일반적인
견해가 그 대상이나 사람의 구체적인 특
성을 평가하는 데 있어 영향을 미치는
현상이다.

① 상동적 태도   ② 현혹효과
③ 대비오류   ④ 유사효과

05 최종모의고사

핵심이론을 익히고 실전예상문제를
풀어 보았다면 이제 남은 것은 단 하나!
'최종모의고사'를 실제 시험처럼 시간을
정해 놓고 풀어 보세요.

+ P / L / U / S +

시험 직전의 완벽한 마무리!

빨리보는 간단한 키워드

'빨리보는 간단한 키워드'는 핵심요약집으로 시험 직전까지
해당 과목의 중요 핵심이론을 체크할 수 있도록 합니다.
또한, SD에듀 홈페이지(www.sdedu.co.kr)에 접속하시면
해당 과목에 대한 핵심요약집 무료 강의도 제공하고 있으니
꼭 활용하시길 바랍니다!

www.sdedu.co.kr

또 실패했는가? 괜찮다. 다시 실행하라. 그리고 더 나은 실패를 하라!

– 사뮈엘 베케트 –

조직행동론

기출복원문제

출/제/유/형/완/벽/파/악/

홀륭한 가정만한 학교가 없고, 덕이 있는 부모만한 스승은 없다.

– 마하트마 간디 –

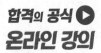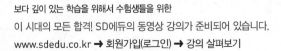

01 스트레스에 대한 설명으로 틀린 것은?

① 일반적으로 개인의 반응으로서 환경의 압력 또는 긴장과 불안에 의해 야기되는 심리적 불안정 상태를 의미한다.

② 적절한 스트레스는 심리적, 창의적, 새로운 환경에서 순기능을 가져올 수 있다.

③ 스트레스 유발 요인으로는 힘든 선택, 힘든 업무, 복잡한 인간관계, 압박감, 욕구좌절, 갈등, 고립 등이 있다.

④ 가정 등 개인적 생활요인은 스트레스의 원인이 될 수 없다.

01 직무 스트레스의 원인으로는 환경적 요인, 조직·집단·직무차원의 조직적 요인, 가족·친구·삶의 질·종교 문제와 같은 개인적인 요인 등을 들 수 있다. 즉, 개인적 생활요인도 스트레스의 원인이 될 수 있다.

02 신뢰의 발전 단계에 관한 르위키와 벙커의 견해에 따르면 다음 설명은 어느 단계에 해당하는가?

> 쌍방의 목표·가치·규범 등이 일치하는 것으로 확인되어 서로를 대신할 수 있고 상대방이 나를 대변해 줄 것으로 믿게 되는 단계

① 동일화의 신뢰

② 타산적 신뢰

③ 지식기반 신뢰

④ 조직에 대한 신뢰

02 르위키와 벙커의 견해에 따르면 신뢰는 일반적으로 '타산적(계산적) 신뢰 → 지식기반 신뢰 → 동일화의 신뢰' 단계의 과정을 거쳐 발전하는 경향이 강하다고 한다. 제시문은 동일화의 신뢰에 대한 내용이며, 동일화의 신뢰는 상대방의 가치·신념·비전 등에 대해 내재적 수용이 높아지는 신뢰이다.

정답 (01 ④   02 ①)

03 학습조직은 창의성, 지식 공유, 실천을 통한 학습이라는 3가지 요소로 특징지을 수 있다.

03 다음 중 학습조직의 특징에 해당되지 <u>않는</u> 것은?

① 창의성

② 멘토링

③ 지식 공유

④ 실천을 통한 학습

04 변혁적 리더십이란 개인 간의 영향력 행사과정이며, 사회적 체계변화와 조직혁신을 위한 과정이다. 카리스마적 리더십은 변혁적 리더십의 구성요인이다.

04 다음 중 변혁적 리더십 이론과 거리가 <u>먼</u> 것은?

① 개인 간의 영향력 행사과정

② 사회적 체계변화와 조직혁신 과정

③ 카리스마적 리더십

④ 자율적 리더십

05 개인행동 수준의 리더십 개발 훈련기법에는 강의, 사례 연구, 역할 연기, 감수성 훈련, 행동 모형화 등이 있다.

05 다음 중 개인행동 수준의 리더십 개발 훈련기법에 해당하지 <u>않는</u> 것은?

① 리더십 이론과 기술에 대한 강의

② 개별적 배려 훈련

③ 역할 연기

④ 감수성 훈련

06 베버의 관료제의 특징으로는 법규의 지배, 계층적 조직, 문서주의, 임무 수행의 비정의성 및 공사의 구별, 관료의 전문화, 관료의 전임화, 고용관계의 자유 계약성 등이 있다.

06 다음 중 베버의 관료제의 특징이 <u>아닌</u> 것은?

① 공정의 표준화

② 관료의 전임화

③ 관료의 전문화

④ 계층적 조직

정답 03 ② 04 ④ 05 ② 06 ①

07 다음 중 테일러의 과학적 관리론에서의 주요 내용과 일치하지 <u>않는</u> 것은?

① 통합시스템의 직능체계
② 시간과 동작연구에 의한 과업관리
③ 차별적 성과급제
④ 전문화에 입각한 체계적 직무 설계

08 인간관계론은 인간에 대한 인식 결여라는 테일러 과학적 관리론의 한계를 지적하면서 이에 대한 대안으로 제시된 인간중심의 경영조직이론이다. 인간관계론의 대표자인 하버드대학교의 메이요 교수가 주장한 내용으로 옳은 것은?

① 기술적, 영업적 활동을 통해 생산과 제조 및 가공에 필요한 활동을 적극 지원한다.
② 사회 · 경제적인 측면에서 주로 적용되는 개념으로 조직의 성과와 팀웍을 이루는 핵심 요인이다.
③ 조직구성원 각자의 몫을 분명히 하여 모두가 맡은 업무에 전문가가 되도록 장려한다.
④ 인간관계나 심리적 요인의 효율적 관리가 조직 구성원의 능률성과 생산성을 좌우하는 핵심 요인이다.

09 매슬로우는 인간의 욕구를 5단계로 구분하였다. 욕구 5단계 중 최상위단계는 무엇인가?

① 안전 · 안정의 욕구단계
② 존경 욕구단계
③ 소속감의 욕구단계
④ 자아실현 욕구단계

07 테일러의 과학적 관리론의 주요 내용은 전문화에 입각한 체계적 직무 설계, 생산 공정의 표준화, 시간과 동작연구에 의한 과업관리, 차별적 성과급제, 조직구조 개편 등이다.

08 메이요 교수는 호손공장 실험을 통해 다른 요인보다 관리자의 인간적인 대우나 구성원 간의 친밀한 관계와 분위기 등과 같은 사회 · 심리적 요인이 생산성 증진에 더욱 중요한 작용을 하였다는 것을 발견하였다.

09 매슬로우는 인간의 욕구를 5단계로 구분하여 하위단계 욕구가 충족되어야 다음 단계의 상위욕구로 이동할 수 있으며, 최종적으로 최고차원 욕구인 자아실현 욕구에 도달한다고 하였다.

정답 07 ① 08 ④ 09 ④

10 델파이법은 우선 한 문제에 대해서 몇몇 전문가들의 독립적인 의견을 우편으로 수집하고 의견들을 요약해서 전문가들에게 다시 배부한 다음 일반적인 합의가 이루어질 때까지 서로의 아이디어에 대해서 논평하도록 하는 방법이다.

11 직무성과 평가 시 발생 가능한 오류에는 논리오차, 상동효과, 후광효과, 항상오차, 대비효과, 유사효과 등이 있다.

12 조직몰입의 3가지 차원(유형) : 정서적 몰입, 지속적 몰입, 규범적 몰입

---

10 델파이법(Delphi method)에 대한 설명으로 옳은 것은?

① 로크가 주장한 이론으로 경영조직에서 종업원들을 공정하게 대우하여야 한다는 주장이다.
② '전문가들의 의견수립, 중재, 타협'의 순으로 반복적인 피드백을 통한 하향식 의견도출방법으로 문제를 해결하는 기법이다.
③ 조직 구성원들에게 요구되는 사항을 자발적으로 행하는 친사회적 행동 유발에 긍정적 영향을 미치는 것이다.
④ 종업원에게 부여되는 책임 및 학습의 정도, 작업의 조건을 매년 개선해주는 정책이다.

11 직무성과 평가 시 발생 가능한 오류에 해당하지 않는 것은?

① 후광효과
② 상동효과
③ 대비효과
④ 분석효과

12 다음 중 조직몰입의 3가지 차원에 해당하지 않는 것은?

① 직무적 몰입
② 정서적 몰입
③ 규범적 몰입
④ 지속적 몰입

13 조직몰입의 관리 방안에 관한 설명으로 옳지 **않은** 것은?

① 조직목표에 대한 조직 구성원들의 이해를 촉진시켜 목표를 공유할 수 있게 해야 한다.

② 개인적 의무가 있는 목표를 성취할 수 있도록 기회를 제공한다.

③ 경영자는 조직 구성원들의 복지후생에 진심으로 관심을 갖고 실행하는 노력을 기울여야 한다.

④ 가급적 조직 구성원들이 보다 많은 규제와 규칙을 준수하도록 직무를 수정한다.

14 조직차원에서 직무만족이 중요한 이유와 거리가 **먼** 것은?

① 성과에 영향을 준다.

② 원만한 인간관계를 유지한다.

③ 이직률을 감소시킨다.

④ 가치관에 큰 영향을 준다.

15 허츠버그의 2요인이론에서 다음 내용과 관련 있는 요인은?

> 작업자로 하여금 직무만족을 느끼게 하고, 작업자의 동기부여를 유발하는 직무내용과 관련된 요인들로서 '직무 자체, 성취감, 책임감, 안정감, 성장과 발전, 도전감' 등이 있다.

① 위생요인

② 동기요인

③ 성취요인

④ 긍정요인

---

13 가급적 조직 구성원들이 보다 많은 자율성과 책임감을 갖도록 직무를 수정한다.

14 조직차원에서 직무만족이 중요한 이유
- 성과에 영향을 줌
- 원만한 인간관계 유지에 영향
- 결근율·이직률 감소
- 회사 홍보에 기여

15 제시문의 내용은 허츠버그의 2요인 이론에서 동기요인에 대한 설명이다. 동기요인의 특성은 이 요인이 충족되지 않아도 불만이 생기지는 않지만 이 요인이 충족되면 만족의 향상을 가져와 적극적인 동기부여를 유도한다는 것이다.

정답 13 ④ 14 ④ 15 ②

16 Big 5 성격요소는 안정성, 외향성, 개
방성, 원만성, 성실성으로 구분된다.

16 5가지 성격 특성 요소(Big Five personality traits : 성격의 5요인설)는 폴 코스타 주니어(Paul Costa Jr.)와 로버트 맥크레(Robert McCrae)에 의해서 집대성된 모델이다. 다음 중 Big 5 성격 특성 요소에 해당되지 <u>않는</u> 것은?

① 개방성
② 안정성
③ 외향성
④ 성취성

17 교육훈련과 학습의 원리에는 결과에
대한 피드백, 훈련의 전이, 강화 등이
있다.

17 교육훈련이란 기업 조직이 기반이 되어 조직에서 필요로 하는 지식이나 기술 등을 담당자를 통해 피교육자에게 습득하게 하는 조직의 활동을 의미한다. 다음 중 교육훈련과 학습의 원리에 해당하지 <u>않는</u> 것은?

① 결과에 대한 피드백
② 훈련의 전이
③ 강화
④ 반복

18 제시문은 로빈슨이 제시한 팀의 유
형 중 기능 융합팀에 대한 설명이다.
기능 융합팀은 조직 내 다양한 영역
의 사람들이 모이게 되어 다양한 정
보교환, 복합적인 작업의 조정, 새로
운 아이디어 창출, 문제점 해결에 효
과적이다.

18 로빈슨이 제시한 팀의 유형에서 다음 내용과 관련 있는 것은?

> 특별한 직무를 수행하기 위해 서로 다른 다양한 부서에서 정예 멤버들을 차출하여 구성하는 팀의 유형으로 다른 영역에 있는 유사한 직급의 사람들이 공동으로 과업을 성취한다.

① 문제 해결팀
② 자가 경영 직무팀
③ 기능 융합팀
④ 가상팀

정답 16 ④ 17 ④ 18 ③

19 민츠버그의 조직 구분에서 다음 내용과 관련이 깊은 것은?

> • 기능에 따라 조직이 형성된다.
> • 이 조직의 예는 병원, 대학 등으로 의사나 교수 등이 핵심 업무층을 담당한다.

① 기계적 관료제
② 전문적 관료제
③ 사업부제 조직구조
④ 애드호크라시

20 다음 중 리더와 리더십에 관한 설명으로 옳지 <u>않은</u> 것은?

① 리더십은 목표 지향적 활동으로 목표 및 미래 지향적 비전을 제시할 수 있는 안목과 능력이 중요하다.
② 리더는 공식·비공식 조직을 막론하고 어떤 조직에나 모두 존재한다.
③ 리더십은 리더와 추종자 그리고 환경 변수 간의 상호관계에 초점을 둔다.
④ 리더의 유형은 고정성이며, 상황에 따라 불변성과 신축성을 보인다.

21 조직행동 및 문화 변화의 과정 중 다음 내용은 어느 단계와 관련이 있는가?

> 변화에 대한 고정적 태도는 이를 강화시키는 가치의식과 사고방식 때문이므로 구성원의 고정된 관점과 가치의식을 변화시키는 단계이다.

① 변화의 필요성 인식
② 해빙
③ 변화 주입
④ 재동결

19 민츠버그는 기본적인 조직형태를 단순조직, 기계적 관료제, 전문적 관료제, 사업부제 조직구조, 애드호크라시 유형으로 구분하며, 제시문은 전문적 관료제의 특징이다.

20 리더의 유형은 비고정성이며, 상황에 따라 가변성과 신축성을 보인다.

21 제시문은 조직행동 및 문화 변화의 과정 중 해빙에 관한 내용이다. 해빙 단계에서는 구성원으로 하여금 폐쇄적인 관점, 불신적 태도, 안일한 과업행동을 제고하도록 하면서 개방적이고 신뢰적인 대인관계, 성취 지향적인 과업행동의 만족감 등 새로운 관점과 가치관을 수용할 수 있는 의식구조로 변화시킨다.

정답 19② 20④ 21②

22 융은 잠재의식 속의 기능들을 해방시키기 위한 실제적 기법 중 하나로, 인간의 내면 속의 감각적 기능을 깨우기 위해 자연과 자주 접촉하는 것을 제안한다.

22 융의 성격 이론에 대한 설명으로 옳지 않은 것은?

① 사람들이 외부에 대하여 적응하는 방식에 따라 사람을 외향형과 내향형으로 분류하는 유형론을 제시하였다.
② 성격 기본 구성요소를 자아, 개인적 무의식, 집단적 무의식으로 본다.
③ 잠재의식 속의 기능들을 해방시키기 위한 기법으로 인간의 내면 속의 직관적 기능을 깨우기 위해 자연과 주기적으로 접촉하는 것을 제안한다.
④ 융이 주장하는 건강한 성격은 노출하기 어려운 쉐도우를 적절히 표현할 길을 찾고 지나치게 도덕적이고 이상적인 모습을 추구하지 않으며 양성성을 적절히 발휘해 나가는 것이다.

23 오건(Organ) 교수의 주장에 따르면 조직시민행동은 예의, 이타주의, 성실성, 시민 덕목, 스포츠맨십으로 구분할 수 있다.

23 오건(Organ) 교수가 주장하는 조직시민행동의 5가지 구분에 해당하지 않는 것은?

① 스포츠맨십
② 이타주의
③ 성실성
④ 보상 체계

24 팀제 조직은 조직의 일부만이 팀으로 운영되는 것이 아니라 조직 전체 혹은 조직의 상당 부분이 유기적으로 연계된 팀에 의해서 운영된다.

24 다음 내용에서 괄호 안에 공통으로 들어갈 용어로 적절한 것은?

> 팀제 조직에서 팀 조직이란 팀을 중심으로 (   ) 보완적인 기능을 가진 소수의 사람들이 공동의 목표 달성을 위해 공동의 접근방법을 가지고 신축성 있게 (   ) 작용하면서, (   ) 책임을 공유하고 결과에 대해 공동 책임을 지는 자율권을 가진 조직 단위이다.

① 능력
② 접촉
③ 상호
④ 협력

정답 22 ③ 23 ④ 24 ③

25 다음 중 조직행동론에 대한 설명으로 옳은 것은?

① 조직행동론의 네 가지 의존적 변수는 생산성, 결근여부, 이직, 조직 리더십 등이다.

② 조직행동론은 조직이란 테두리 내에서 사람들이 어떻게 행동하는가를 분석·연구하는 학문이다.

③ 조직행동론은 단체, 집단, 조직 전체 차원의 세 가지 분석 수준에 초점을 둔다.

④ 조직행동론의 주요 목적은 단체와 개인의 인간행동에 대하여 이해하고 연구하는 데 있다.

26 다음 내용에서 괄호 안에 들어갈 알맞은 말은 무엇인가?

> 사이먼은 조직을 제한된 (   )을 갖는 작업자와 경영자의 의사결정 시스템이라고 하며 개인목표와 조직목표의 조화를 강조하였다.

① 합리성

② 의사결정

③ 상호 협동

④ 명확성

27 리더십 이론 중 다음 내용과 가장 관련이 깊은 것은?

> 구성원들이 자발적으로 리더십을 발휘하도록 능력을 개발해주고, 그 행동의 결과도 책임질 수 있는 리더십으로써 리더가 먼저 셀프 리더로서 행동모범을 보임으로써 부하의 대리학습을 촉진하는 역할을 한다.

① 셀프 리더십

② 카리스마적 리더십

③ 변혁적 리더십

④ 슈퍼 리더십

---

25 ① 조직행동론의 네 가지 의존적 변수는 생산성, 결근여부, 이직, 직업만족도 등이다.
③ 조직행동론은 개인, 집단, 조직 전체 차원의 세 가지 분석 수준에 초점을 둔다.
④ 조직행동론의 주요 목적은 조직과 조직 내의 인간행동에 대하여 이해하고 연구하는 데 있다.

26 사이먼은 조직관리의 핵심을 의사결정으로 보았으며, 자신이 주장하는 의사결정을 제한된 합리성을 갖는 관리인 모델로 설명하고 있다. 즉, 인간을 제한된 합리성을 갖는 관리인으로 인식한 것이다.

27 슈퍼 리더십(리더 중심 개념)은 구성원들을 스스로 파악하여 행동에 옮기고, 그 결과도 책임질 수 있는 셀프 리더로 만드는 리더십이다.

정답 25 ② 26 ① 27 ④

28 단순하고 반복적인 직무일수록 공식화의 정도가 높고, 고도로 전문화된 업무일수록 공식화의 정도가 낮다.

28 조직구조의 구성요소 중 공식화(직무 표준화 정도)에 대한 설명으로 옳지 않은 것은?

① 조직 내의 직무가 문서화 · 비문서화된 규제를 통해 특정화되어 문서화된 정도를 말한다.
② 단순하고 반복적인 직무일수록 공식화의 정도가 낮고, 고도로 전문화된 업무일수록 공식화의 정도가 높다.
③ 생산부서의 직무는 마케팅이나 연구개발의 직무보다도 공식화의 정도가 높다.
④ 공식화는 조직외부의 고객을 공평하게 처우하기 위해, 조직성과의 효율성 향상을 위해, 조직의 활동을 조정하기 위해 필요하다.

29 팀 구축법은 레빈(K. Lewin)이 주장한 조직변화 과정의 모형/태도의 변화 과정인 '해빙-변화-재동결'의 단계를 거쳐 이루어진다.

29 팀 구축법과 관련한 다음 내용에서 괄호 안에 들어갈 용어로 옳은 것은?

> 팀 구축법은 레빈(K. Lewin)이 주장한 조직변화 과정의 모형/태도의 변화 과정인 (   )의 단계를 거쳐 이루어진다.

① 해빙-재동결-변화
② 변화-재동결-해빙
③ 해빙-변화-재동결
④ 변화-해빙-재동결

30 제시문은 탄력적 작업일정 계획에 대한 설명이다. 탄력적 작업일정 계획은 탄력적 근무 시간제 또는 Flexible Work Schedule이라고도 한다. 탄력적 작업일정 계획을 위해서 기업은 융통성 있는 작업계획을 구상해야 한다. 즉, 고급인력 보호 및 자기계발 기회 부여를 위하여 Flex-time제, 안식년제도 등의 근무시간 자유제를 도입 · 활용할 필요가 있다.

30 다음 내용은 조직수준의 직무 스트레스 관리 방안 중 무엇에 해당하는가?

> 작업환경과 관련하여 개인의 통제력과 재량권을 강화시켜줌으로써 해소되지 않은 스트레스를 감소시킬 수 있는 방법이다.

① 탄력적 작업일정 계획
② 직무 재설계
③ 참여적 관리
④ 경력 개발

정답 (28 ② 29 ③ 30 ①)

31 다음 중 동기부여가 개인의 내부에만 국한된 것이 아니라 환경 혹은 타인과의 접촉·관계에 의해서도 발생한다고 주장하는 이론은?

① 강화이론
② 인지평가이론
③ 상호작용이론
④ 목표설정이론

32 성과–보상의 결속관계 강화를 위한 보상관리의 원칙 중에서 '보상이 자주 주어질수록 유용성이 더 커진다.'는 원칙은 무엇인가?

① 수시성의 원칙
② 가시성의 원칙
③ 저비용의 원칙
④ 유통성의 원칙

33 임파워먼트의 특징에 대한 설명으로 틀린 것은?

① 구성원들로 하여금 자신의 일이 회사의 성패를 좌우한다는 강한 사명의식을 갖도록 한다.
② 우수인력의 확보·양성에 초점을 두며 업무수행 기량을 향상시키는 데 초점을 둔다.
③ 담당직무에 대한 의사 결정권을 갖게 하여 직무에 대한 통제감을 높인다.
④ 리더가 고객에 대한 서비스를 향상시키고 환경변화에 신속히 대응할 수 있도록 한다.

31 상호작용이론에 의하면 인간을 동기화시키는 가치는 인간의 내부 욕구에서 나오는 것이 아니라 외부와의 상호작용 과정에서 나오는 것이다.

32 성과–보상의 결속관계 강화를 위한 보상관리의 원칙에는 중요성의 원칙, 융통성의 원칙, 가시성의 원칙, 저비용의 원칙이 있다. '보상이 자주 주어질수록 유용성이 더 커진다.'는 내용은 수시성의 원칙에 해당된다.

33 임파워먼트의 특징 중 하나는 리더가 아닌 구성원들이 고객에 대한 서비스를 향상시키고 환경변화에 신속히 대응할 수 있도록 한다는 것이다.

정답 (31 ③ 32 ① 33 ④)

34 윤리경영의 특성 중 하나는 응용윤리이다. 응용윤리란 도덕적 고려 사항을 실제로 적용하는 것을 의미한다.

34 다음 중 윤리경영의 특성에 대한 설명으로 옳지 <u>않은</u> 것은?

① 경영활동의 옳고 그름에 대한 판단이다.

② 경영활동의 규범을 제시해 준다.

③ 경영의사결정의 도덕적 가치기준이다.

④ 경영윤리이다.

35 학습조직이 필요한 이유는 변화에 적응하려는 급속도의 고객변화, 불확실한 경영환경 하의 문제 해결 능력 필요, 지속 가능한 경쟁력 확보 등이다. ④는 윤리경영의 중요성에 대한 내용이다.

35 다음 중 학습조직의 필요성에 해당하지 <u>않는</u> 것은?

① 급속도의 고객변화

② 불확실한 경영환경 하의 문제 해결 능력 필요

③ 지속 가능한 경쟁력 확보

④ 조직 구성원의 행동규범을 제시

36 프로이트는 기본적으로 인간의 행위란 어떤 원인에 의해 야기되는 것인데 그러한 원인을 우리가 인식하지 못한다고 하며, 인간의 행위가 무의식에 의해서 지배된다고 하였다(숨겨진 동기와 무의식적 소망에 의해서 지배된다고 가정).

36 다음 내용에서 괄호 안에 들어갈 알맞은 말은?

> 정신역동(정신분석) 이론에서 프로이트는 인간의 행위가
> (　　　)에 의해서 지배된다고 하였다.

① 무의식

② 양심

③ 자아

④ 초자아

37 로저스가 제시한 훌륭한 삶의 과정이 공통적으로 갖는 다섯 가지 특징
• 체험에 대한 개방적 태도
• 매 순간 충실한 삶
• 실존적 상황에서 자신을 신뢰
• 자유로움
• 창조성

37 로저스가 말하는 훌륭한 삶의 과정이 공통적으로 갖는 특징에 해당하지 <u>않는</u> 것은?

① 체험에 대해 개방적이다.

② 매 순간 충실하게 산다.

③ 자유로움이다.

④ 윤리적이다.

정답 34 ④　35 ④　36 ①　37 ④

38 성격변수의 종류와 관련된 다음 내용에서 괄호 안에 들어갈 알맞은 말은?

> 마키아벨리의 (　)에서 유래되었으며, 자신의 목표를 달성하기 위해 다른 사람을 이용하거나 조작하려는 경향과 관련된 성격 특성이다.

① 로마사
② 오딧세이
③ 행복론
④ 군주론

38 『군주론』은 이탈리아의 외교관이자 정치철학자인 니콜로 마키아벨리가 저술한 16세기의 정치학 저술이다.

39 다음 중 경력관리의 목적에 해당하지 <u>않는</u> 것은?

① 종업원 직무능력 및 자질 향상
② 중간 관리자 섭외
③ 후계자 확보
④ 이직 방지

39 경력관리의 목적
• 종업원의 직무능력 및 자질 향상
• 후계자 확보
• 이직 방지
• 종업원의 성취동기 유발

40 다음 내용과 같이 리더의 특성 요인(리더십에 영향을 주는 특성 요인)을 주장한 학자는 누구인가?

> • 지능적
> • 사회적 성숙과 여유
> • 강한 내적동기 및 성취욕
> • 원만한 인간관계

① 스톡딜(R. M. Stogdill)
② 블레이크(R. R. Blake)
③ 데이비스(K. Davis)
④ 머튼(J. S. Mouton)

40 데이비스(K. Davis)는 리더의 특성 요인으로 지능적·사회적 성숙과 여유, 강한 내적동기 및 성취욕, 원만한 인간관계 등을 제시했다.

정답　38 ④　39 ②　40 ③

SD에듀와 함께, 합격을 향해 떠나는 여행

제 1 장

조직행동 개요

교육은 우리 자신의 무지를 점차 발견해 가는 과정이다.

– 윌 듀란트 –

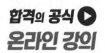
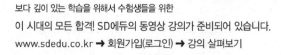

제 1 장 | 조직행동 개요

제1절 조직행동의 개념

1 조직의 개념 및 특성

(1) 조직의 개념 및 정의 [기출]

조직이란 '개인으로서는 성취 불가능한 목표를 달성하기 위하여 함께 모여 일하는 인간의 집합체이자 의식적으로 구성한 사회적 체제'이다. 또한 조직이란 '개인을 구성인자(Subsystem)로 하는 사회체계인 동시에 통합시스템(Total System)으로서의 직능체계이며, 개체와 부분으로 분화된 기능의 조정과 통합을 통해 특정 목표를 달성하기 위해 의도적으로 구조화된 계획적 단위'이다. 조직은 공동의 목적을 가지고 있으며, 그 목적을 달성하기 위해 정립한 체계화된 구조에 따라 조직 구성원들은 상호작용한다.

> **더 알아두기**
>
> **조직의 다양한 정의**
> - **힉스(H. G. Hicks)** : 다수의 개인이 목표달성을 위해 상호작용하는 구조화된 체계이다.
> - **포터(M. E. Porter)** : 합리적으로 조정·분화된 기능을 통해 정해진 목표를 달성하기 위해 만들어진 개인과 집단의 실체다.
> - **버나드(C. I. Bernard)** : 공동목표 달성에 공헌할 의지를 가진 2인 이상이 상호 의사소통하는 실체이다. 즉, 2인 이상의 사람들의 힘과 활동을 의식적으로 조정하는 협력체이다.
> - **카츠(D. Katz)와 칸(R. L. Kahn)** : 공동목표 하에서 내부관리를 위한 규제 장치와 외부환경 관리를 위한 적응구조를 발전시키는 인간집단이다.
> - **베버(M. Weber)** : 특정한 목적 달성을 위해 조직 구성원 간에 상호작용하는 인간의 협동집단이다.
> - **셀즈닉(P. Selznick)** : 지속적으로 환경에 적응하면서 공동의 목표를 달성하기 위해 공식적·비공식적 관계를 유지하는 사회적 구조이다.

(2) 조직의 특성

조직은 하나의 체계로서 다음과 같은 일반적인 특성을 지닌다.

① 개인들로 구성된 하나의 사회체계(사회적 집단)이며 조직 전체의 목적을 달성하기 위하여 부분적 목적을 가진 하위체계들로 구성된 통합시스템
② 공동의 목적을 위해 정립된 체계화된 구조(모든 조직은 목적을 갖는다)

③ 투입·산출·피드백을 통해 외부환경과 상호작용을 하는 개방체계

④ **투과할 수 있는 경계 보유** : 조직은 경계를 가지고 있으며, 이 경계를 통하여 조직 내 요소와 조직 외 요소를 구분하게 된다. 예를 들어 조직은 경계를 통하여 조직 구성원과 조직 외의 사람을 구별하게 하고, 이에 따라 조직 외의 사람들에게는 조직에 대한 의무와 권리를 부여하지 않는 것이다.

⑤ 성장과 변화에 대응하는 동태적 균형 추구

2 조직행동론 개요

(1) 조직행동론의 개념 [기출]

① 조직행동론은 조직 내 개인 및 집단, 그리고 조직차원의 행동이나 태도에 대한 체계적 연구를 통해 조직의 성과를 높이고 구성원의 조직생활의 질을 높이기 위한 학문 분야이다. 즉, 조직이란 테두리 내에서 사람들이 어떻게 행동하는가를 분석·연구하는 학문이다.

② 인간의 행동을 연구하는 학문이기 때문에 심리학이나 사회학 등에 이론적 기반을 두고 있는 동시에 구체적인 조직 내 행동을 분석하기 때문에 실용적 측면도 강한 특징을 갖고 있다.

③ 조직행동론은 다양한 학문분야의 영향을 받아 발전해 왔는데, 특히 정치학, 인류학, 사회심리학, 사회학, 심리학 등의 영향을 많이 받았으며, 이 중 심리학은 조직행동 분야에 가장 큰 영향을 미친 학문으로 조직행동론의 지식체계에 공헌한 바가 크다.

(2) 조직행동의 연구 대상 및 분석수준

① **조직행동론 연구 대상**

조직행동론의 연구 대상은 조직 내 구성원들의 행동이나 태도이지만 모든 행동이나 태도는 아니다. 조직행동론의 핵심 연구 대상이 되는 행동은 생산성과 근무태도(지각, 결근, 이직) 등과 같은 종업원 성과를 결정하는 요인이다.

② **조직행동론의 분석 수준**

조직행동론은 개인, 집단, 조직 전체 차원의 세 가지 분석 수준에 초점을 둔다.

㉠ 개인 수준 : 개인행동의 수준에서 개인행동에 영향을 미치는 주요 요인들을 다루는 것이다. 즉, 개인행동의 중점 연구 분야인 동기부여를 중심으로 개인 가치관과 성격(퍼스낼리티), 지각과 학습, 태도, 창의성과 스트레스 등을 연구·분석하는 것이다.

㉡ 집단 수준 : 집단 내에서 직접 접촉 가능한 구성원들 간의 상호작용 과정에 초점을 맞춰 집단행동을 연구하는 것으로, 리더십, 커뮤니케이션과 협상, 의사결정과 집단갈등, 권력과 정치 등에 관하여 다루게 된다.

㉢ 조직 수준 : 조직 전체 행동 수준의 연구로서 조직설계와 직무설계, 조직 특성변수로서의 조직문화와 학습조직, 그리고 조직변화와 조직개발 등을 다루게 된다.

③ **조직행동론의 학문적 기반**
    ㉠ 조직행동론의 근본적 기초 : 행동과학
    ㉡ 조직행동론에 공헌한 학문분야 : 심리학, 사회학, 사회심리학, 인류학, 정치학

<조직행동의 학문적 특징>

특징	요점
세 가지 분석수준	개인, 집단, 조직체
종합적 학문	행동과학(심리학, 사회학, 인류학)의 지식을 활용
인본주의 지향	지각, 태도, 직무만족 강조
성과지향	성과의 개선방향에 대한 지속적인 추구
외부환경의 인식	외부환경의 발견 및 규명에 관심
과학적 연구방법	실증적, 실험적
실천지향	문제 해결 지향적

(3) 조직행동론의 목적 기출

조직행동론의 주요 목적은 조직과 조직 내의 인간행동에 대하여 이해할 수 있도록 조직에서의 인간행동을 과학적으로 설명·예측·통제하는 데 기여하는 것이다.

① **인간행동의 설명** : 인간행동 이해의 첫 단계로서 개인이나 집단이 왜 그렇게 행동하였는가에 대한 해답을 얻기 위한 것이다.
② **인간행동의 예측** : 미래의 사건에 초점을 맞춘 인간행동의 예측은 어떤 특정한 조치(행동)에 의해 어떤 결과가 초래될 것인가를 예측·규명하고자 하는 것이다.
③ **인간행동의 통제** : 조직에 바람직한 행동을 강화하고 바람직하지 못한 행동을 최소화하기 위해 조직행동론의 지식을 활용하여 인간행동을 통제하는 문제이다. 조직행동론의 목표 중 가장 논란이 되고 있는 사항이다.

(4) 조직행동론의 네 가지 의존적 (행동)변수 기출

조직행동론에서 특히 관심을 갖는 네 가지 변수가 있는데 이들은 여러 요소의 영향을 받기 때문에 의존적 (행동)변수(Dependent Variables)라 한다. 조직행동론의 구체적 목표는 바로 이 의존적 (행동)변수들을 긍정적이고 생산적인 방향으로 관리하는 것이다.
네 가지 의존적 변수는 다음과 같다.

① 생산성(Productivity)
② 결근여부(Absenteeism)
③ 이직(Turnover)
④ 직업만족도(Job Satisfaction)

네 가지 의존적 (행동)변수에 문제가 생겼을 경우, 이를 개인 레벨, 그룹 레벨, 최종적으로 조직시스템 전체 레벨에서 원인이 무엇인지를 생각해 보고 이에 따른 처방을 내놓게 된다.

3 조직행동이론의 전개과정

조직행동론의 이론적 전개과정과 관련해서는 학자나 이론가들마다 해석·정의하는 방식에 조금씩 차이는 있으나 용어나 순서의 차이일 뿐 핵심내용은 거의 유사하다고 봐도 무방하다.

일반적으로 베버의 관료제를 조직(행동)이론의 시발점으로 하여 합리성 및 능률성에 기반을 둔 경영 합리화를 추구했던 테일러의 과학적 관리법이 성장·발전한 1930년대까지의 조직이론을 고전이론이라고 한다. 이후 대두된 이론으로 (조직 내 인간의 심리적·감정적인 면과 사회적인 면을 연구한) '호손연구'를 통해서 크게 성장·발전한 (조직 내 인간관계를 중시하는) 인간관계론이 주류를 이루었던 1940년대까지의 조직이론을 신고전이론이라 칭한다. 뒤이어 조직협동론을 주창한 버나드와 의사결정론을 주창한 사이먼으로 대표되는 근대적 관리론, 그리고 인간에 대한 체계적이고 과학적인 연구를 통해 인간행동을 과학적으로 명확히 규명하려 했던 행동과학이론이 나타나 경영조직이론의 한 축을 담당했다. 현대에 와서는 시스템이론, 상황이론 그리고 전략선택이론 등의 성장·발전을 통해 조직이론의 맥이 이어져 오고 있으며 이들 이론을 현대경영조직이론이라 칭하기도 한다.

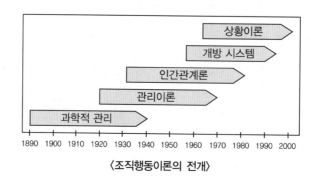

〈조직행동이론의 전개〉

(1) 관료제론

① **관료제의 개념 및 특징**

　㉠ 관료제의 개념 : 관료제란 인간보다는 조직의 구조, 원리 등에 초점을 맞추고 조직목표달성의 효율성 제고를 추구하는 조직이론이다. 따라서 인간의 소외, 고독, 인간가치 등 인간적인 요소들을 경시함으로써 비판의 빌미를 제공하고 있다. 그러나 관료제는 그 보편성과 순기능으로 인해 정부 및 기업 등 대부분의 사회조직에 적용되면서 오늘날까지 존재함으로써 그 이론적 보편성을 인정받고 있다.

　㉡ 관료제론의 특징적 요소 : 계층성의 대규모 구조, 전문화·분업화된 조직, 합법적 권위의 지배원리, 법규 강조 등이 있다.

② **관료제의 순기능과 역기능**

　㉠ 순기능
　　• 능률적이다.
　　• 객관성, 일관성, 획일성 및 예측성이 있다.
　　• 안정성과 질서가 있다.

ⓛ 역기능
- 형식적인 규칙과 규정 등 형식주의에 집착한다.
- 권한의 축적이 가능하여 독선적 의사결정 및 자기 능력 과시의 폐해가 나타날 수 있다.
- 책임 회피와 책임 분산의 가능성이 많다.
- 의사결정 과정이 복잡하여 신속한 의사결정을 어렵게 할 수 있다.
- 내부적으로 관료들 간 방해 행동이 일어날 수 있다. 즉, 중요한 정보 공유 회피, 과도한 정보 제공, 지시받은 일만 처리하는 등의 방해 행동들이 일어날 수 있다.
- 파벌주의의 가능성이 높다.
- 변화에 대한 저항이 강해서 변화를 유도·촉진하기가 어렵다.

③ 베버(M. Weber)의 관료제 `기출`
ㄱ) 베버 관료제의 개념
베버의 관료제 이론은 오늘날 관료제의 거의 모든 속성을 설명할 수 있는 이론이며, 전통 관료제의 가장 특징적인 내용만을 추려서 정립한 이론적·이념적 모형이다. 또한 그 이론적 보편성으로 인해 공조직과 사조직을 막론하고 계층구조를 지닌 거의 모든 조직, 특히 대규모 조직에서 관료제의 특징과 형태를 보이고 있다. 관료제 조직은 법 앞의 평등이라는 합법성을 추구하면서 계층구조를 통해 조직을 **효율적·능률적으로 운영**함으로써 조직의 목표를 달성할 수 있는 이상적 조직으로 인식된다.

ㄴ) 베버 관료제의 특징
- 법규의 지배(합법적인 직무배정과 직무수행) : 직원의 자격요건과 직무·권한의 범위는 법규에 규정돼 있으며 모든 직무집행은 법규에 따라 이루어진다.
- 계층적 조직(계층에 의한 관리) : 권한·통제·책임의 수직적 구조에 입각한 계층구조 형성으로 상하 간 지배 복종관계가 엄격한 조직을 추구한다. 즉, 상명하복의 질서정연한 통제를 중시한다.
- 문서주의(문서에 의한 행정) : 직무는 철저하게 문서에 의해 공식화되어 있고 직무수행은 문서 처리가 원칙이며 그 결과는 문서로 기록·보존한다.
- 임무수행의 비정의성 및 공사의 구별 : 상급자와 하급자와의 관계는 비인격적이며, 공사를 엄격히 구분하여 공적 업무에만 복종한다. 즉, 직무 수행과정에서 호불호(好不好)와 같은 개인적 감정을 개입시키지 않고 법규에 의해 공정하게 처리한다.
- 관료의 전문화(업무 전문화) : 직원임명의 기준은 전문적·기술적 자격이며, 전문성은 관료의 합법성을 인정하는 기초가 된다. 즉, 모든 직무는 전문지식과 기술을 가진 관료가 수행해야 한다고 강조한다. 업무 전문화를 위한 기능은 전문화된 훈련에 의해 습득되고 객관적인 시험에 의해 측정된다.
- 관료의 전임화 : 관료라는 직업은 부업이 아닌 유일 또는 주된 작업(전업)이며, 겸직도 금지한다.
- 고용관계의 자유 계약성 : 고용관계는 평등관계를 바탕으로 쌍방의 자유의사에 따른 자유로운 계약에 의해 형성된다. 즉, 직원은 임무행위에 의해 충원되고, 자유계약관계에 의해 채용된다.

ㄷ) 근대 관료제의 성립 및 발달 요인
- 화폐경제의 발달 : 관료제 이론의 핵심내용 중의 하나는 업무수행에 대한 물질적 보상(급여) 제공이며, 이 때문에 화폐경제의 발달이 관료제 발달에 커다란 기여를 하게 되었다.

- 행정업무의 양적 확대·질적 전문화 : 관료제는 행정업무의 양적·질적 변화를 수용하기에 적합한 조직 유형이다.
- 관료제 조직의 기술적 우위성 : 관료제 조직은 정확성·신속성·지속성·통일성·경제성·능률성 등이 우수하며 물적·인적비용의 절감과 같은 기술적 이점을 가지고 있다(특히 기술 관료제).
- 물적 관리수단의 집중화 : 예산제도의 성립으로 물적 수단을 집중 관리해야 하는 행정업무는 관료제에 의한 관리통제를 필요로 하게 되었다.
- 사회적 차별의 평준화 : 관료제 조직은 법 앞의 평등, 특권에 대한 혐오, 사안별 업무처리 원칙에 대한 반대와 같은 관료제 원칙의 특성으로 인해 경제적·사회적 차별의 평준화에 근거해서 힘을 갖게 된다. 즉, 관료제는 근대의 대중 민주주의에 불가피하게 수반되는 현상인데, 이는 추상적 규칙에 의한 권위의 행사와 그것이 등장한 사회적 조건에 기인한다.

ㄹ) 베버의 권력 정당화를 위한 3가지 지배 유형 및 관료제 유형

베버는 관료제를 논하는 데 **권력과 권위**라는 개념을 도입했다. 바로 그 권력을 정당화하는 근거로 다음의 3가지 지배 유형을 제시했는데, 각각의 지배 유형은 각기 나름대로의 관료적 통제수단을 갖고 있다.

- **카리스마적 지배와 권위 – 카리스마적 관료제** : 개인의 비범한 자질(초인성)이나 탁월한 인격에 의한 지배 유형 및 권위로서 주로 위기 시에 나타나는 경향이 강하며, 지배 양식은 비합리성보다는 기회적 합리성에 속한다.
- **전통적 지배와 권위 – 가산관료제**(가장제, 가산제, 봉건제로 세분) : 과거로부터 내려오는 전통·관습 등에 의한 지배 유형 및 권위로서 안정적 조직에 유용한 유형이다. 그러나 환경에 대한 대응력이 매우 떨어진다는 한계를 갖고 있다.
- **합법적 지배와 권위 – 근대적 관료제** : 인간에 의한 지배가 아니라 법과 규율에 기반을 둔 지배 유형으로서 오늘날 대부분의 민주주의 국가가 도입하고 있는 지배 유형이다.

결론적으로 베버의 근대적 관료론은 전통적인 권위나 카리스마에 의한 지배가 아니라 국민의 동의에 입각한 합법과 합리성에 의한 지배를 주창한다.

(2) 테일러(F. W. Taylor)의 과학적 관리론(과업관리론) 기출

① 등장배경 및 개요

과학적 관리론은 1900~1930년 사이 지배적 위치를 차지한 이론으로 **인간을 하나의 생산직무 단위로 규정하면서 직무 및 종업원에 대한 관리를 강조한 이론**이다. 당시 기업들은 생산성 저하의 원인으로 지적된 표준화된 작업절차 설정의 부재, 직무 간 경계 모호 및 원자재 흐름상의 문제점 등을 효과적으로 해결할 수 있는 합리적이고 체계적인 생산과 관리방식의 필요성을 절감하게 되었다. 이에 물적·인적 자원의 효율적 활용을 통해 생산성을 증대시키기 위한 시도로서 대두된 최초의 관리이론이 바로 과학적 관리론이다. 이러한 과학적 관리론의 중심에 있던 인물이 바로 테일러이며, 그의 경영조직이론을 일반적으로 테일러시스템이라고도 한다. 테일러시스템의 지향점은 작업방법 개선 및 작업능률 향상, 가장 효율적인 과업수행 방법 제시에 있으며, 이의 실현을 위해 과업관리라는 개념을 제시한다(여기서 과업이란 작업자가 수행해야 할 하루의 작업량을 의미한다). 테일러의 과학적 관리론은 이후 칸트, 길브레스 등에 의하여 계승되었으며, 특히 포드는 이를 계승 발전시켜 포디즘(Fordism, 동시관리)을 개발했다.

② **테일러의 과학적 관리론의 주요 내용**

　㉠ 전문화에 입각한 체계적 직무 설계 : 테일러는 전문화에 입각한 체계적 직무설계가 작업능률 극
　　대화를 위한 중요한 선결 요건이라고 주장했다. 이를 위해 조직은 직무에 적합한 인원을 선발하
　　여 이들에게 직무에 대한 전문지식을 갖추도록 교육·훈련시켜야 하는 동시에 도구와 작업절차
　　를 표준화해야 한다고 주장했다.

　㉡ 생산 공정의 표준화 : 생산성과 능률성을 증진시키기 위해서는 모든 공정과정 및 작업여건을 표
　　준화시켜야 할 필요가 있다. 표준화된 기계·공구 사용과 같이 과업 수행에 적합한 수단(도구)
　　및 절차를 표준화하여 동일한 기계 및 공구 등을 사용하게 함으로써 모든 직원이 동일한 여건
　　하에서 작업을 하도록 표준화된 작업조건을 설정해야 한다.

　㉢ 시간과 동작연구에 의한 과업관리 : 과학적 관리론의 핵심은 과업에 대한 과학적 관리이다. 즉,
　　직원에게 적정량의 과업을 부여하고 이를 과학적으로 관리하는 것이 생산성과 능률성 향상을 위
　　해 매우 중요한 요소라는 것이다. 테일러는 바로 과업을 과학적으로 설정하기 위한 수단으로서
　　시간-동작연구(Time & Motion Study)를 개발·적용하였다. 시간-동작연구는 작업공정에 대
　　한 과학적 연구·분석을 통해 작업공정 과정의 동작들을 가장 단순한 기본 동작들로 군집화하여
　　각각의 동작에 소요되는 가장 빠른 시간단위를 밝혀내고 생산성을 저해하는 작업자의 불필요한
　　동작을 방지하기 위한 것이다. 이 같은 시간-동작연구를 통해 가장 합리적인 업무수행의 표준을
　　설정함으로써 공정한 표준작업량을 정하게 되며, 동시에 표준화된 생산 공정에 따라 개개인에게
　　적정한 일일 과업량을 부여하되 최대의 달성을 강조할 수 있게 되었다.

　㉣ (경제인 가설에 기초한) 차별적 성과급제(Differential Piece-work System) : 과학적 관리의 가
　　장 차별화된 특징 중 하나는 바로 차별적 성과급제이다. 차별적 성과급제는 높은 경제적 유인제
　　도로서 과업관리 효과를 제고시키기 위한 보조수단의 개념이다. 즉, 과업 수행량과 과업달성 시
　　간측면에서 직원이 주어진 과업 이상을 수행하거나 수행 시간을 단축했을 경우 높은 임률(성과
　　급)을 적용하고, 과업량에 미달하거나 기한을 초과할 경우 낮은 임률(성과급)을 적용하는 것이
　　다. 이 같은 차별적 성과급제도는 경제인적 가설에 기초한 동기부여라는 개념의 뒷받침이 있었
　　기에 가능한 것이었다. 이러한 개념은 오늘날의 노사관계에서의 무노동·무임금 제도에 영향을
　　주었다.

　㉤ (전문화에 기반을 둔) 조직구조 개편 : 테일러는 조직구조와 관련하여 직계식·분배식 조직에서
　　직능 또는 기능별 조직으로의 개편설계(직계식 조직은 조직에서 계층이 존재하고 업무는 분담하
　　지 않으며, 직능조직은 기획부와 생산부로 분리)를 주장한다. 즉, 과학적 관리법은 조직구조와
　　관련하여 기획과 실행의 분리를 전제로 기획 부문과 현장감독 부문을 각각 전문화한 기능별 조직
　　을 축으로 한 관리 시스템인 것이다. 테일러에게 있어 일에 관한 계획은 관리자의 몫이고 이것의
　　실행은 노동자들의 몫이다.

③ **테일러의 과학적 관리론의 4가지 (관리)원칙**

　㉠ 개인의 작업별 각 요소를 과학화한다(우선순위를 정하라).

　㉡ 종업원을 과학적으로 선발한 뒤 첫 단계에서 설명된 방식으로 직무를 수행하도록 훈련·교육·
　　개발시킨다.

ⓒ 관리자들과 종업원들은 친밀하고도 우호적인 유대관계를 유지하고 상호 협력한다(과학적 관리와 일치된 수행결과가 반드시 나오게 한다).

ⓔ 관리자가 해야 할 일과 작업자가 해야 할 일을 명확히 구분하고, 관리자와 작업자는 분담된 업무를 확실히 수행하여야 한다. 경영자와 노동자 간 책임을 거의 균등하게 분할하고 경영자는 작업계획을 통해 모든 작업을 준비한다. 기업이 이 원칙을 따를 경우 노동자의 효율성 향상을 통해 노동자에게는 높은 임금을, 경영자에게는 보다 많은 이익 창출을 가져다줌으로써 노동자와 경영자 모두에게 번영을 가져다 줄 것이라고 주장했다.

④ **과학적 관리론의 특징 및 한계** `기출`

ⓐ 기계적 능률관
- 생산성과 능률성을 제일의 가치로 여기고 인간을 생산 공정상의 하나의 기계 부품으로 취급한다.
- 한계 : 인간을 기계 부품화하려는 인식은 인간의 가치와 존엄성의 문제를 심각하게 훼손하는 것이다. 즉, 인간을 조직의 종속변수에 불과한 것으로 인식함에 따라서 인간 없는 조직이라고 비판받았다.

ⓑ 합리적 경제인관
- 생산자는 물질적 유인만을 동기부여의 요인으로 삼고 열심히 일을 하며, 그렇지 않으면 게으름을 피우는 존재로 인식하고 있다.
- 한계 : 능률성에 영향을 미치는 요인으로 인간의 사회적 · 심리적인 요소는 인정하지 않는 합리적 경제인관을 주장했다. 따라서 월급과 보수와 같은 외재적인 요인만을 만족시켜주면 능률성은 향상될 것으로 보았다.

ⓒ 능률지상주의
- 조직운영의 합리적 가치기준을 능률성에 두고 있다.
- 한계 : 공익달성과 가치배분도 해야 하는 행정조직에 있어서는 한계가 있다. 즉, 공익에는 가치의 측면도 포함되기 때문에 능률성을 전제로 한다면 공익달성과 가치창출에 저해되는 개념으로 작용할 수 있기 때문이다. 능률성은 낮아지더라도 행정은 공익을 추구해야 하며 가치도 배분해야 하기 때문이다.

ⓓ 조직관 `기출`
- 공식적 조직만을 인정하며, 비공식조직은 능률성과 생산성 증대에 별로 도움이 되지 않은 것으로 보고 인정하지 않는다.
- 한계 : 공식조직만을 인정했으며, 비공식조직은 능률성과 생산성에 대한 저해요인으로 인식하여 X형 인간으로 관리하면 된다는 주장은 많은 비판을 불러일으켰다.

ⓔ X론적 인간관리
- 과학적 관리론은 인간관과 관련하여 본래 인간은 수동적(피동적)이고 자신의 개인적 이익추구를 먼저 생각하기 때문에 민주적 관리방식과 인간적인 관리방식은 조직을 관리하는 데 효과가 없으므로 인간적인 면은 도외시해야 한다는 관점(몰인간화)을 취했다.
- 한계 : 과학적 관리론에서는 인간을 피동적 · 합리적 · 이기적 인간으로 인식했기 때문에 사회 · 심리적 측면은 무시한 채 능률성을 확보하기 위해서는 인간을 기계론적 능률관을 바탕으로 관리해야 한다는 비민주적 관리기법을 강조하게 되었다.

ⓑ 폐쇄적 관점
- 조직 내부에 초점을 둔 이론으로서 조직의 환경과의 상호의존 작용이나 환경의 영향 등을 무시하는 관점을 취했다.
- 한계 : 사회현상에서 존재하는 조직은 환경과 상호작용을 하는 개방체제로서 완전한 폐쇄체제는 존재하지 않는다. 고전적 이론인 과학적 관리론은 조직 내부 요인에만 관심을 가진 이론으로 외부 환경요소와의 상호작용은 전혀 고려하지 않은 폐쇄형 조직이론이라고 비판받고 있다.

ⓐ 관리적 관점
- 생산자를 관리하는 측면만 연구하였으며, 관리자에 대한 관심은 전혀 없었다.
- 한계 : 테일러는 생산자 수준에서의 연구는 현실적으로 유효했으나, 이들을 관리하는 관리자에 대한 연구가 부족했다.

⑤ **과학적 관리론의 공헌**
㉠ 과학적 관리론은 미국의 공공부문에 적용되어 능률성 제고의 측면에서 정부조직 운영에 지대한 영향을 주었으며, 그 당시 행정조사방법의 개념도입과 행정개혁운동의 원동력이 되었다.
㉡ 고전이론을 과학적 관리로 전환, 기획과 현장작업을 분리하여 조직구조 설계에서 기능식·직능식 조직으로 혁신적인 개편(**조직관리의 이론적 틀 제시**), 차별적 성과급제 실시로 임금관리 개선(**임금관리 분야의 이론적 틀 제시**), 전문화·표준화의 원리를 적용해 전문가에 의해 업무가 관리(**생산관리의 이론적 틀 제시**)되었다.

(3) 페이욜(H. Fayol)의 고전적 관리론(일반 경영관리론) 기출

① **개념**
관리일반이론의 최초 주창자인 페이욜의 경영관리이론은 작업현장의 능률을 중시하는 테일러와 달리 조직 전체의 관리를 중시하는 이론이다. 즉, 페이욜은 기업의 조직 내부 활동을 분류하고 각 활동을 '계획, 조직화, 지휘, 조정, 통제'라는 5가지 관리기능을 통해 관리해야 한다고 주장한다. 페이욜은 『산업 및 일반관리』(1916)라는 자신의 저서에 관리개념을 언급하면서 경영과 관리의 구분을 명확히 하였다.
고전적 관리론은 오늘날의 관리과정학파의 시조로 알려져 있다. 참고로 관리과정학파의 이론은 관리과정을 구성하는 계획, 조직, 지휘, 조정, 통제 등을 분석하고, 이에 대한 개념적 틀을 설정하여 그 원칙들을 구체화시키는데, 바로 그 원칙들로부터 수립된 경영이론이다.

② **페이욜의 관리 5요소** : 페이욜은 관리란 기업을 포함한 모든 조직에 공통적으로 적용되는 요소라는 점을 강조하면서 관리자가 해야 할 5가지의 관리기능을 제시했다.
㉠ 5가지 관리기능 : '계획, 조직, 지시(지휘/명령), 조정, 통제', 즉 경영활동의 과정은 '계획 → 조직화(산출 능률화) → 지휘(명령)시스템 구축 → 조정(인적·물적 자원의 갈등 조정) → 통제(계획상의 통제) → 계획'으로 순환된다고 본 것이다.
㉡ 페이욜은 5가지 관리기능을 '회계, 재무, 생산, 분배' 등 전문기능(경영기능)과는 구분되는 개념으로 사용했다.

③ **페이욜의 5가지 조직 하위체계(경영활동의 분류)** : 페이욜의 고전적 관리론은 모든 기업조직이 다음의 5가지 하위체계로 구성된다고 보았다.

　　㉠ 기술적·영업적 활동 : 제품의 생산, 제조 및 가공에 필요한 기술관련 활동 및 구매·판매·교환 등 영업과 관련된 활동

　　㉡ 재무적 활동 : 재원 조달 및 운영관리와 관련된 활동

　　㉢ 안전 및 보호 기능(보존활동) : 조직의 인적·물적 자원을 보호하는 활동

　　㉣ 회계적 활동 : 재무상태표, 포괄손익계산서, 재산목록 작성 등 금전거래를 기록·관리하는 활동

　　㉤ 관리적 활동 : 조직의 인적·물적 자원을 어떻게 투입하고 통제시스템화할 것인지를 결정하는 과정의 활동(즉, 계획, 조직, 지휘, 조정, 통제)

④ **페이욜의 14대 경영관리 원칙** `기출`

　　페이욜은 효율적이고 합리적으로 조직을 관리하는 데 필요한 14가지 원칙을 제시하였는데 이를 14대 경영관리 원칙이라고 부른다.

　　㉠ 분업의 원칙(Division of Work)

　　㉡ 권한과 책임의 원칙(Authority)

　　㉢ 규율의 원칙(Discipline)

　　㉣ 명령 일원화 원칙(Unity of Command)

　　㉤ 지휘 일원화 원칙(Unity of Direction)

　　㉥ (조직)전체 이익 우선의 원칙(Subordination of Individual Interest to General Interest)

　　㉦ (적정)보상의 원칙(Remuneration)

　　㉧ 중앙 집권화의 원칙(Centralization)

　　㉨ 계층 조직화의 원칙(Scalar Chain)

　　㉩ 질서(유지)의 원칙(Order)

　　㉪ 공평성의 원칙(Equity)

　　㉫ 고용안정(정년보장)의 원칙(Stability of Personnel Tenure)

　　㉬ 능동적 창의성의 원칙(Initiative)

　　㉭ 구성원 협동단결의 원칙(Esprit de Corps)

⑤ **페이욜의 고전적 관리론의 한계** : 테일러와는 달리 페이욜의 관리이론은 보편타당한 원리를 중시함으로써 현대경영이론 발전에 기여하였다는 긍정적 평가를 받는다. 특히 경영관리의 개념을 일반화시킨 공로를 인정받고 있다. 그러나 과학적 측면을 중시한 사이먼 같은 학자들은 페이욜의 원칙 중에 이율배반적이고 실제효과를 입증하기 어려운 애매모호한 부분들이 있다고 비판한다. 즉, 페이욜의 원칙들은 (통일된) 과학적 개념 설정이 미흡하며, 특히 실제효과에 대해 과학적으로 검증된 사실이 없다는 것이었다.

　　비판의 구체적 내용은 다음과 같다.

　　㉠ 이론의 중심을 이루는 관리 요소 및 원칙들이 중복되는 경향이 있고 주장하는 이론에 대해 과학적 근거를 제시하는 데 한계를 드러냈다.

　　㉡ 조직의 능률이나 생산성을 지나치게 강조한 나머지, 인간 없는 조직이론이라는 비판을 받았다. 그 예로 테일러 관리론에서 볼 수 있듯이 전문화 원리에 따른 직무설계, 시간과 동작연구에 의한 과업관리, 경제인 가설에 따른 차별적 성과급제도에 의한 동기부여를 들 수 있다.

ⓒ 조직행위에 대한 폭넓은 이해보다는 개인적인 경험과 제한된 관찰에 근거를 두고 경영자가 규범적으로 해야 되는 책임에 더 초점을 맞추었다는 것이다.

(4) 인간관계론 [기출]

① 등장배경 및 개념

인간관계론은 인간에 대한 인식 결여라는 테일러 과학적 관리론의 한계를 지적하면서 이에 대한 대안으로 제시된 인간중심의 경영조직이론이다. 그러나 과학적 관리론을 전면 부정한 것이 아니라, 초점을 달리하여 조직 및 경영에 있어서 인간의 존재, 특히 인간의 내면적 심리측면을 중시한 경영조직이론이다. 인간관계론의 대표자인 하버드 대학교의 교수이자 심리학자인 메이요(E. Mayo) 교수는 자신이 주도한 호손공장 실험 결과를 통해 조직 구성원은 사회적 존재라는 사실을 확인하고, **인간관계나 심리적 요인의 효율적 관리가 조직 구성원의 능률성과 생산성을 좌우하는 핵심 요인**이라고 주장했다. 1927년과 1932년 사이에 미국 서부 전기회사의 호손(Hawthorne)공장에서 실시된 메이요와 그의 동료들의 연구가 인간관계론의 시발점이었다.

> **더 알아두기**
>
> **호손공장 실험** [중요] [기출]
> 호손공장에서 메이요 교수는 조명실험, 계전기조립실험, 면접실험, 뱅크선 작업실험에서 작업환경, 근무조건, 휴식, 임금 등보다 관리자의 인간적인 대우나 구성원 간의 친밀한 관계와 분위기 등과 같은 사회·심리적 요인이 생산성 증진에 더욱 중요한 작용을 하였다는 것을 발견하였다.

② 인간관계론의 주요 내용 및 특징

ⓐ 인간관계론은 능률관 측면에서 사회적 능률관을 주창한다.

과학적 관리론의 합리적 경제인관(인간의 경제적인 욕구를 강조)과 달리 인간을 안정성과 소속감 등의 심리적 욕구를 가진 사회인 또는 자기 실현인으로 보고 인간의 비합리적 측면인 감정의 측면을 보다 강조한다. 즉, 생산자의 사회·심리적 욕구에 대한 충족여부에 따라 능률성이 좌우된다고 인식하는 것이다.

ⓑ 인간관계론은 비공식 집단의 중요성을 강조한다.

조직을 단순히 공식적 집단으로만 인식했던 과거와 달리 조직을 비공식(개인) 집단 또는 집단 상호 간 관계에 의해 형성되는 사회 심리적 시스템으로 인식한다. 따라서 비공식 집단(각종 사적 모임)을 활용하여 구성원들의 사회심리학적 욕구를 충족시켜 주는 것이 사회적 능률관 실현을 위한 효율적인 방안이라고 주장한다. 궁극적으로 공식조직중심 사고에서 탈피하고 비공식조직을 인정함으로써 조직의 합리화를 추구하였다.

ⓒ 인간관계론은 민주적 조직관리(민주적 리더십)와 참여를 강조한다.

조직의 공동목표 달성을 위해 작업자들을 단결시키고 작업자의 능률성을 향상시키기 위해서는 조직 내 수직 또는 수평적인 의사소통 체계를 원활히 하여 민주적 관리체계를 확립하는 것이 매우 중요하다고 역설한다.

　　㉣ 인간관계론은 인간을 피동적 존재로 인식하며 능률을 중시한다.

　　　　인간관계론은 과학적 관리론과 마찬가지로 인간을 수동적 존재로 보며 궁극적 목표를 경영과 관리에서의 능률 향상에 두었다. 그러나 인간을 보는 관점이나 관리방법에서는 과학적 관리론과 차이가 있다.

　　㉤ 팀워크를 기반으로 한 협동적 집단주의에 의한 생산성 향상을 추구한다.

더 알아두기

뢰스리스버거의 사회체계론 중요
- 호손 실험 결과를 요약하여 『경영관리와 모랄』(1914)을 출간
- 작업자는 감정을 가진 사회적 동물이므로 작업자가 처해 있는 사회적 구조 파악이 중요하다고 강조
- 기업은 기술적 조직(작업 중심의 공식조직)과 인간적 조직(인간관계 중심의 비공식조직)으로 통합된 사회체계로 인식하고 사회체계론을 주장
- 공식조직은 비용 절감·능률이라는 논리로 조직되고, 비공식조직은 인간 감정의 논리로 조직화되었다고 주장

---

③ **인간관계론의 공헌**

　　인간관계론(신고전적 인간관리이론)은 조직을 단순히 목표달성을 위한 수단과 도구로 인식하던 과학적 관리론(고전적 인간관리이론)적 조직관에서 탈피하여 인간 중심적 문화를 중시하고 조직 구성원에 대한 배려와 관심을 통한 인간적 조직관리를 중시하는 방향으로의 조직관 측면의 개선 및 발전에 기여했다. 또한 인간에 대한 인식의 전환을 통해 민주적 요소가 조직 및 인간과 융합되는 계기를 마련했다는 점도 높이 평가된다. 이는 민주적 리더십과 조직 내 원만한 의사소통 등 인간 중심적 조직관리와 맥을 같이하는 것이다. 이처럼 인간의 심리적 측면을 중시한 인간관계론은 인간의 심리적 행태를 연구하고 객관화하려고 시도한 후기 인간관계론(동기부여이론, 조직 행태학)에 영향을 주었고, 면접기법에도 영향을 주었다.

④ **인간관계론의 한계**

　　㉠ 합리적·경제적 요인 경시(지나친 인간적 요소 강조)

　　　　인간은 본질적으로 경제적 욕구가 강하다는 경제인 가설을 배제한 채 직무수행의 동기부여 요인으로 보수와 같은 경제적인 보상보다 작업조건 및 작업환경의 개선 등 비경제적이고 인간적인 요인만을 더 중시했는데 이러한 점이 비판의 대상이 된다.

　　㉡ 지나친 비공식조직 중시(공식조직의 합리적 구조·기능 경시)

　　　　비공식 집단을 지나치게 중시함으로써 합리적(객관성 강조)이고 공식적인 조직 활동을 약화시키는 결과를 초래했으며, 인간을 너무 중시함으로써 조직 없는 인간이론이라는 비판을 받게 되었다.

　　㉢ 사회적·심리적 욕구 충족에 의한 성과 불투명

　　　　일체감·소속감·동료의식 등의 사회·심리적 욕구 충족이 생산성 및 직무수행의 실질적 향상을 가져온다는 현실적인 보장이 없다(경영성과에 연결하지 못함)는 점이 문제시 될 수 있다. 더욱이 심리적·감정적 측면의 지나친 강조가 오히려 도덕적 해이와 안이한 근무태도를 유발시켰다는 비판도 있다.

    ② 폐쇄적 조직관

    조직 내의 개인 및 비공식조직을 중심으로 사회·심리적 관계를 연구하는 데 매몰되어 조직과 외부환경 간의 상호의존 작용관계를 고려하지 않았다. 즉, 조직현상을 폐쇄 시스템으로 인식한 나머지 조직을 둘러싼 경제·정치·환경적 요인의 중요성을 간과하고 말았다. 특히 산업사회에서의 노조의 역할을 고려하지 않았다는 점은 신랄한 비판의 대상이 된다.

    ⑩ 직무 자체의 동기부여 기능 무시

    사회·심리적 욕구(귀속감과 심리적 안정 등) 충족에 의한 동기부여를 지나치게 강조, 직무 자체에 의한 동기부여 및 만족감 등은 간과하고 있다.

    ⑭ 관리자 배제(생산자 중심의 연구)

    관리자는 배제된 채 생산자 중심의 연구만 이루어짐으로써 효율적 조직 운영을 위한 합리적 대안을 제시하는 데는 한계가 있다.

    ⊗ 이분법적 조직 이해

    인간의 합리적인 측면과 비합리적 측면, 조직의 공식적 측면과 비공식 측면을 상호 대립하는 존재로 파악하는 이분법적 시각을 견지하고 있다. 즉, 효율적 조직관리를 위해서는 이들 양자가 상호 조화되어야 하고 현실적으로도 조화될 수 있다는 사실을 인식하지 못했다.

(5) 근대적 관리론

 ① 등장배경 및 개념

  전통적 조직관리이론인 과학적 관리법, 관리과정론, 인간관계론 등의 조직관리이론은 어느 조직에서나 보편적으로 적용될 수 있는 보편적인 관리구조 및 관리 방법을 찾으려는 시도를 하였다. 이 때문에 전통적 조직관리이론을 보편적 관리이론이라고 하는 것이다.

  근대적 관리론은 이 같은 기존의 보편적 관리론의 한계를 극복하고 보완·발전시키기 위해 대두된 이론으로 버나드에 의해 창시되고 마치와 사이먼에 의해 계승·발전되었다. 그러나 이 역시 조직을 폐쇄적 시스템으로 보는 보편적 관리론이라는 한계를 안고 있다.

 ② 근대적 관리론의 내용 및 특징

  ㉠ 인간과 조직의 공존 추구(인간이 있는 조직)

   전통이론과 반대로 인간의 감정 및 민주적 관리 등을 너무 중시하여 조직이 없는 인간이라고 비난 받은 인간관계론과의 발전적 결합을 통해 인간과 조직의 공존을 추구한 이론이다.

  ㉡ 개인목표와 조직목표의 합치 강조

   조직목표를 우선시한 전통이론과 달리 근대 관리이론은 개인 욕구충족 및 개인 목표달성에 조직이 적극적으로 기여해야 한다고 주장하면서 개인목표와 조직목표의 발전적 조화를 추구하였다.

  ㉢ 전인적·복합적·Z형 인간관

   인간을 다중적이고 변화무쌍한 전인적 존재로 인식하며, 과학적 관리론의 경제인간과 인간관계론의 사회적 인간관을 혼합한 복합적 인간형을 추구한다. 즉, 인간을 과학적 관리론의 X형 인간이나 인간관계론의 Y형 인간이 아닌 복잡한 심리상태를 가지고 있고 물질적·인간적·심리적 만족으로도 통제관리가 되지 않는 존재로 보는 Z형 인간관을 표방한다.

③ **버나드의 협동체계론** 기출

ⓐ 개념 : 버나드는 조직을 협동체계로 인식했다. 즉, 인간의 활동은 시스템적으로 상호 연계되어 있기 때문에 **구성원들 간의 상호 협동**을 통해 조직목표가 달성된다고 보았다. 또한 조직의 활동이 효율적으로 이루어지기 위해서는 **조직목표와 개인의 목표가 상호 연관성**을 갖는 동시에 상호 균형이 유지되어야 한다고 주장하였다. 버나드에 따르면, 안정적인 조직 존속은 조직 구성원들의 공헌과 만족의 균형유지 여부에 달려있기 때문에 경영자의 본질적인 역할은 공헌과 만족의 균형을 유지하여 조직의 존속을 굳건히 하는 것이라고 주장하였다. 버나드 이론의 키워드는 협동체계, 공통의 목적·공헌, 커뮤니케이션, 권한수용이론, 조직균형론 등이다.

ⓑ 내용 및 특징

• 조직의 경영적·기술적 측면보다 사회적·심리적 측면을 강조하였다.

• 조직을 '2인 이상의 힘과 활동을 의식적으로 조정하는 협동체계'라고 정의하고, 조직을 사회체계로 간주했다. 다시 말해 버나드는 조직이란 목적 달성을 위한 인간의 협동적 노력의 결합체, 즉 협동 시스템(Cooperative System)이라고 하였다.

• 버나드의 권한수용이론(Acceptance Theory of Authority)은 구성원의 동의 형성을 매우 중시한다. 즉, 권한은 명령 주체인 상급자의 지위가 아니라 명령 대상자인 하위직원의 수용의사에 있다고 주장했다. 수용을 위한 필요조건에는 전달내용의 명확성, 조직목표와 개인목표의 조화 및 합치, 전달내용에 따른 대응능력 보유 등이 있다. 버나드의 권한수용이론은 베버나 전통적 이론에 있어서 합법적 지위에 의한 권한과는 본질적으로 다르다.

• 조직에 있어 능률성(욕구충족도)에 의한 대내적 균형과 유효성(목표달성도)에 의한 대외적 균형이 매우 중요하다는 점을 강조했다.

④ **사이먼의 조직적 의사결정론**

ⓐ 개념 및 의의 : 사이먼이 버나드의 이론을 의사결정이란 주제를 중심으로 더욱 개선·발전시킨 것이다. 개인은 행동을 하기 전에 어떤 행동을 할지에 대해 자신의 의사를 결정하게 된다는 사실을 인식하고 그 의사결정을 관리론의 주요 연구대상으로 삼은 것이다. 사이먼 조직이론의 키워드는 의사결정시스템, 관리인 가정, 관리의 핵심은 의사결정 등이다.

ⓑ 내용 및 특징

• 사이먼은 조직관리의 핵심을 의사결정으로 보았으며, 자신이 주장하는 의사결정을 제한된 합리성을 갖는 관리인 모델로 설명하고 있다. 즉, 인간을 제한된 합리성을 갖는 관리인으로 인식한 것이다.

• 사이먼은 조직을 제한된 합리성을 갖는 작업자와 경영자의 의사결정 시스템이라고 하며 개인목표와 조직목표의 조화를 강조하였다.

• 권한 수용설의 입장을 취한다. 즉, 관리의 핵심 의사결정에 있어서 구성원들의 동의형성 및 자기통제를 강조했다.

• 조직이 사용할 수 있는 영향력은 첫째, 조직에서 부여하는 권력, 둘째, 종업원들의 자기통제이며, 자기통제를 발전시킬 수 있는 방안에는 조직에 대한 충성심 혹은 일체감, 종업원에 대한 유효성 기준의 설득, 그리고 교육 훈련 등이 있다.

(6) 행동과학이론 기출

① **등장 배경 및 개념** : 제2차 세계대전 후 1950년대에 심화된 사회 상황의 복잡성으로 야기된 개별 학문분야의 한계를 극복하기 위해서 종합 과학적 연구방법론을 통해 인간행동의 일반적 원리를 발견하려는 시도로서 행동과학이론이 등장하게 되었다. 행동과학은 종합적인 학문으로 **인간의 모든 행위를 과학적으로 연구·분석함**으로써 인간 중심 경영의 기본방향을 제시해 준다. 또한 개인의 주관이 개입되지 않은 **객관적·과학적인 방법**으로 수집된 실증적 증거를 토대로 인간행동을 설명하기 때문에 인간행위에 관한 일반화가 가능하다.

② **내용 및 특징**

　㉠ 행동과학의 연구 대상은 인간의 모든 행동 또는 행위이며, 연구 방법은 과학적 연구방법과 개별 사회과학을 망라하는 종합 과학적 접근방법이다. 이 두 가지를 행동과학이 갖춰야 할 핵심 요건 이라 말할 수 있다.

　㉡ 변화 담당자와 권력 평등화 개념이 행동과학의 가장 중요한 특징이다. 행동과학자들은 구성원들의 행위를 통해 현상을 설명할 뿐만 아니라, 구성원들에게 체계를 변화시키는 변화 담당자로서의 역할도 강조하고 있다[베니스(W. G. Bennis)]. 또한 행동과학자들은 **협동–동의 체계** 또는 **권력 평등화 체계**를 매우 중시하고 있다. 셰퍼드는 전통적 경영이론을 '강압–타협' 체계로 규정했는데, 여기서 강압–타협이란 조직이 인간을 지배하고 인간은 조직에 의해 구속·통제당하면서도 고용계약과 물질에 의해 연결되어 있는 조직과 인간의 관계(타협의 관계)를 의미한다. 이러한 체계는 여러 가지 부정적 결과를 일으켰는데, 이에 대응하여 행동과학자들이 제시한 것이 '협동–동의' 체계 또는 '권력평등화' 체계이다.

　㉢ 인간에 대한 일반이론의 수립을 목표로 제 과학 분야에서 이루어지는 행동연구를 하나의 통일적 이론체계로 종합하려는 학문의 성격이 짙다. 즉, 심리학, 사회학, 인류학 등을 배경으로 객관적 방법에 의해 수집된 실증적인 증거를 토대로 인간행위에 관한 일반화를 시도한다.

> **더 알아두기**
>
> **리버트(H. J. Leavitt)의 권력평등화에 대한 설명**
> - 인간의 정신·정서, 즉 사기, 감정, 심리적 안정에 주로 관심을 집중함
> - 개인–집단 및 조직에 있어서 점진적이고 내부적으로 발생한 변화를 높게 평가
> - 과업의 성취뿐만 아니라 인간의 성장과 실현에 많은 가치를 두며 이 양자 간의 인과관계의 정도를 파악하려고 함
> - 조직에 있어서 권력은 현존하는 권력주의적 위계질서에서보다는 공평하게 배분되어야 함

궁극적으로 행동과학이론은 인간의 모든 행위를 종합 과학적 연구방법에 따라 규명하는 학문으로 인간 중심 경영의 기본 방향을 제시해 주고 있다.

(7) 시스템(체계)이론 vs 상황이론 vs 전략적 선택이론 – 현대경영이론

과학적 관리론과 인간관계론 등 고전 및 근대의 시기를 거치면서 지속적으로 수정·개선·발전해 온 경영조직이론은 현대에 이르러 정보화 시대의 도래와 함께 체제이론과 상황이론으로 수렴되었다. 이 두 이론은 버나드, 가우스, 셀즈닉 등의 생태론에 의해 발생된 환경 결정론적 기반을 가진다. 조직이 주관적 전략에 의해 능동적으로 변화한다는 이론이 아니라, 객관적 행태주의적 관점을 수용하고 있는 것이다.

상황이론과 전략적 선택이론은 조직 구성원의 관점에서 조직 전체의 입장인 시스템적인 관점의 문제를 바라보기 때문에 먼저 시스템이론을 소개하고자 한다.

① **시스템(체계)이론**

    ⊙ 시스템이론의 개념 및 의의

        • 개념 : 행동과학과 자연과학 두 분야에 뿌리를 두고 있는 시스템이론은 조직을 개방 시스템으로 보고, 조직의 여러 문제에 접근한다. 시스템(체계)이론은 크게 사회체계이론(Social System Theory), 일반체계이론(General System), 생태체계이론(Ecological System)으로 분류할 수 있는데, 이 3가지 시스템이론 중에서 경영조직과 관련해서는 주로 일반시스템이론을 적용하는 것이 일반적이다. 일반체계이론은 유기체와 환경 간의 체계적인 상호작용, 상호관련성을 전체성, 상호성, 개방성의 개념으로 설명하고 분석하려는 일반과학이라고 할 수 있다. 따라서 본서에서 다루는 시스템이론은 일반시스템이론에 입각한 이론 전개임을 밝혀두는 바이다.

        • 시스템이론의 경영학에 대한 기여

            - 첫째, 이전에 경영이나 조직을 폐쇄체계로 보았던 관점에서 탈피하여 외부환경과 관련하여 상호작용하는 개방체계로 파악하게 되었다.

            - 둘째, 조직에서 나타나는 복잡한 개념들을 체계적으로 이해할 수 있도록 조직을 몇개의 하위시스템으로 구분할 수 있게 해주었다.

    ⊙ 시스템 개요

        • 개념 : 시스템이란 시스템 내의 모든 요소들이 서로 유기적인 관계를 가진 구성체를 말한다. 즉, 시스템을 단순한 부분의 합이 아니라, 복잡하지만 통일된 전체를 이루는 상호 유기적으로 관련된 부분들의 집합으로 정의한다(일반시스템이론적 정의).

        • 특징

            - 목표 지향성(Goals)

            - 개방성(Openness)

            - 전체성(Wholism)과 경계성

            - 상호관련성(Interrelatedness) 및 의존성

            - 통제 메커니즘(Control Mechanism) : 통제가능성

            - 계층성

            - 균형 유지성 : 체제는 환경과의 상호작용을 하면서 체제가 존속하기 위한 항상성·균형성을 견지함

        • 시스템 유형 분류 : 시스템은 크게 개방 시스템(Open System)과 폐쇄 시스템(Closed System)으로 나뉜다. 그러나 폐쇄 시스템은 실제 적용이 어렵기 때문에 일반적으로 시스템이라 하면 개방 시스템을 의미한다.

        • 폐쇄 체계(Closed System)

            - 시스템이 자신이 존재하고 있는 환경으로부터 격리되어 있다는 개념이다. 즉, 환경의 영향은 무시되거나 고려된다고 해도 거의 미미한 수준에 그친다.

            - 과학적 관리이론이나 고전적인 관리이론, 관료제론 또는 인간관계론 등에 대한 주요 비판 중 하나는 이들 이론들이 폐쇄 체계라는 비현실적 가정을 조직이론에 적용하고 있다는 것이다.

- 개방 체계(Open System)
  - 시스템의 구성부분이 시스템의 경계를 넘어 외부환경과 상호작용하는 것을 인정한다.
  - 개방 체계는 그 관련요소가 많아짐으로써 더욱 복잡한 복합적 개념이 된다.
  - 자원, 에너지, 정보를 받아들이고 이를 전환시켜 재화와 서비스의 형태로 산출하는데, 이때 지속적으로 피드백이 이루어져서 환경과 균형 상태를 유지하게 한다.
- 환경과의 균형 유지를 위한 자기통제 사이클(시스템의 유지ㆍ존속 목적) : 개방 시스템 하에서 시스템과 상호작용하는 환경과의 관계를 설명하기 위해서는 다음의 4가지 개념에 대한 이해가 필요하다(투입, 전환, 산출, 환류).
  - 투입 : 체제의 전환과정에 환경의 영역으로부터 물적ㆍ인적 자원이 유입되는 것
  - 전환 : 환경으로부터 유입된 투입물을 산출물로 전환시키는 과정
  - 산출 : 체제의 전환과정을 거쳐 나온 조직 활동의 결과물
  - 환류 : 산출물이 환경에 영향을 주고 난 결과 등을 다시 투입 단계에 전달하는 과정
- 하위시스템의 분류(상위시스템과 하위시스템) : 시스템이론에서는 조직에서 나타나는 여러 가지 복잡한 개념들을 체계적으로 이해할수 있도록 조직을 몇 개의 하위시스템(Subsystem)으로 구분ㆍ분류한다. 즉, 조직은 5가지 하위시스템이 상호작용하면서 하나의 전체 시스템을 형성하게 된다. 카스트(Kast)와 로젠스위그(Rosenswig)는 하위시스템을 다음의 5가지 시스템으로 분류ㆍ구성하였다.
  - 목표ㆍ가치 하위시스템
  - 사회ㆍ심리적 하위시스템(행동과학)
  - 기술적 하위시스템
  - 구조적 하위시스템
  - 관리적 하위시스템

② **상황이론**

ㄱ 개념 및 의의 : 상황이론은 시스템이론이 갖는 지나친 추상성과 일반성의 한계를 극복하고 **조직이나 경영에 효율적으로 적용할 수 있는 보다 현실적인 이론으로 발전**시키고자 하는 시도로서 나온 이론이다. 조직설계 및 경영관리의 보편성을 강조하는 상황이론적 접근법은 개인이나 조직이 처해 있는 상황이 경영관리에 중요한 역할을 한다는 전제 하에 상황 및 환경이 달라지면 유효한 조직도 달라진다는 상황과의 적합성을 강조하는 이론이다. 따라서 상황이론은 조직 유효성의 제고를 위해서 조직과 환경 간의 적합관계 및 하위시스템 간의 적합관계가 충족되어야 한다고 강조하면서, 구조시스템이 조직 유효성에 중요한 영향을 미친다는 전제 아래 구조와 환경, 구조와 기술, 구조와 규모와의 관련성 규명에 연구를 집중하고 있다. 상황이론적 접근법은 어떤 상황에나 모두 적용되는 보편론적 관점을 부정하고 있다. 조직 상황이론의 대표적 학자로는 로렌스, 로쉬 등이 있으며, 조직의 유효성을 위한 분화와 통합을 강조했다.

     ⓛ 상황이론의 연구모형
- 상황이론의 전제조건
  - 경험적 자료의 체계적 수집을 기초로 한 조직에 관한 연구일 것
  - 다변량적 연구일 것
  - 상이한 조건 하에서 조직이 어떻게 기능하는가를 설명하려는 의미에서 조건적일 것
  - 조직에 초점을 맞추고 있는 특정한 조사방법, 특정한 학문영역 혹은 개념적 틀에 구속되지 않을 것
- 상황이론의 변수 `기출`
  - **상황변수**(환경, 기술, 규모)
  - **조직특성변수**(조직구조, 관리체계)
  - **조직유효성변수**(성과, 능률)
  ※ 상황적합이론의 고유변수 관계: 상황변수 + 조직특성변수(적합/부적합) = 조직유효성변수
- 조직 유효성에 대한 두 가지 접근법 : 목표 접근법과 시스템 접근법
  - 목표 접근법
    ⓐ 조직 유효성 평가기준을 조직의 목표달성도로 파악하는 것으로서, 조직의 궁극적인 목표와 목표에 대한 일반적인 합의로 목표에 대한 진전도도 측정 가능하다. 반면, 조직 분위기의 파괴나 종업원들의 불만이 누적될 우려가 있다.
    ⓑ 측정지표 : 생산성, 이윤, 투자수익률, 매출액, 매출액 이익률
  - 시스템 접근법
    ⓐ 목표보다는 도달하는 수단과 과정을 중시하며 환경과의 우호적인 관계가 조직의 생존에 중요하다.
    ⓑ 측정지표 : 직무만족, 조직몰입, 근로생활의 질, 이직률, 결근율

ⓒ 내용 및 이론적 특성
- 상황이론에서는 조직의 객관적인 결과로서 조직성과에 주목하면서 상황에 따라 각 조직이 어떠한 특성을 가져야 하는가를 보여주고 있다. 그리고 조직의 구성요소 간의 적합성 모색(하위 시스템 간의 적합관계, 조직과 환경 간의 적합관계)은 조직의 유효성 증진에 기여한다고 주장하면서 조직을 분석 단위로 연구한 중범위 이론이다.
- 조직의 상황변수인 환경, 기술, 규모와 조직구조의 적합성을 높이는 것이 조직의 유효성(효과성)을 높인다는 전제 하에 상황이론의 연구결과는 환경과 조직구조, 기술과 조직구조, 규모와 조직구조로 구분하여 다양하게 제시되고 있다.
- 환경을 독립변수, 조직을 종속변수로 보는 상황이론은 조직이 임의적으로 환경을 변화시키거나 적극적 대응 능력의 유효성을 인정하지 않은 피동적·수동적·결정론·운명론으로 규정된다.
- 조직은 환경변화에 따라 조직구조의 설계와 관리방법을 달리해야 한다는 관점으로서 조직에 맞는 정해진 유일한 최선의 방법은 없다고 본다(중범위 이론). 즉, 조직의 유효성이라는 변수를 위하여 조직구조와 상황변수의 관계를 살펴보는 이론으로 모든 상황에서 유일한 최고의 방법이란 있을 수 없다고 주장한다.

③ **전략적 선택이론**

　　㉠ 개념 및 의의 : 전략적 선택이론은 **상황이론에 대한 경쟁적인 패러다임**으로 등장했기 때문에 두 이론 간에는 유사점과 차이점이 공존한다고 볼 수 있다. 즉, 전략적 선택이론은 상황이론의 연구와 동일한 분석수준(미시적 분석방법으로 조직현상을 연구)을 취한다는 공통점이 있으나, 인간 본성의 기본가정에서는 결정론이 아닌 임의론적 입장을 취한다는 차이가 있다. 전략적 선택이론은 차일드에 의해서 도입되었는데, 차일드는 조직설계를 결정론적으로 설명하고 있는 시스템 구조적인 상황이론을 비판하면서 조직과 환경의 관계에서 최고경영자의 역할을 강조한다. 즉, 이 개념은 의사결정자들이 일정한 선택의 재량을 가지고 있다는 것을 강조하고 있는 것이다.

　　㉡ 전략적 선택이론의 개념모형

　　　• 현실의 경영자들은 최적의 성과수준을 추구하는 것이 아니라 만족할 정도의 적정한 성과 수준을 추구한다.

　　　• 인간 본성의 기본가정에서는 결정론이 아닌 임의론을 지향·강조하고 있는데, 객관적 환경의 특성보다 경영자에 의해서 주관적으로 지각되고 평가된 환경 평가결과에 따라 내부조직의 구조와 관리과정이 확립된다고 본다.

　　　• 현실의 기업은 환경(사회적·시장경제적·정치적 환경 등)의 영향을 일방적으로 받아들이기보다는 환경을 적극적으로 관리·조작할 수 있다고 본다.

　　㉢ 내용 및 특성

　　　• 차일드(Child)는 구조적 상황이론이 관리에 의한 전략적 선택의 가능성을 무시하는 결정론적 편견을 지녔다고 비판을 가하면서 전략적 선택이론을 주장하였다. 즉, 상황이론은 환경에 대한 조직의 적극적 대응전략을 제시하지 못했으며, 조직 – 환경 간 매개작용을 하는 경영자의 역할을 고려하지 않았다는 것이다. 그러나 전략적 선택이론에서는 조직을 때로로 **환경을 조직에 유리하도록 조종·통제할 수 있는** 영향력과 스스로 창조할 수 있는 능력을 가진 존재로 보며, 환경결정론자들이 주장하는 것보다 경영자들은 더 많은 자율성을 가지고 조직의 유효성을 높여 조직발전을 추구할 수 있다고 주장한다.

　　　• 조직의 구조는 의사결정권자들의 능력에 의해 환경변화에 잘 적응하고 능동적으로 대처할 수 있도록 전략적으로 선택·결정될 수 있다는 점을 강조한다. 즉, 의사결정권자(관리자)가 자율적 재량에 따른 결정으로 오히려 필요할 때 조직특성을 환경에 적응시킬 뿐만 아니라 환경을 능동적으로 통제할 수 있다고 본다.

　　　• 전략은 일시적 처방이 아닌 지속적, 미래지향적인 방향성을 가지고 수단과 목표를 포함하는 개념이며, 환경 변화에 잘 적응하는 의사결정의 기준과 지침이 되기도 한다. 그러므로 전략이 변화하면 조직구조도 따라서 변화해야 한다는 전략 결정성의 의미를 가지고 있다. 여기서 챈들러는 전략이란 조직의 목표설정과 그에 따른 행동의 방침 내지 방향을 설정하여 목표를 달성하는 데 필요한 자원을 배분하는 것이라고 하였다.

제2절　직무성과

1 직무성과 관리의 개념 및 의의

성과관리는 조직이나 개인이 수행하는 제반 합목적적인 활동과 결과를 미리 설정한 성과지표에 따라 평가하고 그 평가결과를 기초로 사후 관리하는 일련의 체계적인 절차이다. 즉, 직무성과 관리란 기업의 전략과 종업원의 공헌을 연결시키는 방법론이며 전략에 기초를 둔 개념으로 기대 공헌도를 명확히 하고 실현하되 공헌에 대한 평가나 공헌까지를 일관된 흐름으로 관리하는 통합적모델인 것이다. 따라서 성과관리는 조직을 구성하는 비전, 미션, 전략, 조직문화와 구조, 그리고 업무방식 등 개별적 요소와의 연관 속에서 파악되어야 한다. 종업원의 직무성과에 영향을 미치는 요인으로는 직무능력과 근로의욕, 일을 수행하는 데 필요한 권한이양, 능력을 활용·발휘를 할 수 있게 하는 제도적 환경 등이 있다.

2 직무성과 관리의 체계

성과관리 과정은 성과계획(Planning), 성과모니터링(Monitoring), 개발(Development), 성과평가(Assessment), 보상(Rewarding)의 단계들이 서로 피드백(Feedback)하며 이루어지는 체계적인 과정이다.

(1) 조직목표 수립 및 상호협의를 통한 구체적 목표설정

조직 전체 수준(상위시스템)에서 목표를 수립하고 이를 기초로 해 하위부문 관리자와 종업원이 공동으로 단기에 달성할 목표를 구체적으로 결정한다. 상위시스템의 목표를 하위시스템에 구체적으로 할당함으로써 종업원에 대해 기대되는 직무성과 수준을 확립하는 단계이다. 이 경우 목표는 측정 가능하고 계량화할 수 있도록 설정되어야 하며 구성원의 능력범위에서 달성 가능하도록 적정수준으로 정해야 한다.

(2) 실행 및 중간피드백

종업원은 자기통제·자기책임 하에 목표를 수행하고 중간피드백 단계에서 달성결과를 검토하여 앞으로의 계획과 방안을 세운다. 이 과정에서 상사의 적극적인 지도와 상담, 지원 등이 요구된다.

(3) 평가와 보상

기말에 달성성과와 목표를 비교하여 그 차이와 원인을 공동 분석·평가하고 그 직무성과에 입각해서 적절한 보상 또는 징계를 한다. 직무성과 관리의 결과는 능력개발, 생산성, 징계, 승진, 승급, 해고 등으로 이어지게 된다.

(4) 피드백

평가 후 앞으로의 목표와 계획에 대해 토의하고 이것이 차기의 목표설정으로 연결됨으로써 목표관리 사이클이 계속 진행되어 나간다.

3 종업원의 직무성과 평가방법 기출

종업원의 직무성과 평가방법에는 직무성과 업무보고에 의한 방법, 기록에 의한 방법, 성적순위 서열법, 인물 명세표에 의한 방법, 척도에 의한 방법이 있다.

(1) 직무성과 업무보고에 의한 방법

평가기간 중에 이루어진 작업성과를 구체적이면서 자유로이 기술하는 방법으로 평가결과를 종업원에 대한 지도 감독 및 상급직원에 대한 평가에 활용할 경우 유용한 방법으로 다양한 직종에 적용 가능하다. 직무성과 보고에 의한 방법에는 자유 기술식 업무보고법과 웨이트식 업무보고법이 있는데, 특히 자유 기술식 업무보고법은 평가기간 중 종업원이 보여준 성적·성격 등을 중심으로 평가하는 방법인데, 평가 자의 표현능력 및 보고능력에 평가결과가 좌우될 우려가 있으며 자유 기술식으로는 서열을 정하기가 어렵다는 문제점이 있다.

(2) 기록에 의한 방법

기록에 의한 직무성과 평가방법은 데일 요더(Dale Yoder) 교수가 제안한 방법으로 산출 기록법, 정기적 시험법, 가점 감점법 등의 방법이 있다.

① 산출 기록법

산출 기록법은 일정기간 내의 작업량 또는 일정 작업량 수행에 드는 시간을 산출하여 이를 기준으로 성과를 평가하는 것이다. 따라서 작업량을 양적으로 파악하는 작업이 우선되어야 하는데 이를 위해 서는 필히 직종이 고려되어야 하며 그에 따라 표준작업량이나 표준 작업 시간이 산정되어야 한다. 산출 기록법은 단순 연속생산 작업에만 사용될 수 있다. 일반 종업원 평가에 사용될 경우 작업의 질, 태도, 방법 등의 평가요소 측면에서 가점요인이 많아진다.

② 정기적 시험법

평가기간 내 일정 시점에서의 작업량을 조사하여 이를 전 기간의 성과로 추정하고 평가하는 방법이 다. 이 방법은 단순사무 작업이나 수공업 작업에는 유용하나 기계작업에 주로 의존하는 대규모 생산 에는 유용하지 않다.

③ 가점 감점법

평가기간 중 종업원의 작업태도, 작업방법, 성과 등에 대한 구체적인 사실, 사실 발생여부, 발생횟 수 및 효과정도 등을 직접 점수로 환산, 가감하여 평가하는 방법이다.

예를 들면, 종업원에 의한 생산수량, 불합격 품목 수, 원재료 소비량, 사고 수 또는 보고서 제출 수, 판매량 및 판매계약 건수 등을 점수로 환산하고 가감하여 성과를 평가하는 것 등이다.

(3) 성적순위 서열법

종업원평가 방법 중 가장 원시적인 방법으로서 직무평가의 순위법과 같이 종업원에게 순위나 번호를 매겨서 그 순위를 나타내는 숫자를 피평가자의 득점으로 하는 방법이다. 성적순위 서열법에는 종합 순 위법과 분석 순위법이 있다.

① **종합 순위법** : 근무성적을 종합적으로 상호 비교하여 순위를 매기는 방법이다. 그러나 육감에 의한 평가에 치우치기 쉬우므로 이 방법만 단독으로 사용하기에는 문제가 있다.

② **분석 순위법** : 평가 시 여러 가지 평가 요소를 설정, 각 요소에 대하여 순위를 매긴 후 종합하여 성적을 산출하는 방법이다. 그러나 복잡하고 손이 많이 가며, 피평가자의 수가 많으면 순위를 매기기 곤란할 뿐 아니라 주관적인 성격이 강해 신뢰성 및 타당성이 결여될 가능성이 있다. 따라서 종업원 평가의 핵심요건인 객관성 확보라는 목적에 적합하지 않고, 동일집단의 순위결정에만 한정되어 상이집단의 비교가 불가능하다는 한계가 있다.

(4) 인물명세표에 의한 방법

추상적인 어구가 아니라 행동이나 태도를 구체적인 평가요소의 항목으로 명기하여 해당요소에 대한 내용을 체크하여 평가하는 방법이다. 인물명세표에 의한 방법에는 프로브스트법, 종합 평정법 등이 있다.

① 프로브스트법(체크리스트법)

평가자는 평가요소의 우열(중요도)을 고려하지 않고 해당요소에 체크만 하고, 채점기준이나 종합성적 산출은 인사 담당 부/과에 전담시키는 방법이다. 이 방법에서는 평가자가 자신이 평가한 종합성적을 알 수 없게 되어 있어 정실에 치우칠 위험이 적고 비교적 객관성이 높은 평가결과를 얻을 수 있다.

② 종합 평정법

분석적 평가법과 대립되는 개념으로 피평가자를 종합적·전체적 관점에서 평가하려고 하는 방법이며 척도법의 대표적인 방법이다. 그러나 종합 평정법만으로는 직감에 의한 평가(주관성, 편견성)에 빠지기 쉬우므로 이 결점을 보완하기 위해 분석적인 평가방법을 보조적으로 활용하고 있다.

(5) 척도에 의한 방법

종업원을 분석적으로 평가하기 위하여 성격·능력 및 그 외의 특성에 따라 평가요소를 단계별로 나누어 기호 또는 척도로 체크하여 평가하는 방법이다. 척도에 의한 종업원 직무성과 평가법에는 도식평정 척도법, 성적 평어법, 단계 택일법 등이 있다.

① 도식평정 척도법

평가척도를 직접 도식으로 표시하는 방법으로 그 척도를 잘 볼 수 있고 정해진 점수에 따라 자동적으로 수치를 환산할 수 있어 직종에 상관없이 일반적으로 사용할 수 있는 방법이다. 도식평정 척도법에는 연속 척도법과 비연속 척도법이 있다.

㉠ 연속 척도법 : 각 평가요소마다 종업원이 가지는 특질이나 직무수행 등의 능력정도에 대하여 체크할 수 있도록 되어 있다.

㉡ 비연속 척도법 : 평가요소의 척도를 여러 단계로 구분하여 각 단계에 각기 수치·평어·형용사 등을 붙여 피평가자를 각 단계에 결부시키는 방법이다.

② 성적 평어법

몇 가지 평가요소를 설정하고 요소마다 몇 개의 단계로 구분하여 각 단계에 수, 우, 미, … 또는 A, B, C, … 등의 등급을 부여하고 이를 기준으로 성적을 산출하여 피평가자를 평가하는 방법으로 등급법 또는 집단 순위법이라고도 한다. 이 방법은 평가자에 따라 평가기준이 상이하여 신뢰성이나 객관성을 기대할 수 없다는 문제가 있다.

4 직무성과 평가 시 발생 가능한 오류 [기출]

(1) 논리오차

논리적 상관성이 있는 항목들에 대하여 어떤 한 항목이 우수하면 다른 항목도 그것과 상관성이 있기 때문에 우수하다고 생각하기 쉬운 경향이다.

(2) 상동효과(Stereotyping) [기출]

개인차를 무시한 채 소속집단에 대한 고정관념을 토대로 지각함으로써 개인의 행동·성격을 소속집단의 속성으로 범주화시키는 경향으로 일종의 고정관념이나 편견에 의한 대인 평가이다. 즉, 상동적 태도란 피평가자에 대한 편견에 의해 발생하는 오류이다. 예를 들면, 그 사람의 출신 대학이나 출신 고향 등이 평가에 영향을 미치는 경우가 이에 해당한다.

(3) 후광(광휘/현혹)효과(Halo Effect) [기출]

평가대상의 능력 중 특정한 요소가 유난히 뛰어나거나 부족할 때 그 외의 평가요소에 대해서도 그 특정요소에 대한 평가의 후광(광휘)을 받아서 뛰어나게 보이거나 못하게 보이는 경향을 말한다. 예를 들어, 영어를 잘하면 근면·성실성도 같이 좋게 평가되기 쉬운 것과 같은 오류를 말한다.

(4) 항상오차[관대화(Leniency)·가혹화(Strictness)·중심화(Central Tendency) 경향]

대상의 평가기준이 일정하지 않은 데서 기인하는 오류로, 개인을 평가할 때 평가기준의 제반사항을 고려하지 않고 어려운 결정을 회피하기 위해 모든 사람에게 관대한 점수를 부여하는 관대화 경향, 반대로 가급적 나쁘게 평가하는 가혹화 경향, 차등이나 차별을 피하려고 모두를 유사하게 평가하거나 피평가자에 대해 잘 모를 경우 부정도 긍정도 아닌 평가를 내리는, 즉 판단을 기피하여 중간 정도로 판단하는 중심화 경향이 있다.

(5) 대비효과(Contrast Effects) [기출]

특정 평가 대상자에 대한 평가결과가 다른 평가 대상자를 평가하는 데 영향을 주게 되는 것을 말한다. 즉, 먼저 평가한 대상에 적용된 평가기준이 다른 평가자에게도 영향을 미치는 것이다. 시간적으로 바로 이전의 것이나 공간적으로 바로 옆의 것과 대조하면서 대상을 실제보다 과소·과대평가하는 것을 말한다.

(6) 유사효과(Similar-to-Me Effect)

평가자가 자신의 속성(가치관, 태도, 취미, 성별, 종교, 정치적 입장, 연령, 학력 등)과 유사한 속성을 가진 사람에게 더 후한 평가를 하는 오류를 말한다.

5 직무성과 평가과정의 합리성 제고 방안

(1) 평가 상의 심리적 영향 최소화

대상을 평가를 하는 데 있어 일반적으로 항상오차, 광휘효과, 논리오차라고 불리는 심리적인 오차가 발생할 수 있다.

(2) 평가대상의 배열순서에 따른 영향 최소화

평가대상의 배열순서에 의해서 발생하는 평가 상의 오차이다.

(3) 평가기준의 동요 최소화

① 동일 대상에 대한 평가는 가능한 짧은 시일 내에 완료한다.
② 육체적·정신적으로 여유가 있고 안정적일 때 평가를 행한다.
③ 평가요소의 정의나 단계구분 기준이 구체적이고 명확하게 설정되어 다른 평가자가 평가를 수행할 때에도 이 정의나 기준을 이해·적용하는 데 문제가 없어야 한다.
④ 3명 이상의 평가자가 3회 이상 평가하여 그 평균의 중위수를 취한다.

6 종업원 평가결과의 조정방법

(1) 척도측정 조정방법

각 부문의 성적을 산출해서 평가 성적이 우수한 부서의 각 소속원들의 점수에 가산점을 부여해 주는 방법이다.

(2) 편차치(표준점수) 조정방법

평가 대상자들 간의 점수 차가 크지 않고 근소한 차이일 경우 판정을 용이하게 하기 위해 각자의 점수를 편차치로 환산하는 방법이다. 편차치로 환산하면 격차가 커져 판정하기가 훨씬 쉬워진다. 즉, 승진 대상인 두 사람의 평가결과가 근소한 차이(가령 0.5점 차이)여서 결정이 어려울 경우 편차치로 환산하면 격차가 커져 결정이 쉬워진다.

(3) (종합평가 시) 조정과 결과연결의 구별방법

조정과 결과연결은 일반적으로 구별해야 하는 것이다. 조정의 기능은 부서 내 불공평성이나 편차가 심한 부문 간의 불평등을 시정하는 것이고, 결과에 대한 연결은 조정완료 후 목적에 따라 실행하게 된다.
① **산술적 평가에 의한 조정방법** : 각 부서 평가점수의 평균치와 전부문의 평균치를 계산하여 그 차이를 조정(+/−)하는 방법이다.
② **정규분표에 의한 조정방법** : 각 부서의 인원수를 기준으로 순위별 인원수를 미리 할당해 두는 방법으로 조정의 번거로움을 사전에 제거하는 방법이다.

제3절　조직몰입

1 조직몰입의 개념 및 특징

(1) 조직몰입의 개념

조직몰입(Organizational Commitment)이란 조직 구성원 개개인의 조직에 대한 동일시와 몰입의 상대적 정도, 즉 한 개인이 자기가 속한 조직에 대해 어느 정도의 일체감을 가지고 조직활동과 직무에 몰두하느냐 하는 정도를 의미한다.

마우데이(Mowday)에 따르면 조직몰입이란 개념 속에는 '조직 구성원으로 계속 남아 있고자 하는 강한 욕망', '조직을 위해 자발적으로 높은 수준의 노력을 경주하려는 정도', '조직의 가치와 목표를 신뢰하고 수용하려는 단호한 신념'이라는 3가지 의미가 내포되어 있다. 개인의 조직에 대한 태도가 조직몰입이며 직무만족에 의해 조직몰입이 증대된다.

(2) 조직몰입의 특징 [기출]

① 조직에 대한 정서적 반응이다.
② 직무만족과 같이 주관적 개념이다.
③ 조직에 대해 원하는 것과 실제 얻는 것과의 비교로 나타난다.

(3) 조직몰입의 차원(유형) [기출]

① **정서적 몰입** : 조직 구성원이 조직에 대해 정서적 애착과 일체감을 가지고 동일시하는 몰입 차원
② **지속적 몰입** : 현 조직을 떠나 다른 조직으로 이동할 때 발생하는 비용 때문에 현 조직에서 구성원으로서의 자격을 지속적으로 유지하려는 심리적 상태에 따른 몰입 차원
③ **규범적 몰입** : 조직에 머물러 있어야 한다는 종업원의 의무감에 기초한 몰입 차원

2 조직몰입의 선행변수와 결과변수

조직몰입은 개인-직무-구조-작업경험과 같은 선행변수에 의해 참여도-잔류의도-직무몰입-직무노력과 같은 결과변수가 도출된다.

(1) 선행 변수(결정 요소) [기출]

① **개인적 요인** : 개인적 요인에는 연령, 근속년수, 성별, 학력 등이 있으며 고연령, 장기근속, 여성, 저학력일수록 몰입도가 높게 나타나는 경향이 있다.
② **직무관련 특성** : 직무 충실화가 실현된 직무를 맡은 종업원일수록, 역할 갈등과 역할 모호성이 적은 직무를 맡고 있는 종업원일수록 조직몰입도가 높게 나타난다.

③ **구조적 특성** : 조직규모, 통제범위, 공식화와 분권화 정도, 의사결정 참여 정도 등을 말하며 분권화된 조직이나 근로자 소유의 협동체에서 일하는 조직 구성원일수록 조직몰입도가 높다.

④ **작업 경험** : 일련의 작업관련 경험(집단의 태도, 직무 중요성, 직무상 기대 충족 등)도 몰입도와 관련이 있다. 즉, 종업원이 자기 직무가 조직에 특히 중요하다고 생각할수록, 조직이 자신들의 복리후생에 진심으로 관심이 있다고 인식할수록, 종업원의 기대가 직무상에서 충족되고 있다고 느낄수록 조직몰입도가 높게 나타난다.

(2) 결과 변수

① **참여도** : 조직 목표나 결과를 수용하고 공유하는 종업원들은 조직 활동에 적극적으로 참여하고 결근율도 낮다.

② **잔류의도** : 조직몰입이 강한 조직 구성원일수록 조직에 남아있으려는 의지가 강하다. 따라서 조직몰입도와 이직률 간에는 역의 관계가 있다고 할 수 있다.

③ **직무몰입** : 직무는 조직 목표 달성의 주요 메커니즘인데, 조직 구성원이 조직과 일체감을 느끼고 조직 목표를 신뢰할수록 직무에 몰입하게 된다. 단 과업의 요구사항에 거부감을 갖는 경우 조직몰입은 가능해도 직무몰입은 어려운 경우가 있을 수 있다.

④ **직무노력** : 조직몰입이 강한 조직 구성원일수록 조직을 위해 직무에 많은 노력을 기울이게 된다. 그러나 이러한 노력이 곧 성과로 이어지는 것은 아니다. 왜냐하면 이러한 성과는 개인의 능력 변수, 직무설계 변수, 상황 변수 등의 여러 요인에 의하여 보다 직접적으로 영향을 받아 결정되기 때문이다. 따라서 조직몰입과 성과와의 관련성은 그리 분명하지 않다(간접적・제한적 영향).

3 조직몰입 관리 방안

(1) 조직몰입의 한계 및 관리의 필요성

과도한 조직몰입으로 인해 직원의 이동성이나 경력발전 저해, 승진기회 감소, 신규인원 유입의 제한으로 아이디어가 제한되고 조직비판 의사가 소멸되어 다른 대안 모색을 저해하는 집단 의사현상 등의 역효과가 발생할 우려가 있다. 따라서 조직몰입이 구성원 및 조직에게 긍정적 동인으로 작용할 수 있게 하기 위해서는 조직몰입의 역효과를 방지하고 긍정적 효과를 촉진하는 적절한 관리방안이 요구된다.

(2) 조직몰입의 관리 방안

① 개인적 의미가 있는 목표를 성취할 수 있도록 기회를 제공한다. 즉, 개인의 욕구가 충족되도록 직원을 배치할 때 주의를 기울여야 한다.

② 가급적 조직 구성원들이 보다 많은 자율성과 책임감을 갖도록 직무를 수정한다.

③ 경영자는 조직 구성원들의 복지후생에 진심으로 관심을 갖고 실행하는 노력을 기울여야 한다.

④ 조직목표에 대한 조직 구성원들의 이해를 촉진시켜 목표를 공유할 수 있게 해야 한다.

4 조직몰입과 결근율 및 이직률과의 관계

조직몰입과 결근율 및 이직률의 관계는 직무몰입과 마찬가지로 반비례 관계를 보이는데, 사실상 개인의 조직
몰입 정도는 조직 전체에 대한 전반적인 반응을 의미하기 때문에 이직의 예측 변인으로서 더욱 유용하다.

체크 포인트

조직몰입	• 조직전체에 대한 개인감정을 반영한다는 점에서 보다 포괄적인 개념이다. • 쉽게 변하지 않는다는 특성이 있다.
직무만족	• 직무나 직무와 관련된 측면에 대한 반응만 의미한다. • 직무환경의 변화에 따라 직무만족 수준은 변할 수 있다.

※ 다음 지문의 내용이 맞으면 ○, 틀리면 ✕를 체크하시오. [1~15]

01 조직행동론은 조직 구성원 개인, 집단의 두 가지 분석수준에 초점을 둔다. ( )

02 과학적 관리론의 주요 내용으로는 체계적인 직무설계, 생산 공정의 표준화, 시간·동작연구, 차별 성과급제 등이 있다. ( )

03 페이욜의 관리 5요소는 계획, 조직, 지시, 조정, 통제이다. ( )

04 인간관계론은 공식집단의 중요성을 강조한다. ( )

05 조직은 2인 이상 사람들의 힘과 활동을 의식적으로 조정하는 협력체라고 정의한 사람은 테일러이다.
( )

06 상황이론의 변수로는 상황변수(환경, 기술, 규모), 조직특성변수(조직구조, 관리체계), 조직유효 성변수(성과, 능률) 등이 있다. ( )

07 시스템 접근법의 측정지표로는 조직몰입, 직무만족, 이직률, 근로생활의 질, 결근율 등이 있다.
( )

08 특정 평가 대상자에 대한 평가결과가 다른 평가 대상자를 평가하는 데 영향을 주게 되는 것을 중심화 경향이라고 한다. ( )

09 조직몰입의 선행변수로는 참여도, 잔류의도, 직무몰입, 직무노력 등이 있다. ( )

10 조직몰입의 결과변수로는 참여도, 잔류의도, 직무몰입, 직무노력 등이 있다. ( )

11 조직행동론의 4가지 의존적 변수에는 생산성, 결근여부, 이직, 직업만족도 등이 있다. ( )

정답과 해설 01 ✕ 02 ○ 03 ○ 04 ✕ 05 ✕ 06 ○ 07 ○ 08 ✕ 09 ✕ 10 ○ 11 ○

01 조직행동론은 조직 구성원 개인, 집단, 조직 전체 차원의 세 가지 분석수준에 초점을 둔다.
04 인간관계론은 비공식집단의 중요성을 강조한다.
05 조직은 2인 이상 사람들의 힘과 활동을 의식적으로 조정하는 협력체라고 정의한 사람은 버나드이다.
08 특정 평가 대상자에 대한 평가결과가 다른 평가 대상자를 평가하는 데 영향을 주게 되는 것을 대비효과라고 한다.
09 조직몰입의 선행변수에는 개인적 요인, 직무관련 특성, 구조적 특성, 작업 경험 등이 있다.

12 인간관계론은 합리적·경제적인 요인을 지나치게 경시하였다. ( )

13 개방체계는 시스템이 자신이 존재하고 있는 환경으로부터 격리되어 있다는 개념이다. ( )

14 조직의 유효성에 대한 두 가지 접근법으로는 목표 접근법과 시스템 접근법이 있다. ( )

15 종업원에 대한 직무성과 평가방법에는 직무성과 업무보고에 의한 방법, 기록에 의한 방법, 성적 순위서열법, 인물명세표에 의한 방법, 척도에 의한 방법이 있다. ( )

정답과 해설   12 ○ 13 × 14 ○ 15 ○
  13 폐쇄체계는 시스템이 자신이 존재하고 있는 환경으로부터 격리되어 있다는 개념이다.

01 조직은 개인들로 구성된 하나의 사회체계(사회적 집단)로서 조직 전체의 목적을 달성하기 위하여 부분적 목적을 가진 하위체계들로 구성된 통합 시스템이다. 동시에 투입·산출·피드백을 통해 외부환경과 상호작용을 하는 개방체계라는 특성을 지닌다.

01 다음 중 조직에 대한 설명으로 옳지 <u>않은</u> 것은?

① 개인들로 구성된 하나의 사회체계(사회적 집단)이다.

② 공동의 목적을 가지고 체계화된 구조에 따라 조직 구성원이 상호작용한다.

③ 조직은 폐쇄체계이다.

④ 조직 전체의 목적을 달성하기 위하여 부분적 목적을 가진 하위체계들로 구성된 통합시스템이다.

02 포터는 조직을 "합리적으로 조정·분화된 기능을 통해 정해진 목표를 달성하기 위하여 개인과 집단으로 이루어진 실체"라고 정의했으며, 조직을 "공동목표 하에서 내부관리를 위한 규제 장치와 외부환경 관리를 위한 적응구조를 발전시키는 인간 집단"이라고 정의한 사람은 카츠와 칸이다.

02 조직에 대한 정의와 학자가 <u>잘못</u> 연결된 것은?

① 힉스 – 다수의 개인들이 목표 달성을 위해 상호작용하는 구조화된 체계이다.

② 포터 – 공동목표 하에서 내부관리를 위한 규제 장치와 외부환경 관리를 위한 적응구조를 발전시키는 인간 집단이다.

③ 버나드 – 공동목표 달성에 공헌할 의지를 가진 2인 이상이 상호 의사소통하는 실체이다.

④ 베버 – 특정한 목적 달성을 위해 조직 구성원 간에 상호작용하는 인간의 협동집단이다.

정답 01 ③ 02 ②

03 다음은 관리이론의 전개과정이다. 괄호 안에 들어갈 순서대로 옳게 배열된 것은?

> 과학적 관리론 – (   ) – (   ) – 시스템이론
> – (   )

① 인간관계론, 행동과학이론, 상황이론
② 행동과학이론, 인간관계론, 상황이론
③ 행동과학이론, 상황이론, 인간관계론
④ 인간관계론, 상황이론, 행동과학이론

04 다음 중 조직행동론의 목적으로 볼 수 없는 것은?

① 인간행동의 설명
② 인간행동의 예측
③ 인간행동의 학습
④ 인간행동의 통제

05 다음 중 조직행동의 3가지 분석 수준에 해당하지 않는 것은?

① 개인 수준
② 사업 수준
③ 조직 수준
④ 집단 수준

03 관리이론은 과학적 관리론 – 인간관계론 – 행동과학이론 – 시스템이론 – 상황이론 순으로 전개되었다.

04 조직행동론의 주요 목적은 조직에서의 인간행동을 과학적으로 설명·예측·통제하는 데 있다.

05 조직행위는 조직구성원 개인, 집단, 조직 전체 차원의 세 가지 분석 수준에 초점을 둔다.

정답 03 ① 04 ③ 05 ②

06 조직행동론에서 특히 관심을 갖는 4 가지 변수가 있는데 이들은 여러 요소의 영향을 받기 때문에 의존적 (행동)변수(Dependent Variables)라 한다. 조직행동론의 구체적 목표는 바로 이 의존적 (행동)변수들(생산성·결근여부·이직·직업만족도)을 긍정적·생산적인 방향으로 관리하는 것이다.

06 조직행동론이 특히 관심을 갖는 네 가지 의존적 (행동)변수로 옳게 짝지어진 것은?

① 생산성 - 전문성 - 이직 - 직업만족도
② 생산성 - 결근여부 - 이직 - 직업만족도
③ 생산성 - 동기부여 - 직무몰입 - 직업만족도
④ 생산성 - 결근여부 - 이직 - 집단이익

07 조직행동론의 개념
• 조직행동론은 개인, 집단, 그리고 조직 차원을 체계적으로 공부함으로써 조직의 성과를 높이고 구성원의 직장생활의 질을 높이기 위한 학문 분야이다.
• 조직행동론의 연구대상은 조직 구성원들의 행동이나 태도이지만 모든 행동이나 태도는 아니다. 조직행동론의 핵심 연구대상이 되는 행동은 생산성과 근무태도(지각, 결근, 이직) 등과 같은 종업원 성과를 결정하는 요인들이다.

07 다음 중 조직행동론에 대한 설명으로 틀린 것은?

① 조직 성원들의 행동이나 태도에 대하여 체계적으로 연구하는 학문분야다.
② 개인, 집단 그리고 조직 차원을 체계적으로 공부함으로써 조직의 성과를 높이고 구성원의 질을 높이기 위한 학문분야다.
③ 조직행동론을 연구하는 목적은 조직 속에서 인간행동을 이해하고 조직의 효과성과 조직에서 개인의 혜택을 증대시키기 위한 지식을 획득하고 이를 활용하는 데 있다.
④ 조직행동론의 연구대상은 조직 구성원들의 모든 행동과 태도다.

08 관료제는 능률성, 객관성, 일관성, 획일성, 예측성, 안정성과 질서 등의 순기능과 형식주의 집착, 독선적 의사결정 및 자기 능력 과시의 폐해, 책임 회피와 분산, 의사결정 지연, 내부 관료들 간 방해 행동 발생, 파벌주의, 변화에 대한 강한 저항 등의 역기능을 함께 가지고 있다.

08 관료제에 대한 설명으로 옳지 않은 것은?

① 인간보다는 조직의 구조, 원리 등에 초점을 맞추는 이론이다.
② 조직목표 달성의 효율성 제고를 추구하는 조직이론이다.
③ 인간적인 요소에 대한 경시가 비판의 구실을 제공한다.
④ 관료제에는 순기능만 있을 뿐 역기능은 존재하지 않는다.

정답 06 ② 07 ④ 08 ④

09 다음 중 관료제의 주요 특징이 <u>아닌</u> 것은?

① 계층에 의한 관리
② 합법적인 직무배정과 직무수행
③ 규칙·법에 의한 공정
④ 공사통합

10 다음 중 Taylor 과학적 관리론의 핵심 내용에 해당되지 <u>않는</u> 것은?

① 생산 공정의 표준화
② 시간과 동작연구에 의한 과업관리
③ 기획과 실행의 통합
④ 차별적 성과급제

11 다음 중 Taylor 과학적 관리론의 특징이 <u>아닌</u> 것은?

① 기계적 능률관
② 합리적 경제인관
③ 능률지상주의
④ 공식·비공식조직 모두 인정

---

09 관료제의 주요 특징
• 계층에 의한 관리
• 합법적인 직무배정과 직무수행
• 공사분리
• 규칙·법에 의한 공정
• 신분 보장
• 직무영역의 전문성

10 Taylor 과학적 관리론의 핵심 내용
• 전문화에 입각한 체계적 직무 설계
• 생산 공정의 표준화
• 시간과 동작연구에 의한 과업관리
• 차별적 성과급제(Differential Piece-workSystem)
• 조직 구조 개편: 기획과 실행의 분리(계획 부문과 현장감독 부문을 전문화)

11 과학적 관리론은 공식적 조직만을 인정한다.

과학적 관리론의 특징
• 기계적 능률관
• 합리적 경제인관
• 능률지상주의
• 공식적 조직만을 인정
• X론적 인간관
• 폐쇄적 관점
• 생산자 관리 측면만 연구(관리자에 대한 관심이 전혀 없음)

정답 09 ④ 10 ③ 11 ④

12 페이율은 5가지 관리기능을 회계, 재무, 생산, 분배 등 전문기능과는 구분되는 개념으로 사용했다.

12 페이욜(Fayol)의 일반 경영관리론(고전적 관리론)의 내용으로 옳지 <u>않은</u> 것은?

① 조직 전체의 관리를 중시하는 이론이다.

② 페이욜이 제시한 5가지의 관리기능은 계획, 조직, 지시(지휘・명령), 조정, 통제이다.

③ 페이욜은 5가지 관리기능을 회계, 재무, 생산, 분배 등 전문기능과 동일한 개념으로 사용했다.

④ 페이욜은 모든 기업 조직이 5가지 하위체계로 구성된다고 보았다.

13 분권화가 아니라 중앙 집권화의 원칙이다.

페이욜의 14대 경영관리 원칙
- 분업의 원칙(Division of Work)
- 권한과 책임의 원칙(Authority)
- 규율의 원칙(Discipline)
- 명령 일원화 원칙(Unity of Command)
- 지휘 일원화 원칙(Unity of Direction)
- (조직) 전체 이익 우선의 원칙(Subordination of Individual Interest to General Interest)
- (적정) 보상의 원칙(Remuneration)
- 중앙 집권화의 원칙(Centralization)
- 계층 조직화의 원칙(Scalar Chain)
- 질서(유지)의 원칙(Order)
- 공평성의 원칙(Equity)
- 고용안정의 원칙[직원 신분보장・정년보장의 원칙(Stability of Personnel Tenure)]
- 능동적 창의성의 원칙(Initiative)
- 구성원 협동단결 원칙(Esprit de Corps)

13 다음 중 페이욜이 효율적・합리적 조직관리를 위해 제시한 14대 경영관리 원칙의 내용이 <u>아닌</u> 것은?

① 권한과 책임의 원칙

② (조직) 전체 이익 우선의 원칙

③ 고용안정의 원칙

④ 분권화의 원칙

 정답 12 ③ 13 ④

14 다음 중 인간관계론에 대한 설명으로 <u>틀린</u> 것은?

① 인간관계론은 인간에 대한 인식이 결여된 테일러 과학적 관리론에 대한 대안으로 제시되었다.

② 인간 중심의 경영조직이론이다.

③ 메이요 교수가 주도한 호손공장 실험이 인간관계론의 출발점이었다.

④ 호손공장 실험을 통해 사회심리적 요인보다 임금 등의 요소가 생산성 증진에 더욱 큰 영향을 미친다는 사실을 발견했다.

14 호손공장 실험
호손공장에서 메이요 교수는 조명실험, 계전기조립실험, 면접실험, 뱅크선 작업실험에서 작업환경, 근무조건, 휴식, 임금 등보다 관리자의 인간적인 대우나 구성원과의 친밀한 관계, 분위기 등과 같은 사회·심리적 요인이 생산성 증진에 더욱 중요한 작용을 하였다는 것을 발견하였다.

15 인간관계론의 주요 내용 및 특징으로 옳지 <u>않은</u> 것은?

① 사회적 능률관을 주창

② 비공식 집단 배제

③ 민주적 조직관리(민주적 리더십)와 참여를 강조

④ 인간을 피동적 존재로 인식

15 인간관계론의 주요 내용 및 특징
• 능률관 측면에서 사회적 능률관을 주창한다.
• 비공식 집단의 중요성을 강조한다.
• 민주적 조직관리(민주적 리더십)와 참여를 강조한다.
• 인간을 피동적 존재로 인식하며 능률을 중시한다.
• 팀워크를 기반으로 한 협동적 집단주의에 의한 생산성 향상을 추구한다.

16 버나드에 의해 창시되고 마치와 사이먼에 의해 계승·발전된 조직관리이론으로 보편적 관리론의 한계를 극복·보완·발전시키기 위해 대두된 조직이론은?

① 과학적 관리론

② 인간관계론

③ 근대적 관리론

④ 시스템이론

16 근대적 관리론
근대적 조직관리이론은 버나드에 의해 창시되고, 마치와 사이먼에 의해 계승·발전되었으며 과학적 관리법, 관리과정론, 인간관계론 등의 보편적 관리론의 한계를 극복하고 보완·발전시키기 위해 대두된 이론이다. 그러나 이 역시 조직을 폐쇄적 시스템으로 보는 보편적 관리론이라는 한계를 안고 있다.

정답 14 ④ 15 ② 16 ③

17 사이먼은 공식 권한설과는 대립되는 개념인 권한 수용설의 입장을 취한다. 즉, 관리의 핵심 의사결정에 있어서 구성원들의 동의 형성 및 자기통제를 강조했다.

17 사이먼의 조직적 의사결정론의 주요 내용에 해당되지 <u>않는</u> 것은?

① 조직관리의 핵심을 의사결정으로 보았다.

② 인간을 제한된 합리성을 갖는 관리인으로 인식했다.

③ 조직을 제한된 합리성을 갖는 작업자와 경영자의 의사결정 시스템이라고 하였다.

④ 공식 권한설의 입장을 취한다.

18 행동과학이론은 종합 과학적 연구방법을 택했다.

18 다음 괄호 안에 들어갈 알맞은 말은?

> (　　)이론의 연구 대상은 인간의 모든 행동 또는 행위이며, 연구 방법은 과학적 연구방법과 개별 사회과학을 망라하는 종합 과학적 접근방법인데, 이 두 가지가 (　　)이론이 갖춰야 할 핵심 요건이라 할 수 있다.

① 과학적 관리

② 행동과학

③ 상황

④ 시스템

19 행동과학의 가장 중요한 개념적 특징은 변화 담당자와 권력 평등화 개념이다. 즉, 행동과학자들은 구성원들의 행위를 통해 현상을 설명할 뿐만 아니라, 구성원들에게 체계를 변화시키는 변화담당자로서의 역할도 강조하고 있다. 동시에 행동 과학자들은 협동-동의 체계 또는 권력 평등화 체계를 매우 중시하고 있다.

19 행동과학이론의 가장 중요한 두 가지 개념적 특징으로 옳게 짝지어진 것은?

① 변화 담당자 - 권력 평등화 개념

② 행동 - 권력 평등화 개념

③ 변화 담당자 - 행동

④ 행동 - 과학

정답 17 ④　18 ②　19 ①

20 다음 중 시스템의 속성에 해당되지 <u>않는</u> 것은?

① 목표 지향성

② 폐쇄성

③ 상호관련성(Interrelatedness) 및 의존성

④ 통제 메커니즘(통제 가능성)

21 시스템의 유지·존속을 목적으로 환경과의 균형을 유지하기 위한 시스템의 자기통제 사이클로 옳게 짝지어진 것은?

① 투입 – 전환 – 산출 – 환류

② 투입 – 산출 – 소비 – 환류

③ 투입 – 산출 – 평가 – 환류

④ 투입 – 전환 – 산출 – 평가

22 상황이론의 가장 주요한 등장 배경은?

① 시스템이론이 갖는 지나친 추상성과 일반성의 한계를 극복하기 위해

② 기존의 보편적 관리론의 한계를 극복하고 보완·발전시키기 위해

③ 인간 중심적 조직관리에 대한 인식·확산을 위해

④ 급격한 환경 및 기술변화에 대응하기 위해

20 시스템의 속성
• 목표 지향성(Goals)
• 개방성(Openness)
• 전체성(Wholism)과 경계성
• 상호 관련성(Interrelatedness) 및 의존성
• 통제 메커니즘(Control Mechanism): 통제 가능성
• 계층성
• 균형 유지성: 체제는 환경과의 상호작용을 통해 체제가 존속하기 위한 항상성·균형성을 견지함

21 환경과의 균형 유지를 위한 시스템의 자기통제 사이클(시스템의 유지·존속 목적)
• 투입: 체제의 전환 과정에 환경의 영역으로부터 물적·인적 자원이 유입되는 것
• 전환: 환경으로부터 유입된 투입물을 산출물로 전환시키는 과정
• 산출: 체제의 전환 과정을 거쳐 나온 조직 활동의 결과물
• 환류: 산출물이 환경에 영향을 주고 난 결과 등을 다시 투입 단계에 전달하는 과정

22 상황이론은 시스템이론이 갖는 지나친 추상성과 일반성의 한계를 극복하고 조직이나 경영에 효율적으로 적용할 수 있는 보다 현실적인 이론으로 발전시키고자 하는 시도로서 나온 이론이다. 기존의 보편적 관리론의 한계를 극복하고 보완·발전시키기 위해 대두된 이론은 근대적 관리론이며 인간 중심적 조직관리와 맥을 같이하는 이론은 인간관계론이다.

정답 20 ② 21 ① 22 ①

23 상황이론은 조직 유효성 제고를 위해서는 조직과 환경 간의 적합관계 및 하위시스템 간의 적합관계가 충족되어야 한다고 강조하면서, 조직의 구조시스템이 조직 유효성에 중요한 영향을 미친다는 전제 아래 구조와 환경, 구조와 기술, 구조와 규모와의 관련성 규명에 연구를 집중한다.

23 상황이론에서 주장하는 조직 유효성 제고 방안으로 옳은 것은?

① 조직과 환경·조직 구성요소 간의 적합관계 충족
② 경쟁 시스템의 고도화
③ 인간 중심적 조직관리
④ 철저한 조직관리 및 통제

24 전략적 선택이론은 상황이론에 대한 경쟁적인 패러다임으로 등장했기 때문에 두 이론 간에는 유사점과 차이점이 공존한다. 즉, 전략적 선택이론은 상황이론의 연구와 동일한 분석수준을 취하지만 인간 본성의 기본가정에서는 결정론이 아닌 임의론을 지향하고 있다. 즉, 상황이론과 전략적 선택이론은 미시적 분석방법으로 조직현상을 연구한다는 공통점이 있으나, 상황이론은 상황변수가 조직구조를 결정한다는 결정론적 입장을 취하는 반면 전략적 선택이론은 경영자의 자유재량에 의한 조직의 선택 설계를 주장하는 임의론적 입장을 취한다는 차이가 있다.

24 전략적 선택이론과 상황이론의 공통점 및 차이점을 올바르게 설명한 것은?

① 미시적 분석방법으로 조직현상을 연구한다는 공통점이 있으나, 인간 본성의 기본가정에서는 상황이론이 결정론적 입장을 취하는 반면 전략적 선택이론은 임의론적 입장을 취한다는 차이가 있다.
② 거시적 분석방법으로 조직현상을 연구한다는 공통점이 있으나, 인간 본성의 기본가정에서는 상황이론이 결정론적 입장을 취하는 반면 전략적 선택이론은 임의론적 입장을 취한다는 차이가 있다.
③ 미시적 분석방법으로 조직현상을 연구한다는 공통점이 있으나, 인간 본성의 기본가정에서는 상황이론이 임의론적 입장을 취하는 반면 전략적 선택이론은 결정론적 입장을 취한다는 차이가 있다.
④ 과학적 분석방법으로 조직현상을 연구한다는 공통점이 있으나, 인간 본성의 기본가정에서는 상황이론이 주관적 입장을 취하는 반면 전략적 선택이론은 객관적 입장을 취한다는 차이가 있다.

정답 23 ① 24 ①

25 직무성과 관리에 대한 설명으로 옳지 <u>않은</u> 것은?

① 조직이나 개인이 수행하는 활동과 결과를 미리 계획한 성과지표에 따라 평가하고, 그 평가결과를 기초로 사후 관리하는 일련의 체계적인 절차이다.

② 조직의 비전·미션·전략·조직문화 및 구조 등과는 전혀 연관성이 없다.

③ 기업의 전략과 종업원의 공헌을 연결시키는 방법론이다.

④ 전략에 기초를 둔 기대 공헌도를 명확히 하고 실현하되, 공헌에 대한 평가나 공헌까지를 일관된 흐름으로 관리하는 통합적 모델이다.

26 다음 중 종업원 직무성과에 대한 평가방법이 <u>아닌</u> 것은?

① 기록에 의한 방법
② 편차치 조정방법
③ 인물명세표에 의한 방법
④ 척도에 의한 방법

27 다음 중 평가기간 내 일정 시점에서의 작업량을 조사하여 이를 전 기간의 성과로 추정하고 평가하는 방법은?

① 정기적 시험법
② 종합 순위법
③ 가점 감점법
④ 종합 평정법

25 직무성과 관리는 조직을 구성하는 비전·미션·전략·조직문화와 구조 그리고 업무방식 등 개별적 요소와의 연관 속에서 파악되어야 한다.

26 편차치 조정방법은 평가방법이 아니라 평가결과 조정방법으로 평가 대상자들 간의 점수 차가 크지 않고 근소한 차이일 경우 판정을 용이하게 하기 위해 각자의 점수를 편차치로 환산하는 방법이다.

종업원의 직무성과 평가방법
• 직무성과 업무보고에 의한 방법
• 기록에 의한 방법
• 성적순위 서열법
• 인물명세표에 의한 방법
• 척도에 의한 방법

27 • 종합 순위법 : 근무성적을 종합적으로 상호 비교하여 순위를 매기는 방법이다.
• 가점 감점법 : 평가기간 중 종업원의 작업태도, 작업방법, 성과 등에 대한 구체적인 사실, 발생 여부, 발생회수 및 효과 정도 등을 직접점수로 환산·가감하여 평가하는 방법이다.
• 종합 평정법 : 분석적 평가법과 대립되는 개념으로 피평가자를 종합적·전체적 관점에서 평가하려는 방법이며, 척도법의 대표적인 방법이다.

정답 25② 26② 27①

28 성적 평어법은 척도에 의한 평가방법 중 하나이다. 기록에 의한 직무성과 평가방법에는 산출 기록법, 정기적 시험법, 가점 감점법 등이 있다.

28 다음 중 기록에 의한 직무성과 평가방법에 해당되지 <u>않는</u> 것은?

① 산출 기록법
② 정기적 시험법
③ 성적 평어법
④ 가점 감점법

29 직무성과 보고에 의한 방법에는 자유 기술식 업무보고법과 웨이트식 업무보고법이 있는데, 특히 자유 기술식 업무보고법은 평가기간 중 종업원이 보여준 성적·성격 등을 중심으로 평가하는 방법으로서 평가자의 표현능력 및 보고능력에 평가결과가 좌우될 우려가 있으며 자유 기술식으로는 서열을 정하기가 어렵다는 문제점이 있다.

29 다음 중 직무성과 업무보고에 의한 방법과 관련이 <u>없는</u> 내용은?

① 직무성과 보고에 의한 방법에는 자유기술식 업무보고법과 웨이트식 업무보고법이 있다.
② 자유 기술식은 서열을 정하기가 용이하다는 장점이 있다.
③ 평가결과를 종업원에 대한 지도 감독 및 상급직원에 대한 평가에 활용할 경우 유용하다.
④ 평가기간 중에 이루어진 작업성과를 구체적이면서 자유로이 기술하는 방법이다.

30 성적순위 서열법은 종업원 평가방법 중 가장 원시적인 방법으로서 직무평가의 순위법과 같이 종업원의 순위나 번호를 매겨서 그 순위를 나타내는 숫자를 피평가자의 득점으로 하는 방법이다. 성적순위 서열법에는 종합 순위법과 분석 순위법이 있다.

30 다음의 종업원 평가방법 중 가장 원시적인 방법으로 종업원에게 순위나 번호를 매겨서 그 순위를 나타내는 숫자를 피평가자의 득점으로 하는 방법은?

① 도식평점 척도법
② 성적순위 서열법
③ 가점 감점법
④ 성적 평어법

정답 28 ③ 29 ② 30 ②

31 다음 중 척도에 의한 종업원 평가방법에 해당되지 <u>않는</u> 것은?

① 성적 평어법

② 도식평정 척도법

③ 단계 택일법

④ 종합 순위법

32 다음 중 종업원 평가결과의 조정방법이 <u>아닌</u> 것은?

① 척도측정 조정방법

② 편차치 조정방법

③ 조정과 결과 연결의 구별방법

④ 프로브스트법

33 다음 설명에 해당하는 것은 무엇인가?

> 평가 대상자들 간의 점수 차가 크지 않고 근소한 차이일 경우 판정을 용이하게 하기 위해 각자의 점수를 편차치로 환산하는 방법이다.

① 편차치 조정방법

② 척도측정 조정방법

③ 조정과 결과 연결의 구별방법

④ 정규분표에 의한 조정방법

---

31 종합 순위법은 성적순위 서열법 중 하나로 근무성적을 종합적으로 상호 비교하여 순위를 매기는 방법이다. 그러나 육감에 의한 평가에 치우치기 쉬우므로 이 방법만 단독으로 사용하기에는 문제가 있다.

32 프로브스트법(체크리스트법)은 인물 명세표에 의한 종업원 평가방법으로 평가자는 평가요소의 우열을 고려하지 않고 해당요소에 체크만 하고, 채점기준이나 종합성적 산출은 인사담당 부/과에 전담시키는 방법이다.

33 • 척도측정 조정방법은 각 부문의 성적을 산출해서 평가 성적이 우수한 부서의 각 소속원의 점수에 가산점을 부여해주는 방법이다.
• 조정과 결과 연결의 구별방법에는 산술적 평가에 의한 조정방법과 정규분표에 의한 조정방법이 있는데, 정규분표에 의한 조정방법은 각 부서의 인원수를 기준으로 순위별 인원수를 미리 할당해 두는 방법으로 조정의 번거로움을 사전에 제거한다.

정답 31 ④ 32 ④ 33 ①

34 조직몰입은 직무만족과 같이 주관적
개념이다.

34 **조직몰입에 관한 내용으로 옳지 않은 것은?**

① 조직구성원 개인의 조직에 대한 동일시와 몰입의 상대적 정도
이다.

② 한 개인이 자기가 속한 조직에 대해 어느 정도의 일체감을 가
지고 조직활동과 직무에 몰두하는지의 정도를 의미한다.

③ 개인의 조직에 대한 태도가 조직몰입이며 직무만족에 의해 조
직몰입이 증대된다.

④ 조직몰입은 객관적 개념이다.

35 **조직몰입의 차원(유형)**
• 정서적 몰입 : 조직 구성원이 조직
에 대해 정서적 애착과 일체감을
가지고 동일시하는 몰입 차원
• 지속적 몰입 : 현 조직을 떠나 다른
조직으로 이동할 때 발생하는 비용
때문에 현 조직에서의 구성원으로
서 자격을 지속적으로 유지하려는
심리적 상태에 따른 몰입 차원
• 규범적 몰입 : 종업원의 조직에 머
물러 있어야 한다는 의무감에 기초
한 몰입 차원

35 **조직몰입의 3가지 차원에 해당되지 않는 것은?**

① 정서적 몰입

② 지속적 몰입

③ 규범적 몰입

④ 이성적 몰입

36 잔류의도는 조직몰입의 결과변수이다.

36 **다음 중 조직몰입의 선행변수가 아닌 것은?**

① 개인적 요인

② 직무관련 특성

③ 잔류의도

④ 작업 경험

정답 34 ④ 35 ④ 36 ③

37 다음 중 조직몰입의 결과변수가 <u>아닌</u> 것은?

① 참여도
② 직무성과
③ 직무몰입
④ 직무노력

37 조직몰입의 결과변수에는 참여도–잔류의도–직무몰입–직무노력이 있다. 성과는 개인의 능력변수, 직무설계변수, 상황변수 등의 요인에 의하여 보다 직접적으로 영향을 받아 결정된다. 따라서 조직몰입과 성과와의 관련성은 그리 분명하지 않다(간접적·제한적 영향).

38 과도한 조직몰입으로 인해 발생할 수 있는 조직몰입의 역효과가 <u>아닌</u> 것은?

① 직원의 이동성이나 경력발전 저해
② 승진기회 감소
③ 집단 의사 현상
④ 직무성과 하락

38 조직몰입과 직무성과는 그 관계 자체가 분명하지 않다.

39 다음과 같이 조직몰입을 정의한 사람은 누구인가?

> 조직몰입이란 조직의 가치나 목표를 수용·성취하려는 강한 신념, 조직을 위하여 자발적으로 높은 수준의 노력을 기울이려는 의지, 조직의 구성원으로서 계속 남아 있고자 하는 강한 의욕이다.

① Porter
② March & Simon
③ Hicks
④ Mowday

39 마우데이에 따르면 조직몰입이란 조직 구성원으로 계속 남아 있고자 하는 강한 욕망, 조직을 위해 자발적으로 높은 수준의 노력을 경주하려는 정도, 조직의 가치와 목표를 신뢰하고 수용하려는 단호한 신념 등의 의미가 내포되어 있다.

정답 37 ② 38 ④ 39 ④

40 직무환경의 변화에 따라 직무만족 수준은 변할 수 있으나 조직몰입은 쉽게 변하지 않는다.

40 다음 중 조직몰입과 직무만족에 대한 설명으로 옳지 <u>않은</u> 것은?

① 조직몰입이 조직 전체에 대한 개인감정을 반영한다는 점에서 직무만족보다 포괄적인 개념이다.

② 직무만족은 직무나 직무의 측면에 대한 반응만 의미한다.

③ 직무환경의 변화에 따라 직무만족의 수준은 변할 수 있다.

④ 조직몰입은 직무환경의 변화에 따라 쉽게 변하는 특성이 있다.

41 조직몰입과 결근율 및 이직률의 관계는 직무몰입과 마찬가지로 반비례 관계를 보이는데, 사실상 개인의 조직몰입 정도는 조직 전체에 대한 전반적인 반응을 의미하기 때문에 이직의 예측 변인으로써 더욱 유용하다.

41 다음 중 조직몰입과 결근율 및 이직률과의 관계에 대한 설명으로 옳은 것은?

① 조직몰입과 결근율 및 이직률의 관계는 반비례 관계이며, 조직몰입 정도는 이직의 예측변인으로서 더욱 유용하다.

② 조직몰입과 결근율 및 이직률의 관계는 정비례 관계이며, 조직몰입 정도는 이직의 예측변인으로서 더욱 유용하다.

③ 조직몰입과 결근율 및 이직률의 관계는 반비례 관계이며, 조직몰입 정도는 결근의 예측변인으로서 더욱 유용하다.

④ 조직몰입과 결근율 및 이직률의 관계는 정비례 관계이며, 조직몰입 정도는 결근의 예측변인으로서 더욱 유용하다.

정답 40 ④ 41 ①

42 다음 중 조직몰입과 관련이 없는 것은?

① 조직에 대한 동일화

② 조직에 대한 맹신

③ 조직에 대한 관여

④ 조직에 대한 동조

43 다음 내용에서 괄호 안에 들어갈 알맞은 인물은?

> (　　　)은/는 조직몰입이란 조직 구성원의 조직목적과 가치관에 대한 동일화나 관여의 상대적인 강도라고 정의했다.

① Simon

② E. A. Locke

③ Porter

④ March

42 조직몰입(Organization Commitment)은 조직의 응집성(Cohesiveness)을 설명하는 개념으로 조직에 대한 동일화, 조직에 대한 관여 또는 조직에 대한 동조 등의 개념으로 이해되어 왔다.

43 Porter는 조직몰입이란 조직 구성원의 조직목적과 가치관에 대한 동일화나 관여의 상대적인강도라고 정의한다. 그에 따르면 조직몰입은 3가지 요소로 구성된다. 첫째, 조직의 목적과 가치관의 수용, 그에 대한 강한 신념, 둘째, 조직목적 달성에 대한 기여의지, 셋째, 귀속욕구이다.

정답 42 ② 43 ③

Self Check로 다지기 | 제1장

→ **버나드의 '조직'의 정의** : 2인 이상의 사람들의 힘과 활동을 의식적으로 조정하는 협력체

→ **조직행동론의 4가지 의존적 (행동)변수**
- 생산성
- 이직
- 결근여부
- 직업만족도

→ **관료제론의 특징적 요소**
- 계층성의 대규모 구조
- 합법적 권위의 지배원리
- 전문화·분업화된 조직
- 법규 강조

→ **테일러의 과학적 관리론 주요 내용**
- 전문화에 입각한 체계적인 직무설계
- 생산 공정에 있어서의 표준화
- 시간 및 동작연구에 의한 과업관리
- 경제인 가설에 기초한 차별 성과급제
- 전문화에 기반을 둔 조직구조의 개편

→ **근대적 관리론**
- 인간 및 조직의 공존을 추구
- 개인목표 및 조직목표의 합치 강조
- 전인적·복합적·Z형 인간관

→ **상황이론** : 시스템이론이 지니는 지나친 추상성 및 일반성의 한계를 극복하고 조직이나 경영에 효율적으로 적용이 가능한 보다 더 현실적인 이론으로 발전시키고자 하는 이론

→ **종업원에 대한 직무성과 평가방법**
- 직무성과 업무보고에 의한 방법
- 기록에 의한 방법
- 성적순위 서열법
- 인물명세표에 의한 방법
- 척도에 의한 방법

⇛ **중심화 경향** : 차등 및 차별을 피하려고 모두를 유사하게 평가하거나 또는 피평가자에 대해 잘 모를 경우, 부정도 긍정도 아닌 평가를 내리는 것

⇛ **조직몰입의 선행변수** : 개인적 요인, 직무관련 특성, 구조적 특성, 작업 경험

⇛ **조직몰입의 결과변수** : 참여도, 잔류의도, 직무몰입, 직무노력

⇛ **상황이론의 변수**
- 상황변수(환경, 기술, 규모)
- 조직특성변수(조직구조, 관리체계)
- 조직유효성변수(성과, 능률)

⇛ **유사효과** : 평가자가 자신의 속성과 비슷한 속성을 가진 사람에게 더 후한 평가를 하는 오류

⇛ **조직몰입 차원**
- 정서적 몰입 : 조직 구성원이 조직에 대해 정서적 애착과 일체감을 가지고 동일시하는 몰입 차원
- 지속적 몰입 : 현 조직을 떠나 다른 조직으로 이동할 때 발생하는 비용 때문에 현 조직에서 구성원으로서의 자격을 지속적으로 유지하려는 심리적 상태에 따른 몰입 차원
- 규범적 몰입 : 조직에 머물러 있어야 한다는 종업원의 의무감에 기초한 몰입 차원

⇛ **조직몰입의 관리방안**
- 개인적인 의미가 있는 목표를 성취할 수 있도록 기회를 제공한다.
- 구성원들이 보다 많은 자율성과 책임감 등을 갖도록 직무를 수정한다.
- 경영자로서는 구성원들의 복지후생에 관심을 가지고 이를 실행하는 노력을 기울여야 한다.
- 조직목표에 대해 구성원들의 이해를 촉진시켜 목표의 공유가 가능하도록 하게 해주어야 한다.

SD에듀와 함께, 합격을 향해 떠나는 여행

제 2 장

개인행동의 이해

교육이란 사람이 학교에서 배운 것을 잊어버린 후에 남은 것을 말한다.

– 알버트 아인슈타인 –

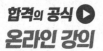

제 **2** 장 | 개인행동의 이해

1 직무만족의 개념 기출

직무에 대한 인식과 판단으로부터 오는 태도(행동)의 하나로서 한 개인의 직무나 직무경험 평가 시에 발생하는 유쾌하고 긍정적인 정서 상태이다. 즉, **조직생활에서의 만족**을 의미한다. 직무만족은 개념적으로 다음과 같은 특징을 띤다.

- 직무에 대한 정서적 반응이다.
- 직무에서 개인이 원하는 것과 실제 얻는 것과의 비교로 나타난다.
- 담당자의 주관적인 판단에서 비롯된 주관적 개념이다.

2 직무만족의 중요성

(1) 개인 차원(조직외부 차원)의 중요성

① 직장인들은 일상의 대부분을 직장에서 보내고 인간은 직장에서 삶이 충족되기를 바라기 때문에 직장생활은 개인에게 만족의 기회를 제공하여야 한다. 따라서 직무만족은 조직이 감당해야 할 사회적 책임의 한 범주가 된다(가치판단의 측면).

② 직장생활에서의 불만족은 전이효과로 인해 가정생활과 여가생활, 나아가 삶 자체에 대한 불만으로 연결될 수 있다(정신건강 측면).

③ 일에 만족을 느끼는 사람의 수명은 긴 반면에 직무에 대한 불만은 스트레스, 권태, 동맥경화, 소화불량, 고혈압 등을 유발할 수 있다는 연구가 있다(신체건강 측면).

(2) 조직차원의 중요성 기출

조직차원에서 직무만족이 중요한 이유는 조직 유효성에 영향을 미치는 주요 요소이기 때문이다. 즉, 직무만족은 조직 유효성 판단의 대표변수인 **이직률, 결근율, 성과**(생산성)에 큰 영향을 미치는 요소이다. 포터(L. W. Poter)와 롤러(E. E. Lawler III)는 **성과-만족의 관계**가 보상의 역할에 의해서 이루어진다고 보았다.

조직차원에서 직무만족이 중요한 구체적인 이유는 다음과 같다.

① **성과에 영향**: 직무에 대한 높은 내적 동기유발과 연계되어 있는 직무만족은 작업자의 성과에 직접 영향을 준다. 즉, 직무만족과 성과(생산성) 간에는 긍정적 상관성이 존재한다는 것이다.

② **원만한 인간관계**: 자신의 직무를 좋아하는 사람은 조직 외부뿐만 아니라 조직 내부에서도 원만한 인간관계를 유지하고 조직 분위기를 화목하게 만든다.

③ **결근율·이직률 감소**: 직무만족이 높게 되면 이직률과 결근율이 크게 감소함으로써 궁극적으로 생산성 향상에 기여할 수 있다. 종업원의 직무만족과 결근·이직 간에는 부정적 상관관계가 존재하기 때문이다.

④ **회사 홍보에 기여**: 자신의 직무에 만족하는 사람은 외부사회에서 자신의 조직에 대해 긍정적인 태도를 보이게 된다. 이는 외부 PR 효과로 연결되어 신입사원의 원활한 충원과 일반 대중의 조직에 대한 호감을 유도할 수 있다.

3 직무만족의 영향 요인과 결정 요인

(1) 직무만족의 영향 요인 기출

직무만족에 영향을 미치는 요인에는 성격(Personality)·가치관(Values)·직위·생활 만족도 등의 개인적 요인, 보수체계·감독·조직의 권한구조·일이나 동료로부터의 자극·근무환경(Working Situation) 등의 조직적 요인 및 사회적 영향요인(Social Influence) 등이 있다.

① **성격**: 성격은 개인이 가지는 감정, 사고, 행동의 지속적인 패턴으로 직무만족에 영향을 미치는 요인 중 하나이다. 이는 개인의 기질적 요인이 직무상황에 대한 평가에 영향을 미치는 것으로 성격 형성에 영향을 미치는 유전적 요인이 직무만족에도 영향을 미친다는 일란성 쌍생아 연구가 있다.

② **가치관**: 가치관이란 업무 결과에 대한 확신을 의미하며 내재적 가치와 외재적 가치로 나눌 수 있다. 강한 내재적 가치관을 지닌 사람은 개인적으로 흥미와 의미를 느끼는 일에는 강한 만족을 보이는 경향이 있으며, 열악한 근무환경에서도 기꺼이 업무를 수행한다.

③ **근무환경**: 근무환경(작업상황)은 직무만족 영향 요소 중 가장 중요한 변수로서, 일반적으로 수행직무 자체, 직무 수행과정에서 상대하는 사람(고객, 상·하급자), 작업환경(물리적환경), 근무시간, 급여, 직무 안정성 등으로 구성된다. 근무환경에 대한 긍정적 평가는 직무만족에 긍정적 영향을 미친다.

④ **사회적 영향 요인**: 동료, 집단, 문화 등 사회적 요인들도 한 개인의 직무만족에 영향을 준다. 상급자의 감독·리더십 스타일·참여적 의사결정·동료 작업자와의 관계·작업집단의 규모(작업집단의 규모가 클수록 직무만족도는 하락한다) 같은 사회심리학적 요인과 급여·승진기회·조직의 복지정책과 절차·조직구조 같은 조직 전체 요인도 직무만족에 영향을 미친다.

> **더 알아두기**
>
> **학자별 직무만족 영향 요인** 기출
> - F. Herzberg : 발전을 통한 인정, 사회·기술적 환경, 본질적 작업 측면
> - V. H. Vroom : 감독, 승진, 임금, 작업집단, 작업시간, 직무내용
> - E. A. Locke : 감독, 승진, 임금, 작업조건, 인정, 부가급부, 동료, 회사의 관리, 직무
> - P. C. Smith : 승진, 임금, 직무, 동료
> - G. P. Fournet : 개인 특성(연령, 교육, 지능, 성, 작업수준), 직무특성(조직관리, 직속상사의 감독, 사회적 환경, 커뮤니케이션, 안전성, 단조로움, 임금)
> - B. H. Gilmer : 감독, 승진, 임금, 복리후생, 작업환경, 직무의 본질적 측면, 직무의 사회적 측면, 의사소통, 안전

(2) 직무만족의 결정 요인

① **보상 체계(급여)** : 급여는 직무만족의 일차적 결정 요소이다. 이때 급여의 절대성과 상대적공정성이 중요한 문제가 된다. 실질 급여, 지각된 급여 공정성, 지급방법, 신축적 부가급제 등 직무수행 결과에 대한 보상 체계를 의미한다.

② **직무 자체** : 직무에서 느끼는 만족과 흥미의 정도, 종업원에게 부여되는 책임 및 학습의 정도, 작업조건, 직무의 중요성에 대한 사회적 평가 등을 의미한다.

③ **승진 가능성** : 승진 등의 개인의 발전과 성장가능성이 있어야 직무만족이 유발된다. 승진기회 역시 그 비율과 공정성에 의하여 직무만족에 영향을 미친다.

④ **동료 작업자와의 관계** : 동료의 우호적·협조적 태도, 기술적 능력에 기반을 둔 후원적 태도 등이 직무만족에 영향을 미친다.

⑤ **리더십 스타일(감독)** : 감독자의 기술·관리능력 및 직원에 대한 배려·관심의 정도가 직무만족에 영향을 미친다.

⑥ **조직구조** : 직위수준이 자신의 능력에 부합하고, 분권화되어 있고, 공식화 수준이 낮을수록 직무만족의 요인이 된다.

4 직무만족 이론

(1) 직무만족의 측면 모형

근무환경(여건)을 능력 활용도, 성취도, 보상 등의 세부 요인으로 구분하여 각 측면에 대한 종업원의 만족 정도를 연구하는 모형이다. 측면 모형은 관리자에게 직무만족에 영향을 주는 특정 측면에 대한 정보를 제공하기 때문에 관리자에게 유용하다.

(2) 허츠버그(Herzberg)의 직무만족 2요인이론 기출

2요인이론은 인간의 욕구가 단계별(욕구단계설, ERG이론)로 계층을 이루는 것이 아니라 **불만족해소 차원(위생 요인)과 만족증대 차원(동기 요인)**이라는 별개의 차원으로 이루어져 있고, 이 중 **만족증대 차원만이 직무만족 촉진요인으로 작용한다**는 이론이다. 즉, 종업원은 직무 측면의 자율성, 책임 등 동기요인 욕구가 충족되면 만족하고 충족되지 않으면 불만족하게 되지만(만족 요인), 직무환경, 감독형태, 보상 등 위생요인 욕구의 경우에는 충족 시 종업원의 직무 불만족을 방지해 줄 뿐이고 직무만족의 유발과 적극적인 동기부여까지는 하지 못한다(불만족 요인)는 것이다. 결국 동기-위생 요인에 따른 욕구만족인 직무만족과 불만족은 각각 다른 차원에서 존재하는 별개의 개념이라는 주장이다.

(3) 직무만족의 불일치 모형

이 모형에 따르면 종업원들은 자신의 직무 만족도를 결정하는 데 있어서 자신의 직무와 이상적인 직무를 비교할 수 있을 때 자신의 직무에 대한 기대가 높고 이 기대가 충족되지 못하면 그 사람은 직무에 대한 불만족을 느낀다고 설명한다. 특히 입사 초기에 이직률이 높은 것은 신입사원의 직무에 대한 기대가 높기 때문이라고 설명할 수 있다고 한다.

(4) 직무만족의 형평이론

근로자는 각자 특유의 전형적인 직무만족 수준인 형평 수준을 가지고 있어 직무만족은 장기간에 걸친 안정된 태도라고 주장한다. 따라서 직무 자체를 변화시켜 직무만족 상승을 유도하는 시도는 단기적 효과만 거둘 뿐이고 장기적으로 효과가 없으므로 관리자는 보다 장기적인 직무만족 상승효과가 있는 측면을 개발할 필요가 있다는 것이다.

5 직무만족도 측정 방법 및 기법

(1) 직무만족도 측정 방법 기출

① **복합척도** : 직무만족을 여러 측면의 집합으로 보고 각 측면에 대한 근로자의 긍정적 또는 부정적 평가의 합을 그 사람의 직무만족으로 보는 간접적인 방법이다. 관리자로 하여금 직원의 직무만족 제고를 위한 측면 정보를 제공하게 하는 널리 사용되는 보편적인 방법이다.

② **단일척도** : 직무만족에 대한 직접적인 질의로 직무 전반에 대한 직무만족을 측정하는 방법이다. 직무만족의 정의적 요소가 무시되고 합산하는 과정에서 상쇄되고 보상되는 복합척도의 문제 때문에 단일척도가 보다 정확한 측정 방법이라는 학자들의 주장도 있다.

(2) 직무만족도 측정 기법 기출

직무만족도 측정 기법에는 점수법, 중요 사건법, 면접법, 외현 행동법, 행동 경향법 등이 있다.

① **점수법** : 가장 널리 사용되는 방법 중 하나로 직무 기술 지표(JDI ; Job Descriptive Index)와 미네소타 만족 설문(MSQ ; Minesota Satisfaction Questionnaire)이 있다.

> **더 알아두기**
>
> **미네소타 만족 설문(MSQ)의 장단점**
> - 장점 : 비교적 간단하고 여러 사람을 동시에 측정할 수 있으며, 조직 간 직무만족도의 상대적 비교가 가능하다.
> - 단점 : 응답자가 응답을 왜곡시킬 수 있고, 설문 문항에 대한 응답자들의 의미파악이 동일하지 않을 수 있다.

② **중요 사건법[허츠버그(F. Herzberg)]** : 조사 대상자들로 하여금 자기 직무에 대해 특별히 만족스러웠거나 불만스러웠던 사항을 제시하게 한 후, 그 자료를 근거로 직무만족을 분석하는 기법이다.

③ **외현 행동법** : 성과하락·결근율·이직률 등 불만족 척도로 나타나는 종업원 행동을 관찰하는 기법이다.

④ **행동 경향법** : 조사 대상자들에게 자기 직무와 관련하여 어떻게 행동하고 싶은지를 묻는 방법이다.

6 직무만족과 조직 유효성의 관계

직무만족은 직무관련 상황의 각 측면들과의 관계에 있어서는 종속변수(Dependent Variable)이지만 그 자체가 독립변수(Independent Variable)가 될 수도 있다. 직무만족이 독립변수가 될 경우 종속변수는 성과, 이직률과 결근율 등이 된다.

(1) 직무만족과 결근율 및 이직률

직무의 실체가 종업원들의 기대에 부응하지 못하면 이직률이 상승하는 반비례적인 현상을 보이는데 이러한 관계의 강도는 조직이나 시점에 따라 다르다. 직무만족과 결근율의 관계도 이직률의 관계와 대체로 유사하다고 할 수 있다. 이직과 결근은 가시적인 성과와 직접적 관계가 없는 것처럼 보이나 이로 인해 발생되는 노무비의 막대한 증가는 직무만족이 그러한 비용을 감소시켜 주는 정도에 따라 화폐액으로 계산할 때 엄청남 손실일 수 있다는 의미가 있다.

(2) 직무만족과 보상의 공정성

포터와 롤러에 의하면 외재적·내재적 보상은 타인과 비교하여 공정하다고 판단되면 만족을 느끼는데 내재적 보상이 외재적 보상보다 성과와 연관될 가능성이 크다고 한다. 포터와 롤러는 만족과 생산성 간의 긍정적 상관관계의 제고를 위해 실적이 높은 사람에게는 높은 외재적 보상을 줄 수 있도록 공정한 보상체계를 수립하는 동시에 성과에 대해 내재적 보상도 줄 수 있는 성과 구조를 정립해야 한다고 경영자들에게 제안한다.

(3) 직무만족과 친사회적 행동(조직시민 행동) 기출

직무만족은 조직 구성원에게 요구되는 의무를 넘어 구성원이 조직을 위해 자발적으로 행하는 친사회적 행동 유발에 긍정적 영향을 미치는 것으로 알려져 있으며, 근로자의 친사회적 행동은 조직생존과 조직 유효성 제고를 위해 필수적인 경우가 많다.

> **더 알아두기**
>
> **직무몰입** 종요
> • 직무몰입의 개념
>   개인이 자신의 직무에 동화하여(Identify) 이에 적극적으로 참여하며, 그의 성과 수준이 자기 가치
>   개념에 매우 중요하다고 지각하는 정도를 나타내는 최근에 등장한 새로운 개념이다.
> • 직무몰입의 특징
>   직무몰입도가 높은 사람은 맡은 직무를 매우 선호하고 직무에 최선을 다하여 이직률이나 결근율이
>   매우 낮은 것으로 나타나며, 특히 이직률을 예측하는 데 있어서 더욱 일관된 결과를 나타내는 특징
>   이 있다.

제2절　스트레스

1 스트레스(일반)

(1) 개념 기출

스트레스란 일반적으로 위협적인 환경 특성에 대한 개인의 반응으로서 환경의 압력 또는 긴장과 불안에
의해 야기되는 심리적 불안정 상태를 의미한다. 즉, 환경의 요구가 지나쳐서 개인의 능력한계를 벗어날
때 발생하는 개인과 환경의 **불균형·부적합** 상태를 가리키는 것이다.

스트레스에 대해서는 생리의학자, 심리학자, 행동과학자 등에 의해 다방면에서 개별적으로 연구되어 왔기
때문에 그 의미와 개념이 명확히 통일되어 있지 않은 것이 현실이다.

> **더 알아두기**
>
> **다양한 분야의 관점에서 정의한 스트레스의 개념** 종요 기출
> • 생리학적 정의 : 스트레스란 생리적 시스템 내에서 구체적으로 일어난 모든 변화로 이루어져 있는 특
>   정요구에 대한 신체의 비 특정적 반응(The nonspecific response of the body to any demand)을
>   의미한다.
> • 심리학적 정의 : 스트레스란 사람들이 불확실한 결과를 추구하는 것과 관련된 것으로, 불확실성이
>   장기간 지속되고 개인이 불확실성에 의해 특정한 의사결정 및 문제해결 상황에 직면하게 되는 인지
>   상태라고 정의한다.
> • 행동과학적 정의 : 스트레스를 환경과 개인의 부적합관계로 인식한다. 즉, 스트레스는 직무요구와
>   개인의 기술·역량이 불일치하거나, 환경이 개인의 능력으로 해결할 수 있는 차원 이상의 것을 요구
>   하거나, 또는 개인의 욕구가 직무환경에 의해 충족되지 못함으로써 발생하게 되는 것이다.
> • 조직심리학적 정의 : 스트레스를 조직 스트레스(Organizational Stress) 또는 직무 스트레스(Job
>   Stress)라고 명명했는데, 직무 스트레스는 직무관련 요인들이 개인의 심신으로 하여금 정상적인 기
>   능을 이탈하게 함으로써 종업원에게 영향을 미치는 것이다.

(2) 스트레스의 기능 [기출]

① **순기능**: 최상의 기쁨이나 자극 또는 흥분을 유발한다.

② **역기능**: 많은 사람들에게 불안, 긴장 및 걱정 등을 유발한다.

※ 지나친 스트레스는 부정적인 결과를 가져오지만 적당한 스트레스는 오히려 유용하다. 모든 심리적 성장, 창의적 활동, 새로운 기술의 습득에는 적당한 스트레스가 필요하다.

(3) 스트레스 유발 요인 [기출]

① **힘든 선택**

② **고도의 능력과 책임을 요하는 힘든 업무와 과도한 근무시간**

③ **복잡한 인간관계**

④ **냉혹함**

⑤ **압박감**: 어떤 행동기준에 맞추기 위하여 자신에게 지나친 부담을 지울 때 느끼는 긴장상태

⑥ **욕구좌절**: 동기 또는 목표추구활동이 방해 받았을 때 느끼는 불쾌한 감정 상태

⑦ **갈등**: 둘 이상의 목표나 욕구를 동시에 모두 달성할 수 없을 때 발생하는 심리적 혼란상태

　　㉠ 접근·접근형의 갈등: 두 개의 긍정적 목표 중 하나를 선택해야 하는 경우

　　㉡ 회피·회피형의 갈등: 두 개의 부정적 목표 중 하나를 선택해야 하는 경우

　　㉢ 접근·회피형의 갈등: 한 가지 목표가 긍정적인 면과 부정적인 면을 동시에 가지고 있어 선택이 어려운 경우

⑧ **고립**: 개인의 욕구를 만족시킬 수 있는 수단이나 절차들이 부재인 상태

　　㉠ 신체적 고립: 어떤 집단이나 장소로부터 격리되어 혼자인 상태

　　㉡ 정서적 고립: 대중 속에서 정서적 유대가 결여된 경우(왕따 등)

　　㉢ 사회·직업적 고립: 업무수행 능력이 있음에도 일자리를 얻지 못하는 상태(성년 자녀를 둔 중년 부인의 무력감, 정년을 맞은 노인들의 상실감 등)

※ 주목할 점은 스트레스에 영향을 미치는 요인들이 발생한다고 하여 반드시 스트레스가 유발되지는 않는다는 것이다. 스트레스는 상황에 따라 발생하지 않을 수도 있고 나타난다 해도 그 정도가 각자에게 달리 나타날 수 있다.

(4) 스트레스 억제 상황 요인들(스트레스 강도에 영향을 미치는 요인들) [기출]

① **예측 가능성**: 스트레스 발생에 대한 예측이 가능하면 스트레스의 강도를 낮출 수 있다.

② **사회·정서적 지원**: 사회적·정서적 교류가 원활할 경우 스트레스를 더 잘 이겨 낼 수 있다.

③ **인지적 평가**: 동일한 긴장의 상황도 사람에 따라 다르게 지각될 수 있다.

④ **대응 기술**: 스트레스 대처 능력이 스트레스의 강도를 결정한다.

⑤ **통제 가능성**

(5) 스트레스에 대한 증상 및 반응

① **스트레스의 증상**

　　㉠ 심리적 증상: 스트레스의 1차적 증상으로서 일반적으로 불안정, 감정적, 공격적, 매사에 싫증, 사소한 일에 집착, 내적혼란, 도피, 무관심, 퇴행, 거부, 망각, 우유부단 등이 이에 해당한다.

ⓛ 생리적 증상 : 심리적 스트레스의 강도가 세고 장기화되면 생리적 증상이 발생, 신체에 악영향을 미친다.
- 단기적 증상 : 심박수 증가, 호흡수 증가, 두통
- 장기적 증상 : 식욕 상실, 위궤양, 혈압 상승, 체중 감소(혹은 비만) 등
- 불특정 증상 : 아드레날린·노어아드레날린 분비, 흉성기능 저하, 임파선기능 저하, 소화산 분비 등

ⓒ 행동적 증상 : 스트레스가 안면표정, 말투, 걸음걸이 등 개인행동의 급격한 변화로 표출되는 것이다.

② **스트레스에 대한 반응**

㉠ 생리적 반응 [기출]

셀레에에 따르면 스트레스 유발요인에 노출된 신체는 생리적으로 경고단계, 저항단계, 탈진단계 순으로 반응하게 되는데, 이를 일반적응증후군이라 하였다.
- 경고 단계 : 스트레스 유발요인에 대한 신체의 1차적 반응단계로 심박동의 증가, 혈압상승, 근육긴장, 땀 분비, 아드레날린 분비 촉진 등의 반응이 나타난다.
- 저항 단계 : 신체는 최고조의 긴장상태를 유지하게 되고, 모든 생리적 기능들이 극대화된다. 이 단계에서는 감정과 사고가 신체기능에 중요한 역할을 하기 때문에 심인증에 걸릴 확률이 높다.
- 탈진 단계 : 스트레스 상황이 장기간 지속되어 모든 스트레스 대항 수단이 고갈된 상태로 스트레스에 압도당하여 정상적인 생활유지가 어려운 단계를 말한다.

㉡ 심리적 반응
- 재앙 증후군 : 개인의 일시적인 정서적 혼란 증후로 다음 세 단계로 구분된다.
  - 쇼크 단계 : 스트레스로 인해 모든 반응이 일시적으로 정지되는 단계
  - 암시 단계 : 주위의 지시나 명령에 수동적으로나마 따르지만 그 노력은 지극히 비효과적인 단계
  - 회복 단계 : 상당 수준의 자기 통제력을 가지고 행동할 수 있으나, 불안이 계속되고 불면증 등의 증상을 보이는 단계
- 무력증 : 스트레스 상황 지속 및 스트레스 극복 노력의 무산으로 원하는 성과를 얻지 못해 이를 운명으로 돌리게 되는 것을 말한다.
- 우울증 : 우울증은 다음과 같이 2가지로 구분할 수 있다.
  - 외생적 우울증 : 외적 스트레스로 인한 우울증으로 반응적 우울증이라고도 한다.
  - 내생적 우울증 : 내적 스트레스로 인한 우울증으로 정신병적 우울증이라고도 한다.

2 직무 스트레스 [기출]

직무 스트레스란 개인이 일과 관련해서 경험하는 긴장상태로 직무관련 요인들로 인해 개인의 심신이 정상적 기능을 이탈하게 되는 것을 의미한다. 대체로 심리적 요구가 높고, 일에 대한 개인의 통제가능성이 낮은 직업일수록 스트레스가 많이 발생한다. 조직생활은 본질적으로 구성원들에게 많은 스트레스를 줄 수밖에 없고, 특히 역동적·창의적·혁신적·생산적 조직일수록 개인이 받는 스트레스는 더 클 수밖에 없다.

(1) 직무 스트레스의 원인 [기출]

직무 스트레스의 원인은 다양하다. 여기에는 환경적 요인, 조직·집단·직무차원의 조직적 요인, 가족·친구·삶의 질·종교 문제와 같은 개인적인 요인 등이 있다.

① **환경적 요인**

불황기와 같은 경제적 요인, 정치·사회·기술적 요인 등의 외부환경뿐만 아니라, 작업환경 등의 내부환경도 스트레스를 유발하는 중요한 요인이 될 수 있다.

② **조직적 요인**

조직에서 일어나는 스트레스의 원인은 다시 조직·집단·직무차원으로 세분화된다.

㉠ 조직수준의 요인에는 관리정책, 조직구조, 리더십, 조직변화, 활동장소 등이 있다.

㉡ 집단수준의 요인에는 집단규범, 집단 응집력 결여, 사회적 지원 결여, 개인 내부·개인 간·집단 간 갈등, 부적절한 집단자원 등이 있다.

㉢ 직무수준의 요인에는 역할갈등, 역할모호성, 역할과다·과소, 사람에 대한 책임, 시간압박, 작업조건, 승진·고용안정 등의 경력개발 등이 있다.

더 알아두기

역할갈등 및 역할모호성과 스트레스

• 역할갈등은 직무 요구사항들이 개인의 직무요건, 도덕, 가치관과 상반되는 경우에 발생한다.

• 역할모호성은 정보제공 부족 등으로 인한 역할수행의 불확실성에 의해 발생한다. 이와 같이 현대조직사회에서 직무와 사람 간의 괴리현상은 스트레스를 야기하는 주요인이 되고 있다.

역할소원

역할소원은 자아를 안정적으로 유지하는 상태에서 자신에게 주어진 역할이 자기의 본 모습과 어울리지 않는다고 인지할 때, 역할을 내면적 일체감 없이 수행한다. 다시 말해, 이는 형식적이면서도 의도적으로 외형적인 역할만을 수행하는 것을 의미한다.

---

③ **개인적 요인**

㉠ 가정 등 개인적 생활요인도 스트레스의 원인이 된다.

㉡ 환경에 대한 개인의 통제능력에 따라 스트레스 유발 정도가 달라진다.

(2) 직무 스트레스의 영향

① **조직적 영향** : 생산성의 감소는 물론 직무 불만족으로 인한 결근 및 이직률의 증가, 재해사고의 증가 및 이로 인한 각종 의료비 지출 등 직·간접적 손실이 막대하다.

② **개인적 영향** : 지속적 스트레스는 각종 정신·신체 질환을 야기하며, 과로사는 이러한 스트레스와 가장 관련이 깊다고 할 수 있다. 협심증과 같은 심장질환, 암, 고혈압, 관절염, 편두통 등이 그 예이다.

③ **심리적 영향** : 스트레스는 자존감을 떨어뜨리고 불안이나 우울을 증가시킨다. 알코올이나 약물의 남용도 스트레스가 원인일 수 있다.

3 (직무)스트레스 관리 방안

(1) 조직수준

① **직무 재설계(Job Redesign)** : 좀 더 공식적인 스트레스 관리 방안으로 종업원의 직무와 직무 고유의 특성에 기초하여 개선된 직무확대 및 직무충실화를 통해 스트레스를 관리하는 방법이다. 즉, 근로자들의 능력과 적성에 맞게 직무를 재설계하고, 직무요구에 맞는 기술 습득을 위한 훈련프로그램을 개발·실행하며, 선발 및 승진결정 시에 개인의 직무적성을 고려하여 실행하는 방법이다. 이 방법은 개인에게 부여된 직무를 변경시키는 데 목적이 있다.

② **참여적 관리(Participative Management)** : 가능한 의사결정을 분권화시키고 의사결정참여(PDM ; Participation in Decision Making) 기회를 증대시킴으로써 개인의 작업에 대한 재량권과 자율성을 강화하는 것이다. 이러한 분권화의 과정은 미해결 상태의 긴장을 감소시킨다.

③ **탄력적 작업일정 계획(탄력적 근무 시간제, Flexible Work Schedule)** : 작업환경과 관련하여 개인의 통제력과 재량권을 강화시켜줌으로써 해소되지 않은 스트레스를 감소시킬 수 있는 방법이다. 이를 위해 기업은 과업의 세부항목에 대한 상호의존성을 줄이고 과업에 대한 책임을 강화시키기 위해서 **융통성 있는 작업계획을 구상**해야 한다. 즉, 고급인력 보호 및 자기계발 기회 부여를 위하여 Flex-time제, 안식년제도 등의 근무시간 자유제 등을 도입·활용할 필요가 있다.

④ **사회적 지원(Social Support)** : 개인이 필요로 하는 정서적·정보적·평가적·도구적 지원을 통해 개인의 업무 스트레스로 인한 여러 가지 부정적인 심리·생리적 상태를 개선하고자 하는 데 목적이 있다. 특히 직장상사의 지원은 스트레스 완화에 가장 효과적일 수 있고 기타 동료, 가족, 친구 등의 지원도 효과적일 수 있다.

⑤ **경력 개발(Career Development)** : 조직 입장에서 개인의 경력 개발에 대한 무관심은 조직의 비효율성을 초래하고 과업의 질과 양을 떨어뜨리며 이직 등을 야기하게 된다. 개인적인 입장에서는 직업 선택 및 결정의지가 약화되므로 만성 스트레스와 긴장을 유발하게 된다. 따라서 근로자의 측면에서 기회를 제공하고 이들의 경력 개발을 위한 조치들을 취할 필요가 있다.

⑥ **역할 분석(Role Analysis)** : 개인의 과제수행 역할을 명확히 하여 스트레스를 야기하는 혼동과 갈등을 감소시키는 방법이다. 역할 분석은 작업과정에서 근로자들의 요구와 기대에 대한 이해를 통해 이러한 요구나 기대에 있어서 혼란이나 불일치가 발견되면 이를 해소하고 제거하기 위한 행동을 취하기 위한 것이다.

⑦ **목표설정(Goal Setting)** : 개인의 직무에 대한 구체적 목표를 설정해 줌으로써 기업과 근로자 간의 상호 이해심을 증진시키는 방법이다. 조직에서의 목표설정은 특히 과제수행을 촉진시킬 수 있는 동기적 가치에 중점을 둔다. 동기적 가치는 개인의 작업 목표가 어느 정도는 명료화되어 있어야 한다.

⑧ **의사소통의 원활화 및 구성원 지원 프로그램** : 의사소통 원활화를 위한 오리엔테이션 프로그램 등을 통해 구성원들과 직무수행 내용을 공유하게 되면 스트레스 예방에 효과가 있다. 뿐만 아니라 진찰, 치료, 카운슬링 등의 구성원 지원 프로그램은 광범위하고 유효한 스트레스 관리 프로그램이다. 종업원과 지원단 사이의 정보가 투명하게 공유되는 것이 중요하다.

(2) 개인수준

개인적 차원에서의 직장 내 스트레스 관리방안에는 다음과 같은 것들이 있다.

① **극복 및 회피** : 직장 내 스트레스 관리법 중 가장 효과적인 것은 스트레스 유발 요인을 극복하거나 회피하는 방법이다. 예를 들어 스트레스를 안고 있는 구성원들은 상급자에게 과중한 업무로부터 벗어나기 위해서 도움이 필요하다고 말하거나, 자신을 도와줄 어떤 사람을 훈련시켜 달라고 부탁할 수 있다. 자신의 업무의 일부를 다른 사람에게 위임하는 것은 스트레스를 감소시키는 데 도움이 될 수 있다.

② **건강검사** : 혈압, 콜레스테롤 수치, 심전도, 폐활량 등 스트레스 허용수준을 나타내 주는 지표들에 대한 건강검사를 통해 스트레스의 정도를 평가하여 관리방안을 모색할 수 있다. 이러한 자료와 함께 육체활동이나 건강상태, 흡연·음주 여부, 식사습관 등에 관한 정보들을 종합하면 각 개인의 스트레스 인내 수준을 평가할 수 있고 이에 따라 스트레스 수준을 관리할 수 있다.

③ **기분전환 훈련** : 명상, 바이오피드백(Bio-feedback), 요가(Yoga), 독서, TV 시청 등은 스트레스를 직접적으로 감소시키거나 효과적으로 관리할 수 있는 방법이다.

제3절　동기부여

1 동기부여의 개념

동기부여(Motivation)란 사람들이 **목표달성을 위해 행동하도록 자극하여 동기가 생기게 하고**(유발 : Arousal), **구체적 행동을 유도하고 이끌며**(지향 : Direction), 그 **행동을 지속하게 하는 것이다**(지속 : Persistence). 이 세 가지 요소가 갖추어졌을 때 동기부여가 되었다고 한다. 동기부여란 어떤 행위를 하게 만드는 충동적 힘이며, 강력한 목표지향성을 지니고 있기 때문에 조직은 구성원에 대한 동기부여 전략을 통해 조직 유효성을 강화시킬 수 있다.

경영자나 조직 구성원의 입장에서 동기부여란 조직에서 개인이 직무를 수행하는 과정에서 개인적 목표와 일치되는 목표를 위해 자발적·지속적으로 고도의 노력을 기울이도록 자신을 유도하는 과정, 그리고 조직이 그러한 개인의 동기부여된 행동을 촉진하는 일련의 활동으로 정의될 수 있다.

동기부여의 개념은 인간관계론에서 시작되어 행동과학으로 발전하는 과정에서 내면적 심리상태, 즉 욕구 등에 따라서 행위가 달라진다는 것을 인식하게 되면서 학자들의 관심 영역이 되었다. 이러한 관심과 노력들이 동기부여를 바탕으로 한 후기 인간관계론으로 발전하였고, 이어 조직 관리를 위한 의사전달, 갈등관리, 리더십 등과 연계되어 학문적 발전을 이루었다.

2 동기부여의 중요성

경영자 입장에서 **조직 유효성 제고** 및 **목표달성**을 위해서는 종업원들의 의욕을 불러일으키는 것만큼 중요한 것은 없다. 왜냐하면 조직목표와 개인목표의 조화는 결국 종업원들의 의지에 달려있고 그들이 얼마만큼 의욕을 가지고 노력하는지의 여부가 목표달성이나 성과도출을 좌우하기 때문이다.
동기부여의 중요성을 구체적으로 살펴보면 다음과 같다.

> • 조직 구성원들이 적극적·능동적으로 업무를 수행하게 함으로써 자아실현 기회를 부여한다.
> • 구성원 개개인으로 하여금 과업수행에 대한 자신감과 자긍심을 갖게 한다.
> • 구성원들의 능동적 업무수행 의지를 강화시킴으로써 직무만족과 생산성을 높이고 나아가 조직 유효성을 제고시킨다.
> • 경쟁우위 원천으로서의 사람(인력)의 중요성이 커지는 가운데 개인의 동기부여는 기업경쟁력 강화의 핵심 수단이 된다.
> • 동기부여는 변화에 대한 구성원들의 저항을 줄이고 자발적 적응을 촉진함으로써 조직변화를 용이하게 하는 추진력이 된다.

3 동기부여의 접근법 기출

(1) 전통적 관리법(경제인 가설)

인간의 경제적 욕구충족에만 집중하는 동기부여 접근법으로 초기의 동기부여이론인 맥그리거의 X이론에 입각한 접근법이다. 즉, 경영자들은 보통 종업원들이 기본적으로 게으르다는 인식 하에 그들을 동기부여(Motivation)시킬 수 있는 것은 돈뿐이라는 믿음을 가지고 있었다.

① X이론

전통적 관리체계를 정당화시켜 주는 인간관으로 일을 싫어하고 책임을 회피하는 수동적인 인간은 생리적, 안전 욕구에 자극을 주는 금전적 보상과 처벌 위협에 동기가 부여된다고 가정하는 이론이다. 따라서 X이론에 입각한 관리전략은 인간의 하위욕구를 자극시키거나 만족시키는 외적 통제를 강화하는 방향이 된다.

② Y이론

X이론의 인간관을 부정·비판하면서 새로운 대안으로 제시된 인간관인 Y이론은 상위욕구충족을 원하는 인간은 근본적으로 자기통제를 할 수 있으며 조건만 맞으면 창의적으로 일할 수 있어 자아만족과 자기실현 등 상위욕구에 의해 동기부여가 된다고 가정한다.

따라서 Y이론에 의해 유도되는 관리전략은 인간의 잠재력이 능동적으로 발휘될 수 있는 여건을 조성하는 방향이 되며 이는 개인과 조직의 목표를 통합하여 동기부여를 하는 것이다.

(2) 인간관계론적 접근법(사회인 가설)

인간관계론에서는 인간 본성에 관한 가정이 이전의 이론과 비교하여 크게 바뀌어, 조직에서 성과를 내는 데 있어 인적 요소의 중요성이 강조된다. 종업원들은 업무와 관련하여 자신이 중요한 존재로 인식되기를 원한다는 사실, 즉 한 개인으로서 인정을 받기를 원한다는 사실을 인식하게 된 것이다. 결국 이러한 욕구는 돈에 대한 욕구만큼 중요하다는 사실을 깨닫게 됨에 따라 동기부여에 있어 사회적인 측면을 크게 강조하게 된다.

(3) 인적·자원적 접근법(복잡한 인간 가설)

인적자원 모형은 인간관계론적 접근법에 의해 제시된 가정이 인간행위를 제대로 설명해 주지 못한다는 인식하에 제시된 모형이다. 즉, 인적·자원적 접근법은 '조직구성원은 직무에 대해 공헌하고자 하는 욕구를 지니고 있고, 구성원에게 의사결정능력을 허용하는 것이 조직에 이익이 되며, 직무에서 허용되는 자발적 통제나 방향설정이 직무만족을 높인다.'고 가정한다. 궁극적으로 인적자원 모형은 조직 구성원을 잠재적인 자원으로 파악하고 이들에 대한 지속적인 능력개발과 동기부여가 중요하다고 강조하면서, 인간에 대한 동기부여는 금전, 애정, 성취동기, 의미 있는 일에 대한 욕구 등과 같이 상호 연관된 여러 가지 복합적 요인에 의해 이루어진다고 주장한다.

(4) 내용 접근법과 과정 접근법

동기부여의 이론은 동기부여 촉진 요인이 개인 내부에 존재한다는 가정 하에 무엇이 이를 촉진하는가를 연구하는 내용 접근법과 어떠한 과정을 통해 발생하는가를 연구하는 과정 접근법으로 나뉜다.

4 동기부여 내용이론의 전개

행동과학을 이론적 배경으로 하는 동기부여이론은 연구 초점에 따라서 크게 동기부여 내용이론(Motivation Content Theory)과 과정이론(Motivation Process Theory)으로 나누어진다. 전자는 인간행동을 동기부여시키는 원동력(동기부여의 내용)이 무엇인가, 즉 무엇이 행동을 일으키는지가 연구의 초점이며, 후자는 행동이 어떻게 유도되고 어떤 단계를 밟아 진행되는지의 과정이 연구의 초점이 된다.

〈대표적인 동기부여 내용이론 및 과정이론〉 기출

내용이론	과정이론
• 매슬로(Maslow)의 욕구단계이론 • 알더퍼(C. P. Alderfer)의 ERG이론 • 맥클레랜드(D. C. McGlelland)의 성취동기이론 • 허츠버그(Herzberg)의 2요인이론 • 맥그리거(McGreger)의 X·Y이론	• 브룸(Vroom)의 기대이론(Expectancy theory) • 아담스(Adams)의 공정성이론(Equity theory) • 목표설정이론(Goal setting theory) • 포터(L.W.Porter)와 롤러(E.E.Lawler)의 모델(기대이론과 공정이론의 결합) • 강화이론

(1) 동기부여 내용이론

① 매슬로우(Maslow)의 욕구단계이론(Need Hierarchy Theory) 기출

ㄱ 개념 : 매슬로우는 인간의 욕구를 5단계로 구분하여 하위단계 욕구가 충족되어야 다음 단계의 상위욕구로 이동할 수 있고 최종적으로 최고차원 욕구인 자아실현 욕구에 도달한다고 하였다. 매슬로우는 각 계층의 욕구가 만족됨에 따라 전 단계의 욕구는 더 이상 동기유발의 역할을 하지 못하고 다음 단계의 욕구가 행동의 동기유발을 한다고 가정했다. 조직의 존재 이유는 바로 조직 구성원들에게 최고차원 욕구인 자기실현 욕구충족의 기회를 제공하는 데 있다. 이 이론은 인간의 동기자극 요소로서의 욕구를 이해하기 쉽고 명쾌하게 정의하였다는 장점이 있지만, 정교하지 못하고 이후의 연구에 의하면 현실적이지 못한 면들이 발견되고 있다.

ㄴ 욕구 5단계 기출

- 1단계(생리적 욕구단계) : 생리적 욕구는 인간의 가장 기본적인 욕구인 의식주 등에 관한 욕구로서 인간이라면 누구나 충족해야 하는 가장 저차단계의 욕구이다.
- 2단계(안전·안정의 욕구단계) : 직무환경으로부터의 안전 및 생활의 안정과 같은 욕구를 의미한다. 이 단계에서 욕구 충족을 위해 조직은 작업환경 개선, 안전예방조치 강구, 건강·재해·의료·퇴직 보험 등의 복리후생 제도를 실행해야 한다. 드러커는 가장 중요한 직업 선택요인이 바로 개인의 안정욕구라고 주장했다.
- 3단계[애정 및 소속감의 욕구단계(사회적 욕구)] : 애정 및 소속감의 욕구는 사회적 욕구로서 집단이나 사회의 일원으로 소속되어 타인과 유대관계를 형성하여 어울리고 싶어 하는 욕구이다.
- 4단계(존경 욕구단계) : 집단이나 조직 내에서 단순한 개인 이상의 존재가 되기를 원하는 욕구, 즉 다른 조직 구성원으로부터 존경이나 인정을 받고 싶은 욕구단계로서 이 욕구단계가 충족되면 자신감, 명예심, 권력, 통제력 등이 생긴다.
- 5단계(자아실현 욕구단계) : 존경 욕구단계가 충족되면 다음으로 자기계발을 위해서 자신의 잠재력을 극대화하려는 욕구가 생기는데, 이는 더욱 더 자기 본래의 모습을 찾거나 생의 의미를 실현하기 위해 행동하는 것을 말한다.

〈매슬로우의 욕구 5단계〉

매슬로우는 자아실현 욕구와 나머지 4개 욕구를 구분하여 전자를 성장 욕구, 후자를 결핍 욕구라 하여 성장 욕구를 특히 강조하였고, 나중에는 자아실현 욕구 위에 인지적 욕구와 탐미적 욕구가 있다고 수정·제안하였다.

ⓒ 평가
- 긍정적 : 매슬로우의 욕구 단계설은 경영자로 하여금 인간의 욕구에 대한 체계적인 인식을 갖게 하였고, 종업원의 하위단계 욕구를 어느 정도 충족시켜 준 이후 지속적 동기부여를 위해서는 보다 상위단계의 욕구를 충족시켜 주어야 한다는 중요한 사실을 일깨워 주었다.
- 부정적 : 욕구 단계설은 이론적 타당성을 입증해 주는 조사연구가 많지 않고 또 그 타당성에 많은 문제가 제기되고 있다.
  - 실제 연구결과 인간에게 욕구의 단계가 존재하지 않는다는 사실이 밝혀지고 있다.
  - 인간의 욕구를 고정적으로 분류하는 데 오류가 있다고 비판한다. 즉, 인간은 2가지 이상의 욕구가 동시에 작용할 수 있다는 것이다.

② **알더퍼(C. P. Alderfer)의 ERG이론** 기출

ⓐ 개념 : 알더퍼는 1970년대 초 매슬로우의 욕구단계설을 수정하여 인간의 욕구를 존재 욕구(Existence Needs), 관계 욕구(Relatedness Needs), 성장 욕구(Growth Needs)의 3단계로 구분한 ERG이론을 제시하였다. 그의 욕구 분류는 계층적 개념이 아니라 욕구의 구체성 정도에 따라 분류해 놓은 것이기 때문에 어떤 순서가 있는 것이 아니다. 채워야 할 욕구의 양은 한정된 것이 아니라 못 채우게 되면 못 채운 만큼 그 욕구가 증대되며, 세 가지 욕구의 상대적 크기는 성격과 문화에 따라 개인마다 서로 다르다고 주장한다.

ⓑ 욕구 3단계
- 존재(Existence) 욕구 : 인간존재의 유지에 필요한 생리적·물질적 욕구를 의미한다. 매슬로우의 생리적 욕구와 안전의 욕구가 이 범주에 해당된다.
- 관계(Relatedness) 욕구 : 바람직한 인간관계에 대한 욕구로서 매슬로우가 말하는 애정·소속감 욕구(사회적 욕구)와 일부의 안정 욕구 및 일부의 존경 욕구 등이 이 범주에 해당된다.

- 성장(Growth) 욕구 : 자기능력개발 및 새로운 능력보유 노력을 통해 자기 자신의 지속적인 성장과 발전을 추구하려는 욕구로서 매슬로우의 자기실현 욕구와 일부의 존경 욕구가 이에 해당한다.
ⓒ 평가 : ERG이론은 욕구개념에 근거를 둔 동기부여이론으로서 가장 타당성이 있다는 평을 듣고 있으며, 연구조사가 가능한 이론으로 매슬로우나 허츠버그의 2요인이론보다 훨씬 유용하고 현실적인 방안이라는 평가를 받고 있다. 그러나 매슬로우의 욕구단계설에 비하여 좀 더 진전된 이론이지만 검증된 실증자료가 많지 않으며 그 보편성에도 의문이 제기되고 있다.

> **더 알아두기**
>
> **욕구단계이론과 ERG이론의 비교**
> - 두 이론 모두 인간의 욕구를 인간행동을 동기부여시키는 원동력으로 보고 행동을 일으키는 인간의 욕구가 무엇인가에 초점을 맞추어 동기부여이론을 전개하였다는 측면에서는 공통점이 있다.
> - 매슬로우는 만족-진행 접근법(하위단계 욕구만족-다음단계 욕구로 진행)에 근거를 두고 하위단계의 욕구가 충족된 후에야 상위단계의 욕구가 발생한다고 주장한 데 반해, 알더퍼는 만족-진행 접근법뿐만 아니라 좌절-퇴행(고차욕구 충족의 좌절-하위 저차욕구가 동기유발 욕구로 전환되는 퇴행) 접근법도 사용하여 개인의 성격에 따라 저차욕구의 충족부터 시작되지 않고 고차욕구로 진행하기도 하고, 저차욕구에 계속 머물러 있기도 한다는 탄력적인 적용을 주장하였다. 즉, 욕구의 계층화와 단계적 충족을 인정하지 않은 것이다.
> - 매슬로우는 한 시점에서 한 가지 욕구가 발생한다고 주장한 반면, 알더퍼는 둘 이상의 욕구가 동시에 발생할 수도 있다고 주장하였다.

③ **맥클레랜드(McClelland)의 성취동기이론** 기출
ⓐ 개념 : 맥클레랜드의 성취동기이론은 인간의 욕구에 기초하여(매슬로우의 욕구단계설과 유사) 동기화를 설명하려는 이론으로서 인간 행위에 대한 동기부여의 동인을 개인의 욕구에서 찾았다. 인간의 모든 욕구는 학습되는 것이며 행위에 영향을 미치는 잠재력을 지닌 욕구들의 서열은 개인마다 다르다고 주장하면서, 개인의 욕구 중 사회・문화적으로 습득된 욕구로서 성취 욕구, 권력욕구, 친교 욕구 등을 제시하였고 그 중에서도 특히 성취 욕구(Need for Achievement)를 강조하였다. 맥클레랜드는 성취동기를 성공추구의 비교적 안정된 요인으로 보고, 성취 욕구를 '우수한 결과를 얻기 위해 높은 기준을 설정하고, 이를 끝까지 달성하려는 욕구'라고 정의했다.
ⓑ **성취욕이 강한 사람의 특징** 기출
- 스스로 성과목표를 설정하기를 원한다.
- 30% 내지 50%의 성공률(중간 수준의 성공률)을 가진 목표를 선호한다.
- 업무수행에 관한 즉각적이고 효율적인 피드백을 선호한다.
- 문제해결에 대한 책임을 스스로 지려는 경향이 강하다.
ⓒ 성취 욕구 수준 개발 지침(성취 욕구 수준을 개발하는 구체적인 지침)
- 과업 재배치를 통해 성과에 대한 정기적 피드백을 받게 한다.
- 우수한 성과모델을 모범으로 따르도록 한다.
- 자신의 이미지를 바꾸게 한다. 즉, 성취욕이 강한 사람은 자신을 사랑하고 적절한 도전과 책임을 추구한다.

• 상상력을 통제한다. 즉, 현실적 관점에서 사고하고, 목표성취 방식에 대해 적극적으로 생각하 게 한다.

맥클레랜드가 이 지침을 바탕으로 공식적인 훈련으로 제도화한 것이 성취동기 훈련인데, 이 성 취동기 훈련은 경영자들의 성취 욕구의 수준을 지속적으로 향상시키는 데 초점을 두고 있다.

② 평가

• 긍정적

  − 생존수준 이상에 있어서는 개인별로 지배적 욕구가 다를 수 있다는 맥클레랜드의 생각은 매 슬로우의 이론보다 더 타당성이 있는 것으로 평가받고 있다.

  − 동시에 성취동기이론을 거시경제 분야로 확대시킨 것도 큰 지지를 받고 있는데 완전한 경제 발전이론은 아니지만 경제발전의 주요 변수들을 지적해 주고 있으며, 특히 개도국에서 그 적용 가능성이 매우 높다고 할 수 있다.

  − 경영측면에서는 성취동기이론이 중소기업을 창설하고 발전시키는 원동력이 무엇인가를 설 명해 주고 있으며, 관리자 충원의 선발기준도 제시해 주고 있다.

  − 실제적으로 성취 욕구를 개발할 수 있는 방안을 제시하고 있다는 점도 높이 평가받아야 한다.

• 부정적

  − 성취 욕구가 학습된다는 주장은 인간의 욕구 체계가 유아기에 거의 결정되고 성인에 이르러 서는 쉽게 변하지 않는다는 많은 연구결과들로 인해 비판의 표적이 되고 있다(이에 대해 맥 클레랜드는 성인행동이 변화할 수 있다는 정치신념이나 종교상의 증거를 제시하고 있다).

  − 욕구충족 후 그것이 과연 영구적으로 지속될 수 있는지에 대해서도 의문이 제기되고 있다.

  − 훈련에서 습득된 것이 직무에서 그대로 유지될 수 있는지도 문제점으로 지적되고 있다.

더 알아두기

친교 욕구와 권력 욕구의 비교 기출

• 친교 욕구 : 다른 사람이 자신을 한 인간으로서 받아들여주기를 바라는 욕구이다. 따라서 친교 욕구 가 강한 사람의 특징은 다음과 같다.
  − 다른 사람의 감정을 상하지 않게 하려고 매우 주의한다.
  − 친화하고 싶은 사람들이 만들어 놓은 규범이나 기대에 부응하려는 성향이 있다.
  − 다른 사람들로부터 인정받기 위해서 많은 노력을 기울인다.
• 권력 욕구 : 다른 사람들을 지배하고 리드하고 통제하고 싶은 욕구를 말한다.

---

④ **허츠버그(Herzberg)의 2요인이론(Dual Factor Theory)** : 직무만족이론

  ㉠ 개념 : 1950년대 후반 허츠버그는 200명의 기술자와 회계사를 대상으로 실시한 연구를 통해 사람 들에게 만족을 주는 직무요인과 불만족을 주는 직무요인은 별개라는 것을 알아내고 만족을 주는 요인인 동기요인과 불만족을 제거해 주는 요인인 위생요인을 구분한 동기-위생요인이론(2요인이 론)을 제시했다. 그에 따르면 인간의 욕구에는 성장하고자 하는 욕구인 동기요인(Motivators)과 고통회피 욕구인 위생요인(HygieneFactors)이라는 두 가지 요인이 있다고 한다. 2요인이론은 만 족과 불만족이 별개의 차원이고, 각 차원에 작용하는 요인 역시 별개의 것이라고 가정하고 있다.

ⓒ 동기요인과 위생요인 기출

- 동기요인 : 작업자로 하여금 직무만족을 느끼게 하고, 작업자의 동기부여를 유발하는 직무내용과 관련된 요인들로서 '직무 자체, 성취감, 책임감, 안정감, 성장과 발전, 도전감' 등이 있다. 이를 만족요인(Satisfiers)이라고도 한다.
  동기요인의 특성은 이 요인이 충족되지 않아도 불만이 생기지는 않지만 이 요인이 충족되면 만족의 향상을 가져와 적극적인 동기부여를 유도한다는 것이다.
- 위생요인 : 직무에 대한 불만족 제거 요인으로 '작업조건, 회사의 정책과 방침, 감독 스타일, 개인 간 인간관계, 임금' 등의 직무환경과 관련된 요인들이다. 이를 불만족 요인(Dissatisfiers)이라고도 한다. 위생요인의 특성은 이 요인이 충족되면 불만족의 감소를 가져오지만, 만족요인으로는 작용하지 않는다. 즉, 이러한 요인들은 직무 불만족을 방지해 줄 뿐이지 직무만족을 유발하여 적극적인 동기부여를 하지 못한다는 것이다.

ⓒ 평가

- 긍정적
  - 허츠버그 이전에 무시되었던 직무 내용요소에 대한 관심을 불러일으켰고 직무 충실화라는 동기부여의 실천적 기법까지 제시했다는 점은 긍정적으로 평가되고 있다.
  - 욕구충족 요인을 두 개의 차원으로 분류한 것은 의미가 있다 하겠다.
- 부정적
  - 욕구충족 요인을 두 개의 차원으로 분류하는 데 있어 그 구분이 단순하고 그 타당성에도 의문이 제기되고 있다.
  - 특정 요인이 전적으로 한쪽 요인으로만 작용한다고 볼 수 없다. 즉, 임금과 같은 보상은 불만족을 감소시키면서도 만족을 유발시킬 수 있다는 것이다.
  - 2요인이론은 개인차를 전혀 무시하는 우를 범했으며, 만족과 동기부여를 동일시하는 논리적 오류도 범했다.

⑤ **맥그리거(McGregor)의 X · Y이론** 기출

ⓐ 개요 : 모든 관리전략에는 인간본질과 인간 행태에 대한 가정이 있다는 전제 하에 매슬로우의 욕구단계이론을 바탕으로 하여 인간관을 두 가지로 크게 구별하고, 이 두 가지 상이한 인간관에서 유래하는 인간관리 전략을 설명하였다. 맥그리거는 과거의 사람들이 생각했던 **전통적 인간관, 즉 X이론형의 관점은 옳지 않다고 주장하면서 이에 근거한 리더십과 관리방식을 바꿔야 한다고 주장했다.** 그는 기존의 인간관과 대비되는 새로운 인간관으로 Y이론형 인간관을 제시하였다.

ⓑ 주요 내용

- X이론 : 전통적 관리체계를 정당화시켜 주는 인간관으로 인간은 본질적으로 일을 싫어 하고 책임을 회피하는 수동적인 존재라는 전제 하에 인간은 생리적 · 안전 욕구에 자극을 주는 금전적 보상과 처벌 위협에 의해 동기가 부여된다고 주장하는 이론이다. 따라서 X이론에 입각한 관리 전략은 인간의 하위욕구를 자극시키거나 만족시키는 외적 통제를 강화하는 방향으로 이루어진다.

- **Y이론** : X이론의 인간관을 부정·비판하면서 제시된 새로운 인간관인 Y이론은 **상위욕구충족**을 원하는 인간은 근본적으로 자기를 통제할 수 있으며, 조건만 맞으면 창의적으로 일할 수 있어 자아만족과 자기실현 등 상위 욕구에 의해 동기부여가 된다고 가정한다. 즉, 인간은 적절한 조건만 갖춰지면 맡은 일을 적극적으로 완수하려 하고, 자신에게 주어진 목표달성을 위해 스스로를 통제·관리할 줄 안다고 주장하였다. 따라서 Y이론에 의해 유도되는 관리 전략은 인간의 잠재력이 능동적으로 발휘될 수 있는 여건을 조성하는 방향으로 이루어지며 이는 개인과 조직의 목표를 통합하여 동기부여를 하는 것이다.
  ⓒ 평가 : 개인과 조직 목표를 통합하는 관리 전략으로 동기부여가 된다는 통합 원리의 중요성을 환기시켰다는 데 의미가 있다.

체크 포인트

구분	X이론(권위주의적 관리)	Y이론(참여적 관리)
기본 전제	• 인간은 게으르고 일하기 싫어한다. • 야망도 없고 책임지기 싫어하며 지시받기를 좋아한다. • 변화를 싫어하며 저항적이다. • 자기중심적이고 조직요구에 무관심하다. • 인간은 조직의 문제 해결에 필요한 창의력이 부족하다. • 인간은 생리적 욕구와 안정 욕구에 의해 동기화된다.	• 인간은 만족감을 느낄 경우 자발적으로 일하려 한다. • 반드시 조직요구에 수동적이거나 반항적이지 않고, 조직의 목표에 관여하게 되면 자기지향과 자기통제를 행한다. • 적절한 상황에서는 책임을 지려는 욕구까지 있다. • 창조적이고 상상력이 있다.
관리 방식	• 조직목적 달성을 위해 강제·처벌·위협 등을 가해야 한다. • 일(노동)을 기피하는 것을 막기 위하여 업적에 대한 적절한 보상도 강조한다. • 관리층이 적극적인 지도와 통제의 역할을 해야 한다. • 조직운영에 있어 위의 두 가지 전략 중 택일하거나 두 가지를 절충하여 사용한다. • X이론에 의한 관리방식은 과학적 관리론에 근거한 관리 철학이다.	• 권한 위임에 의한 분권적 구조 확립, 즉 상급자와 하급자의 관계를 상호 의존적으로 만드는 민주적 리더십과 권한 위임을 강조한다. • 자주관리체제(자기계획·자기명령·자기통제) 확립, 즉 자유·자율을 인정하고 참여적인 경영을 실행한다. • 권위(공식·비공식)는 상하좌우로 흐르게 하고 이를 장려한다. • 경제적 보상과 더불어 인간적 보상을 제공한다. • 직무는 개인의 전인성을 인정하여 자기직무에 대한 만족을 느낄 수 있게 한다. • Y이론에 의한 관리방식은 인간관계론에 근거한 관리철학이다.

(2) 동기부여과정이론

① 브룸(Vroom)의 기대이론(Expectancy Theory) 기출

ⓖ 개념 : 인간은 이성을 가진 존재로서 개인의 어떤 행동에 대한 동기부여의 정도는 그 행동이 어떤 특정한 결과를 가져오리라는 기대의 강도와 그 개인이 그 결과에 대해 가지고 있는 매력의 정도(유의성)에 달려 있다고 주장한다. 즉, 개인은 자신이 어떤 행동을 하려 할 때 그 행동에서 자신

이 어떤 결과를 획득할 수 있는지를 기대로서 평가하고 그에 따라서 행동의 실행여부를 결정하게 된다는 것이다.

기대이론은 수단성이론 또는 **기대-유의성이론**이라고도 하는데 '한 개인의 어떤 행위에 대한 동기부여의 정도는 행위가 가져다줄 결과에 대한 기대(유의성, 가능성)의 매력정도에 의해 결정된다.'는 것이 핵심이다.

이러한 기대이론은 레윈과 톨만에 의해 처음 제시되었고, 기대이론을 작업 상황에 도입한 것은 브룸의 기대이론과 포터와 로울러의 기대이론이다. 브룸은 개인이 어떤 행동을 유발하려 할 때 어떤 심리적 과정을 통하여 행동하는가를 설명하려 하였다.

ⓛ 기대이론의 동기부여 공식 기출

브룸의 기대이론(Expectancy Theory)에서 동기부여는 다음의 공식으로 설명할 수 있다.

> 동기부여(M) = 기대(E) × 수단성(I) × 유의성(V)
>
> (E = Expectancy, I = Instrumentality, V = Valence)

- 기대(Expectancy) : 목적달성에 대한 가능성과 자기능력에 대해 자신이 가지고 있는 인지 정도를 말한다. 따라서 기대는 특정 행위나 노력이 특정 결과를 가져올 것이라는 가능성 또는 확률에 대한 확신이며 목표의 실체가 아니라 상황의 지각에 따라 결정된다. 즉, **일정한 노력을 기울이면 일정 수준의 업적을 올릴 수 있다고 믿는 가능성**으로 0에서 1 사이의 값을 갖는다.

- 수단성(Instrumentality) : 1차 산출물(성과)이 2차 산출물(보상)을 유도할 것이라는 신념의 정도를 말하며, 1차 성과 목표달성은 2차 보상을 획득하는 수단이기 때문에 중요하다. 즉, **어떤 업적을 올리면 그것이 바람직한 보상으로 연결된다고 믿는 가능성**으로 -1에서 1 사이의 값을 갖는다.

- 유의성(Valence) : 2차 산출물(보상)에 대한 개인의 선호도 또는 만족도를 말하며 그 개인이 느끼는 산출물의 중요성이나 가치의 정도를 나타내는 매력 또는 유인력을 의미한다. 즉, **최종적으로 얻게 되는 보상이 개인에게 얼마나 매력적인가를 나타내는 것**으로 -1에서 1 사이의 값을 갖는다.

ⓒ 평가
- 기여(경영상의 함의) 및 시사점
  - 직원들을 동기화하기 위해서는 우선 그들이 원하는 것을 대가로 지불해 주어야 한다는 점에서 보상이 중요하게 고려되어야 한다는 사실을 인식시켰다.
  - 성과와 보상의 연결을 분명히 하고, 그 결속관계를 증진시켜 주면 동기부여 향상에 도움을 준다는 사실을 환기시켜 주었다.
  - 직원들을 효과적으로 동기화하기 위해서는 조직이 제공하는 보상이 그들에게 얼마나 매력적인지를 파악하여야 하며, 그들이 가치를 부여하는 것을 보상으로 제공하여야 한다.
  - 직원들의 동기부여 수준은 사실여부보다는 그 자신의 성과·보상·목표만족 등에 대한 스스로의 기대에 의해 결정된다는 점을 유의하여야 한다.
  - 개인목표와 조직목표를 합치시키기 위한 많은 전략과 전술을 제시해 주었다.

- 한계점
  - 내용구성(구조)이 복잡해서 검증 자체가 어렵다.
  - 인간은 누구나 합리성에 근거하여 결과와 확률을 예측한 다음에 행동할 것이라는 기대이론 학자들의 의견을 그대로 받아들이기 어렵다. 인간은 완벽하게 과학적이거나 합리적이지 못하다.
  - 행동으로부터 얻어지는 결과들에 대한 가치부여 정도가 매우 주관적이라서 사람마다 다르다.
  - 만족이 가장 큰 쪽으로 인간의 행동이 동기부여가 된다는 쾌락주의적 가정은 인간행위에 대한 올바른 설명이 되지 못한다.

② 아담스(J. S. Adams)의 공정성이론(Equity Theory) 기출
  ㉠ 개념 : 동기부여과정이론(Motivation Process Theory)의 하나인 공정성이론(Equity Theory)은 인지부조화이론(Festinger)과 분배정의 개념(Homans)에 입각하여 아담스가 1963년에 발표한 이론으로 조직 내의 개인들이 자신의 투입대비 산출의 비율을 준거집단이나 준거인(비교가 되는 다른 사람·집단)의 투입대비 산출 비율과 비교하여 공정하다고 지각하면 적극적이고 최선을 다하려 하지만 그 비교 결과 비율이 작거나 커서 불공정하다고 지각하게 되면 이와 같은 불공정상태를 해소·수정하려는 방향으로 동기화한다는 것이다. 즉, 직원들이 준거인이나 준거집단과 비교하여 불공정성을 느끼게 될 경우 이에 대하여 다양한 방법으로 불공정상태를 해소하고자 하며, 반대로 공정성을 느낄 때 동기가 부여된다고 주장하는 이론이다. 이 이론은 직원들이 지각하는 바를 이해하고 형평의 원칙을 준수해야 하며, 특히 금전적 보수체계의 공정성을 확보할 수 있는 장치를 마련하는 것이 직원들의 동기화에 매우 중요하다는 점을 인식할 필요성을 제시한다. 본 이론에서는 공헌과 보상을 어떻게 객관적으로 측정할 것인가, 그리고 노력이나 휴식, 칭찬 등의 비금전적인 것의 경우 어떻게 공정성을 측정할 것인가, 그리고 비교할 준거기준을 어디에 두고 공정하게 분배할 것인가 등의 문제가 대두된다.
  ㉡ 공정성이론의 가정
    - 직무성과에 부합하는 공정한 보상을 받고자 하는 욕구가 종업원들에게 동기를 부여한다.
    - 종업원은 자기노력에 대한 보상을 타인의 보상과 비교하려는 경향이 있다.
    - 종업원은 자신의 직무성과에 따라 공정한 보상을 받을 것이라는 믿음을 갖고 있다.
    - 종업원은 자신의 사회적 관계를 평가하려는 경향이 있으며 이러한 평가는 타인들과의 비교에 의해 이루어진다.
  ㉢ 조직 공정성의 세 가지 측면 기출
    조직 공정성은 분배적(Distributive), 절차적(Procedural), 관계적(Interactional) 공정성의 세 가지 측면으로 구분된다.

    > - 분배적 공정성이란 회사의 자원을 구성원들 사이에 공평하게 분배했느냐의 문제이다.
    > - 절차적 공정성은 회사의 의사결정 과정이 공정했느냐의 여부이다.
    > - 관계적 공정성은 인간관계에서 인간적인 대우를 포함한 질적인 차원에서의 공정성을 뜻한다.

    조직에서 공정한 조직정의(Organizational Justice)를 실천하려면 위의 세 요소가 모두 공정해야 하는데 받은 보상액이 남들과 똑같이 공정해야 하고(분배공정성), 보상을 결정하는 과정이 공정해야 하며(절차공정성), 모두에게서 평등한 인간적 대우를 받는다면(관계공정성) 구성원들은

조직정의를 느끼고 동기가 부여된다는 것이다.

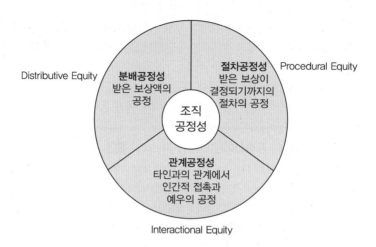

〈조직 공정성의 세 가지 측면〉

아담스의 공정성이론은 이 중 분배적 공정성에 초점을 맞추고 있다고 볼 수 있다.

㉣ 불공정상태 해소방안(공정성 회복방안 – 동기부여) [기출]

부족한 보상에 따른 불만이나 과다한 보상에 따른 부담감 또는 불안감 등에 의해 개인이 불공정
성을 지각하게 되면 이 같은 불공정성을 감소시키는 방향으로 동기부여가 이루어진다. 이러한
불공정성을 감소시키기 위해 개인이 보이는 동기부여 행동의 유형은 다음과 같다.

• 투입의 변경 : 자신의 노력(공헌)을 가감한다. 즉, 개인은 불공정성이 자신에게 유리하면 투입
을 증가시키고 불리하면 투입을 감소시킨다. 즉, 과소보상을 느끼는 사람은 개인적 노력수준
(투입)을 감소시키고, 과다보상의 경우에는 개인적 노력수준(투입)을 증가시킬 것이다.

• 산출의 변경 : 보상을 더 요구하거나 개선하려고 노력하거나 되돌려 준다. 산출 변경의 경우에
는 증가(노조압력에 의한 임금인상)는 사용되나 감소는 거의 사용되지 않는다.

• 투입 또는 산출에 대한 지각 변경 : 판단을 다시 하여 투입 또는 산출에 대한 지각을 변화시킨다.

• 인식의 왜곡 : 실제로 투입이나 산출을 변경하지 않고 인지적으로 자신이나 비교대상의 투입
대 산출을 왜곡시킴으로써 인지부조화를 극복, 불공정성을 해소할 수 있다.

• 타인의 투입 또는 산출의 변경 : 준거인에게 압력을 가하여 그의 투입 또는 산출의 변경을 시도
한다.

• 비교대상 변경(준거인물의 변경) : 비교대상, 즉 준거인을 바꾼다. 즉, 비교대상을 보다 현실적
인 인물로 변경함으로써 불공정성을 줄일 수 있다.

• 이탈 : 결과를 공정한 수준으로 변경할 것을 요구하다가 불공정성이 극히 크거나 감당할 수 없
는 경우에는 배치전환, 이직, 사직 등을 통해 불공정한 상황을 이탈·변경하여 불공정성을 제
거할 수 있다.

    ⓜ 평가
      • 한계점
        - 공헌과 보상을 어떻게 객관적으로 측정하느냐의 문제가 대두된다. 특히 노력, 휴식, 칭찬 등과 같은 비금전적인 것의 경우 공정성 측정 방법의 문제가 더욱 난해해진다.
        - 비교할 준거기준을 어디에 두고 공정하게 분배할 것인가의 문제가 제기된다.
        - 과소보상일 경우는 불공정성이 타당하지만 과다보상의 경우 그 타당성이 입증되지 못하고 있다. 사람들이 과다보상을 잘 참거나 과다보상의 불공정성을 인정하지 않으려는 지각 상의 왜곡이 이루어지기 때문이다.
      • 시사점
        - 경영자는 조직에서 사회적 비교과정에 항상 주의를 기울여 종업원들을 공정하게 대우하여야 한다. 즉, 직원대우에 있어 형평의 원칙을 준수하는 것이 매우 중요하다.
        - 경영자는 동기부여에 있어 지각의 중요성을 인식하여야 한다. 실제 과다 보상되고 있는데도 과소보상받고 있다고 지각될 수도 있다. 즉, 사실 그 자체뿐만이 아니라 직원들이 어떻게 지각하느냐도 매우 중요한 것이다.
        - 사회적 비교과정은 조직 내에서만 이루어지는 것이 아니라 조직외부의 다른 구성원들과도 비교할 수 있으므로 보상액의 절대액보다는 동종기업 또는 유사기업의 보상액에도 관심을 가져야 한다. 경영자는 직원들이 설정하고 있는 준거인이나 준거집단에 대하여 관심을 가지고 이해할 필요가 있다.

③ 로크(Locke)의 목표설정이론(Goal Setting Theory) 기출
    ㉠ 개념 및 내용
      로크와 라담은 목표설정과 과업성과 간의 관계를 연구하여 **목표달성 의도가 직무에 대한 동기부여의 주요 원천**이라는 **목표설정이론**을 정립하였다. 목표설정이론(Goal Setting Theory)의 발전에 중요한 공헌을 했던 로크(Locke)는 인간행동이 쾌락적인 방향으로 동기화되기 마련이라는 기대이론의 가정을 인지적 쾌락주의라고 비판하면서 인간의 행동은 가치(Value)와 의도(Intention)라는 두 가지 인지적 요소에 의하여 결정된다고 주장했다. 여기서 의도란 계획 또는 목표라고 할 수 있는데 **목표가 보다 구체적일수록 동기부여에 중요한 역할**을 한다고 한다. 즉, 막연하고 일반적인 목표보다는 구체성과 적당한 난이도를 가진 목표가 제시될 때 성과가 높게 나타나고, 성과에 대한 피드백이 제공될 때가 제공되지 않을 때보다 성과가 높게 나타난다는 이론이다. 초기 연구에서는 목표 자체의 특성연구에 관심을 기울였으나 그 후 상황에 따라 목표달성 성과가 어떻게 달라지는지를 연구하였고, 여기에 목표가 인간에게 주는 심리학적 의미를 추가하여 동기부여과정이론으로서의 목표설정이론이 등장하였다. 목표설정이론은 1968년 Locke에 의해 제시된 이후 현재까지 가장 많이 연구되어 왔고 가장 타당한 이론으로 인정받아 왔다. 참고로 Drucker 교수가 목표설정이론을 바탕으로 이를 실용화한 기법이 **목표관리기법**(MBO ; Management By Objective)이다.

      ⓒ 좋은 목표의 요건 [기출]
- 난이도 : 능력 범위 내에서 약간 어려운 것이 좋다.
- 구체성 : 수량, 기간, 절차, 범위가 구체적으로 정해진 목표가 좋다.
- 수용성 : 일방적으로 지시한 것보다는 상대가 동의한 목표가 좋다.
- 참여성 : 목표설정 과정에 당사자가 참여하는 것이 바람직하다.
- 피드백 : 목표이행 정도에 대하여 당사자에게 피드백이 있는 것이 좋다.
- 단순성 : 과업목표는 복잡한 것보다 단순한 것이 좋다.
- 합리적 보상 : 목표달성에 상응하는 보상이 주어져야 한다.
- 경쟁 : 목표달성 과정에서 경쟁이 전혀 없는 것보다 약간의 경쟁이 있는 것이 좋다.
- 능력 : 능력이 뛰어날수록 어려운 목표가 좋다.

      ⓒ 목표속성-성과의 관련성

가치판단이 개입하여 욕망이 증대되면 더 높은 수준의 목표를 설정하게 되는데 설정된 목표의 특성이 노력 투입의 정도(동기부여)를 결정하는 요인이 된다.

즉, 목표의 특성이 구체적인 목표, 어렵지만 현실적인 목표, 구성원에 의해 수용된 목표, 성과 평가를 위한 목표, 피드백 및 보상과 연계된 목표, 개인 및 집단의 참여에 의한 목표일수록 동료 간 선의의 경쟁을 유발하여 성과가 향상되는 경향이 있다.

이러한 목표속성-성과의 관련성은 보상제도・기술 등의 상황 차이와 성취욕구・교육수준 등의 개인 차이에 따라 달라질 수 있다.

      ⓔ 평가 : 효과의 장기간 유지가 힘들고 목표를 계량적으로 측정하기 힘든 직무에는 적용하기 어려우며 사회적 인정 욕구로 목표 자체를 낮게 설정하려는 현실적 문제가 있으나, 이론의 타당성이 가장 잘 입증된 이론이며 전략개발(목표관리 제도)을 통해서 학습이 가능하다는 점은 높이 평가되고 있다.

   ④ **강화이론**(Reinforcement Theory)

      ㉠ 개념 : 강화이론은 행동주의학습이론을 동기유발 영역에 도입한 것으로, 학습이론을 기초로 하여 인간의 행동이 어떠한 원리와 수단에 의하여 어떻게 변화될 수 있는가에 대한 응용 원리를 제시해 주는 이론이다. 즉, 어떤 조건 하에서 어떤 자극이 주어지고 어떻게 강화되느냐에 따라 특정 행동의 빈도 및 지속성이 결정된다고 주장한다. 강화란 행위와 결과의 결속관계를 통해 바람직한 행위를 촉진하고 바람직하지 않은 행위를 억제시키는 영향력 과정을 의미한다.

      ㉡ 강화전략 유형(행위변화 촉진 방안) : 강화전략 유형(행위변화 촉진 방안)에는 **적극적(긍정적) 강화・소극적(부정적) 강화・소거・벌** 등이 있다. 이 중 적극적 강화와 소극적 강화(도피학습과 회피학습)는 바람직한 행위를 증대시키는 전략이고, 소거와 벌은 바람직하지 못한 행위를 감소시키는 전략이다. [기출]
- 적극적(긍정적) 강화(Positive Reinforcement) : 어떤 자극을 주어 바람직한 행위를 증가시키는 것을 말한다. 적극적 강화에는 포상금과 같은 경제적 이익을 제공하는 외재적 강화요인과 성취감과 같은 심리적 만족을 구성원에게 제공하는 내재적 강화요인이 있다.
    - 내재적 강화요인 : 성취감, 만족감, 자긍심과 같이 직무수행 자체에서 생기는 심리적 보상을 말한다.

  – 외재적 강화요인 : 직무수행(행위) 그 자체와는 직접적 관련이 없는 구성원의 바람직한 행위에 대해 주어지는 임금이나 승진과 같은 경제적 성격의 보상을 의미한다.
- 소극적(부정적) 강화(Negative Reinforcement) : 보상을 주는 것이 아니라 불쾌하고 부정적인 자극을 제거하여 구성원의 바람직한 행동이 반복·강화되도록 유도하는 것이다. 소극적(부정적) 강화에는 이미 불편한 상태에 있는 자극을 제거하는 도피학습과 불편한 자극을 사전에 봉쇄·제거하는 회피학습이 있다. 이때 제거된 자극을 소극적 강화요인이라 한다.
  – 도피 학습(도피조건 형성) : 어떤 행동을 함으로써 어떤 혐오자극이 제거되면 그 행동이 일어날 확률이 높아지는 현상을 말한다. 도피 학습(도피조건 형성)은 바람직한 행동을 일으키기 위하여 혐오자극이 먼저 제시되어야 한다는 점에서 일반적으로 최종수단으로 사용되기보다는 회피조건 형성을 습득하기 위한 예비 훈련으로 사용하게 된다.
  – 회피 학습(회피조건 형성) : 혐오(불쾌)자극을 피하기 위하여 어떤 행동을 학습하는 것으로, 어떤 행동이 혐오자극의 발생을 방지하게 되면 그 행동의 빈도가 증가하게 된다.
- 소거(Extinction) : 어떤 행동을 감소시키거나 중단시키기 위해서 이전에 제공되던 '긍정적 결과(보상)'를 제거하는 방법이다. 예를 들면, 판매실적이 줄고 있는 사원에게 지급하던 보너스를 삭감하는 것 등이 해당한다.
- 벌(Punishment) : 바람직하지 않은 구성원의 행위를 제거하기 위해 구성원에게 취하는 제재를 말한다. 즉, 바람직하지 않은 행동을 줄이거나 중지하도록 하기 위해 싫거나 불편한 결과를 주거나 혹은 적극적 강화요인을 제거하는 것으로 '부정적 결과'를 제공하는 방법이다.

※ 소거는 바람직한 행위에 대해 부여했던 보상을 중단하는 데 반하여, 벌은 바람직하지 않은 행위를 못하게 하기 위해 여타 적극적 보상을 중단하는 것이다.

ⓒ 강화효과 극대화 방안
- 강화효과의 조건
  – 보상 자체가 매력이 있어야 한다.
  – 보상은 바람직한 행위와 긴밀한 연관관계가 있어야 한다.
  – 바람직한 행위가 어느 정도 가능한 것이어야 한다.
- 강화 관리 원칙 수립
  – 강화결속의 원칙(강화요인은 바람직한 행위가 실행되었을 때 제공)
  – 즉각적 강화원칙
  – 강화 크기 적정성의 원칙(강화요인의 적정 크기는 개인과 행위 간의 관계에 의해 결정되어야 함)
  – 강화박탈의 원칙
ⓓ 강화 일정계획 수립방안(강화의 빈도와 비율계획) : 강화요인을 제공하거나 제거하여 어떤 행동을 강화시키기도 하고 소멸시키기도 하는데, 이때 강화요인이 많고 적음에 따라 행동수정의 정도가 달라진다. 또한 같은 양의 강화요인일지라도 언제, 어느 정도의 간격을 가지고, 어느 정도의 빈도로 제공되고 제거되느냐에 따라서 강화의 효력이 달리 나타날 수 있다.
강화 일정계획 수립방안에는 연속강화법과 부분(단속)강화법이 있는데, 부분강화법에는 고정간격 강화계획, 변동간격 강화계획, 고정비율 강화계획, 변동비율 강화계획이 있다.

- 연속강화계획(CRF ; Continuous Reinforcement) : 행동이 일어났을 때마다 강화물이 주어지는 것이다. 학습된 행동이 처음으로 도입될 때 용이하게 사용된다. 그 결과 반응률은 높지만, 강화가 중지되면 소거가 아주 빨리 일어난다. **기출**
- 부분(단속)강화법
  - 고정간격 강화계획(FI) : 일정 간격으로 강화요인을 제공하는 방법이다. 초기에는 매우 느리게 반응하지만, 점차로 반응속도가 증가하고 보상이 나타날 순간을 기대하게 된다. 그러나 직원들은 언제 보상이 주어지는지를 알기 때문에 시간이 지날수록 자극의 효과가 낮다.
  - 고정비율 강화계획(FR) : 행동의 결과에 따라 일정량의 비율로 성과급이 지급되는 경우가 이에 해당된다.
  - 변동간격 강화계획(VI) : 불규칙한 시간 간격으로 강화요인을 제공하는 방법이다.
  - 변동비율 강화계획(VR) : 불규칙적인 비율로 강화요인이 제공되는데 간격은 일정하되 배분량이 불규칙한 보너스 지급이 이에 해당된다.

⑤ **인지평가이론(Cognitive Evaluation Theory)**
  ㉠ 개념 및 내용 : 개인이 조직으로부터 보상을 받을 때 어떻게 받는 것이 동기화에 가장 효율적인지에 초점을 맞춘 이론이다. 전통적인 동기부여이론은 성취감, 긍지, 책임, 칭찬과 같은 내적 동기부여 요소와 임금, 작업조건, 승진 등의 외적 동기부여 요소를 독립적인 것으로 가정하였으나, 인지평가이론(Cognitive Evaluation Theory)은 내적동기부여 요소와 외적 동기부여 요소가 상호 연관되어 있다고 주장한다. 즉, 성과에 대한 화폐보상 같은 외재적 보상이 자기 흥미와 통제감 등의 내재적 보상을 감소시킬 수 있다는 것이다(과잉 정당화 효과 : Over-Justification). 성취, 책임감 등 내재적 보상을 통하여 작업에 임하는 사람에게 외재적 보상이 주어지면 동기부여 수준이 저하되는 현상을 설명해 주는 이론으로서, 외적 보상으로 외적 동기를 유발시켜 조직몰입을 높이고자 하는 것은 타인에 의해 통제받는다는 느낌을 유발하여 과업에 대한 의욕을 감소시키게 된다는 것이다. 특히 전문적이고 창조적인 일을 하는 사람들은 금전적 보상이 주어졌을 때 동기부여가 감소하기도 한다는 것이다.
  ㉡ 평가 : 내적 동기부여 수준이 아주 높은 사람들에게 외적 보상을 감소시키려 할 경우에는 강한 저항을 하게 된다는 사실과 단순한 직무는 외적 보상이 효과적이라는 사실에 근거하여 이 이론에 대한 비판이 제기되었다. 그러나 내적 보상을 받고 있는 사람에게 화폐적 보상을 할 때는 유의해야 한다는 주장은 시사하는 바가 매우 크다.

⑥ **상호작용이론(Interaction Theory)** : 동기부여는 개인의 내부에만 국한된 것이 아니라 환경 혹은 타인과의 접촉·관계에 의해서도 발생한다고 주장하는 이론이다. 이 이론에 의하면 인간을 동기화시키는 가치는 인간의 내부 욕구에서 나오는 것이 아니라 외부와의 상호작용 과정에서 나오는 것이다.

체크 포인트

만족한 상호작용 상태 → 동기향상
- 환경 혹은 타인과의 접촉이나 관계에 의해서 발생
- 내부원인(개인)과 외부(환경)와의 관계에서 결정
- 환경에 적극적으로 대응하는 성향

---

5 동기부여 증진 방안

(1) 개인 차원의 동기부여 증진 방안

① **적극적인 업무자세의 함양(지침)**

  ㉠ 정기적이고 자발적인 피드백

  ㉡ 성공인물을 모범으로 벤치마킹

  ㉢ 적절한 도전과 책임 추구

  ㉣ 현실적 관점에서 사고하고 목표성취 방식에 대해 적극적으로 사고 → 자신의 자존심이나 기존 행동을 보호하려는 자기 장애화주의

② **명확한 자기 경력의 구상(지침)**

  ㉠ 실현 가능하며 도전적인 목표 수립

  ㉡ 자신의 경력에 대한 애착과 경력개발 프로그램에 적극 참여

  ㉢ 불안감이나 실패에 대한 두려움에서 탈피하고 이를 실행

(2) 조직 차원의 동기부여 증진 방안

① **직무 재설계의 도입**

  ㉠ 의의 : 직무 재설계는 내재적 보상을 근거로 한 동기부여 기법으로 기존 직무와 그것을 담당하는 종업원의 결속관계를 구조적으로 해체하고 종업원의 능력·경험·자질과 직무를 결합시켜 개인 목표와 조직목표를 합치시키는 과정을 말한다.

  ㉡ 방법 : 직무 재설계 방법에는 직무 전문화, 직무순환, 직무확대 그리고 직무확대의 발전된 개념인 직무 충실화 등이 있는데, 직무 충실화는 작업자가 맡고 있는 과업에 대하여 수직적으로 확대시켜 주는 것을 의미하며, **과업의 실행뿐만 아니라 관리기능인 담당과업의 계획·통제권한 및 자율성을 부여하는 방법**이다. 이 외에 최근 도입되고 있는 탄력적 근로 시간제도 역시 이러한 직무 재설계의 한 방법이다. `기출`

  - 직무 전문화 : 전문화의 원리에 따라 직무를 여러 과업으로 나누고(직무 세분화) 이것을 종업원들에게 결합한 것으로 짧은 훈련기간 및 훈련비용의 감소, 짧은 작업주기, 작업자의 용이한 대체성 등이 장점이다. 그러나 직무 전문화는 직무불만족, 인간소외 등의 문제를 초래할 수 있다는 단점이 있다.

  - 직무순환 : 직무순환은 종업원들에게 직무 전문화의 결과인 단일 과업수행에서 탈피하여 일정한 기간이 지나면 작업 조 내에서 다른 과업으로 이동시킴으로써 능률성의 저조를 극복하도록 하는 것이다. 직무 전문화로 야기되는 문제를 해결하기 위해 도입된 개념으로 직원들을 유사직무에 순환 보직시킴으로써 단순 반복적인 활동에서 오는 직무에 대한 권태와 싫증을 감소시키기 위한 것이다.

  - 직무확대 : 직무 전문화로 인해 작업자들은 직무에 대한 싫증과 조직적 태업을 일으킬뿐만 아니라 높은 이직률과 결근율을 기록하게 되는데 이러한 문제들을 극복하기 위해 담당과업의 수를 수평적으로 확대시키는 것이다(수평적 전문화). 즉, 직무 전문화에서 오는 단순하고 반복적인 작업의 문제점들을 해결하기 위한 방안으로 제시된 것이다.

  - 직무충실화 : 직무확대의 발전된 개념으로 기존의 직무설계 방법과는 달리 직무 성과가 직무수

행에 대한 경제적 보상보다 개인의 심리적 만족에 의해 좌우된다는 가정 하에 직무 자체에서 개인의 동기를 유발시키고 자아실현의 기회를 부여할 수 있도록 직무 내용 및 환경을 재설계하는 것이다. 즉, 직무충실화는 작업자가 맡고 있는 과업에 대하여 수직적으로 확대시켜주는 것(수직적 전문화)을 말하는데 과업 실행뿐만 아니라 관리기능인 담당과업의 계획·통제권한 및 자율성을 작업자에게 부여함으로써 자기 성취감 및 일에 대한 보람을 느끼게 하여 동기유발과 생산성 향상을 도모하는 방법이다. 기출

> **더 알아두기**
>
> **직무충실화의 효과적 실행을 위한 조건** 기출
> • 책임부여 동안에는 일정수준 이상의 통제 불가
> • 일에 대한 책임감 증대
> • 부분이 아닌 전체로서 일을 맡김
> • 업무수행 과정의 재량권 부여
> • 새롭고 난이도가 좀 더 높은 일을 소개
> • 종업원들에게 구체적이고 전문화된 일을 부여하여 전문가로 성장할 기회 제공
> • 개인차이 고려

- 탄력적 근무시간제 운영(유연근무제 도입) : 탄력적 근무제란 핵심 작업시간 이외의 출퇴근시간 및 근무시간 등을 신축적으로 운영하는 것으로 종업원들의 라이프스타일 변화(주 5일제 등) 및 맞벌이 부부 증가 등에 따른 새로운 욕구를 충족시키고 생산성을 향상시키기 위해 마련된 방안이다.

  ※ 유형 : Flexible Time제, 파트타임, 직무공유, 재택근무, 모빌오피스제, 압축작업 스케줄

② **성과에 따른 합리적 보상 프로그램(성과 – 보상 합치 프로그램 – 화폐적 보상)** : 화폐적 보상은 오늘날에도 가장 중요시 되는 동기부여의 수단이다.

ㄱ) 공정성 있는 임금 구조 개발 : 구성원 간의 합의를 통해 기본급을 보장하고 능력급 제도의 운영과 차별화된 성과급제를 적용하여 노력의 공정한 결실이라는 의미를 주는 공정한 급여 제도를 도입·실행해야 한다.

ㄴ) 메리트 임금제도와 인센티브 시스템 도입

- 메리트 임금제도 : 다른 사람들의 주관적 평가를 근거로 하여 개인의 성과에 대해 보상하는 성과–보상 합치 프로그램으로, 비가시적인 성과를 눈에 보이게 해준다는 특징이 있다. 메리트 임금제 도입에 의해 개인성과는 더욱 높아지고, 사무직 노동자(White Color)들에게는 **성과가 중요한 임금결정 요소라는 인식**을 심어주는 효과를 얻을 수 있다. 예를 들어 전사적 품질경영(TQM)의 확산으로 고객평가를 메리트 임금산정 기준에 포함시키는 것 등이 해당한다.
- 인센티브 시스템 : 객관적인 성과지표(생산성, 이윤 등)를 근거로 하여 개인의 성과에 따라 보상하는 제도로서, **화폐를 동기부여 수단**으로 구성원들의 부가적인 노력을 유도하여 조직성과를 증대시키고자 하는 제도이다.

ⓒ 성과-보상의 결속관계 강화를 위한 보상관리의 원칙
- 중요성의 원칙 : 사람들이 보상을 중요한 것으로 느껴야 보상이 영향력을 갖는다.
- (양의) 융통성의 원칙 : 융통성 있게 적절한 양의 보상이 주어져야 한다.
- 수시성의 원칙 : 보상이 자주 주어질수록 유용성이 더 커진다.
- 가시성의 원칙 : 성과와 보상 간의 관련성이 가시적으로 보여야 한다.
- 저비용의 원칙 : 조직 입장에서는 보상비용이 낮을수록 바람직한 보상으로 간주된다.

③ **동기부여 관리제도 개선**
- ㉠ 공정한 인사정책 실시 : 보상, 승진, 교육훈련 등의 인사정책은 계속성, 공정성, 합리성(능력에 입각한 인사정책)에 따라 실시되어야 하며 구성원이 납득할 수 있도록 공정하고 신축적으로 이루어져야 한다.
- ㉡ 내부 노동시장 개발 : 기업이 필요로 하는 인력을 기업외부에서 찾지 않고, 내부 구성원들을 개발·육성하여 활용하는 것이다.
- ㉢ 승진 및 직무순환 제도 개선
- ㉣ 생애복지 프로그램 설계

④ **(개인) 임파워먼트 실행(새로운 관점의 동기부여 증진 방안)** `기출`
- ㉠ 개념 : 조직원들에게 자신이 조직의 여러 가지 주요한 일을 수행할 수 있는 능력·권력·권한 등을 갖고 있다는 확신을 부여하고, 업무를 유능하게 수행할 수 있다는 자신감을 갖도록 하는 활동이다. 이를 위해서는 능력과 의지의 배양, 공식적 권력(권한)의 위임, 실제 의사결정에 대한 심도 있는 참여 등을 통해 자신의 영향력을 체험하도록 하는 과정들이 전제되어야 한다.
  임파워먼트는 내재화된 몰입을 강조하는 동기부여이론으로서 기존 동기부여이론 및 실무 관행이 구성원에 대해 통제 지향적(보상과 벌의 결합을 통한 통제)이고 조직에 대한 개인의 순응을 우선시한 반면, 임파워먼트는 구성원들이 자발적으로 따라오게 하는 경영(Pull)을 강조한다. 특히 일에 대한 몰입과 가치를 중시한다.
- ㉡ 임파워먼트의 특징
  - 구성원들로 하여금 자신의 일이 회사의 성패를 좌우한다는 강한 사명의식을 갖도록 한다.
  - 우수인력의 확보·양성에 초점을 두며 업무수행 기량(Skill)을 향상시키는 데 초점을 둔다.
  - 담당직무에 대한 의사결정권을 갖게 하여 직무에 대한 통제감을 높임으로써 무기력감과 스트레스를 해소하고 강한 업무의욕을 갖도록 하여 성취감을 향상시킨다.
  - 구성원들이 고객에 대한 서비스를 향상시키고 환경변화에 신속히 대응할 수 있도록 한다.
- ㉢ 임파워먼트의 유형 `기출`
  - 개인수준의 자기 임파워먼트(Self Empowerment) : 자기 임파워먼트는 자신의 부족한 요소를 명확히 확인하고 자신에게 긍정적 자기암시를 제공하는 과정을 말한다.
  - 집단·조직의 상호작용적 임파워먼트(Interactive Empowerment) : 상호작용적 임파워먼트란 구성원들이 자신의 증대된 파워를 다른 구성원에게 확산시켜 종국에는 조직 전체의 파워를 키우는 과정을 말한다. 상호작용적 임파워먼트에는 '권한 위양'과 '능력함양 촉진'의 두 가지 유형이 있다.
    - 권한 위양 : 상대적인 관점에서 상급자가 하급자에게 권한을 위임하거나 나누어 주는 것이다.

- 능력함양 촉진 : 절대적인 관점에서 다른 사람들의 파워나 능력을 키워주거나 이의 이용을 가능하게 하는 데 관심을 집중하는 것으로 구체적으로는 조직 내 구성원이 무력감(Powerless)을 느끼게 되는 상황 및 요인을 제거하는 것과 구성원의 자신감을 향상시키는 것이 있다.

② 임파워먼트 촉진 방안
  • 개인 임파워먼트 촉진 방안
    - 스트레스(Stress) 관리 : 직장에서 개인의 스트레스는 업무능률을 저하시키고 건강에 악영향을 주는 바, 이를 적정수준으로 유지하도록 관리해야 한다. 이를 위해 구성원들은 각자의 스트레스를 관리자에게 알리고, 관리자는 스트레스의 상태를 파악·관리해야 하며, 회사는 스트레스 측정 및 관리 제도를 개발하고 치료와 대응을 위한 예산을 배정해야 한다.
    - 역량에 기초한 임금제도 도입(능력주의) : 역량에 기초한 임금제도란 개인이 얼마나 많은 스킬을 갖고 있는가 또는 얼마나 많은 직무들을 수행하고 있느냐에 따라 임금수준을 결정하는 임금결정 방식이다. 이 제도는 구성원들로 하여금 다양한 기량을 습득하도록 자극하면서 성장 욕구나 성취 욕구를 충족시키고 형평성을 제고시킴으로써 임파워먼트를 촉진할 수 있는 임금제도이다.
    - 의미 있는 사회적 보상의 개발 : 화폐적 보상도 중요하지만 성취감 부여·타인의 인정·승진기회 부여·흥미있는 업무 제공·책임 부여·개인성장 기회 부여·우호적 인간관계 등의 사회적 요인에 의한 동기부여가 장기적인 효과가 있다(물질적 보상과 심적 보상의 연계, 개인 명예 부여, 창의성 발휘를 위한 조직분위기 조성 등).

> **더 알아두기**
>
> **개인 임파워먼트의 실행과정**
> • 1단계 : 조직에서 개인의 무력감 유발 요소 파악
> • 2단계 : 자신감 향상을 위해 무력감 유발요소 제거를 위한 임파워먼트 수행
> • 3단계 : 과업수행 시 자신감 향상 방안 실행
> • 4단계 : 개인들이 자신감을 갖게 되었음을 지각
> • 5단계 : 임파워먼트된 개인들이 보다 더 높은 성과목표를 설정하고 달성하기 위한 새로운 노력을 기울임

  • 집단 임파워먼트 촉진 방안 : 집단 임파워먼트 촉진을 위해서는 집단 리더(팀장 등)가 자기 능력과 자기 신뢰감을 바탕으로 집단성원(팀원 등)들을 임파워(Empower)하기 위해 고려해야 하는 요인들을 검토하고 실제로 체험해 보는 과정이 있어야 한다. 우선 집단 리더에게 자기 집단(팀)의 임파워 수준을 파악하기 위한 진단지를 보급하고 교육시킨다. 그 후 임파워먼트에 대한 장애요인, 즉 집단성원들의 저항을 이해시켜야 한다. 그리고 어떻게 장애요인을 극복해 나가는지를 설명하고 토론하여야 한다. 궁극적으로 집단 리더의 자기 준비단계 및 집단 준비과정을 거쳐서 집단이 임파워먼트를 실행하도록 해야 한다. 기출

• 조직 임파워먼트 촉진 방안 : 조직 임파워먼트를 위해서 구성원으로 하여금 조직의 각종 규정·관행·제도·구조 등에서 어떠한 변화가 일어나야 하는지를 이해시키고, 실제로 변화가 일어나도록 자기 조직에 필요한 변화의 내용을 도출하게 하는 과정이 필요하다. 조직 임파워먼트의 초점은 피라미드식 계층구조를 팀제 및 네트워크 구조로 바꾸면서, 이러한 변화를 뒷받침하는 제도나 관행을 변경시키는 데 맞춰져야 한다.

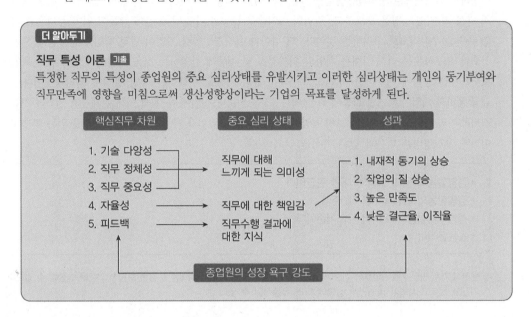

> **더 알아두기**
>
> **직무 특성 이론** [기출]
> 특정한 직무의 특성이 종업원의 중요 심리상태를 유발시키고 이러한 심리상태는 개인의 동기부여와 직무만족에 영향을 미침으로써 생산성향상이라는 기업의 목표를 달성하게 된다.

제4절   윤리, 신뢰, 정의

1 윤리(윤리경영)

윤리경영이란 개념은 시민 의식수준이 높아지고 기업이 국가경제 및 국민생활에서 차지하는 비중이 점점 더 커짐에 따라 중요한 사회적 관심사로 대두되었다. 윤리경영이 독립된 학문분야로서 본격 연구되기 시작한 것은 1960년대에 이르러서부터이다.

(1) 윤리의 개념

윤리는 행위의 옳고 그름과 선악을 구분하는 원칙인 동시에 행동의 기준이 되는 가치체계이자 인간이 지켜야 할 도덕적 행동규범이다. 다시 말해 윤리란 인간사회의 가장 기본적인 규범으로서 인간답게 살아가기 위해서 당연히 행하고 지켜야 할 도리이자 이치이며, 인간이 올바르게 사회생활을 할 수 있도록 질서를 확립해 주는 것이다.

(2) 윤리경영의 개념 및 특성

현대사회에서 기업의 사회적 책임에는 경제적 책임, 법적 책임, 윤리적 책임, 자선적 책임이 있는데(A. Carroll), 이 중 윤리적인 사회적 책임이 윤리경영과 맥을 같이 하고 있는 것이다. 윤리경영이란 경영활동의 옳고 그름을 구분해 주는 규범적 기준을 사회의 윤리적 가치체계에 두는 경영 방식으로 투명하고 공정하며 합리적으로 경영활동을 전개하는 것이다. 즉, 양심에 반하지 않는 윤리적 수단을 통해 경영목적 달성 및 기업 성장을 도모하고, 기업의 이익추구 활동과 기업 윤리 간에 충돌이 일어날 경우 윤리적인 측면을 우선적으로 고려하는 것이다. 더 나아가 윤리경영이란 기업이 법적 책임의 준수는 물론이고 사회가 요구하는 윤리적 기대를 기업의 의사결정 및 행동에 반영하는 것을 의미한다. 즉, 법적 책임이 없어도 사회통념에 어긋나면 사회가 요구하는 윤리 기준을 선택하는 경영 방식이 윤리경영이다.

결국 윤리적 기업이란 기업 활동에 관한 의사결정을 하거나 실천에 옮길 때 이해 관계자의 권익과 기업의 경제적 이익 간의 균형을 취함으로써 종업원, 고객, 납품(공급)업자, 주주에게 존경과 신임을 얻는 회사이다. 이러한 윤리경영은 다음과 같은 특성을 갖고 있다.

> - 경영활동의 옳고 그름에 대한 판단이다.
> - 경영활동의 규범을 제시해 준다.
> - 경영의사결정의 도덕적 가치기준이다.
> - 응용윤리이다.

※ 윤리적 가치 판단 기준 : 법률적 기준이나, 문화적 기준과 같이 시대나 사회를 초월한 보편적 기준을 설정할 수 없으며, 시간이 흐르고 사회가 바뀌면서 상황에 따라 유동적일 수 있다.

(3) 윤리경영의 구성요소

윤리경영은 크게 인격적 주체로서 경영자 윤리와 종업원 윤리로 구성된다고 할 수 있다.

① **경영자 윤리** : 조직 내에서 지위에 따라 윤리경영을 실천할 책임을 가진다.

② **종업원 윤리** : 기업에 대한 윤리와 개인의 사생활에 대한 윤리라는 두 가지 내용으로 이루어져 있다.

(4) (기업)경영윤리에 대한 태도에 따른 경영방식 분류

기업의 경영방식을 기업윤리에 대한 태도를 기준으로 분류하면 비윤리경영, 초윤리경영, 윤리경영의 3가지로 분류할 수 있다.

① 비윤리경영(Immoral Management)은 기업의 이윤 추구를 위해서는 기업윤리뿐만 아니라 법적 책임마저도 장애요인으로 간주하는 전근대적인 경영방식으로 최근에는 거의 존재하지 않는다.

② 초윤리경영(Amoral Management)은 경영과 윤리를 완전히 별개의 영역으로 보고 합법의 테두리 내에서는 어떠한 행동을 해도 좋다는 입장을 견지한다. 이 같은 경영방식을 취하는 기업들은 윤리를 기업경영의 외적 요인 중 하나로 간주하고 기업윤리 문제 발생 방지 방안모색 또는 윤리적 문제 발생 시 대응 방안 모색 등과 같은 리스크 관리 차원에 초점을 맞춰 기업윤리 문제에 접근한다.

③ 윤리경영(Moral Management)은 기업이 적법 차원의 책임뿐만 아니라 입법 취지와 사회적 통념까지 고려하여 기업윤리를 추구하는 경영방식이다. 예를 들어 법적으로 문제가 없는 사안일지라도 사회의 윤리기준과 충돌하면 사회가 요구하는 윤리기준을 충족시키고자 하는 경영방식이다. 이들 기업에 있어 윤리는 이윤과 마찬가지로 기업이 추구해야 할 중요한 목표 중의 하나인 것이다.

더 알아두기

Autin의 윤리경영 유형

- 대내적·소극적 윤리경영(비윤리적 유형 1) : 기업의 경영자와 구성원들이 조직 내부에서 지켜야 할 윤리로서 비윤리적이고 비도덕적인 행위를 금지하는 내용을 포함한다. 무단결근, 임금체불, 허위보고서 작성, 부당노동행위, 불공정 인사, 회사기밀 누설, 기업재산의 부정유출, 부실경영, 근무 중 개인용무 처리 등의 금지에 관한 것이다.
- 대외적·소극적 윤리경영(비윤리적 유형 2) : 기업의 이해관계자, 정부, 환경, 그리고 보다 포괄적인 일반 공중 또는 전체 사회와 관련된 모든 외부 존재에 대한 윤리로서 사회적으로 지탄을 받을 만한 비윤리적이고 비도덕적 행위를 금지하는 내용이 포함된다. 공해유발 유해식품 제조, 정경유착, 이해집단에 대한 불친절, 허위확대광고, 매점 매석, 불성실한 회계정보공시, 상표도용, 무분별한 소비재 수입, 뇌물 등에 대한 금지에 관한 것이다.
- 대내적·적극적 윤리경영(윤리적 유형 1) : 경영자를 포함한 조직 구성원이 조직 내부에서 지켜야 할 윤리로서 행동했으면 좋겠다고 권장하는 바람직한 행동을 포함한다. 연구개발, 직업윤리 준수, 생산성과 품질의 향상, 산재와 직업병의 예방, 혁신추구, 인간 중심적 경영 등의 권장에 관한 것이다.
- 대외적·적극적 윤리경영(윤리적 유형 2) : 외부의 이해관계자, 정부, 생태계, 일반 공중과의 관계에 있어 요구되는 바람직한 기업의 윤리·행동을 포함한다. 환경과 자원의 보전, 교육학술과 문화체육지원, 건전한 자유기업제도의 창달, 생활의 질 향상, 사회복지 향상, 소비자 만족경영 등의 권장에 관한 것이다.

(5) 윤리경영의 영향 요인

① **슈어메르혼(Schermerhorn)의 윤리경영의 영향 요인** : 슈어메르혼은 기업윤리 수준에 영향을 미치는 요인으로 개인적 요인과 조직적 요인, 그리고 사회적 요인의 세 가지를 제시했다.

  ㉠ 개인적 요인 : 가족의 영향, 종교적 가치, 금전적 욕구, 자아의 강도, 개인적 신념 및 욕구, 조직에 대한 내면화, 직무종속성, 조직목표와의 갈등, 직위, 연령, 학력 등

  ㉡ 조직적 요인 : 회사의 공식정책, 상사 또는 동료의 행동, 성과압력, 업종, 규모, 기업문화, 직무특성, 도덕적 갈등, 경영자의 태도

  ㉢ 사회적 요인 : 사회윤리 풍토, 사회적 규범·풍토, 사회의 기대, 정치윤리 풍토, 정부규제, 전반적 경쟁

② **트레비노(Trevino)의 경영자 윤리 영향 요인** : 트레비노는 경영자 윤리에 영향을 미치는 요인으로 자아 강도(Egostrength), 직무 종속성, 통제의 위치 세 가지를 제시하고, 각 요인을 기준으로 경영자의 윤리·도덕적 행동의 일관성을 설명한다.

  ㉠ 자아 강도 : 자아 강도가 낮은 경영자에 비해 자아 강도가 높은 경영자가 윤리적 행위에 있어서 더 철저한 일관성을 유지한다.

  ㉡ 직무 종속성 : 직무 독립성을 확보하지 못한 경영자보다 직무 독립성을 확보한 경영자가 윤리·도덕적 행위와 인식에 있어서 더 철저한 일관성을 유지한다.

  ㉢ 통제의 위치 : 외재론자적 경영자보다 내재론자적 경영자가 윤리·도덕적 행위와 인식에 있어서 더 철저한 일관성을 보여준다.

※ 조직문화와 규범체계, 권위에의 복종, 결과에 대한 책임 및 직무특성, 역할수행, 도덕적 모순 그리고 관계집단의 타인이나 상사 등도 기업윤리에 영향을 미치며, 특히 외압이나 부족한 자원 등은 기업윤리에 부정적 영향을 미친 다고 한다.

(6) 윤리경영의 중요성 및 기대효과

① 조직 구성원의 행동규범을 제시하고, 윤리적 성취감을 충족시켜 준다.

② 사회적 정당성 획득의 기반으로 시장, 특히 주주 및 투자자로부터 지속적 신뢰를 얻는 데 기여한다.

③ 대외적인 기업 이미지 향상 및 브랜드 가치를 높이는 데 기여한다.

④ 기업 경영성과 및 조직 유효성 증대에도 영향을 미친다. 즉, 종업원의 애사심과 주인의식을 고취시 켜 생산성과 품질 향상에 크게 기여할 뿐만 아니라 노사 간 신뢰를 바탕으로 한 바람직한 노사문화 형성을 가능하게 한다.

⑤ 기업의 국제경쟁력을 평가하는 글로벌 스탠더드의 기준으로 윤리경영이 최우선 순위로 부상하고 있다.

> **더 알아두기**
>
> **건전한 직업윤리**
> - 전문의식(전문가로서의 지식 및 기술을 갖춰야 한다는 의식)
> - 천직의식
> - 직분의식(사회 및 조직 구성원으로서의 직분을 다해야 한다는 의식)
> - 책임의식
> - 소명의식

2 신뢰

(1) 개념 기출

신뢰란 개인·집단·조직 등 다양한 개체 간의 관계에서 발생하는 사회적 현상으로서 사회적 관계 속에 서 형성되는 상대에 대한 호혜적 믿음이며 합리적 계산의 복잡성을 단순화시켜주는 기대이다. 따라서 신뢰란 사회적 상황으로부터 유리된 개인의 내부 심리상태라기보다는 지속적인 쌍무적 교환관계 또는 집단성원 관계 속에서 발생하는 사회적 속성으로 이해되어야 한다. 신뢰(Trust)는 분석수준에 따라 개 인 간 신뢰, 조직 간 신뢰, 조직신뢰 및 제도에 대한 신뢰 등으로 나뉜다.

특히 기업 조직에서의 신뢰란 조직 구성원들 서로가 공동의 목표를 효과적으로 달성하고자 할 때 자신 의 역할을 자율적으로 잘 해낼 수 있으리라는 믿음을 가지고 실제 필요한 능력과 자질, 자율성, 자발적 참여의사를 구성원 스스로 개발하고 이를 조직이 지원·조성하려는 기업경영의 패러다임이다.

(2) 신뢰(형성)에 대한 영향 요인 기출

① **자신의 신뢰 성향** : 개인차의 개념으로 타인에 대한 신뢰 성향이 높은 사람과 낮은 사람이 있다.

② **교환 당사자 간의 유사성** : 교환 당사자들의 속인적·사회 배경적 특성의 유사 정도에 따라 신뢰형성이 크게 영향을 받는다.

③ **상대방의 행동특성과 능력** : 상대방이 나에게 어떤 방식으로 행동하느냐와 얼마나 유능하냐에 따라 상대방에 대한 신뢰가 결정된다.

④ **교류 자체의 특성** : 교류관계의 기간, 빈도 및 향후 기대관계 정도 등 교류 그 자체의 특성이 신뢰형성에 영향을 미친다.

(3) 신뢰의 발전 단계 기출

신뢰는 일반적으로 '타산적(계산적) 신뢰 → 지식기반 신뢰 → 동일화의 신뢰' 단계의 과정을 거쳐 발전하는 경향이 강하다[르위키와 벙커(Lewicki & Bunker)].

① **타산적(계산적) 신뢰** : 초기에는 신뢰위반에 의한 불이익이 신뢰유지로부터 얻는 이익을 초과하므로 신뢰를 지키고자 한다. 즉, 신뢰위반에 의한 불이익에 대한 우려보다 신뢰유지에 의해 얻게 되는 긍정적 보상에 기초한 신뢰이다.

② **지식기반 신뢰** : 상호교류가 반복되면서 상대방에 대한 경험과 자료가 축적됨에 따라 상대방의 행동에 대한 예측가능성이 높아져서 상대방을 믿게 되는 단계이다.

③ **동일화의 신뢰** : 쌍방의 목표·가치·규범 등이 일치하는 것으로 확인되어 서로를 대신할 수 있고 상대방이 나를 대변해 줄 것으로 믿게 되는 단계이다. 즉, 동일화의 신뢰는 상대방의 가치·신념·비전 등에 대해 내재적 수용이 높아지는 신뢰이다.

(4) 기업조직에서 신뢰의 유형 기출

① **조직에 대한 신뢰**

　㉠ 개념 : 조직이 종업원들의 기여에 부여하는 가치 및 그들의 복지에 대한 관심의 정도와 관련하여 종업원들이 형성하는 일반적인 지각이다.

　㉡ 조직에서의 신뢰의 중요성

　　• 조직이 높은 성과를 달성하도록 촉진한다.

　　• 조직의 장기적인 안정성 확보 및 구성원의 행복 실현에 기여한다.

　　• 조직 구성원들로 하여금 강한 공동체의식이나 조직에 대한 일체의식을 갖고 조직의 운영문제에 자발적으로 참여하게 함으로써, 공식적인 규정과 절차 위주의 조직운영에서 벗어나 유기적이고 인간관계 중심의 관리 및 탄력적 조직운영을 가능하게 한다.

② **상사에 대한 신뢰** 기출

　㉠ 개념 : 상사에 대한 신뢰란 자신의 상사가 자신을 공정하게 대우할 것이라는 믿음을 의미한다. 상사에 대한 신뢰는 상사가 유능하고, 배려심 많으며, 개방적이고, 일관성 있다고 판단될 때 형성되며 강화된다.

    ⓛ **직접적 신뢰 형성 요인**
- **능력** : 상대방의 능력에 대한 믿음이 없으면 업무중심의 관계성향이 강한 작업조직에서는 신뢰 형성이 어렵다.
- **배려** : 상대방이 나를 불공정하게 대우하지 않는 동시에 나의 이익을 위해 노력하는 것을 의미한다.
- **일관성** : 언행일치, 행동의 일관성, 약속이행 수준 등을 의미한다.
- **개방성** : 조직 구성원 간 신뢰는 상호개방과 정직을 지각함으로써 형성된다.

   ⓒ **간접적 신뢰 형성 요인(비공식 집단 형성 요건)** : 간접적으로 신뢰 형성에 기여하는 주요 요소로는 당사자 간의 사회적 유사성(Similarity)과 근접성(Proximity)이 있다. 사회적 기준에 의해 동일집단으로 이해되는 구성원들 간에 신뢰가 용이하게 구축될 수 있는 이유가 바로 이 때문이다. 보편적 기준에 의한 유사성과 근접성은 계산적 신뢰보다는 지식적 신뢰와 동일화 신뢰를 형성하는 데 영향을 미칠 수 있다.

더 알아두기

신뢰와 윤리경영의 관련성 중요
- 신뢰는 윤리경영의 기반으로서 윤리경영에 매우 중요한 역할을 수행한다.
- 윤리경영은 조직과 상사에 대한 조직 구성원의 신뢰 형성을 촉진하고 조직성과 달성에도 기여한다.

---

3 정의

(1) 개념

일반적으로 정의란 사회 구성 및 유지를 위해 사회 구성원들이 공정하고 올바른 상태를 추구해야 한다는 개념으로, 대부분의 법에 포함되는 이념이다. 특히 사상가들은 정의를 입법자나 위정자가 사회에서 궁극적으로 실현해야 할 규범 및 가치로 정의한다. 정의는 다른 도덕적인 가치들, 특히 선과 비교하여 현대사회에 접어들면서 그 중요성이 더욱 강조되는 가치이다.

(2) 정의의 유형(분류)

① **개인적 정의** : 자아실현

② **사회적 정의(아리스토텔레스에 의한 정의의 분류)**

   ⊙ **보편적(일반적) 정의** : 개인이 사회의 일원으로서 보편적으로 지켜야 할 도덕적 의무에 관한 것이다. 예를 들어 '남을 해치지 마라', '정직하게 살아라', '도둑질 하지 마라' 등이 여기에 속한다.

   ⓛ **평균적 정의** : 현대 사회의 정치·사법 분야에서 강하게 적용되는 개념으로 모든 인간이 동등한 대우를 받아야 한다는 가치에 입각한 정의의 개념이다. 예를 들어 모든 인간을 평등하게 대함, 법 앞의 평등, 기회의 평등(교육의 평등 등), 인격적 평등 등이 이에 해당한다.

ⓒ 배분적 정의 : 사회·경제적인 측면에 주로 적용되는 개념으로 각자 개인의 능력이나 사회에 대한 공헌·기여 정도에 따라 다른 대우를 받아야 한다는 개념이다. 예를 들면 근로기준법, 노동조합법, 노동쟁의 조정법, 경제 성장보다 분배가 필요한 이유 등의 개념에 반영돼 있다.

(3) 권리·의무와 정의

권리·의무 이행에 있어 필요한 일관된 원리 중 권리의 존중과 의무의 준수를 위하여 우선 요구되는 것이 바로 정의의 원리이다. 정의의 원리는 권리 행사자는 물론 권리를 제한하는 측도 실행의 준거로 삼아야 할 원리이다.

제5절   학습과 의사결정

1   학습

(1) 개념 및 의의 `기출`

조직행위론에서는 조직 유효성에 영향을 미치는 개인의 특성 요소로서 네 가지 심리적 변수, 즉, **지각**(Perception), **학습**(Learning), **태도**(Attitudes), **성격**(Personality)을 연구의 대상으로 하는데 이 중 한 요소가 바로 학습 요소이다. 즉, 학습이란 조직행동론에서 개인행위의 설명 변수(개인행위 영향 변수) 중 하나인 것이다.

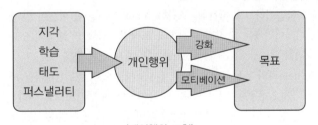

〈개인행위 모형〉

학습이란 개인의 반복적인 연습이나 직·간접적 경험의 결과로서 유발되는 비교적 영속적인 행동(또는 행동잠재력)의 변화(과정)를 의미한다. 즉, 새로운 행동의 획득이나 획득된 행동의 변화를 지칭한다. 개인이 조직에 들어오게 되면 지속적으로 새로운 행위를 획득하게 되는데 한 조직에서의 새로운 행위는 개인 입장에서 보면 획득되는 것이지만 경영자 입장에서는 개인의 행위를 변화시키는 것으로 볼 수 있다. 변화 담당자로서의 경영자는 그 역할을 수행함에 있어 흔히 두 가지 학습수단을 주로 이용하게 되는데 하나는 개인이 바람직하지 못한 행위를 보일 때 바람직한 행위를 하도록 여러 형태의 벌을 주는 것이고, 다른 하나는 바람직한 행위를 보일 때 이를 유지-강화하기 위해 여러 가지 상을 주는 것이다.

따라서 경영자는 상벌 관리에 있어 경험과 직관에만 의존하지 말고 과학적인 근거체계를 구축하여 구성원들의 바람직한 행위변화를 효과적으로 촉진시킬 수 있어야 한다.

(2) 학습의 속성 기출

① 행동의 변화

학습은 긍정적 방향 또는 부정적 방향으로의 행동의 변화이다. 이때 행동의 변화란 행동 잠재력의 변화까지를 포함하기 때문에 성격·판단·태도·동기·의도의 변화까지를 포함한다.

② 영구적 변화

일시적인 행동변화는 학습이라고 볼 수 없다. 거의 영구적인, 또는 상당기간의 지속적인 행동변화가 나타날 때 학습되었다고 볼 수 있다.

③ 직간접적 경험·연습·훈련을 통한 성취

학습은 당사자의 경험이나 연습에 의한 행동 습득 및 변화를 의미한다. 따라서 신체적 발육과정에서 나타나는 행동변화 등은 학습이라 볼 수 없다. 즉, 성장하면서 앉고, 서고, 걷고 하는 것은 학습된 행동변화가 아닌 것이다.

(3) 학습(과정) 이론(학습형태 연구방법)

'인간의 행위는 어떠한 과정을 통해 학습되고 변화되는가'라는 문제를 다루는 학습(과정) 이론에는 두 가지가 있다. 첫째, 학습을 자극(S)과 반응(R)의 연상(S → R)으로 파악하는 '형태론적 학습', 둘째, 자극과 반응을 연결시키는 데 있어 사고과정(S → O → C)을 포함시키는 '인지론적 학습(Cognitive Learning)'이 있다. 연습이나 경험에 의한 행위에 있어서의 변화는 형태론적 학습을 의미하고, 타인의 행위를 보고 배우는 행위 잠재력의 변화는 인지론적 학습을 의미하는 것이다.

① 행태론적 접근방법(조건화에 의한 학습)

조건화에 의한 학습이라고도 하는데, 조건화(Conditioning)란 학습이 일어나도록 조건을 마련해 주는 것을 말한다. 여기에는 고전적 조건화와 조작적 조건화의 방법이 있다.

ㄱ 고전적 조건화(Classical Conditioning) : 반사적 행위 기출

파블로프(Pavlov)의 동물실험을 통해 제시된 방법으로 무조건자극을 조건자극과 연결시켜 행동의 변화를 가져오게 하는 것이다. 즉, 자극에 대하여 반사적으로 취하는 행동(단순한 반응적 행동)의 반복을 통해 학습이 이루어진다는 것이다. 반사적 행위(Respondent Behavior)란 환경상의 특별한 자극 변화로 인해서 나타나는 인간의 모든 반응을 말한다. 예를 들어 깜깜한 데서 불을 켤 때 우리의 눈이 수축되는 것 등이 반사적 행위이다. 파블로프 연구를 더욱 발전시킨 왓슨(Watson)은 반사적 행위를 학습하는 과정으로 관찰 가능한 행동에 초점을 맞춘 '자극-반응'관계를 강조하면서 모든 인간행동을 결정하는 것은 경험에 의해 형성된 자극에 대한 반응체계라고 하였다. 즉, 개인에게 특정 행동을 학습시키려면 그 사람의 자극-반응 체계를 파악하여 목표 반응(행동)을 일으킬 수 있는 적절한 자극을 가하면 된다는 것이다.

ㄴ 조작적 조건화(Operant Conditioning) : 조작적 행위

스키너(Skinner)가 주장한 이론으로 학습이란 상황에 따라 적합한 방식으로 행동하도록 개인을 조건화하는 과정이라고 주장한다. 조작적 행동은 결과를 위해 의식적으로 하는 행동이며, 이

러한 능동적 행동을 하도록 조건을 만드는 것이 조작적 조건화이다. 인간행동은 단순히 자극(Stimulus : 조건)에 대한 반응(Response : 행동)이 아니라 행동의 결과(Consequence : 보상)를 이성적으로 예측한 후에 행해지는 것이기 때문에 그 결과를 도구로 학습을 유발할 수 있다는 것이다. 따라서 조작적 행동의 유발을 위해서는 결과를 조장해야 하고, 그 결과를 얻기 위해 조작적 행동이 반복되다 보면 습관화, 즉 학습이 되는 것이다. 인간의 행위 중 많은 부분이 반사적 행위라기보다는 조작적 행위이다.

예를 들어 어떤 사람이 엘리베이터를 타기 위해서 버튼을 누를 때 그는 환경에 대해서 조작을 가하고 있는 것이다(작동적 조건화).

② **인지론적 접근방법(사회적 학습)** 기출

인간의 고유한 인지 능력을 가지고 학습현상을 설명하는 인지론적 접근방법에는 관찰학습과 인지학습의 두 가지 형태가 있는데, 이들 두 인지론적 학습과정은 **벌이나 보상과 같은 외부적 요인들**뿐만 아니라 **인지와 지각 같은 내부적 요인들**에 의해서도 학습이 이루어진다고 보았다. 이 둘은 행태론과 인지론의 양 측면을 가지고 있기 때문에 인지적 행태주의 또는 사회적 학습(Social Learning) 이론이라고도 불린다. 사회적 학습이란 외부의 타인들을 보고 배우는 인지적이고 이성적인 과정을 통해 새로운 행동이 습득되는 학습방식이다(타인관찰과 모방). 이성적이고 인지적이라는 말은 강화나 벌보다는 타인에 대한 관찰을 통해 인간의 생각과 감정·느낌을 인지·지각함으로써 학습이 이루어진다는 의미이다.

ㄱ 관찰 학습(Observational Learning) : 조건화와 인지적 학습을 통합하는 관점으로 직접 경험뿐만 아니라 다른 사람에게서 일어난 것을 관찰하거나 단지 전해 듣는 것만으로도 학습이 이루어진다는 것이다. 사람들이 학습해 오고 있는 것 중 대부분이 부모, 선생님, 동료, 대중스타, 직장상사 등 사회적 모델을 관찰함으로써 이루어진다.

ㄴ 인지 학습(Cognitive Learning) : 외부현상을 단순히 인지함으로써 이루어지는 학습을 의미한다. 즉, 타인을 관찰하는 과정에서 인지한 사실에 의하여 학습이 이루어지는 것을 말한다.

※ 위의 네 가지 학습과정 중 조직행위론에서 가장 중시하는 학습과정은 조작적 조건화이다. 왜냐하면 경영자의 통제에 따라 가장 쉽게 변화시킬 수 있는 행위가 조작적 행위이기 때문이다.

더 알아두기

학습의 전이

한 번 학습된 것은 그대로 끝나지 않고 추가적인 학습의 밑거름이 되어 새로운 학습이 계속 일어날 수 있다. 즉, 한쪽에서 학습된 것은 다른 쪽으로 이전되어 그곳의 학습을 돕는다. 이것을 학습의 전이(Transfer of Learning)라고 한다.

자기 효능감 기출

특정한 상황에서 자신이 적절한 행동을 함으로써 문제를 해결할 수 있다고 믿는 신념 또는 기대감

(4) 학습촉진 방안 – 조직사회화 프로그램(Socialization Into An Organization Program)의 도입

조직은 조직사회화 프로그램 도입을 통해 조직에서 요구되는 바람직한 가치와 행동을 개인이 습득할 수 있도록 촉진할 수 있다. 조직사회화 프로그램의 기법은 다양하지만 여기에서는 3가지 프로그램을 중점적으로 살펴보도록 하겠다.

① **멘토링 프로그램의 공식화** : 조직에서 이루어지는 학습은 경영자 측이 제공하는 일반적 학습뿐만 아니라 조직 내 선후배 간, 동료 간의 조언이나 도움을 통해서도 상당히 많이 이루어진다. 이러한 경우 조직에서 영향력 있는 선임자로서 신참자나 후배에게 영향을 주는 직위나 역할을 수행하는 사람을 특히 멘토(Mentor)라고 한다. 그리고 그러한 역할을 멘토십(Mentorship)이라고 하며, 조언을 해주는 사람과 받는 사람 사이에 개별적인 관계를 형성하고 유지하는 과정을 멘토링(Mentoring)이라 한다.

멘토의 역할은 선생님이나 코치로서의 역할, 보호자로서의 역할, 후원자로서의 역할, 지능개발자로서의 역할, 안내자로서의 역할 등 인재개발 및 육성을 위한 학습촉진자로서의 역할이다. 따라서 멘토링 프로그램의 공식화는 선임경영자가 멘토링을 관리하고 구성원들이 대리학습을 할 수 있는 가능성을 높이는 방향으로 이루어져야 한다.

② **직장상사의 솔선수범 행동** : 조직의 상급자가 바람직한 조직행위를 솔선수범하여 실천함으로써 부하에게 모범이 되어 학습을 촉진할 수 있다. 즉, 부하 직원들에게 보이는 상급자의 모범적인 행위들은 매우 큰 영향력을 발휘하여 이들에게 관찰·인지 학습의 효과를 주게 된다. 예를 들어 정시에 출근한다든가, 회의시간에 10분 먼저 온다든가, 자기계발에 충실한다든가, 부하의 일을 도와주는 행동 등과 같은 것들이다.

③ **업무 실패 사례 공개 프로그램** : 조직 내에서 업무 실패 사례를 모아 공개함으로써 똑같은 업무 실패를 되풀이하지 않도록 하기 위한 것이다. 이러한 프로그램은 효과를 낼 수도 있고 역효과를 낼 수도 있는데, 역효과를 줄이기 위해서는 조직의 꾸준한 노력이 필요하다. 그러한 노력의 일환으로 자신의 실패담을 공개함으로써 불이익을 받을지도 모른다는 우려를 해소하기 위해 신분상의 보장을 강조하고 또 향후 업무개선에 크게 도움이 되는 사례에 대해서는 시상을 하기도 함으로써 구성원 스스로 자기업무를 개선하는 방향으로 프로그램이 진행되어야 한다.

(5) 학습조직

① **개념** : 학습조직이란 변화에 적응하는 능력, 즉 새로운 지식·노하우·실력 등을 계속 창조·습득·교환(보급)해 나가는 조직으로서 이를 활용하여 적절히 행동을 수정·변화시킬 수 있는 역량을 보유한 기업이다. 즉, 조직 내외적으로 정보를 발굴·입수하여 전 구성원이 공유함은 물론 일상적 업무활동에 적용함으로써 새로운 지식을 창출하고, 이를 조직 전체에 전파·보급함으로써 급변하는 경영환경에 대한 대처능력과 국제경쟁력을 향상시켜 조직 차체의 성장·발전 능력을 배가시킬 수 있도록 지속적인 학습활동을 전개하는 조직이다.

② **학습조직의 특징** : 학습조직은 **창의성, 지식 공유, 실천을 통한 학습**이라는 3가지 요소로 특징지을 수 있다.

  ㉠ 창의성 : 학습조직은 창의성을 기반으로 새로운 아이디어를 흡수·재창출하는 것이 특징이다. 이는 기존 조직의 관리·통제로 인해 생긴 획일화를 극복하는 데 의의가 있다.

ⓒ 지식 공유 : 습득된 새로운 지식과 아이디어를 조직 내에서 폭넓게 공유한다. 이는 부서 이기주의 및 NH 증후군을 타파해야 함을 의미한다.

ⓒ 실천을 통한 학습 : 새로운 지식의 실질적・적극적인 적용 및 활용을 위한 실행여건 마련에 기여한다.

③ **학습조직의 필요성**

㉠ 급속도의 고객변화 : 빠르게 변하고 있는 고객 니즈 및 기호 변화에 효율적으로 대처하기 위해서는 신속하고 혁신적인 지식 습득이 중요하다.

ⓒ 불확실한 경영환경 하의 문제 해결 능력 필요 : 환경의 불확실성은 기업의 생존을 위협할만한 문제를 야기할 수 있으므로 이러한 문제를 해결・예방할 수 있는 능력을 갖추어야 한다.

ⓒ 지속 가능한 경쟁력 확보 : 기술 등의 급변 및 발전으로 기업은 지속 가능한 성장 동력을 끊임없이 발굴해야 하는데, 이를 위해서는 창의성과 지식경영이 필수적인 요소이다.

④ **학습조직의 유형과 효과** 기출

㉠ 유형

• 개인학습 : 조직의 교육시스템・직무경험・자기계발・관찰・상호 교류 등을 통해 개인차원에서 이루어지는 모든 학습을 의미한다. 개인학습이 반드시 조직학습을 보장하지는 않지만, 개인학습 없이는 조직학습이 일어나지 않는다. 즉, 조직은 학습하는 개인을 통해서만 학습할 수 있다. 개인학습과 관련하여 가장 중요한 문제는 조직내부에서 자발적 학습활동이 활발하게 일어날 수 있도록 제도적인 노력을 어떻게 기울여야 하는가에 관한 것이다.

• 집단학습 : 경험의 공유, 공동과제 수행 등을 통하여 이루어지는 팀, 그룹, 또는 부서, 기타 조직 내 하부단위들에 의한 모든 학습을 의미한다. 팀학습은 개인학습과 조직학습사이의 다리 역할을 한다. 조직 구성원들의 개인학습 결과로 얻은 지식・정보・기술・경험 등이 팀 학습을 통하여 소규모 조직단위의 집단적 학습으로 바뀐 후, 조직 전체 차원에서의 교류・전파・공유 활동을 통해 조직학습으로 발전하는 것이다.

• 조직학습 : 개인학습과 팀학습을 모두 통합하는 조직전체 수준의 집단학습으로서, 조직 관계자 모두를 만족시키는 방향으로 조직을 지속적으로 변혁시키기 위해 개인・팀・조직 전체 차원에서 학습과정을 의도적으로 활용하는 것을 의미한다.

ⓒ 효과

• 개인적 측면 : 근로생활의 질이 향상되고, 자기계발을 통해 개인능력이 향상되며, 직무몰입이 높아진다.

• 집단적 측면 : 집단의 역량과 자율성이 증대되고, 개인 스스로 문제의식을 가지고 적극적으로 행동함으로써 관리의 필요성이 줄고, 긍정적 분위기로 성과가 향상된다.

• 조직적 측면 : 조직의 환경 적응력이 향상되고, 신 성장동력 발굴 등으로 경쟁력이 향상된다.

⑤ **학습조직 구축 방안**

㉠ 조직 문화적 지원 : 조직의 공유가치로 학습을 강조하고 유연한 조직문화를 구축해야 한다.

ⓒ 개인 스스로의 변화 : 개인의 적극적 자기계발과 문제의식・참여의식의 고취 및 자발적 공유 확산 등을 위한 변화가 필요하다.

ⓒ 집단학습(공유와 도전) : 집단은 지식을 공유하고 신 지식을 실천, 조직의 당면 문제 해결 및 창의성 기반의 성장동력을 확보하는 학습조직으로 변모한다.

  ⓔ 학습여건 마련과 지원
   • 학습조직의 신 지식을 실천할 수 있는 권한 부여를 위한 임파워먼트
   • 실패를 문제 삼지 않고 독려하는 조직 분위기 조성
   • 신 지식 실천을 통한 성공사례에 대한 적극적 보상

 ⑥ **학습에 대한 조직적 장애물** : 다음과 같은 조직적 특성 때문에 조직은 학습하는 데 상당한 어려움을 겪을 수 있다.

  ㉠ 관료주의

  ㉡ 경쟁적 분위기 : 조직의 과도한 개인주의와 경쟁주의 인정으로 공동작업 풍토 조성이 어려움

  ㉢ 통제 : 정보·의사결정·구성원·기술에 대한 통제는 조직의 통제수준을 높일 수는 있지만, 조직의 학습 수준은 더 낮게 만든다.

  ㉣ 빈약한 커뮤니케이션

  ㉤ 부족한 리더십

  ㉥ 자원 활용 미약 : 일반적으로 정보를 관리하는 어느 누구도 조직이 보유한 풍부한 정보를 다른 사람에게 알려주려 하지도 않고, 어떻게 알려줄 것인지도 알지 못한다.

  ㉦ 경직된 계층조직 : 관료적이고 수직적으로 통합된 기업은 점점 더 나태해지며, 혁신을 수용하지 못하게 되고, 빠른 성장을 기대할 수 없게 된다.

  ㉧ 조직규모 : 조직의 크기와 학습능력 간에는 간접적인 상관관계가 있다. 과대한 조직규모로 인해 정체현상이 일어나지 않도록 학습능력을 더욱 더 증진시켜야만 한다.

2   의사결정

(1) 의사결정의 개념과 중요성

 ① **개념**

  의사결정은 흔히 '대체안들 가운데 선택하는 과정'으로 정의된다. 즉, 의사결정이란 의사결정자가 설정한 목적을 달성하기 위한 행동의 선택과정으로, 그에 관한 면밀한 자료 수집 및 분석을 통해 그 목적을 달성하기 위한 가장 합리적인 행동대안을 선택하는 과정으로 정의된다. 의사결정이란 단순한 선택의 의미가 아니라 여러 단계를 포괄하는 과정으로 이해하는 것이 일반적이다. 여러 대안 중에서 **조직목표 달성에 최적안을 찾는 과정을 의사결정의 분석**이라 하며, 분석의 기준은 능률성, 효과성 등 분석자의 가치판단에 따라 다르게 적용될 수 있다.

 ② **의사결정의 중요성**

  ㉠ 모든 경영계층의 활동에 의사결정이 필요하며, 조직이나 집단의 지속적인 성장·유지를 위해서는 상황에 적합한 합리적 의사결정 능력이 반드시 있어야 한다.

  ㉡ 의사결정이 어떻게 이루어지느냐 하는 것은 조직 유효성에 중대한 영향을 미치게 된다.

  ㉢ 최근 경영환경의 불확실성으로 업무가 복잡해지고 위험이 커지면서 집단 및 조직의 조직적 의사결정 능력의 중요성이 더욱 커지고 있다.

(2) 의사결정의 단계

의사결정은 '문제인식 → 행동 대체안의 탐색과 평가 → 대체안 중 선택 → 실행 → 결과평가'의 단계로 이루어지며 필요 시 재순환된다.

① **문제의 인지 및 목표의 설정** : 최초 문제의 상황을 인지·인식하고, 이를 토대로 문제를 해결하도록 목표를 설정한다.

② **자료·정보의 수집 및 분석** : 목표달성을 위한 관련 자료·정보를 광범위하게 수집하고 분석한다.

③ **대안의 탐색과 평가** : 목표의 달성을 위해 필요한 대안(수단)을 탐색하고 일정한 기준을 토대로 비교·분석·평가한다.

④ **최종대안의 선택** : 목표의 효율성, 효과성 등을 판단하여 합리적인 대안을 선택한다.

⑤ **실행**

⑥ **결과평가**

(3) 의사결정 모형 [기출]

① **합리적 경제인 모형(합리 모형)**

합리적 경제인 모형은 인간은 완전한 합리성에 의해서 자기이익을 극대화하는 의사결정을 하려 하고, 이를 위해 가능한 모든 대체안들을 탐색·평가할 수 있다고 가정하는 규범적 모형이다. 특히 경제적으로 합리적인 의사결정자는 완전한 합리성을 기초로 경제성에 입각하여 이익을 극대화하는 모든 가능한 대안들을 탐색·평가할 수 있다고 가정한다. 이를 뒷받침해 주는 근거가 체제분석, 비용편익분석 등의 분석기법들이다. 이 모형은 **이상적인 의사결정 모형**이라 할 수 있다.

② **관리인 모형(만족 모형)**

사이먼에 의해 제시된 것으로 인간은 여러 가지 판단 및 능력의 한계 때문에 모든 대안을 인식할 수도 없고, 또 모든 대안들의 결과에 대해서도 알 수가 없어서 의사결정자는 완전한 합리성에 의해 의사결정을 하는 것이 불가능하기 때문에 '제한된 합리성(Bounded Rationality)' 아래에서 의사결정을 내리지 않으면 안 된다는 것이다. 결국 이 같은 제한된 합리성(제약) 때문에 의사결정자는 이상적인 '최적'의 의사결정보다는 만족할 만한 수준에서 결정이 이루어지는 '만족스러운' 의사결정을 추구하게 된다는 것이다.

[더 알아두기]

관리인 모형의 당위성
- 여러 가지 제약(시간, 돈, 능력 등)으로 인하여 필요한 모든 정보를 참조하고 분석할 수 없으며 역시 같은 이유로 가능한 대안들을 전부 검토해 볼 수는 없다.
- 대안과 정보를 분석·검토·평가할 때 그 기준이 주관적이었기에 그것이 다른 사람에게도 합리적일 것이라는 가정에는 문제가 있다.
- 모든 대안을 완전히 객관적으로 분석·평가하여 최선의 대안을 선택했더라도 수집된 정보는 과거에 근거한 것이고 대안이 실천되는 것은 한참 후이기 때문에 그 사이에 있을 변화는 아무도 예측할 수 없다.

---

(4) 의사결정의 유형

① **정형적-비정형적 의사결정(사이먼의 분류)**

 ㉠ 정형적 의사결정 : 문제 해결에 대한 정책결정의 선례가 있는 반복적·관례적·일상적인 정책결정을 의미한다.

  • 특징 : 일상적·보상적·반복적·단기적 의사결정, 하위계층의 의사결정, 의사결정 방법·절차의 명확성

  • 문제의 유형 : 반복적·일상적 인과관계에 관한 상당한 확실성이 있는 문제

  • 해결안의 구체화 방안 : 해결안은 조직정책 및 절차에 따라서 사전에 명시

  • 의사결정이 이루어지는 주요 조직형태 : 시장과 기술이 안정되어 있고 일상적·구조화된 문제해결이 많은 조직

 ㉡ 비정형적 의사결정 : 비정형적 의사결정은 의사결정자의 상황이 독특해서 정형적 의사결정에서처럼 사전에 결정된 정책과 절차가 없고, 상황이 구조화되어 있지 않으며, 결정사항이 비일상적인 복잡한 연구개발 조직과 같은 데서 많이 이루어진다.

  • 특징 : 불규칙·특수적·정기적·비반복적·비관례적·비일상적·비정형적 의사결정, 상위계층의 의사결정, 의사결정 방법·절차의 불명확성, 정보자료의 불확실성

  • 문제의 유형 : 상황이 구조화되지 않고 자주 반복되지 않거나 새롭게 직면하는 문제, 새로운 비구조적인 인과관계에 관한 상당한 불확실성이 있는 문제

  • 해결안의 구체화 방안 : 해결안은 문제가 정의된 후에 창의적인 직관에 의존하여 결정

  • 의사결정이 이루어지는 주요 조직형태 : 구조화가 되어 있지 않고 결정사항이 비일상적이며 복잡한 조직

② **확실성·불확실성·위험 아래에서의 의사결정(구텐베르크의 분류)**

 ㉠ 확실성 아래에서의 의사결정이란 의사결정의 결과를 확실하게 예측할 수 있는 상황에서의 의사결정이다.

 ㉡ 불확실성 아래에서의 의사결정이란 의사결정의 결과에 대해서 고도의 불확실성이 존재하는 의사결정으로 일반적으로 최고 관리자들에 의해 이루어진다.

 ㉢ 위험 아래에서의 의사결정은 확실성과 불확실성의 중간으로 결과에 대한 확률이 주어질 수 있는 상황에서의 의사결정이다.

③ **전략적·관리적·업무적 의사결정(앤소프의 분류)**

 ㉠ 전략적 의사결정은 조직의 목표달성을 위한 상위목표의 결정으로서 최고 관리층들이 주로 많이 하는 거시적·추상적·포괄적인 내용을 포함하는 의사결정을 말한다. 기업의 내부문제보다는 주로 외부문제에 관한 의사결정으로, 기업이 생산하려고 하는 제품믹스와 판매하려고 하는 시장선택 등과 같은 기업의 외부환경 변화에 기업 전체를 적응시키기 위한 결정에 관한 것이다.

 ㉡ 관리적 의사결정은 기업의 내부문제에 관한 전술적 의사결정으로 전략적 의사결정을 구체화하기 위한 것이며, 보통 중간 관리층에 의해 이루어진다. 즉, 최대의 과업능력을 산출하기 위해서 기업의 자원 등을 조직화하는 문제에 대한 의사결정으로, 조직기구에 관한 결정과 자원의 조달 및 개발에 관한 결정 등이 포함된다.

ⓒ 업무적 의사결정은 전략적·관리적 의사결정을 보다 구체화하기 위한 것으로 기업자원의 전환과정에 있어서의 효율을 최대화하기 위한 의사결정이다. 업무적 의사결정은 현행 업무의 수익성을 최대화하는 것을 목적으로 하고, 각 기능 부분 및 제품라인에 대한 자원의 배분, 업무의 일정계획화, 통제활동 등을 그 내용으로 한다.

※ 전술적 결정 : 전략적 결정을 실제 실천으로 실행하기 위한 수단적·기술적 결정을 말하며, 문제해결 방법 등 미시적이고 구체적 내용이 포함된 결정이다.

④ **의사결정 주체에 의한 분류** : 의사결정 주체가 누구인가에 따라 개인 의사결정과 집단 의사결정으로 구분할 수 있다. `기출`

ⓐ 구조화가 잘된 과업, 즉 정형적인 결정의 경우에는 개인보다는 집단 의사결정이 효과적이다. 집단은 개인보다 훨씬 위험이 큰 의사결정을 내리는 것으로 나타났는데, 이는 '집단 양극화(Group Polarization)' 현상으로 설명된다. 집단 양극화란 집단에서 구성원들이 원래 선호하던 방향으로 자기의 입장을 극단적으로 추구하는 경향을 말한다.

ⓑ 집단 의사결정의 장점 : 많은 지식·사실·관점의 이용, 구성원 상호 간의 지적 자극, 업무의 전문화, 구성원의 결정에 대한 만족과 지지, 커뮤니케이션 기능 수행

ⓒ 집단 의사결정의 단점 : 시간과 에너지의 낭비, 특정 구성원에 의한 지배 가능성, 최적안의 폐기 가능성, 의견 불일치에 따른 갈등과 악의, 신속하고 결단력 있는 행동의 방해

체크 포인트

개인적 의사결정과 집단적 의사결정의 비교 `기출`

요인	개인적 의사결정	집단적 의사결정
가용시간	비교적 여유가 없을 때	비교적 시간 여유가 있을 때
의사결정 분위기	분위기가 경쟁적일 때	분위기가 문제 해결에 지원적일 때
개인의 특성	개인들이 협력할 수 없을 때	집단 구성원이 함께 일한 경험을 갖고 있을 때
의사결정의 수용도	수용도가 중요하지 않을 때	집단 구성원의 수용이 소중할 때
문제/과업의 유형	창의성 또는 능률이 요구될 때	다양한 지식과 기술이 요구될 때

(5) 집단 의사결정의 효율화 방안 `기출`

집단 의사결정의 질을 높이기 위해서는 태도 및 행위 측면에서 '집단사고의 최소화', 관리 측면에서 '효율적 의사결정 기법의 개발'이 필요하다.

① **집단사고의 최소화**

ⓐ 집단사고의 정의 : 집단사고란 응집력이 높은 집단에서 구성원들 간 합의에 대한 요구가 지나치게 큼에 따라 다른 현실적 대안의 모색을 방해하게 되는 것을 말한다. 예를 들면, 집단 내부압력으로 인해 '**현실에 대한 불충분한 검토, 도덕적 판단력 저하, 정신적 효율성 저하**' 등의 현상이 나타나게 되는 것을 의미한다. `기출`

ⓑ 집단사고의 증상에는 불사신이라는 환상, 도덕적이라는 가정, 합리화, 상대집단에 대한 부정적인 고정관념, 자기검열, 만장일치라는 착각, 심리적 감시, 반대자에 대한 압력 등이 있다.

© 집단사고의 부정적 결과 기출
- 자신들의 선택안에 부합하지 않는 정보에 대해서는 비호의적 태도를 보이며, 전문가들의 조언을 경청하려는 노력을 기울이지 않는다.
- 가능한 모든 대체안에 대한 포괄적 분석을 회피하는 경향이 강하며, 자기들의 선택안보다 더 나은 안이 있는가를 별로 생각하지 않는다.
- 집단은 자신들의 선택안이 갖는 문제점들을 무시하고 문제 발생 시 적절한 대처방안을 모색하지 못하는 경우가 많다.
- 상황변화로 인한 자신들의 선택안 재검토의 필요성을 무시하는 경우가 많다.

② 집단사고의 최소화 방안 : 집단사고가 커지면 의사결정의 질에 심각한 부정적 결과를 초래할 수 있으므로 이를 최소화하기 위해서는 다음과 같은 노력이 이루어져야 한다.
- 집단 리더들이 구성원들로 하여금 여러 제안에 대해 비판적 평가자가 되도록 장려한다.
- 제안 활성화를 통해 가능성 있는 제안들을 보다 많이 끌어내야 한다.
- 집단 구성원 자신들을 직접 관여시키는 방법들이 있다. 즉, 다수의 의견에 도전하는 악역을 담당할 구성원을 임명하는 것도 하나의 방법이다.

② **의사결정기법의 개발** 기출
⊙ 명목 집단법(NGT ; Nominal Group Technique)
- 명목 집단법은 문자 그대로 이름만 집단이지 구성원들 상호 간에 대화나 토론 없이 각자 서면으로 아이디어를 제출하고 토론 후 표결로 의사결정을 하는 기법이다.
- 명목 집단법의 의사결정 과정
  명목 집단법은 아이디어 서면 작성 → 아이디어 제출 및 전체 아이디어 기록 → 구성원 토의 → 투표 후 결정 순으로 이루어지는데, 아이디어 서면 작성 단계, 아이디어 제출 및 전체 아이디어 기록 단계에서는 토의가 전혀 이루어지지 않는다.
- 명목 집단법의 장·단점
  - 장점 : 모든 구성원들이 타인들의 영향을 받지 않고 독립적으로 문제를 생각해 볼 수 있으며 의사결정을 마치는 데 약 2시간 정도 밖에 소요되지 않는다.
  - 단점 : 토론을 이끄는 리더가 적절한 훈련을 받고 자질을 갖추고 있어야 하며 한 번에 한 문제밖에 처리할 수 없다는 단점이 있다.
© 델파이법(Delphi Method) 기출
- 개념 : 델파이법은 우선 한 문제에 대해서 몇몇 전문가들의 독립적인 의견을 우편으로 수집하고 의견들을 요약해서 전문가들에게 다시 배부한 다음 일반적인 합의가 이루어질 때까지 서로의 아이디어에 대해서 **논평**하도록 하는 방법이다. 즉, 전문가들의 의견수립·중재·타협의 순으로 반복적인 피드백을 통한 하향식 의견도출방법으로 문제를 해결하는 기법이다. IT, 연구개발, 교육, 군사 분야에서 주로 활용되고 있다.
- 특징
  - 델파이법은 추정하려는 문제에 관한 정확한 정보가 없을 때에 '두 사람의 의견이 한 사람의 의견보다 정확하다'는 계량적 객관의 원리와 '다수의 판단이 소수의 판단보다 정확하다'는 민주적 의사결정 원리에 근거를 두고 있다.

    – 델파이법은 그 어떤 방법보다도 논리적·객관적으로 체계적인 분석을 수행하고, 수차례에 걸친 피드백을 통해 다수의 전문가들의 의견을 종합하여 보다 체계화·객관화시킬 수 있는 매우 유용한 기법이다.

- 델파이법의 장점
  - 다수의 전문가 의견을 수렴, 피드백 할 수 있고 타인들의 영향력을 배제할 수 있다.
  - 경제적 효율성을 제고(회의비, 체제비, 여건비 등 절약)한다.
  - 연구자에 의해 통제되기 때문에 자유롭고 솔직한 전문가 의견 개진이 가능하다.
  - 몇몇 사람의 의견이나 분위기에 휩쓸리지 않고 체면이나 위신에 의해 다른 결정을 하지 않는다.
- 델파이법의 단점
  - 응답자에 대한 통제력이 결여되어 있고, 시간이 너무 많이 소요될 수 있다.
  - 질문지 조사방법 자체에 결함이 있을 수 있다.
  - 회수율이 높지 않고 문제와 처리결과를 전문가끼리 직접 주고받을 수 있다.
  - 전문가들의 과도한 확신 하에 환상적으로 흐르거나 체제 전체를 판단하지 못 할 수 있다.
  - 조작 가능성도 있으며 참여 전문가들이 설문에 대하여 신중하지 못 할 수 있다.

ⓒ 토론 집단법(상호작용 집단법) [기출]

- 개념 : 명목 집단법과 함께 조직에서 가장 흔히 사용되는 방법으로 한 사람의 리더가 토론을 이끌어가면서 의사결정을 하는 방법이다.
- 토론리더의 훈련 : 토론리더는 다음과 같은 기능을 훈련받아야 한다.
  - 객관적으로 문제를 설명하고, 해결안이나 선호안을 제시하지 말 것
  - 필수적인 정보들을 제공하고 해결안의 제약 요인들을 모두 명확히 할 것
  - 한 사람의 독주를 막고 모든 구성원이 토론에 참여하도록 유도해야 하며, 신랄한 비판이나 공격으로부터 구성원을 보호할 것
  - 토론이 중단될 경우 개입하지 말아야 하며 제안을 하거나 선도적인 질문도 하지 말 것
  - 토론이 발전될 수 있는 촉진적인 질문을 할 것
  - 진전을 보인 몇 가지 논의를 요약하고 명확히 할 것

제6절   성격과 문화적 가치

1   성격(Personality)

(1) 개념 및 의의 [기출]

성격이란 환경 조건에 관계없이 비교적 장기적으로 일관되게 나타나는 행위특성에 영향을 미치는 개인의 독특한 심리적 자질들의 총체이다. 여기에서 중요한 성격의 두 측면이 있는데 그것은 **독특함과 일관성**이다. 우리가 어떤 사람의 성격을 말할 때 그것은 우선 타인과 구별되는 그 사람만의 독특한 것이며 환경 조건에 관계없이 일관성 있게 장기간 지속된 것이어야 한다. 이러한 성격은 유전 요인, 문화적

요인, 가족관계 요인, 사회계급과 기타 집단 성원 요인, 성장 및 교육배경, 경험 등의 요인에 의해 영향을 받으며 형성·구축되어 온 개인적 속성이다.

> **더 알아두기**
>
> **성격에 대한 다양한 정의** 기출
> - G. W. 올포트 : 성격은 각 개인의 정신 및 신체적 체계 안에서 그 사람의 특징적 사고와 행동을 결정해 주는 역동적 조직이다.
> - M. A. 메이 : 성격이란 사회에서의 개인의 역할 및 상태를 특징짓는 모든 성질의 통합이다(성격의 사회적 측면 강조).
> - B. 노트컷 : 성격은 한 개인이 자신이 속해 있는 집단 내에서 다른 사람들과 다른 자기다운 행동을 보이는 것과 밀접한 관련이 있다.
> - J. F. 다실 : 성격은 조직화된 행동의 전반적인 모습이며, 주변의 지인(知人)들이 일관된 상태로서의 특징이라고 인정했을 때 결정될 수 있는 것이다.
> - R. B. 커널 : 성격이란 어떤 상황에서 그 사람이 어떻게 행동할지를 추측 및 연상 가능하게 하는 것이다.

(2) 중요성

성격, 특히 개인속성이나 특질에 대해서 관심을 갖는 중요한 이유는 그 자체의 중요성보다는 이를 이해함으로써 경영자가 개인 간에 나타나는 차이를 효율적으로 관리해 나가는 데 유용하다는 점 때문이다. 즉, 특정직무의 특성과 배치될 자원의 개인적 성격을 비교해서 선발·충원·배치 계획에 활용하면 조직 유효성을 획기적으로 향상시킬 수 있다. 즉, 특정 직무에 필요한 개인적 특질과 담당 종업원(배치될 종업원)의 개인적 성격을 비교해서 선발과 충원, 배치계획에 활용해야 개인속성과 직무 요구조건 간의 적합관계를 유지할 수 있고, 이러한 적합관계는 조직 유효성 향상에 크게 기여할 수 있다는 것이다.

> **더 알아두기**
>
> **성격의 분류**
> - 핵심적 성격 : 유전에 의해 형성된 개인의 선천적 특성으로 후천적 노력에 의해서도 변하지 않고 인간행동에 영향을 준다.
> - 주변적 성격 : 생활환경의 영향을 받아 후천적으로 형성·습득된 후천적 특성으로 상황에 따라 변할 수도 있다.

(3) 성격 결정 요인

① 생물학적 요인
　㉠ 개인이 선천적으로 타고난 신체적·체질적·정신적인 특성들이 성격을 결정한다는 것이다.
　㉡ 개인의 생물학적인 특징은 단지 성격형성에 하나의 기초를 제공하는 요인일 뿐이며, 반드시 특정한 유형의 성격을 형성하는 것은 아니다.

② 자연환경 요인
　㉠ 특정 사회의 구성원들이 섭취하는 음식 및 그 음식의 재료나 성분, 지리적 특성, 기후적 특성

등이 성격형성에 영향을 미친다.

ⓒ 특정한 환경변수가 특정한 유형의 성격을 형성시키는 것이 아니라, 다른 여러 가지 변수들과의 상호작용 과정에서 성격을 형성시키거나 변화시키는 것이다.

③ **사회·문화환경 요인**

사람은 자신이 태어나고 자라난 사회와 문화에 의해, 그리고 자신이 속한 조직의 독특한 가치관이나 규범에 의해 성격형성에 영향을 받는다.

㉠ 문화환경

- 문화란 사회의 구성원으로서 개인이 획득하는 지식·신념·도덕·관습 등의 총체로서, 한 집단을 이루는 사람들의 독특한 생활 및 행동방식이자 가치규범이다. 이러한 문화는 개인의 사고 및 행동방식을 통제하고 사회화 과정에서 개인의 성격에 영향을 미치는 요인으로, 성격 결정에 있어 가장 중요한 요인이라 할 수 있다.
- 사회집단이나 문화에 따라 집단 및 소속 구성원들의 성격에 뚜렷한 규칙성이 발견된다. 왜냐하면 사회는 개인 및 집단에게 일정한 역할을 기대하며, 개인은 그 역할을 수행하는 과정에서 일정한 성격유형을 형성할 가능성이 높기 때문이다.
  - 개인 : 사회문화 집단의 성질에 따른 역할기대가 형성된다(남자에게는 남성역할, 여자에게는 여성역할 기대).
  - 집단 : 직업집단의 고유 특성과 같은 집단성원의 성격특징이 형성된다(교사형, 상인형, 정치가형 등).
- 한 문화가 성격의 동질성과 유사성을 창출하기는 하지만, 개인마다 경험이 다르고 문화가 모든 사람에게 동일한 영향을 미치는 것은 아니기 때문에 개인의 성격을 전적으로 공통문화에서 추론·예측하기는 어렵다.

㉡ 가정환경 : 유전적 요인 이외에 후천적으로 성격형성에 중요한 영향을 미치는 요인이 바로 가정적 요인일 것이다.

- 가정환경과 성격형성의 관계
  - 프로이트 : 가정은 최초의 교육의 장으로서 성격·태도·가치관의 기본 틀을 형성하고 생활습관의 기본을 습득하는 곳이다. 부모(양육자)와의 관계와 기본욕구 충족여부(만족·불만족)가 성격형성의 토대가 되며, 유아기의 불만족과 불균형 경험은 여러 신경 불안증을 초래한다.
  - 설리번 : 부모의 영향을 가장 많이 받는 유아기는 성격발달에 가장 중요한 시기이기 때문에 이 시기 부모의 불화는 자녀의 내면적 갈등을 초래한다.
  - 카디너 : 자녀들의 기본적인 성격을 결정짓는 것은 자녀들에 대한 부모의 양육방식이다.
- 가정환경 내의 문화적·경제적 상황 요인
  - 부모의 교양·교육 수준, 가정 분위기 등의 가정 내 문화적 상황 요인들은 아동의 성격형성에 중요한 영향을 미친다.
  - 가정의 경제적 상태도 아동의 성격형성 및 유형에 상당한 영향을 미친다. 즉, 부유한 가정의 자녀는 방탕하기 쉽고 생활력과 독립심이 약한 반면, 가난한 가정의 자녀는 반복적 욕구불만으로 인한 열등감이 있고 구김살 있는 성격일 가능성이 매우 높다.

ⓒ 학교환경
- 학교 또는 학급에서 어떤 지위를 획득하고 어떤 역할을 수행하느냐에 따라 개인의 성격 및 행동양식이 영향을 받게 될 뿐만 아니라 집단성격에 부합하는 행동특성이 형성되게 된다.
- 아동은 집단으로서의 학교생활을 통해 동료의식, 대인관계, 집단표준을 습득하고 형성하게 된다. 뿐만 아니라 교우관계 및 사제 간의 인간관계를 통한 동화 · 동일시 · 모방 · 조정 등의 과정도 개인의 성격형성에 큰 영향을 미친다.
- 개인의 성격형성에는 학급집단의 성질이나 분위기보다 클럽이나 서클이 더 큰 영향을 미친다.

④ **개인 고유의 경험**
ⓐ 각 개인은 자기만의 고유한 경험 및 생활사를 가지고 있다.
ⓑ 문화는 개인들의 성격을 동일화하려 하지만, 사람들의 생활을 완전히 동일화하는 것은 불가능하다. 개인 간 고유한 기회와 경험의 차이는 지위 역할과 성격의 차이를 가져온다.

(4) 성격(퍼스낼리티) 이론

① **정신역동(정신분석) 이론** `기출`
성격에 대한 프로이트의 정신분석 이론으로 성격의 동태적 측면을 강조하였다 하여 정신역동이론이라 부르기도 한다. **프로이트는 인간의 행위가 무의식에 의해서 지배된다고 하였다**(숨겨진 동기와 무의식적 소망에 의해서 지배된다고 가정). 즉, 기본적으로 인간의 행위란 어떤 원인에 의해 야기되는 것인데 그러한 원인을 우리가 인식하지 못한다는 것이다. 프로이트는 "**개인 간 성격차이는 기본적 충동(주로 성적 충동)을 처리하는 방식이 다른 데에서 기인한다.**"고 주장하면서 이를 설명하기 위해 '원초아, 자아, 초자아'의 개념을 도입하였다.
ⓐ 원초아(Id) : 성격의 기초 구성요소로 쾌락을 극대화하고 고통을 극소화하기 위해 노력하는 에너지의 원천이다. 무의식의 핵이며 마음 깊숙이 자리 잡고 있어 원시적 본능의 창고 역할을 한다. 원초아의 대표적인 것은 성적-공격적 본능이다.
ⓑ 자아(Ego) : 원초아가 무의식을 내포하는 데 반해, **자아는 의식**이며 성격의 현실 지향적인 부분이다. 자아는 원초아의 확장으로서 원초아가 현실을 이해하고 평가하게 함으로써 원초아의 에너지를 성취 가능한 방향으로 지도하는 역할을 담당한다(쾌락원리 대신 현실원리에 입각함). 즉, 자아는 원초아의 요구를 만족시키고 원초아와 초자아를 적절히 조정해 주는 역할을 한다.
ⓒ 초자아(Super Ego) : 초자아는 **양심**으로 간주되며, 성격에 윤리적 · 도덕적 차원을 추가한다. 자아가 현실적이라면 초자아는 이상적인 것이다. 예를 들어 선과 악, 정의와 불의, 도덕적 기준 등과 같은 가치개념을 이른다.

② **융(Jung)의 관점**
ⓐ 개념 및 특징 : 융은 프로이트와 마찬가지로 무의식적인 동기를 강조했지만, 프로이트와는 달리 성적 특징을 강조하지 않았다. 융은 **사람들이 외부에 대하여 적응하는 방식에 따라** 사람을 외향형과 내향형으로 분류하는 **유형론**을 제시하였다. 융의 이론은 가장 기본적이고 일반적으로 널리 통용되는 성격분류 방식이다.
- 외향형 : 신체 에너지가 밖으로 넘치기 때문에 항상 외부에 의해 행동이 유발되고 타인이나 환경에 의해 영향을 많이 받는 성격유형이다. 사교성과 인간관계가 넓고 사회생활에서도 적극적이고 지배적인 편이다.

- 내향형 : 신체 에너지가 안으로 움츠러들기 때문에 안에서만 맴돌게 된다. 그러므로 외부 환경과는 차단된 채 자기 주관에만 집중하고 타인과의 관계도 가능한 한 피하려고 하는 성격유형이다.

ⓒ 성격의 기본 구성요소 : 자아, 개인적 무의식, 집단적 무의식

- 자아 : 감정, 생각, 지각, 기억
- 개인적 무의식 : 특별한 노력 없이도 의식되는 것, 억압 혹은 망각된 것
- 집단적 무의식 : 조상 대대로 내려오는 습관이나 가치들(성격을 형성하는 데 가장 중추적인 역할)
- 집단 무의식의 원형
  - 페르조나 : 자기가 속해있는 사회가 인정하는 도덕적 · 규범적 얼굴
  - 양성적 본능 : 여성성과 남성성
  - 쉐도우 : 사회에서 규제받거나 금지되는 본능적인 욕구, 잔인성, 부도덕함
  - 자기 : 페르조나, 양성성, 쉐도우를 잘 통합해 건강한 성격을 형성하도록 이끄는 역할

ⓒ 건강한 성격 및 기능의 조화를 이룬 성격의 특징

- 건강한 성격
  - 융이 주장하는 건강한 성격은, 노출하기 어려운 쉐도우를 적절히 표현할 길을 찾고 지나치게 도덕적이고 이상적인 모습을 추구하지 않으며 양성성을 적절히 발휘해 나가는 것이다.
  - 건강한 성격이란 사고기능, 감정기능, 감각기능, 직관기능이 균형 있게 조화를 이루고 있으며 의식 안에서 조절할 수 있는 성격을 의미한다.
- 기능의 조화를 이룬 성격의 특징
  - 사회생활을 위해 행동하는 '나'와 '내면의 나'가 다르다는 것을 알고 있으며, '내면의 나'를 돌아보고 '내면의 나'를 파괴하는 행동을 삼간다.
  - 자신의 성격을 지배하는 주기능과 보조기능의 흐름을 읽을 수 있어 환경이 변하거나 심적으로 나약해지는 상황에도 적응할 수 있다.

ⓒ 잠재의식 속의 기능들을 해방시키는 실제적 기법

- 친한 사람들에게 고민을 털어놓아 마음의 응어리를 풀도록 한다.
- 성취감과 자신감을 경험할 수 있는 실행 가능한 목표를 세운다.
- 자신의 욕구 · 감정 · 관심에 충실하기 위하여 나 자신만을 위해 투자하는 시간을 가진다.
- 사람들과의 모임을 자기 자신을 발견할 수 있는 기회로 여겨 적극적으로 참여한다.
- 인간의 내면 속의 감각적 기능을 깨우기 위해 자연과 자주 접촉한다.
- 일할 때는 열심히 일하고, 공부할 때는 열심히 공부하며, 놀 때는 확실히 논다. 이는 '외적인 나'와 '내면의 나'가 정신적 균형을 이루어 활기를 찾을 수 있게 해 준다.

③ **인본주의적 성격이론**

인본주의 계열의 심리학은 정신분석학이론이나 행동주의 심리학이론의 기계적 환경결정론에 대항하여 등장하였다. 인본주의자들은 성격의 긍정적인 측면을 강조한다. 대표적인 학자로는 로저스(C. R. Rogers), 매슬로우(A. Maslow) 등이 있다.

㉠ 로저스의 인본주의적 성격이론 [기출]

- 개념 : 로저스(C. R. Rogers)의 성격이론은 '자기이론', '현상학적이론' 또는 '자기실현이론'이라고 불린다. 그는 인간을 이해하는 데 있어 문제의 역사보다 '지금 바로 여기'를 강조하기 때문에 그의 이론을 현상학적 성격이론이라고 한다. 로저스는 인간은 통합된 유기체로서 행동하

기 때문에 그의 이론을 전체론적 관점에서 접근해야 한다는 입장을 취했으며, 인간의 의식과 자아인식이 성격을 설명한다고 보았다. 인간의 행동은 무의식적인 어떤 힘에 의해 야기되는 것이 아니기 때문에 인간의 행동을 잘 이해하기 위해서는 개인의 내적 준거 틀의 이해가 필요하다는 것이다.

로저스는 인간 본성의 핵심이 근본적으로 합목적적·진취적·건설적·현실적이며 신뢰할 수 있다고 주장하였다.

- 주요 내용
  - 개인의 세계 : 체험의 세계를 말하는데 체험이란 특정 순간에 개인이 의식하는 것의 총체인 현상적 장을 말한다. 개인에게 현상적 장은 곧 현실이 된다. 따라서 개인의 모든 반응은 자기가 체험하고 지각하는 대로의 현상적 장에 근거하고 있다.
  - 자기 : 자기 개념은 현재 자기가 어떤 사람인가에 대한 개념, 즉 자신의 자아상인데 '현재의 나'라는 존재의 인식과 '내가 할 수 있는 것'이라는 기능의 인식을 포함하는 것이다. 유아의 경우 처음엔 자기를 독특한 존재로 인식하지 못하지만 부모를 비롯한 의미 있는 사람들과의 상호작용을 통해 자기 존재를 차츰 인식하게 된다.
  - 자기실현 : 인간의 궁극적인 목적은 유기체로서 유기체의 유지·향상을 위해 인간의 모든 잠재능력을 개발하는 것, 즉 자기실현이다. 그러므로 인간은 성장하기 위해 끊임없이 노력한다.
- 훌륭한 삶의 성격 : 완전히 기능하는 인간

로저스가 말하는 훌륭한 삶이란 고정된 상태가 아니다. 즉, 흔히 이야기하는 덕행, 만족, 해탈, 또는 행복의 상태가 아니라 이를 추구하는 과정이며 방향인 것이다. 로저스는 훌륭한 삶의 과정이 공통적으로 갖는 다섯 가지 특징을 제시하였다.

  - 체험에 대해 개방적이다. 자신의 감정을 민감하게 인식하고 억압하지 않는 체험에 완전하게 개방적인 사람은 그 자신을 들을 수 있으며 자기의 내면에서 무엇이 일어나고 있는지 체험할 수 있다. 따라서 공포, 실망, 고통의 느낌에 개방적이며 용기, 애정, 경외의 느낌에도 개방적이다.
  - 매 순간 충실하게 산다. 이러한 사람은 다음 순간에 무엇이 될 지와 무엇을 할 것인지가 이 순간에서 비롯되며 나 또는 다른 사람에 의해 미리 예측될 수 없음을 깨닫는다. 즉, 실존적인 삶을 산다.
  - 실존적 상황에서 가장 만족스러운 행동에 도달하는 방법으로 자신을 신뢰한다. 완전히 기능하는 사람은 자기의 유기체적 체험을 그가 해야 할 것과 하지 말아야 할 것을 결정하는 기준으로 삼기 때문에 현재 상황에서 욕구를 최대한 만족시키는 행동이 나온다.
  - 자유로움이다. 사람이 심리적으로 건강할수록 선택이나 행동에 있어 자유로움을 체험한다고 로저스는 확신한다.
  - 창조성이다. 모든 상황에서 독창적 사고력과 창조적 삶으로 스스로를 표현하며 사회문화적 구속에 동조한다거나 수동적으로 적응하지 않는다. 로저스의 완전히 기능하는 사람의 실제적 의미는 계속 성장하고 욕구를 충족하는 방향으로 건설적 이동을 할 수 있는 사람이다. 완전히 기능함에 있어 가장 중요한 요인은 어릴 때 중요한 타인으로부터 받은 긍정적 관심과 조건 없는 사랑 및 수용이다.

ⓛ 매슬로우의 인본주의적 성격이론
- 기본적 전제
  - 각 개인은 통합된 전체로 간주되어야 한다.
  - 인간의 본성은 본질적으로 선하며 인간의 악하고 파괴적인 요소는 나쁜 환경에서 비롯된 것이다.
  - 창조성이 인간의 잠재적 본성이다.
- 내적 본성
  - 내적 본성의 일부는 모든 인간에게 보편적이지만 일부는 개인마다 고유하다.
  - 인간의 내적 본성은 기본적 욕구, 정서, 능력 등으로 이루어진다.
  - 내적 본성은 악하지 않고 선하거나 중립적이다.
  - 내적 본성은 미묘하고 섬세하며 약하므로 습관, 문화적 기대, 그릇된 태도 등에 의해 쉽게 압도된다.
  - 내적 본성에 따라 인생을 살게 되면 건강하고 행복한 삶을 살 수 있게 되고, 내적 본성을 드러내고 촉진·충족하는 경험은 성취감과 자기의 성장발달을 가져오며 건강한 자존심과 자신감을 낳는다.
- 욕구 : 매슬로우는 타 이론의 욕구개념과 구별하기 위해 욕구를 두 가지 형태로 구분하고 있다.
  - 제1형태 : 기본 욕구(결핍성 욕구)로 음식, 물, 쾌적한 온도, 신체 안전, 애정, 존경 등의 욕구이다.
  - 제2형태 : 성장 욕구(자기실현 욕구)로 잠재능력, 기능, 재능 등을 발휘하고자 하는 욕구이다.
- 자아실현의 장애요인 : 매슬로우에 따르면 인간은 선천적으로 자아실현을 위해 노력하려는 성향이 있으며, 건강한 성격으로 자신을 끌어올릴 수 있는 잠재력을 가지고 있다. 하지만 이러한 자아실현을 방해하는 장애요인들이 있는데 다음과 같다.
  - 이기적이고 관료적인 사회적 환경으로 인해 자아실현을 위한 성장기회를 상실한다.
  - 안전 욕구가 가져다주는 부정적인 측면, 즉 실패 위험으로부터 도피하여 안전의 보호로 되돌아가려는 경향이 있다.
  - 많은 사람이 자신의 잠재력에 대해 잘 모르고 있다.

④ **특질(Trait) 이론**
　㉠ 개념
　　성격이 독특한 특질로 구성되고 그 구조가 개인의 행위를 결정한다고 보는 이론이다. 특질론자들은 개인 간에 차이가 있는 몇 가지의 중요한 특질 차원을 찾아냄으로써 성격을 파악하고 설명하려고 한다. 여기서 특질이란 한 개인의 행위를 시간 및 상황에 관계없이 일관성 있게 하고 개인별로 독특성을 갖게 하는 결정적 소질이다. 즉, 사람들로 하여금 각각 서로 다르게 행동하고 사고하도록 하는 **개인내면의 지속적 성향, 행동, 또는 느끼고 행동하는 성향의 특징적 패턴**인 것이다. 특질이론 연구는 **인간행동의 다양성**을 설명할 수 있는 기본적 성격 단위인 특질의 내용과 종류를 알아내는 것이다.
　㉡ 올포트(Allport)의 특질이론 : 개인행동의 결정요소로서 환경 조건보다 성격구조를 중요시하며 동일한 자극이지만 사람에 따라 다른 효과를 낼 수 있다고 주장한다.

- 특질의 종류 : 행동과 사고에 미치는 영향력에 따른 분류
  - 기본특질(Cardinal Trait) : 특정인의 생애를 구성하는 특성으로 전반적이고 대부분의 행동에 영향을 주지만 모든 사람들이 가지고 있는 것은 아니다.
  - 중심특질(Central Trait) : 보편적 영향을 주는 주요 성격이다.
  - 이차적 특질(Secondary Trait) : 사람들의 행동을 예언할 수 있는 구체적이고 개인적인 특성이다.
- 주요 내용
  - 프로이트의 성격결정론적 입장에 반대한다.
  - 무의식적인 요소를 조절·통제할 수 있다고 여기며 이를 위해서는 무의식적인 세계를 통제하려는 노력이 필요하다고 주장한다.
  - 대체적으로 건강한 성격의 사람은 무의식적인 힘의 영향을 받지 않는다.
  - 고유자아(The Proprium)란 그 사람이 가지고 있는 독특한 어떤 것, 즉 느껴지고 알려진 대로의 나를 의미한다.
- 올포트의 성숙한 성격의 기준(올바른 인격 형성)
  - 자아에 대한 가치와 존재의식, 자아정체감 등의 자아의식을 확대해 간다.
  - 타인에 대한 친밀함과 동정심(공감, 이해, 몰입)을 갖는다.
  - 정서적 안정 : 자기 승인, 성숙한 성격이 형성되려면 정서적으로 평온함과 안정성을 가져야 한다.
  - 현실주의적 지각 : 세상을 객관적으로 보며 실제 있는 그대로를 받아들인다.
  - 자신이 하는 일에 몰두하여 기술과 능력을 발휘할 수 있도록 과업 지향적으로 행동한다(일의 중요성과 일에 몰두할 필요성 강조).
  - 자기 객관화 : 자기 주관에 빠지지 않고 자기를 객관적으로 이해하려고 노력한다. 즉, 자기가 생각하는 자신과 실제의 자신을 통찰한다.
  - 통일된 삶의 철학 : 미래지향적이고 확고한 목적의식과 일을 완수하려는 통일된 동기(방향성)를 갖는다.

⑤ **펄스의 형태주의적 관점(Gestalt)** : 펄스는 건강한 성격의 조건을 다음과 같이 정의했다. 기출
  - ㉠ 바로 지금에 초점을 맞추어 살 것, 즉 과거에 매달리는 '회고적 성격'이나 미래를 위해 현재를 희생시키는 '전망적 성격'이 아니라 **지금 현재 바로 여기에 사는 것**이 중요하다는 것이다.
  - ㉡ 외부조절에 의해 움직이는 사람이 아니라 가능한 한 외부의 힘을 스스로 조절할 수 있는 자아조절능력을 갖는다.
  - ㉢ 편견이나 선입견, 고정관념 등을 버려 자아경계와 세계의 경계를 서로 근접시킴으로써 건강하고 성숙하게 살아가도록 한다.

⑥ **벤듀라의 사회학습이론의 관점**
  - ㉠ 성격은 관찰에 의해서도 형성이 가능하며, 유전적 영향보다는 환경적 영향이 더 중요하다고 보았다(행동주의이론에서 파생).
  - ㉡ 벤듀라의 성격형성 과정
    - 주의 집중 : 자기 앞에 전개된 상황에 선택적인 관심을 갖는다.
    - 파지 과정 : 주의를 두었던 장면을 머리에 기억해 놓는다.

- 운동재생 과정 : 기억해 놓았던 것을 행동으로 표현하는 것으로, 즉 시간을 들인 노력과 연습이 필요하다.
- 동기 과정 : 운동재생 과정이 긍정적 강화를 받느냐 부정적 강화를 받느냐에 따라 사회적 행동의 습득 및 수행 여부를 결정하는 것이다.

⑦ **아들러의 개인심리학적 관점**
    ㉠ 성격은 선천적인 경향보다는 환경적 영향이 더 중요하다. 인간은 사회적 동물이므로 사회적 상호작용을 얼마나 적극적으로 추구하느냐에 따라 성격이 결정된다.
    ㉡ 그 사람이 속해 있는 사회의 양식이나 태어날 때 출생순위에 의해서도 성격은 많은 영향을 받는다고 주장한다.
    결론적으로 정신역동이론은 성격 발달의 동태적 특성을 설명해 주고, 인본주의이론은 자기실현의 중요성을, 특질이론은 개인을 설명하는 데 목적이 있다. 하지만 성격이론은 상황적 요인이 지나치게 무시되고 있다는 약점이 있다.

더 알아두기

올포트와 매슬로우의 공통점
- 각 개인을 미래지향적인 인간으로 본다.
- 인간의 본성을 낙관적이고 긍정적으로 본다.
  - 인간은 선천적이고 긍정적이다.
  - 인간은 존경받을 만하다.
  - 인간은 자신의 잠재력을 실현해 나가는 가능성이 있는 존재이다.

---

⑧ **Big5 성격요소(성격의 5요인설)** 기출
    ㉠ 외향성 : 인간관계에서 편안함을 느끼는 정도
    ㉡ 원만성 : 타인에게 순응하고 협조적인 정도
    ㉢ 성실성 : 계획을 세우고 책임감 있게 실행하는 정도
    ㉣ 개방성 : 새로운 것에 대한 관심과 창의성의 정도
    ㉤ 안정성 : 긴장하지 않고 스트레스를 견딜 수 있는 정도

(5) 성격 변수

성격의 차원에서 개인 간의 차이를 설명하는 (특질)변수들로는 '통제위치, 마키아벨리적 성향, 성취·권력·친교욕구' 등이 있다.

① **통제위치** : 한 사람이 삶을 통해 얻은 결과에 대해 자기 자신의 행동이 얼마나 영향을 줄 수 있을 것이라 믿고 있는지를 측정하는 개념이다. 사람들은 삶의 결과가 자신에 의해 통제되는지 아니면 외부적 요인에 의해 통제되는지에 대해 일반적인 기대를 지니고 있다. 통제위치에 대한 인식에 따라 내재론자와 외재론자로 구분된다. 기출

　　　ⓐ 내재론자(Internals) : 운명의 결정에 자신들의 행동이 결정적이라고 믿는다.

　　　ⓑ 외재론자(Externals) : 자기행동의 결정성보다 기회, 운, 강력한 기관(사람, 제도)에 더 의존하는
　　　　자이다.

　② **마키아벨리적 성향** : 마키아벨리의 '군주론'에서 유래되었으며, 자신의 목표를 달성하기 위해 다른
　　　사람을 이용하거나 조작하려는 경향과 관련된 성격 특성이다. [기출]

　③ **성취 · 권력 · 친교욕구** [기출]

　　　ⓐ 성취욕구(Need for Achievement) : 강력한 목표 지향적 욕구 및 직무를 수행하려는 강박관념이
　　　　다. 성취욕구가 높은 사람은 자신의 기술 및 문제 해결 능력과 관련하여 도전의식을 주는 과업을
　　　　선호한다. 즉, 자신의 개별적인 노력에 따라 성과가 좌우되는 과업을 선호하는 것이다. 이들은
　　　　과업수행 혹은 과업 자체에서 만족을 구하려고 한다. 성취욕구가 큰 사람은 경영자보다 자기 사업
　　　　을 하는 기업가 역할에 더 적당하다. 대표적 학자로는 맥클레랜드(D. C. McClelland) 등이 있다.

　　　ⓑ 권력욕구(Need for Power) : 다른 사람에 대해 통제력을 행사하거나 영향을 미치려는 욕구이다.
　　　　권력욕구가 높다는 것은 유능한 경영자로서의 필요조건이 될 수 있다. 권력욕구의 초점은 자기
　　　　영향력 확대나 자기사단 형성 등의 조직내부 측면이 아닌 조직외부에 대한 영향력 행사에 놓여야
　　　　한다. 상당한 수준의 자기통제 능력을 지니고 있어야만 한다.

　　　ⓒ 친교욕구(Need for Affiliation) : 다른 사람과 유쾌한 감정관계를 확립 · 유지 · 회복하려는 욕구
　　　　이다. 친교욕구가 높은 사람은 장기적인 조직 유효성을 필요로 하는 집단구조와 분위기를 발전
　　　　시키는 업무에 적합하다.

2 문화적 가치

(1) 가치

　① **가치의 개념**

　　　가치(Value)란 사람들이 자신을 포함한 세계나 사물 · 행동 등에 대하여 부여하는 중요성의 정도 또
　　　는 그 평가 기준을 의미한다. 즉, 가치란 인간이 개인적 · 사회적으로 어떤 것이 값어치가 있고, 바람
　　　직한 것인가를 평가할 때 기준으로 삼는 개념으로서 개인으로 하여금 특정 상황에서 어떤 선택이나
　　　결정을 할 때 또는 어떤 행동을 할 때 특정한 방향으로 움직이게 하는 원리나 신념을 가치(관)라고
　　　한다. 가치(관)는 우리에게 아름다움과 추함, 옳고 그름에 대해 판단을 내리게 하고, 어떤 특정한
　　　방향이나 방식으로 행동하게 하며, 우리의 인식(Perception)에 영향을 준다. 각 개인이 무엇을 더
　　　가치 있게 생각하느냐에 따라서 동일한 상황이 완전히 다른 상황으로 인식될 수 있다. 그리고 이러
　　　한 인식은 의사결정과 개인의 행동(개인의 태도나 지각, 성격 또는 동기부여)에 영향을 미치게 된다.
　　　궁극적으로 조직행동과 관련해서는 개개인의 서로 다른 가치관에 의해 개인의 조직 내 행동, 업무태
　　　도, 동기부여 등이 모두 영향을 받기 때문에 가치가 중요한 것이다.

> **더 알아두기**
>
> **다양한 가치의 정의**
> - 호치킨슨(Hodgkinson) : 가치는 바람직함에 대한 관념으로 동기유발의 힘을 갖는다.
> - 맥커러프(McCullough) : 가치란 개인취향을 초월하는 개념으로 공동체에 의해 용인되는 요구를 담고 있다.
> - 왈도(Waldo) : 가치문제는 목표들 간 또는 목표성취 수단들 간의 선택문제이다.
> - 클러크혼(Kluckhohn) : 가치란 바람직함에 대한 명시적이거나 묵시적인 관념이다.

② **가치체계와 가치관** : 개개인의 가치들이 우선순위에 따라 하나의 위계적 가치관의 틀 또는 신념체계로 정리된 것을 가리켜 가치체계라 한다. 즉, 가치체계란 각 개인이 중요하다고 생각하는 인식의 정도에 따라 개별적인 가치들의 우선순위가 결정되어 있는 상태를 가리킨다. 가치체계는 여러 가치의 상대적 중요성에 따라 결정된다.

그리고 이러한 가치에 대하여 어떠한 시각을 가지고 바라보느냐에 따라 하나의 인간이나 사회 그리고 국가차원에서 형성된 공통의 가치체계가 바로 가치관이라고 할 수 있다. 즉, 가치관이란 인간이 어떤 것을 바람직하고 가치 있는 것으로 여겨 판단하거나 선택할 때 일관되게 취하는 태도를 말한다. 이때 인간은 자신의 평가기준과 선택의 합당한 근거를 갖게 된다.

③ **가치의 특성**

ㄱ 가치(체계)는 위계구조(Hierarchy)를 가지며, 하나의 가치는 다른 여러 가치와 밀접하게 연결돼 있다.

ㄴ 가치는 일관성·상대성·안정성을 가지고 있다.

ㄷ 갈등해결과 의사결정의 중요한 지침이 된다.

ㄹ 가치란 소비자가 현실 세계를 반영하도록 변환한 근본적 욕구의 표상이다.

ㅁ 가치는 관념적·추상적이며 사회적으로 학습되는 것이다(훈련·교육·연습·경험 등에 의해 후천적 형성).

ㅂ 가치는 개인들이 어떻게 행동할까에 대한 예측지표가 될 수 있다.

④ **가치의 유형**

ㄱ 밀톤 로키치의 밸류 서베이에 따른 가치관의 분류

- 궁극적 가치 : 가장 바람직한 존재양식(성취감, 평등, 자유, 행복, 내적 조화, 쾌락, 구원, 지혜, 자아존중, 편안한 삶 등)
- 수단적 가치 : 궁극적 가치를 달성하기 위한 수단(근면, 능력, 청결, 정직, 상상력, 독립성, 지능, 논리 등)

ㄴ 올포트의 가치관 분류

- 이론적 가치 : 진리 및 기본적인 가치를 추구한다. 사실지향적·비판적·합리적 접근을 통해 진리를 밝히는 데 초점을 맞추고 있다.
- 경제적 가치 : 유용성과 실용성을 강조하면서 효율성 극대화에 초점을 둔다.
- 심미적 가치 : 예술적 경험을 추구하면서 아름다움, 형식, 조화, 균형 등에 높은 가치를 부여한다.
- 정치적 가치 : 개인의 권력과 영향력 획득을 중시한다.

- 종교적 가치 : 우주에 대한 이해와 경험의 통합을 강조하면서 초월적 · 신비적 경험에 가치를 부여한다.
  - © Jan G. Barbour의 기술문명 사회에서 추구해야 할 가치
    - 개인적 차원의 가치
    - 사회적 차원의 가치
    - 환경적 차원의 가치
  - ② Christopher Hodgkinson
    - 옳음에 관한 가치 : 바람직함에 관한 관념
    - 좋음에 관한 가치 : 바라거나 원하는 것에 관한 관념
  - ⑩ Egbert de Vries의 공공정책에서 중시되어야 할 가치
    - 개인과 집단의 생존
    - 명예와 자유
    - 공동체의식
    - 자유
  - ⑭ H. F. Gortner의 행정에서 명확화되어야 할 가치
    - 거시적 차원의 가치
    - 중범위적 차원의 가치
    - 미시적 차원의 가치
  - ⊗ 최재희 교수의 가치 분류
    - 인격적 가치
    - 정신적 가치
    - 생명적 가치
    - 감각적 가치

⑤ **가치의 척도**

- ㉠ 로키치 가치조사 척도(RVS ; Rokeach Value Survey) : 가장 흔히 이용되는 가치조사 척도로 가치를 삶의 최종목표인 궁극적 가치와 이의 성취를 위한 수단적 가치로 구분한다.
  - 궁극적 가치의 유형 : 안락, 평화, 가족안정, 행복 등
  - 수단적 가치의 유형 : 야심적, 관대함, 유능함 등
- ㉡ VALS(Values and Lifestyle) 척도 : 스탠포드 연구소에서 소비자들의 가치관 변화 추이를 추적하기 위해 개발한 척도법이다.

⑥ **가치 측정 조사법** : 가치의 측정은 측정 대상(가치)의 추상적인 특성 때문에 파악하기 매우 힘들고 어려운 일이다.

- ㉠ 문화 추론법 : 일반적으로 구성원이 공유하고 있는 문화에 가치가 스며 있다는 전제 하에 소속된 문화와 서브 문화를 관찰 · 분석해 소비자의 가치를 유추해내는 방법으로 문화차이를 분석하는 것이 대표적인 방법이다. 문화 추론법의 가치유추 방법이 갖는 한계는 새로운 문화의 전파 및 창조에 대해 파악할 방법이 없다는 것이다.
- ㉡ 수단-목표 연계(Mean-end Chain) 분석법 : 소비자 가치사슬(속성-결과-가치)에 대한 분석을 통해 가치를 측정하는 방법이다. 가치란 바람직한 목표로 소비의 목표로 간주되며 상품과 상품

의 속성은 이러한 가치를 실현시키는 수단으로 지각된다. 상품과 연계된 가치가 특정 소비자 중심적일 때 소비의 가능성은 더욱 높아진다. 이 분석법은 제품의 특정 속성들이 궁극적 가치와 어떻게 연관되어 있는지를 관찰하는 방법으로, 그 속성을 왜 중시하는지에 대해 소비자의 가치체계를 역으로 거슬러 올라가며 탐색·분석하는 방법이다.

한편 가치 도구화(Value Instrumentality) 접근 방법은 수단-목표 연계(Mean-end Chain) 모델(Gutman, 1982)을 중심으로 가치와 행위를 조명한 것이다.

ⓒ 설문 조사법 : 설문 조사법에는 로키치의 가치이론과 케일(Kahle)의 LOV(List Of Values) 법이 있다.

- 로키치 가치조사(RVS ; Rokeach Value Survey), 궁극적 가치 vs 수단적 가치 : 로키치 가치조사법은 추상적인 특성을 갖고 있는 인간의 가치체계를 측정하는 데 가장 많이 이용되는 척도이다. 로키치는 가치를 긍정적이건 부정적이건 대상이나 상황에 얽매이지 않은 이상적인 최종상태, 또는 이상적인 최종 행동양식에 대한 개인의 신념을 나타내는 추상적인 개념이라 하였다. 다시 말해 가치란 바람직한 삶 또는 존재의 목적을 나타내는 것으로, 가치 스스로가 하나의 목표 내지 목적을 구성하는 궁극적 가치(Terminal Value)로서 가치들 간에는 가치위계(Value Hierarchy)를 가지게 된다고 하였다.
  - 로키치의 가치체계 : 존재의 목적, 혹은 바람직한 삶과 관련한 18개의 궁극적 가치(Terminal Value)와 우호적인 행동양식과 관련된 18개의 수단적 가치(Instrumental Value)로 나누어진다. 각각의 가치는 그 중요성에 따라 서열화된 위계구조 속에 존재하며 개인의 삶 속에서 원칙을 유도해낸다. 로키치는 가치와 태도가 인지적으로 연관성이 있고 내적 일관성이 오랫동안 안정적으로 유지된다는 것을 밝혀냈다.
  - 로키치의 가치분류 특성 : 로키치의 가치분류 특성은 궁극적 가치와 수단적 가치에 의하여 나타난다. **기출**
  첫째, 수단적 가치는 궁극적 가치의 달성을 위한 수단이 된다.
  둘째, 궁극적 가치와 수단적 가치에 반드시 일대일 대응관계가 적용되는 것은 아니다. 이는 하나의 궁극적 가치를 달성하는 데 있어서 반드시 하나의 수단적 가치만이 적용되는 것은 아니며 여러 개의 수단적 가치가 동시에 작용될 수 있다는 것을 의미한다.
  셋째, 하나의 궁극적 가치는 다른 궁극적 가치들의 달성을 위한 수단이 될 수도 있고, 또한 하나의 수단적 가치는 다른 수단적 가치의 달성을 위한 수단이 될 수 있다. 각 가치들은 반드시 독립적인 관계로 존재하는 것이 아니라 서로 상호작용하며 종속적인 관계로도 존재할 수 있다는 것을 알 수 있다. 이는 로키치의 가치분류가 독립적 관계에서의 집단 간의 가치 비교분석보다는 가치 유형에 따른 소비자 집단의 분류에 더 유용하다는 것을 보여준다.
  - 로키치의 가치분석 특성에 기초한 4가지 소비자 집단 분류 : 로키치의 가치분석 특성인 궁극적 가치와 수단적 가치가 각각 두 차원으로 분류된다는 것을 의미한다.
  - 궁극적 가치는 자기 중심적(Self-centered)이냐, 사회 중심적(Society-centered)이냐에 따라 개인적 가치와 사회적 가치로 나뉜다.
  - 수단적 가치는 논리적 가치와 능력 가치로 구분된다.

- 케일(Kahle)의 LOV(List Of Values)
  - LOV의 개념 : Kahle(1983)에 의해 만들어진 LOV는 오직 궁극적 가치만을 포함하고 있는 측정도구로서 18항목으로 구성된 RVS가 지닌 서열화 곤란의 문제를 해결하기 위해 항목을 9개의 최종가치로 줄인 것이다.

    LOV 척도는 사회적응이론(Social Adaptation Theory)에 그 이론적 기초를 두고 있으나, Rokeach의 가치이론에 의해서도 영향을 받았다. 따라서 Kahle은 인간이 기본적으로 생활 환경에 적응하기 위한 도구적 기능을 수행한다고 보았으므로 궁극적 가치와 수단적 가치를 구분하고 있지 않다.

    Kahle은 사람마다 가치체계가 다른 것은 개개인의 생활여건과 생활조건이 다르며 개인과 사회를 연결하는 가족·친지·친구 및 접하는 대중매체가 다르고, 개개인의 능력 차이로 인해 환경변화에 대한 적응방법이 다르기 때문이라고 주장했다.
  - LOV의 의의(가치조사 방법적 측면) : RVS는 평가문항이 너무 많고 비용이 과다하게 소요될 뿐만 아니라 소비자의 일상생활과의 관련성이 적은 문항들(예를 들어 세계평화, 국가안전, 구원 등)이 있다는 것 등이 문제점으로 지적되었다. 따라서 이러한 단점을 보완하기 위해 Rokeach 가치조사 항목을 재구성하고 항목수를 줄이기 위한 연구를 실시한 결과 Rokeach 의 수단·목적항목 중에서 궁극적 가치항목이 소비자 행동연구에 더 적합하다는 사실을 밝혀낸 것이다. 뿐만 아니라 소비자행동에 대한 예측력 측면에서 LOV가 VALS에 비해 훨씬 우수하다는 점이 밝혀지면서(Kahle, Beatty & Homer, 1986) 점차 LOV가 주된 가치척도로서 주목을 받아 활용되기 시작하였다.

⑦ **가치문제에 대한 여러 학문 분야의 연구결과**
  - ⊙ 철학의 가치연구
    - 철학에서는 윤리적 원칙의 명료성과 일관성 분석에 초점을 맞추어 가치에 대한 연구를 전개한다.
    - 절대론과 상대론의 분류 : '옳음'과 '좋음'에 대한 규정이 상대적인지 절대적인지에 따른 분류를 의미한다.
  - ⓒ 심리학의 가치연구
    - 자아에 대한 이해를 통해 자신의 가치, 타인에 대한 태도와 행동을 결정한다.
    - 가치와 신념으로부터 시작되는 심리적 과정을 중시한다.
    - 심리학에서는 동기유발의 문제가 가치와 윤리의 교호작용을 파악할 때 검토된다.
  - ⓒ 사회학의 가치연구
    - 가치는 공동체적 성격을 가지며, 사회화 과정을 통해 학습되고 객관적으로 측정된다.
    - 사회학은 가치문제의 명료화에 기여한다.

(2) 문화적 가치

① 문화적 가치의 개념

문화적 가치란 한 집단이 갖고 있는 문화적 특성의 핵심으로서 그 사회의 구성원들이 공통적으로 바람직하다고 여기는 것(General Orientation)을 의미한다. 이러한 가치는 문화적으로 결정되며, 구체적인 상황 하에서 허용될 수 있는 구성원들의 행동 방향(범위)을 규정하는 사회적 규범의 근거가 된다. 즉, 가치는 사회적 규범의 근거가 되어 구성원의 행동에 강한 영향을 미치며, 문화적 가치를 공유하는 구성원들의 행동은 전반적으로 유사성을 보인다는 특징이 있다. 개인은 태어나면서부터 가정과 사회를 통하여 문화적 가치를 학습(사회화 학습)하며, 그 결과 일상생활에서 집단의 가치를 지향하게 된다. 예를 들면, 충(忠)이나 효(孝)는 우리 사회에서 중요시되고 있는 가치라고 할 수 있는데, 충효라는 가치로부터 어른과 나라에 어떤 일을 해야 하고 어떤 일을 하지 말아야 한다는 사회적 규범이 도출된다.

그러나 한 사회의 문화적 가치들이 항상 논리적 일관성을 가질 필요는 없고, 특히 산업사회에 있어서는 집단에 따라 상이한 여러 가치가 공존함으로써 한 사회 내에서도 다양한 하위문화가 나타난다.

  ㉠ 사회학적 관점 : 문화적 가치란 '집단의 정체성 또는 복지에 중요하다고 인정되는 활동, 관계, 느낌 또는 목표들에 관한 보편적인 신념(Common Beliefs)'이라고 정의된다.

  ㉡ 심리학적 관점 : '개인적으로나 사회적으로 추구될 가치가 있다고 여겨지는 존재의 일반적인 상태'로 정의된다.

② **문화적 가치의 차원** : 문화적 가치는 크게 타인 지향적 가치(Other-oriented Values), 환경 지향적 가치(Environment-oriented Values), 자아 지향적 가치(Self-oriented Values)의 세 가지 차원으로 구분할 수 있다.

  ㉠ 타인 지향적 가치(Other-oriented Values) : 사회 내 구성원들 간 관계를 중시하는 가치 차원으로서 특히 마케팅 전략 등에 많은 영향을 미친다. 예를 들어 사회가 집단적 활동을 중요한 가치로 인식한다면 소비자는 구매결정 시 타인의 반응을 중요 요소로 고려하게 되며, '개성적'이라는 촉진요소에 대해서는 별 중요성을 부여하지 않을 것이다.

  ㉡ 환경 지향적 가치(Environment-oriented Values) : 물리적 · 경제적 · 기술적 환경과 관련된 가치 및 관계를 중시하는 가치 차원이다.

  ㉢ 자아 지향적 가치(Self-oriented Values) : 사회가 바람직하다고 생각하는 인생의 목표와 접근 방법을 통해 자아실현과 성취 지향적 가치를 추구하는 가치 차원이다.

제7절 능력 기출

1 개념

능력이란 무엇인가를 해낼 수 있는 개인의 역량(임무 등)을 의미한다. 개인의 능력과 관련하여 조직이 관심을 갖는 주요 이슈는 미래의 직무수행에 대한 예측과 변화하는 환경 속에서 훈련이나 교육을 통해 개인의 능력을 개발하는 부분이다. 이러한 능력의 측정은 1905년 처음으로 정신능력검사 모형을 개발한 프랑스 심리학자 비넷(A. Binet)에 의해 시작되었다.

2 능력의 유형

(1) 신체 능력

플레시먼(E. A. Fleishman)은 육체적 과업을 수행하는 데 필요한 9가지의 기본적인 신체적 능력을 구분하여 제시하였다.

① 9가지 기본적 신체 능력

- ㉠ 동태적 체력 : 반복적으로 신체 근력을 사용할 수 있는 능력(팔굽혀펴기, 로프타기)
- ㉡ 정태적 체력 : 외부의 물체에 대해서 근력을 사용할 수 있는 능력(악력)
- ㉢ 폭발성 체력 : 어떤 행위를 함에 있어서 순간적으로 최대의 에너지를 발휘할 수 있는 능력(단거리 달리기, 넓이 뛰기, 높이뛰기)
- ㉣ 흉복부(몸통) 체력 : 흉복부(몸통) 근육을 이용한 근력 사용 능력(윗몸일으키기)
- ㉤ 확장 유연성 : 가능한 한 멀리 크게 몸통과 등 근육을 움직일 수 있는 능력(허리 굽히기)
- ㉥ 동태적 유연성 : 신속하게 반복적으로 동작을 행할 수 있는 능력(반복적 허리 굽히기)
- ㉦ 동시적 신체 활용력(전반적 신체적 협조) : 여러 신체부위를 동시 활용 시, 그 동시적 활동을 조정할 수 있는 능력(줄넘기)
- ㉧ 균형 유지력 : 균형 유지가 어려운 상황에서도 균형을 유지할 수 있는 능력(외나무다리 걷기)
- ㉨ 스테미너 : 상당한 기간 동안 지속적으로 최대의 신체적 노력을 지속할 수 있는 능력(장거리 달리기)

(2) 지적 능력

① 지적 능력의 유형

- ㉠ 수리력 : 간단한 계산을 신속·정확하게 행할 수 있는 능력
- ㉡ 귀납적 추리력 : 규칙이나 원리를 발견하여 문제 해결에 적용할 수 있는 능력(귀납적 추리에 의해 일련의 숫자나 단어 다음에 무엇이 올지 예측 가능)
- ㉢ 언어 이해력
- ㉣ 어휘력
- ㉤ 기억력
- ㉥ 신속한 지각능력 : 신속하고 정확하게 시각적으로 지각할 수 있는 능력
- ㉦ 공간 이해력(지각력) : 정확하게 도형 간의 기하학적 관계를 지각하여 공간에서 도형을 시각화할 수 있는 능력

② 지능 측정의 문제점

- ㉠ 지능이란 개인의 선천적인 학습능력을 의미하는 것인데도 불구하고 현재 사용되는 지능검사는 개인의 선천적 잠재능력보다 학습된 능력을 측정하는 경향이 강하다.
- ㉡ 인간은 모든 차원이 일정 수준의 연관성을 갖는 일반적 지능과 능력유형에 있어서 차이가 있는 특수성을 함께 가지고 있음에도 이러한 특성을 고려하지 않은 채 지능을 측정하고 있다(지능의 구성 특성인 일반성·특수성 관련 문제).

3 능력 차이

(1) 집단 간 능력 차이

집단 차이란 성, 연령, 학력 등을 기준으로 분리된 집단 간에 존재하는 능력 차이를 말한다. 집단 차이에 있어 유의할 점은 집단 차이가 특정 개인의 능력을 평가하는 데 있어서는 유용한 지표가 아니라는 점이다. 따라서 고용평등법은 집단에 의해서 인사 및 인적자원에 관한 결정을 내리는 것을 금하고 있다.

(2) 개인 간 능력 차이

개인 차이란 특정 능력의 개인 간 차이를 의미한다. 중요한 것은 개인 내에서도 능력차원에 따라 능력수준이 다르게 나타나며 시간이 경과함에 따라 개인 내의 동일한 능력수준도 차이가 난다는 것이다.

4 능력관리 기법

(1) 경력관리(CDP ; Career Development Program)

① 개념 및 의의

경력관리란 종업원 개개인의 직무 경력이나 교육훈련 경력 또는 능력·적성 데이터 등의 관리를 통해 조직의 목표와 구성원 개개인의 목표가 조화되도록 하는 것을 의미한다. 즉, 경력관리는 **효율적인 인재확보·육성·배치(자원관리 측면)와 조직 구성원의 성취동기 유발**을 동시에 추구할 수 있는 프로그램인 것이다. 경력관리는 종합적인 인사관리가 가능하다는 측면에서 그 중요성이 증대되고 있다. 경력관리 제도의 성공적 운용을 위한 전제조건은 **경력관리 제도가 인사관리 목표, 인사 이념, 인사 방침과의 유기적인 관계 속에서 수립되어야 한다**는 것이다.

이러한 경력관리 제도가 성립된 배경에는 '급속한 기술변화 등의 외부환경 변화', '사회 가치관의 변화(종업원의 인생관이 일 중심에서 인생 자체 또는 여가로 변화)', '평등고용 기회 운동의 활성화', '행동과학의 발달' 등의 요인들이 자리 잡고 있다.

② 경력관리의 목적

㉠ 인재확보·육성·배치 및 직무능력 향상

- 종업원 직무능력 및 자질 향상 : 경력관리는 단계적인 장기 경험의 축적과 체계적인 교육·훈련·지도 등을 통하여 종업원의 직무능력 및 자질을 향상시키기 위한 것이다.
- 후계자 확보 : 경력관리는 경력경로에 따라 기업 내 인재육성에 초점을 맞춤으로써 후계자 양성에 기여한다.
- 이직 방지 : 현대 기업경영에 있어 보이지 않는 가장 큰 손실 중의 하나가 유능한 인재의 이직이다. 따라서 이를 방지하기 위해서는 경력관리를 통해 종업원의 승진 및 처우 등에 대한 촉진대책을 강구함으로써 자기성장에 대한 비전을 제시해야 한다.

ⓛ 종업원의 성취동기 유발 : 경력관리는 종업원들이 직장에 대해 확고한 안정감을 갖고 자기능력을 최대한 발휘할 수 있게 함으로써 성취동기를 유발시킨다. 이는 업무평가 등을 이동이나 승진 또는 교육훈련 등과 연계시켜서 조직 구성원 스스로 목표를 가지게 하고 능력을 발휘할 수 있도록 동기부여를 제공하는 것이다.

③ **경력관리의 기본적 체계**

㉠ 경력목표 : 구성원 개개인이 경력상 도달하고 싶은 미래의 직위를 의미한다.

㉡ 경력계획 : 경력목표에 이르는 경력경로를 선택하는 의사결정 과정이다.

경력계획이란 조직에서 요구하는 인적자원과 조직 구성원이 추구하는 목적을 조화시켜 구성원의 경력경로를 체계적으로 계획·조정·관리해 나가는 과정을 의미한다. 다시 말해, 조직 구성원 개개인이 경력목표를 설정한 후, 설정된 경력목표를 달성하기 위한 경력경로를 구체적으로 선택해 나가는 과정이라 할 수 있다.

㉢ 경력개발 : 구성원 개개인이 경력목표를 설정하고 달성하기 위한 경력계획을 수립한 후 기업조직의 요구와 개인의 요구가 합치될 수 있도록 각 개인의 경력을 개발하고 지원해주는 활동을 말한다.

체크 포인트

경력개발의 단계 기출

• **탐색단계** : 조직 구성원이 자기 자신을 인식하고 교육과 경험을 통해서 여러 가지를 실험해 보며 자기 자신에게 적합한 직업을 선정하려고 노력하는 단계라 할 수 있다. 또한, 여러 기능분야를 순환하면서 기초적인 경험을 쌓는 단계이다.

• **확립단계** : 선택한 직업 분야에서 정착하려고 노력하면서 하나의 직업에 정착하는 단계라 할 수 있다. 또한, 구성원이 조직에서 성과와 업적을 쌓고 승진하면서 경력발전을 달성하고 조직체의 경력자로서 조직에 몰입하는 단계이다.

• **유지단계** : 자기 자신을 반성하며 경력경로의 재조정을 고려하고, 경우에 따라서는 심리적인 충격을 받기도 하는 단계이다. 이때 개인은 이 단계를 원만하게 헤쳐나감으로써 지속적인 경력발전을 달성할 수도 있지만 심리적인 충격을 극복하지 못하고 침체될 가능성도 존재하는 단계이다.

• **쇠퇴단계** : 퇴직과 더불어 조직 구성원이 자기 자신의 경력에 대해 만족하면서 새로운 생활로 접어드는 단계이다.

---

④ **인사부서의 경력관리**

㉠ 경력교육 : 경력개발의 목적과 의의 그리고 실시했을 때 돌아오는 혜택 등을 효과적으로 알려줄 수 있는 경력교육이 사전에 이루어져야 한다. 인사부서는 여러 가지 교육기법을 사용하여 종업원들에게 경력개발에 대해 인식시켜야 한다.

㉡ 경력정보 제공 : 인사부서는 조직 구성원들로 하여금 자신의 경력을 계획하는 데 필요한 경력정보를 제공해 주어야 한다. 특히 경력개발과 관련된 문제는 종업원들이 관심 없는 직무는 맡으려 하지 않는다는 점인데, 이러한 문제는 인사부서에서 경력 사다리를 제시함으로써 해결할 수 있다.

㉢ 경력상담

• 종업원 자기평가 : 인생계획과 관련된 경력계획 및 자기평가 목록으로 이루어지는데 자기평가 목록에 평가된 종업원들의 관심과 능력을 인사부의 경력정보와 조화시켜 종업원들 스스로 적성에 맞는 보다 나은 경력경로를 계획하게 할 수 있다.

- 환경평가 : 종업원의 관심과 능력에 맞는 적합한 경력경로를 설계하는 경력계획에서도 개인이 종사하는 직종이나 산업 등의 환경을 무시해서는 안 된다.

(2) 이동 · 승진관리 [기출]

① **이동관리** : 조직 구성원으로 하여금 한 직무를 그만두고 타 직무를 수행하도록 하는 것, 다시 말해 조직에서의 직위를 변경시키는 것이라 할 수 있다. 특히 인사이동이란 종업원이 조직에 고용되어 특정 직무에 배치된 후, 해당 종업원의 능력이나 직무내용의 변화 또는 조직 운영상의 여러 가지 상황에 따라 수직적 · 수평적인 배치상의 변화를 주는 인적자원관리 절차를 의미한다. 이동에는 수직적 이동과 수평적 이동이 있다.

ⓐ 수직적 이동
- 승진 : 이동의 한 형태로 조직 내에서 구성원의 직무서열 또는 자격서열의 상승, 즉 직위의 등급이나 계급이 올라가는 것을 말한다.
- 강등 : 직위의 등급이나 계급이 낮아지는 것을 말한다.

ⓑ 수평적 이동
- 전환배치 : 조직 구성원의 작업조건이나 책임 및 권한에 있어 지금까지 해오던 직무하고는 다른 직무로 이동함을 의미한다.
- 직무순환 : 직무순환이란 단순한 배치가 아닌 기업 조직에 필요한 직무를 계획적으로 체험시키기 위한 인사관리 상의 구조를 말한다. 업무내용의 변화가 아닌 다른 업무로의 로테이션 또는 동종의 직군에서 다른 직무로의 로테이션, 또는 동종의 직군에서 장소 측면에서의 다른 곳으로의 로테이션을 의미한다. 즉, 조직 구성원들의 직무영역 변경을 통해 여러 방면에서 경험이나 지식을 쌓기 위한 인재양성 방법이라 할 수 있다.

ⓒ 이동의 목적 : 인사이동은 인력의 능력 및 직무의 요건이 부적합할 때, 이 부적합성을 해소시키고 적합성을 향상하기 위해서 시행된다. 다시 말해 합리적인 인사이동은 경영 기능을 효율적으로 달성할 수 있게 해주고, 그에 따른 노동력의 활용 및 인재육성에도 크게 기여할 수 있다.

② **승진관리**

ⓐ 개념 및 의의 : 승진은 **수직적 이동**의 한 형태로 조직에서 구성원의 직무서열 혹은 자격서열의 상승을 의미한다. 승진에서는 지위상승과 함께 보수 · 권한 · 책임의 상승이 함께 수반된다. 승진에 대한 관리는 전체적인 인사관리 활동의 성공여부를 결정하는 인사관리의 핵심적 영역을 차지한다.

ⓑ 승진정책 : 승진정책에는 연공주의와 능력주의가 있는데 반드시 상호배타적인 것이 아니라 상호 보완적인 의미를 가질 수도 있기 때문에 절충주의를 택하는 것이 바람직하다.
- 연공주의 : 조직 구성원의 근무경력, 즉 근속기간에 따라 승진에 우선권을 주는 것이다. 이 개념은 근무연수에 비례하여 개개인의 업무능력과 숙련도가 신장된다는 사고에 근거한다. 연공주의는 가족주의적 종신고용제나 유교사상 및 집단주의에 기반을 두고 있다.
- 능력주의 : 연공주의와 반대되는 개념으로 근속기간보다는 종업원의 능력, 즉 조직 구성원이 조직의 목표달성에 기여하는 업무수행 능력에 따라 승진에 우선권을 주는 것이다. 능력주의는 개인주의적인 단기고용이나 기독교적인 사상 등 서구적인 사상에 기반을 두고 있다.

ⓒ 승진유형 : 속인(사람) 기준 승진유형과 속업무(직무) 기준 승진유형이 있다.
- 속인 기준
  - 신분자격 승진 : 사람 중심적 연공주의에 입각한 제도로서 직무내용과 관계없이 개인적인 (형식)자격요건에 따라 승진을 시키는 제도이다.
  - 능력자격 승진 : 현재 담당직무가 요구하는 자격조건과는 상관없이 종업원 개개인이 가지고 있는 지식・기능・태도 등의 잠재능력을 평가해서 추후 유용성이나 신장도에 따라 승진을 결정하는 방법을 말한다.
- 속업무(직무) 기준
  - 역직 승진 : 기업 조직은 각 단위별로 소속된 구성원을 효과적으로 지휘・통제하기 위해 기업 조직의 특성에 맞는 역할 및 직책, 즉 역직을 두게 되는데 이러한 라인 직위계열 상의 승진을 말한다(사원 → 대리 → 과장 → 차장 → 부장 → 이사 등).
  - 직위(직계) 승진 : 직무 중심적 능력주의에 기반을 둔 것으로서 직무분석・평가에 의한 직무의 계층적격에 따라 직위관리 체계를 확립한 후 이를 기반으로 해당 직무 자격조건에 적합한 적임자를 선발하여 승진시키는 것을 말한다.
- 기타 승진유형 [기출]
  - 대용승진 : 승진의 필요성은 있으나 마땅한 담당직책이 없을 경우 인사적체와 사기저하를 막기 위해 실질적인 승진 없이, 명칭 상 형식적으로 이루어지는 승진을 의미한다. 그러나 임금이나 복리후생 및 그에 따른 사회적 신분 등의 혜택은 받게 된다.
  - O.C 승진 : 조직변화(O.C) 승진 제도로서 승진 대상자에 비해 해당직위가 부족한 경우 기업 조직의 변화를 통해서 직위계층을 늘려 조직 구성원에게 승진의 기회를 부여하는 방식을 말한다.

(3) 직무순환(Job Rotation) [기출]

① **개념**

직무순환이란 기업이 필요로 하는 시점에 필요한 직무를 조직 구성원에게 계획적으로 체험시키는 인사 관리상의 구조를 말한다. 이는 업무 자체의 내용 변화라기보다는 직군이 다른 업무로의 로테이션, 즉 동종의 직군 안에서 다른 직무로의 로테이션, 또는 같은 직군 안에서 다른 곳으로의 로테이션을 말한다. 직무순환은 종업원들에게 다양한 업무능력 개발 기회 및 다양한 업무 경험을 통한 성장 기회를 부여하고 단일직무로 인한 나태함을 감소시켜 주며 종업원 스스로 조직 구성원으로서 가치 있는 존재라고 인식하게 하는 역할을 한다.

② **직무순환의 장・단점**

㉠ 장점 : 직무순환을 통해 새로운 업무(기술)를 습득케 하는 동시에 직무(노동)에 대한 싫증이나 소외감을 감소시켜 주는 효과가 있다.

㉡ 단점 : 직무에 대한 전문화 수준을 떨어뜨릴 수 있고, 새로운 직무 교육에 많은 노력과 시간이 소요된다는 문제가 있다.

③ **직무순환의 유형**

㉠ 시기에 따른 유형에는 조직에서 전사적 차원으로 이루어지는 '정기순환'과 조직에서 필요한 시기에 이루어지는 '수시순환'이 있는데, 수시순환은 기업 조직의 변경이나 조직 후계자의 충원 또는

조직 내 퇴직자가 발생할 경우 이루어진다.

ⓒ 발생범위에 따른 유형으로는 과 또는 부, 공장이나 한 공장 이상 또는 조직을 단위로 하여 각 직무 간의 순환이나 부서 간의 순환, 스탭과 라인 간의 순환, 사업장 간의 순환이 있다.

ⓒ 목적에 따른 유형은 실시 목적에 따라 여러 가지로 나뉘는데, 그 중에서 대표적인 것은 종업원 능력 배양 및 적재적소의 배치, 조직의 침체 및 부정 방지 또는 인력조정 등을 위한 순환형태이다.

(4) 교육훈련 관리

① **교육훈련의 개념** : 교육훈련이란 기업 조직이 기반이 되어 조직에서 필요로 하는 지식이나 기술 등을 담당자를 통해 피교육자에게 습득하게 하는 조직의 활동을 의미하는 것이다.

인력을 육성하고 인재를 만드는 데 있어 그 대상의 직무적 특성이나 권한과 책임, 조직에서의 역할 등에 따라 훈련, 개발 및 교육 등의 개념이 달리 사용된다. 즉, 추구하는 목표에 따라 **교육은 개인 목표에 중점을 두는 반면 훈련은 조직목표에 중점을 둔다.** 또한 기대하는 결과에 따라 훈련은 특정한 행동결과를 기대하지만, 교육은 반드시 그런 것은 아니다. 개발이란 훈련과 교육이 결합된 개념으로 경영자에게 조직 내에서 성공적인 관리자가 되도록 경험·기능·태도를 습득시키는 과정이다.

② **교육훈련과 학습의 원리**

ⓐ 결과에 대한 피드백

- 강화의 일종으로 자신의 과업에 대해 내재적인 흥미를 갖게 하고 나아가서 동기유발의 계기를 마련해 준다.
- 피드백은 과업 자체의 성과와 직접적으로 관련된 내재적인 것일 수도 있고, 외재적인 요소와 관련된 외재적인 것일 수도 있다. 또 질적일 수도 있고 양적일 수도 있으며 평가적일 수도 있다.

ⓑ 훈련의 전이 : 어떤 행동의 습득이 다른 행동을 습득할 때 미치는 효과를 의미한다. 즉, 훈련의 전이란 '교육훈련 참가자가 교육훈련을 통해 얻은 지식·기술·태도 등을 자신의 업무에 적용하고 특정기간에 걸쳐 지속적으로 유지하는 것'이라고 정의할 수 있다. 훈련의 전이에는 긍정적 전이, 부정적 전이, 중립적[영(零)] 전이의 3가지 기본 유형이 있다. 긍정적 전이는 이전에 습득한 기능이 새로운 기능을 습득할 때 도움이 되는 경우이다. 반대로 이전에 습득한 기능이 새로운 기능을 습득할 때 방해가 되면 부정적 전이라 할 수 있다. 영 전이는 기존의 기능이 새로운 기능의 습득에 미미한 영향만을 미치는 경우이다. 따라서 전이는 직무성과를 향상시키는 적극적(긍정적)인 것일 수도 있고 오히려 직무성과를 저하시키는 소극적(부정적)인 것일 수도 있다. 교육훈련은 생산성과 효율성 제고에 효과적이고 교육훈련의 전이는 교육훈련을 설계하고 실행하는 데 중요한 부분이다. 즉, 훈련의 전이 결과를 고려함으로써 가르쳐야 할 내용 및 대상에 맞는 훈련·개발을 설계할 수 있으며, 전이 결과에 따라 전반적인 평가를 내릴 수 있다.

ⓒ 강화

- 훈련 및 개발의 결과로 특정 행동이 형성·수정·유지되기 위해서는 행동에 따른 보상이 주어져야 한다.
- 보상은 외재적 혹은 내재적인 차원에서 이루어질 수 있는데 어느 것이 더 효과적인가는 작업현장에서 모색되어야 한다.

- 가장 강력한 보상은 피훈련자들의 직접 감독자가 제공하는 것이다.
- 훈련 및 개발이 평가·활용되어 피훈련자들의 신체적·보수적 측면에 영향을 미칠 수 있게 하는 제도적 보완이 있어야 그 유용성이 증대될 수 있다.

③ 교육훈련의 과정 및 목적

- ㉠ 교육훈련 과정 : 필요성 분석 → 프로그램 설계 → 프로그램 실시 → 교육훈련 평가 → 종합시스템 연계
- ㉡ 교육훈련 목적 : 교육훈련은 조직 구성원들이 가지고 있는 지식·태도·기술을 발전시켜 구성원들의 직무만족을 증대시키는 동시에 해당 직무수행 능력을 향상시켜 구성원들이 더 중요한 직무를 수행할 수 있도록 하는 데 목적이 있다. 즉, 기업조직의 유지·발전과 밀접하게 연관되어 있는 기업 교육훈련의 목적은 기업 입장에서는 능력 있는 인재육성을 통한 조직역량 배양과 구성원 간의 커뮤니케이션 증대에 따른 기업조직의 협력 강화에 있는 반면에, 종업원 입장에서는 자기개발 욕구를 충족시키는 동시에 그에 따른 성취동기 유발 및 자아실현에 있다고 할 수 있다.

④ 교육훈련의 필요성 분석

- ㉠ 조직수준의 필요성 : 조직 전반적인 차원에서 필요성을 분석하여 조직 차원에서 잠재된 성과 향상 및 부정적이거나 불필요한 요소 제거 등의 명확한 교육훈련 목표를 달성하기 위해 행해지는 교육훈련을 말한다. 조직수준의 교육 훈련의 필요성은 조직 유지 측면, 조직 효율성 측면, 조직 분위기 측면으로 나누어 볼 수 있다.
- ㉡ 직무수준의 필요성 : 성공적인 과업 수행을 위해 조직 구성원들이 갖추어야 할 지식·기술·태도 등의 습득을 위해 필요한 교육훈련에 관한 것이다. 직무수준의 교육훈련은 현재 종업원이 보유하고 있는 직무기능을 전제로 훈련 및 개발이 계획·실시되어야 하며, 직무기능을 전제로 하여 훈련 및 개발이 이루어지기 위해서는 그 직무가 필요로 하는 직무요건이 먼저 명확히 파악되어야 한다.
- ㉢ 개인수준의 필요성 : 개인 단위로 훈련 및 개발의 결과를 분석·평가함으로써 파악할 수 있다. 특히 훈련 및 개발에 대한 개인적 욕구를 고려할 때 경영자는 개인차가 개별적인 욕구뿐만 아니라 훈련 및 개발 프로그램에 대한 반응에도 영향을 미친다는 사실을 반드시 염두에 두어야 한다.

⑤ 교육훈련의 평가

- ㉠ 요더(D. Yoder)의 훈련평가 기준
  - 훈련 전후의 비교(Before and After Comparisons) : 훈련받기 전·후에 나타나는 피훈련자의 행동 변화 및 성과 변화 등을 측정·평가하는 것을 말한다.
  - 통제그룹(Control Groups) : 피훈련자들을 비훈련자와 비교해 그룹으로 비교·평가하는 것을 말한다.
  - 평가기준 설정(Yardsticks and Criteria) : 일정한 평가 기준에 의해 교육훈련을 평가하는 것이다. 작업훈련 평가에서는 생산량과 속도가 중요한 기준이 된다.
- ㉡ 로쉬(C. H. Lawshe)의 기준 : 생산량, 단위생산 소요시간, 훈련 실시 기간, 불량 및 파손, 자재 소모, 품질, 사기, 결근, 퇴직, 재해율, 일반관리 및 관리자 부담 등

○✕ 로 점검하자 | 제2장

※ 다음 지문의 내용이 맞으면 ○, 틀리면 ✕를 체크하시오. [1~15]

01 직무만족에 영향을 미치는 개인적 요인에는 성격, 가치관, 직위, 생활만족도 등이 있다.
( )

02 P. C. Smith의 직무만족 영향 요인으로는 감독, 승진, 임금, 작업시간, 직무내용 등이 있다.
( )

03 적당한 스트레스는 부정적인 결과를 초래한다. ( )

04 X이론에 입각한 관리전략은 인간의 하위욕구를 자극시키거나 또는 만족시키는 외적 통제를 강화하는 방향이 된다. ( )

05 매슬로우 욕구 단계설에서 5단계는 더욱 더 자기 본래의 모습을 찾거나 생의 의미를 실현하기 위해 행동하는 단계이다. ( )

06 타인을 지배하고 리드하고, 통제하고 싶은 욕구를 친교 욕구라고 한다. ( )

07 조직의 공정성은 분배적, 절차적, 관계적 공정성의 3가지 측면으로 구분된다. ( )

08 외재적 강화요인은 성취감, 만족감, 자긍심과 같이 직무수행 자체에서 생기는 심리적 보상이다.
( )

09 개인 임파워먼트의 촉진 방안으로는 스트레스 관리, 능력주의, 사회적 보상의 개발 등이 있다.
( )

10 한 번 학습된 것이 그대로 끝나는 것이 아닌 추가적인 학습의 밑거름이 되어 새로운 학습이 지속적으로 일어나는 것을 학습의 전이라고 한다. ( )

정답과 해설   01 ○   02 ✕   03 ✕   04 ○   05 ○   06 ✕   07 ○   08 ✕   09 ○   10 ○

02   P. C. Smith의 직무만족 영향 요인으로는 승진, 임금, 직무, 동료 등이 있다.
03   적당한 스트레스는 오히려 유용하다.
06   타인을 지배하고 리드하고, 통제하고 싶은 욕구를 권력 욕구라고 한다.
08   외재적 강화요인은 직무수행 자체와는 직접적인 관련이 없는 구성원의 바람직한 행위에 대해 주어지는 임금·승진 등과 같은 경제적 성격의 보상을 말한다.

11 전문가들의 의견수립, 중재, 타협의 순으로 반복적인 피드백을 통한 하향식 의견도출방법으로 문제를 해결하는 것을 명목집단법이라 한다. (　　)

12 마키아벨리는 행동과학론에서 유래되었다. (　　)

13 개인 내에서는 능력차원에 따른 능력수준이 동일하게 나타난다. (　　)

14 연공주의는 개인주의적인 단기고용 및 기독교적인 사상 등 서구적인 사상에 기반을 두고 있다.
(　　)

15 로쉬의 훈련평가 기준은 훈련실시기간, 생산량, 자재 소모, 결근, 사기, 재해율 등이 있다. (　　)

---

01 다음 중 직무만족에 대한 설명으로 옳지 <u>않은</u> 것은?

① 어느 한 개인의 직무 및 직무경험 평가 시에 발생하는 유쾌하고 긍정적인 정서 상태를 말한다.

② 직무에 대한 정서적 반응이다.

③ 보통 직무에서 개인이 원하는 것과 실제 얻는 것과의 비교로 나타난다.

④ 결국엔 담당자의 객관적인 판단에서 비롯된 객관적 개념이란 특징을 지니게 된다.

02 다음 중 E. A. Locke의 직무만족의 요인에 해당하지 <u>않는</u> 것은 무엇인가?

① 직무

② 작업조건

③ 감독

④ 연령

03 다음 중에서 직무만족의 요인으로 조직의 관리, 커뮤니케이션, 안전성 등을 직무의 특성으로 주장한 학자는 누구인가?

① G. P. Fournet

② V. H. Vroom

③ E. A. Locke

④ P. C. Smith

---

01 직무만족은 담당자의 주관적인 판단에서 비롯되는 주관적 개념이란 특징이 있다.

02 E. A. Locke의 직무만족 요인
- 회사의 관리
- 동료
- 감독
- 작업조건
- 부가급부
- 인정
- 승진
- 임금
- 직무

03 G. P. Fournet의 직무만족 요인
- 개인적인 특성 : 교육 및 지능, 작업수준, 연령, 성
- 직무적인 특성 : 커뮤니케이션, 조직의 관리, 사회적 환경, 안전성, 임금

정답 (01 ④ 02 ④ 03 ①)

04 근무 환경은 직무만족에 영향을 미치는 요소이지 결정 요소가 아니다.

직무만족의 결정요인
- 보상 체계(급여)
- 직무 자체
- 승진 가능성
- 동료 작업자와의 관계
- 리더십 스타일(감독)
- 조직구조

04 다음 중 직무만족 결정요인이 <u>아닌</u> 것은 무엇인가?
① 보상 체계(급여)
② 직무 자체
③ 근무 환경
④ 리더십 스타일(감독)

05 **태도의 구성요소**
- 정서적 요소
- 인지적 요소
- 행위적 요소

05 다음 중 태도의 구성요소에 속하지 <u>않는</u> 것은?
① 정서적 요소
② 사회적 요소
③ 행위적 요소
④ 인지적 요소

06 종업원의 직무 스트레스 관련사항은 조직차원이 아니라, 개인차원에서 직무만족이 중요성을 갖는 이유 중 하나이다.

06 조직차원에서 직무만족이 중요한 이유로 <u>틀린</u> 것은 무엇인가?
① 원만한 인간관계 유지에 기여
② 회사 홍보에 기여
③ 종업원의 직무 스트레스 해소나 유발에 영향
④ 성과에 대한 영향

정답 04 ③ 05 ② 06 ③

07 다음 중 직무만족의 결정요인에 대한 설명으로 옳지 <u>않은</u> 것은?

① 동료 작업자와의 관계에서는 동료 간의 우호적, 협조적 태도 및 기술적 능력에 기반을 둔 후원적 태도 등이 직무만족에 영향을 미친다.

② 조직구조의 경우, 직위의 수준이 스스로의 능력에 부합하고, 집권화되어 있으며, 공식화 수준이 높을수록 직무만족의 요인이 된다.

③ 승진의 기회 역시 그 비율과 공정성에 의해서 직무만족에 영향을 미치게 된다.

④ 직무 자체의 경우, 종업원이 직무에서 느끼는 만족 및 흥미의 정도, 종업원에게 부여되는 책임이나 학습의 정도, 작업조건 및 직무의 중요성에 대한 사회적 평가 등을 의미한다.

08 다음 설명 중 단일척도에 대한 내용으로 옳은 것은?

① 연구대상을 분류할 목적으로 임의로 숫자를 부여하는 척도를 말한다.

② 연구대상의 특성에 대한 상대적 정도를 나타내기 위해 수치를 부여하는 척도를 말한다.

③ 관리자로 하여금 구성원의 직무만족 제고를 위한 측면 정보를 제공하여 널리 사용되는 보편적인 방법을 말한다.

④ 구성원들의 직무만족에 대한 직접적인 질의로 직무 전반에 대한 직무만족도를 측정하는 방법을 말한다.

---

07 조직구조의 경우에는 직위 수준이 자신의 능력에 부합하고, 분권화되어 있고, 공식화 수준이 낮을수록 직무만족의 요인이 된다.

08 ① 명목척도
② 서열척도
③ 복합척도
• 단일척도 : 직무만족에 대한 직접적인 질의로 직무 전반에 대한 직무만족을 측정하는 것으로 직무만족 측정의 한 방법이다.
• 명목척도(Nominal Scale) : 측정대상을 고유한 특성에 따라 분류하거나 구분할 목적으로 임의로 숫자를 부여하는 척도를 말한다. 즉, 명목척도는 분류에 기초를 두고 수치화된 데이터이다.
• 서열척도 : 측정대상의 특성에 대한 상대적 정도를 나타내는 수치이다. 할당된 값은 순서의 의미를 가지며, 다른 대상과 비교하여 높은지는 알 수 있지만 어느 정도 높은지는 알 수 없다.

정답 07 ② 08 ④

09 **2요인이론**
직무 측면의 자율성, 책임 등 동기요인 욕구가 충족되면 종업원은 만족하고 충족되지 않으면 불만족하게 된다. 하지만 직무환경, 감독형태, 보상 등 위생요인 욕구의 충족 시 종업원의 불만은 사라질 뿐이지 충족되지 않는다.

09 다음 내용의 빈칸에 들어갈 적절한 말은 무엇인가?

> (   )은 인간의 욕구가 단계별로 계층을 이루는 것이 아니라 불만족해소 차원과 만족증대 차원이라는 별개의 차원으로 이루어져 있고 이 중 만족증대 차원만이 직무만족 촉진요인으로 작용한다는 이론을 말한다.

① 2요인이론
② 상황이론
③ 의사결정이론
④ X이론

10 작업집단의 규모가 크면 클수록 구성원들의 직무만족도는 하락한다.

10 다음 내용 중에서 틀린 것은 무엇인가?

① 사회적 요인은 구성원의 직무만족에 영향을 미치는 요인 중 하나이다.
② 작업집단의 규모가 크면 클수록 구성원들의 직무만족도는 상승한다.
③ 한 개인이 가지는 감정, 사고 및 행동에 대한 지속적 방식인 성격은 직무만족에 영향을 미친다.
④ 구성원들의 근무환경에 대한 긍정적 평가는 직무만족에 긍정적 영향을 미친다.

정답 09 ① 10 ②

11 다음 중 스트레스에 영향을 미치는 상황적 요소가 <u>아닌</u> 것은?

① 사회적 지원

② 예측 가능성

③ 통제 가능성

④ 욕구충족

12 다음 중 스트레스에 대한 심리학적 정의로 옳은 것은?

① 스트레스를 환경 및 개인과의 부적합적인 관계로 인식을 하는데, 스트레스는 직무 요구, 개인의 기술 및 역량이 불일치하거나, 환경이 개인의 능력 및 요구를 해결할 수 있는 자원 이상의 것을 요구하거나, 또는 개인의 욕구가 직무환경에 의해 충족되지 못함으로써 발생하게 되는 것을 말한다.

② 스트레스를 조직 스트레스(Organizational Stress) 또는 직무 스트레스(Job Stress)라고 명명했는데, 직무 스트레스는 직무와 관련된 요인들이 구성원의 심신이 정상적인 기능을 이탈하게 함으로써 구성원에게 영향을 미치는 것을 말한다.

③ 스트레스는 어떠한 상황에 대해 사람들이 불확실한 결과를 추구하는 것과 관련된 것으로, 불확실성이 장기간 지속되고 개인이 불확실성에 의해 특정한 의사결정 및 문제 해결 상황에 직면하게 되는 인지상태를 말한다.

④ 스트레스란 인간의 생리적 시스템 내에서 구체적으로 일어나는 모든 변화로 이루어져 있는 특정한 요구에 대한 신체의 비특정적인 반응을 말한다.

13 스트레스의 장기적 증상으로는 식욕 상실, 위궤양, 혈압상승, 체중감소 (또는 비만) 등이 있다.

13 다음 스트레스 증상들은 어떠한 내용의 증상인가?

> 체중감소, 비만, 위궤양

① 행동적 증상
② 장기적 증상
③ 불특정 증상
④ 심리적 증상

14 재앙증후군으로 인해 나타나는 3가지 단계
• 쇼크단계
• 암시단계
• 회복단계

14 재앙증후군이란 개인의 일시적, 정서적 혼란 증후로, 세 단계로 구분되어 나타난다. 이 3가지 단계에 속하지 <u>않는</u> 것은?

① 활동단계
② 회복단계
③ 쇼크단계
④ 암시단계

15 ①은 회복단계, ②는 무력증, ③은 쇼크단계를 각각 의미한다.

15 재앙증후군의 세 가지 단계 중 '암시단계'에 대한 설명으로 옳은 것은?

① 상당 수준의 자기 통제력을 가지고 행동할 수 있지만, 지속적인 불안이 계속되고 불면증 등의 증상을 보이는 단계를 말한다.
② 스트레스 상황의 지속 및 스트레스 극복 노력의 무산으로 인해 성과를 얻지 못하고, 이를 운명적으로 돌리게 된 사람들은 무기력해진다.
③ 주어진 스트레스로 인해 모든 반응이 일시적으로 정지되는 단계를 말한다.
④ 주위의 명령 및 지시에 수동적으로나마 따르기는 하지만 그런 노력은 지극히 비효과적인 단계를 말한다.

정답 13 ② 14 ① 15 ④

16 다음 스트레스에 대한 증상 중에서 행동적 증상에 해당하는 것은?

① 우리 몸의 심박수 증가, 호흡수 증가 및 두통 등의 현상이 나타난다.

② 불안정, 감정적, 공격적, 매사에 싫증, 사소한 일에 집착 등이 해당한다.

③ 안면 표정이나 말투, 걸음걸이 등 개인행동이 급격히 변하여 표출되는 것이다.

④ 식욕상실, 위궤양, 혈압상승, 체중감소 등이 나타나는 것을 말한다.

16 스트레스로 인한 행동적인 증상은 스트레스로 인해 안면 표정, 말투, 걸음걸이 등 개인의 행동이 급격한 변화로 표출되는 것을 말한다.

17 직무 스트레스의 원인 중에서 조직적 요소(집단, 조직, 직무수준)에 해당되지 않는 것은?

① 관리정책, 조직구조, 리더십, 변화, 활동장소 등이 있다.

② 종교 및 가정적인 요소도 포함된다.

③ 역할과다, 역할과소, 사람에 대한 책임, 작업조건, 승진 및 고용안정 등의 경력개발 등이 있다.

④ 집단 응집력 결여, 사회적 지원 결여, 개인 내부·개인 간·집단 간 갈등, 부적절한 집단자원 등이 있다.

17 ①은 조직수준에서 일어나는 스트레스 요소이고, ②는 개인적인 스트레스 요소이며, ③은 직무수준에서 일어나는 스트레스 요소, ④는 집단수준에서 일어나는 스트레스 요소에 해당된다.

18 다음 중 직무 스트레스를 옳게 설명한 것은?

① 개인이 업무와 관련해서 경험하는 긴장상태로서, 직무관련 요인들로 인해 개인의 심신이 정상적인 기능을 이탈하게 되는 것이다.

② 개인의 일시적인 정서적 혼란 증후군을 말한다.

③ 개인의 욕구를 만족시킬 수 있는 수단이나 절차들이 배제된 상태를 의미한다.

④ 어떠한 동기나 목표추구활동 등이 방해 받았을 때 느끼는 불쾌한 감정 상태이다.

18 직무 스트레스란 사람이 직무(업무)와 관련해서 경험하게 되는 긴장의 상태로서, 이는 직무관련 요소들로 인해 사람의 심신이 정상적인 기능을 이탈하게 되는 것을 말한다.

정답 16 ③ 17 ② 18 ①

19 건강검사는 개인적 수준에서의 직무 스트레스 관리방안이다.

19 다음 중 조직수준에서의 직무 스트레스 관리 방안에 속하지 <u>않는</u> 것은?

① 참여적 관리
② 직무재설계
③ 경력개발
④ 건강검사

20 의사소통의 원활화 및 구성원 지원 프로그램은 조직수준에서의 직무 스트레스 관리 방안이다.

20 다음 중 개인수준에서의 스트레스 관리 방안에 속하지 <u>않는</u> 것은?

① 의사소통의 원활화 및 구성원 지원 프로그램
② 기분전환 훈련
③ 건강검사
④ 극복 및 회피

21 동기부여(Motivation)란 사람들이 목표달성을 위해 행동하도록 자극하여 동기가 생기게 하고(유발), 구체적 행동을 유도하고 이끌며(지향), 그 행동을 지속하게 하는 것이다(지속). 이 세 가지 요소가 갖추어졌을 때 동기가 부여되었다고 한다.

21 다음 괄호 안에 순서대로 들어갈 말로 옳은 것은?

> 동기부여란 사람들이 목표달성을 위해 행동하도록 자극하여 동기가 생기게 하고(   ), 구체적 행동을 유도하고 이끌며 (   ), 그 행동을 지속하게 하는 것이다(   ).

① 유발 – 지속 – 지향
② 유발 – 지향 – 지속
③ 지향 – 지속 – 유발
④ 지속 – 유발 – 지속

정답 19 ④ 20 ① 21 ②

22 다음 중 동기부여의 중요성을 설명한 것으로 옳지 <u>않은</u> 것은?

① 기업 전략과 종업원의 공헌을 연결시키는 방법론이며 전략에 기초를 둔 기대 공헌도를 명확히 하고 실현되게 하는 것이다.

② 조직의 변화에 대한 구성원들의 저항을 줄이면서 자발적으로 적응을 촉진함으로써 조직의 변화를 훨씬 용이하게 하는 원동력이 된다.

③ 구성원 개개인으로 하여금 과업수행에 대한 자긍심과 자신감을 갖게 한다.

④ 조직 구성원들이 적극적이면서 능동적으로 업무를 수행하게 만듦으로써 자아실현을 할 수 있는 기회를 부여하는 역할을 수행한다.

23 다음 중 Y이론의 기본전제에 대한 설명으로 틀린 것은?

① 사람은 적절한 상황에서 책임을 지려는 욕구가 있다.

② 사람은 반드시 조직요구에 반항적이거나 수동적이지는 않다.

③ 사람은 만족감을 가지게 될 경우에 자발적으로 일하려고 한다.

④ 자신의 행동을 스스로 통제하지 못하고, 지시에 따르기를 좋아한다.

---

22 ①은 직무성과 관리의 개념이다.

직무성과 관리
기업의 전략과 종업원의 공헌을 연결시키는 방법론이다. 전략에 기초를 둔 기대 공헌도를 명확히 하고 실현하되 공헌에 대한 평가나 공헌까지를 일관된 흐름으로 관리하는 통합적 모델이다.

동기부여
구성원 개인의 자발적인 업무수행 노력을 촉진하여 직무에 대한 만족과 생산성을 높이고 조직의 유효성을 제고시키는 역할을 한다.

23 ④는 맥그리거의 X이론에 해당하는 내용이다.

정답 22 ① 23 ④

24 ①·③·④는 동기부여의 인적·자원적 접근법의 내용이다.

24 다음 중 동기부여의 인간관계론적 접근법에 대한 설명으로 옳은 것은?

① 구성원에게 의사결정능력을 허용하는 것이 조직에 이익이 된다고 가정한다.
② 동기부여 요소로서 돈보다 인적 요소의 중요성이 크게 부각된다.
③ 직무에서 허용되는 자발적 통제나 방향설정이 직무만족을 높인다고 주장한다.
④ 인간에 대한 동기부여는 화폐, 성취동기, 의미 있는 일에 대한 욕구 등과 같이 상호 연관된 여러 가지 복합적 요인에 의해 이루어진다고 주장한다.

25 애정 및 소속감의 욕구는 사회적 욕구로서 집단이나 사회의 일원으로 소속되어 타인과 유대관계를 형성하고 어울리고 싶어 하는 욕구이다.

25 다음의 내용은 매슬로우의 욕구단계이론 중 어느 단계에 해당하는 부분인가?

> 어떠한 집단 및 사회의 일원으로 소속되어 타인과의 유대관계를 형성하고 어울리고 싶어 하는 욕구

① 자아실현의 단계
② 안전·안정의 단계
③ 애정 및 소속감의 단계
④ 생리적 단계

26 ② 성취동기이론 – 맥클레랜드
③ 2요인이론 – 허츠버그
④ ERG이론 – 알더퍼

26 다음 중 이론과 주창자들의 연결이 바르게 짝지어진 것은 무엇인가?

① 욕구단계설 – 매슬로우
② 성취동기이론 – 알더퍼
③ 2요인이론 – 맥클레랜드
④ ERG이론 – 허츠버그

정답 (24 ② 25 ③ 26 ①)

27 알더퍼(Alderfer)의 ERG이론에서 제시된 3가지 욕구에 해당하지 <u>않는</u> 것은?

① 성장욕구

② 존재욕구

③ 관계욕구

④ 학습욕구

28 인간의 욕구를 존재욕구, 관계욕구, 성장욕구의 3단계로 분류하여 제시한 동기부여이론은 무엇인가?

① 알더퍼의 ERG이론

② 매슬로우의 욕구단계설

③ 맥클레랜드의 성취동기이론

④ 허츠버그의 2요인이론

29 맥클레랜드의 성취동기이론의 내용으로 비추어 보았을 때, 성취욕이 강한 사람들의 특징으로 옳지 <u>않은</u> 것은?

① 업무수행에 관해서도 즉각적이면서 효율적인 피드백을 선호한다.

② 5% 내지 10%의 낮은 성공률을 가진 목표를 선호하는 경향이 강하다.

③ 성취욕이 강한 사람들은 스스로의 성과목표를 정하기를 원한다.

④ 이들은 문제 해결에 대해 스스로 책임을 지려는 경향이 강하다.

---

27 알더퍼의 ERG이론의 3가지 욕구
- 존재욕구
- 관계욕구
- 성장욕구

28 알더퍼는 매슬로우의 욕구단계설을 수정하여 인간의 욕구를 존재욕구(Existence Needs), 관계욕구(Relatedness Needs), 성장욕구(Growth Needs)의 3단계로 구분한 ERG이론을 제시하였다. 그의 욕구 분류는 계층 개념이 아니라 욕구의 구체성 정도에 따라 분류해 놓은 것이기 때문에 어떤 순서가 있는 것이 아니다. 채워야 할 욕구의 양은 한정된 것이 아니라 못 채우게 되면 못 채운 만큼 그 욕구가 증대되며, 세 가지 욕구의 상대적 크기는 성격과 문화에 따라 개인마다 서로 다르다고 주장한다.

29 ② 30% 내지 50%의 성공률(중간 수준의 성공률)을 가진 목표를 선호한다.

성취욕이 강한 사람의 특징
- 스스로 성과목표를 설정하기를 원한다.
- 30% 내지 50%의 성공률(중간 수준의 성공률)을 가진 목표를 선호한다.
- 업무수행에 관한 즉각적이고 효율적인 피드백을 선호한다.
- 문제 해결에 대한 책임을 스스로 지려는 경향이 강하다.

정답 27 ④ 28 ① 29 ②

30 Herzberg의 2요인이론(동기-위생요인이론)은 사람들에게 만족을 주는 직무요인과 불만족을 주는 직무요인은 별개라는 전제 하에 만족을 주는 요인인 동기요인과 불만족을 제거해주는 요인인 위생요인을 구분하는 이론이다. 그에 따르면 인간의 욕구에는 성장하고자 하는 욕구인 동기요인(Motivators)과 고통을 회피하려고 하는 욕구인 위생요인(Hygiene Factors)이라는 두 종류가 있다고 한다. 2요인이론은 만족과 불만족이 별개의 차원이고, 각 차원에 작용하는 요인 역시 별개의 것이라고 가정한다.

30 다음에서 설명하는 이론은 무엇인가?

> 사람들에게 만족을 주는 직무요인 및 불만족을 주는 직무요인은 서로가 별개라는 것을 밝혀내고 인간의 욕구에는 성장하고자 하는 욕구와 고통을 회피하려고 하는 욕구 두 종류가 있다고 주장한다.

① 매슬로우의 욕구단계설
② McGregor의 X, Y이론
③ Herzberg의 2요인이론
④ 기대이론

31 ② 신뢰 : 개인·집단·조직 등 다양한 개체 간의 관계에서 발생하는 사회적 현상으로서 사회적 관계 속에서 형성되는 상대에 대한 호혜적 믿음이며 합리적 계산의 복잡성을 단순화 시켜주는 기대이다.
③ 가치관 : 가치란 어떤 것이 값어치가 있고, 바람직한가를 평가할 때 기준으로 삼는 개념으로 조직행동과 관련해서는 개개인의 서로 다른 가치관이 개인의 조직 내 행동, 업무태도, 동기부여 등에 영향을 미친다고 본다.
④ 정의 : 사회 구성 및 유지를 위해 사회 구성원들이 공정하고 올바른 상태를 추구해야 한다는 개념으로 특히 사상가들은 정의를 입법자나 위정자가 사회에서 궁극적으로 실현해야 할 규범 및 가치로 정의한다.

31 다음 괄호 안에 들어갈 말로 옳은 것은?

> (   )은/는 행위의 옳고 그름과 선악을 구분하는 원칙인 동시에 행동의 기준이 되는 가치체계이자 인간이 지켜야 할 도덕적 행동규범이다. 다시 말해 (   )(이)란 인간사회의 가장 기본적인 규범으로서 인간답게 살아가기 위해서 당연히 행하고 지켜야 할 도리이자 이치이며, 인간이 올바르게 사회생활을 할 수 있도록 질서를 확립해 주는 것이다.

① 윤리
② 신뢰
③ 가치관
④ 정의

정답 30 ③ 31 ①

32 다음 중 현대사회에서 기업의 사회적 책임에 해당되지 <u>않는</u> 것은?

① 경제적 책임

② 윤리적 책임

③ 자선적 책임

④ 희생적 책임

33 다음 괄호 안에 들어갈 말로 적절한 것은?

> ( )이란 경영활동의 옳고 그름을 구분해 주는 규범적 기준을 사회의 윤리적 가치체계에 두는 경영 방식으로 투명하고 공정하며 합리적으로 경영활동을 전개하는 것이다.

① 효율경영

② 윤리경영

③ 합법경영

④ 신뢰경영

34 다음 중 윤리경영의 구성요소로 옳은 것은?

① 경영자 윤리와 종업원 윤리

② 조직적 윤리와 개인적 윤리

③ 도덕적 윤리와 법적 윤리

④ 생산자 윤리와 소비자 윤리

---

32 현대사회에서 기업의 사회적 책임에는 경제적 책임, 법적 책임, 윤리적 책임, 자선적 책임이 있는데(A. Carroll), 이 중 윤리적인 사회적 책임이 윤리경영과 맥을 같이 하고 있다.

33 윤리경영은 윤리적 수단을 이용한다.

34 윤리경영의 구성요소
- 경영자 윤리 : 조직 내에서 지위에 따라 윤리경영을 실천할 책임을 가진다.
- 종업원 윤리 : 기업에 대한 윤리와 개인의 사생활에 대한 윤리 두 가지 내용으로 이루어져있다.

정답 32 ④ 33 ② 34 ①

35 슈어메르혼은 기업윤리 수준에 영향을 미치는 요인으로 개인적 요인, 조직적 요인, 사회적 요인의 세 가지를 제시했다.

35 다음 중 슈어메르혼(Schermerhorn)이 제시한 윤리경영의 영향 요인으로 옳지 <u>않은</u> 것은?

① 개인적 요인

② 조직적 요인

③ 사회적 요인

④ 국가적 요인

36 조직적 요인에는 회사의 공식정책, 상사 또는 동료의 행동, 성과압력, 업종, 규모, 기업문화, 직무특성, 도덕적 갈등, 경영자의 태도 등이 있다.

36 슈어메르혼(Schermerhorn)이 제시한 윤리경영의 영향 요인 중 상사·동료의 행동, 성과압력, 직무특성, 도덕적 갈등, 경영자의 태도 등과 관련이 있는 요인은 무엇인가?

① 개인적 요인

② 조직적 요인

③ 사회적 요인

④ 국가적 요인

37 트레비노는 경영자 윤리에 영향을 미치는 요인으로 자아강도(Egostrength), 직무 종속성, 통제의 위치 세 가지를 제시하고, 각 요인을 기준으로 경영자의 윤리·도덕적 행동의 일관성을 설명했다.

37 트레비노(Trevino)가 제시한 경영자 윤리 영향 요인에 해당하지 <u>않는</u> 것은?

① 자아강도(Egostrength)

② 직무 종속성

③ 통제의 위치

④ 이타적 정신

정답 35 ④ 36 ② 37 ④

38 Autin의 윤리경영 유형 중 기업의 경영자와 구성원들이 조직 내부에서 지켜야 할 윤리로서 비윤리적이고 비도덕적인 행위를 금지하는 내용을 포함하는 것은?

① 대내적 · 소극적 윤리경영
② 대외적 · 소극적 윤리경영
③ 대내적 · 적극적 윤리경영
④ 대외적 · 적극적 윤리경영

39 Autin의 윤리경영 유형 중 외부의 이해관계자, 정부, 생태계, 일반 공중과의 관계에 있어 요구되는 바람직한 기업의 윤리 · 행동을 포함하는 것은 무엇인가?

① 대내적 · 소극적 윤리경영
② 대외적 · 소극적 윤리경영
③ 대내적 · 적극적 윤리경영
④ 대외적 · 적극적 윤리경영

40 다음 중 윤리경영의 효과에 해당하지 않는 것은?

① 조직 구성원의 윤리적 성취감을 충족
② 대외적인 기업 이미지 및 브랜드 가치 향상에 기여
③ 종업원 직무만족에 기여
④ 생산성과 품질 향상에 기여

---

38 대내적 · 소극적 윤리란 기업의 경영자와 구성원들이 조직 내부에서 지켜야 할 윤리로서 비윤리적이고 비도덕적인 행위를 금지하는 내용을 포함한다. 무단결근, 임금체불, 허위보고서 작성, 부당노동행위, 불공정인사, 회사기밀 누설, 기업재산의 부정유출, 부실경영, 근무 중 개인용무 처리 등의 금지에 관한 것이다.

39 대외적 · 적극적 윤리란 외부의 이해관계자, 정부, 생태계, 일반 공중과의 관계에 있어 요구되는 바람직한 기업의 윤리 · 행동을 포함하는 개념이다. 환경과 자원의 보전, 교육학술과 문화체육지원, 건전한 자유기업제도의 창달, 생활의 질향상, 사회복지 향상, 소비자 만족경영 등에 대한 권장에 관한 것이다.

40 윤리경영의 중요성 및 효과
• 조직 구성원의 행동규범을 제시하고, 윤리적 성취감을 충족시켜 준다.
• 사회적 정당성 획득의 기반으로 시장, 특히 주주 및 투자자로부터 지속적 신뢰를 얻는 데 기여한다.
• 대외적인 기업 이미지 향상 및 브랜드 가치를 높이는 데 기여한다.
• 종업원의 애사심과 주인의식을 고취시켜 생산성과 품질 향상에 크게 기여할 뿐만 아니라 노사 간 신뢰를 바탕으로 한 바람직한 노사문화 형성을 가능케 한다.
• 기업의 국제경쟁력을 평가하는 글로벌 스탠더드의 기준으로 윤리경영이 최우선 순위로 부상하고 있다.

정답 38① 39④ 40③

41 기업조직에서 신뢰란 조직 구성원들 서로가 공동의 목표를 효과적으로 달성하고자 할 때 자신의 역할을 자율적으로 잘 해낼 수 있으리라는 믿음으로 실제 필요한 능력과 자질, 자율성, 자발적 참여의사를 구성원 스스로 개발하고 이를 조직이 지원·조성하려는 기업경영의 패러다임이다.

41 다음 괄호 안에 들어갈 말로 옳은 것은?

> ( )(이)란 개인·집단·조직 등 다양한 개체 간의 관계에서 발생하는 사회적 현상으로서 사회적 관계 속에서 형성되는 상대에 대한 호혜적 믿음이며 합리적 계산의 복잡성을 단순화시켜주는 기대이다.

① 윤리
② 신뢰
③ 가치관
④ 정의

42 신뢰(Trust)는 분석수준에 따라 개인 간 신뢰, 조직 간 신뢰, 조직신뢰 및 제도에 대한 신뢰 등으로 나뉜다.

42 다음 중 분석수준에 따라 분류된 신뢰(Trust)의 유형에 속하지 않는 것은?

① 개인 간 신뢰
② 사회집단 간 신뢰
③ 조직 간 신뢰
④ 조직신뢰 및 제도에 대한 신뢰

43 신뢰(형성)에 대한 영향 요인으로는 자신의 신뢰 성향, 교환 당사자 간의 유사성, 상대방의 행동 특성과 능력, 교류 자체의 특성 등이 있다.

43 신뢰(형성)에 대한 영향 요인이 아닌 것은?

① 자신의 신뢰 성향
② 상대방의 행동특성과 능력
③ 교류 자체의 특성
④ 직무 특성

정답 41 ② 42 ② 43 ④

44 기업 조직에서의 신뢰의 유형으로 옳은 것은?

① 조직에 대한 신뢰와 상사에 대한 신뢰
② 조직에 대한 신뢰와 사업에 대한 신뢰
③ 직무에 대한 신뢰와 처우에 대한 신뢰
④ 상사에 대한 신뢰와 부하에 대한 신뢰

44 기업조직에서 신뢰의 유형
• 조직에 대한 신뢰: 조직이 종업원들의 기여에 부여하는 가치 및 그들의 복지에 대한 관심의 정도와 관련하여 종업원들이 형성하는 일반적인 지각
• 상사에 대한 신뢰: 자신의 상사가 자신을 공정하게 대우할 것이라는 믿음

45 다음 중 조직에서의 신뢰가 중요시되는 이유가 아닌 것은?

① 높은 성과달성 촉진
② 공식적인 규정과 절차 위주의 조직운영 구축
③ 조직의 장기적인 안정성 확보
④ 조직 구성원의 강한 공동체 의식이나 조직에 대한 일체의식 고취

45 신뢰는 조직 구성원들로 하여금 강한 공동체 의식이나 조직에 대한 일체의식을 갖고 조직의 운영 문제에 자발적으로 참여하게 함으로써, 공식적인 규정과 절차 위주의 조직운영에서 벗어나 유기적이고 인간관계 중심의 관리 및 탄력적 조직운영을 가능하게 한다.

46 상사에 대한 직접적 신뢰형성 요인이 아닌 것은?

① 능력
② 배려
③ 일관성
④ 윤리성

46 직접적 신뢰형성 요인에는 능력, 배려, 일관성, 개방성이 있다.

정답　44① 45② 46④

47
① 능력 : 업무중심의 관계성향이 강한 작업조직에서는 상대방의 능력에 대한 믿음이 있어야 구성원 간의 신뢰가 형성된다.
③ 일관성 : 언행일치, 행동의 일관성, 약속이행수준 등을 통해 구성원 간의 신뢰가 형성된다.
④ 개방성 : 상호개방과 정직을 지각함으로써 구성원 간 신뢰가 형성된다.

47 다음 괄호 안에 들어갈 말로 알맞은 것은?

> 상사에 대한 직접적 신뢰형성 요인 중 (   )(이)란 상대방이 나를 불공정하게 대우하지 않는 동시에 나의 이익을 위해 노력하는 것을 의미한다.

① 능력
② 배려
③ 일관성
④ 개방성

48
정의는 입법자나 위정자가 사회에서 궁극적으로 실현해야 할 규범 및 가치이다.

48 다음 중 정의에 대한 설명으로 옳지 <u>않은</u> 것은?
① 사회 구성 및 유지를 위해 사회 구성원들이 공정하고 올바른 상태를 추구해야 한다는 개념
② 대부분의 법에 포함되는 이념
③ 입법자나 위정자에게는 그리 중요하지 않은 개념
④ 선과 비교하여 현대사회에 접어들면서 그 중요성이 더욱 강조되는 가치

49
정의의 유형
• 개인적 정의 : 자아실현
• 사회적 정의 : 보편적 정의, 평균적 정의, 배분적 정의

49 괄호 안에 들어갈 말로 알맞게 짝지어진 것은?

> 정의의 유형에는 크게 (   ), (   )가 있다.

① 개인적 정의, 사회적 정의
② 사회적 정의, 국가적 정의
③ 개인적 정의, 국가적 정의
④ 가정적 정의, 사회적 정의

정답 47 ② 48 ③ 49 ①

50 사회적 정의의 유형에 속하지 <u>않는</u> 것은?

① 보편적(일반적) 정의

② 평균적 정의

③ 합법적 정의

④ 배분적 정의

> **50** 사회적 정의(아리스토텔레스에 의한 정의의 분류)
> • 보편적 정의 : 개인이 사회의 일원으로서 지켜야 할 보편적이고 도덕적인 의무
> • 평균적 정의 : 모든 인간은 동등하게 대우를 받아야 한다는 가치
> • 배분적 정의 : 개인의 능력이나 사회에 대한 공헌·기여 정도에 따라 다른 대우를 받아야 한다는 믿음

51 다음 괄호 안에 들어갈 말로 알맞은 것은 무엇인가?

> (   )(이)란 개인의 반복적인 연습이나 직·간접적 경험의 결과로서 유발되는 비교적 영속적인 행동(또는 행동잠재력)의 변화(과정)를 의미한다. 즉, 새로운 행동의 획득이나 획득된 행동의 변화를 지칭한다.

① 학습   ② 개발

③ 발전   ④ 교육

> **51** 학습은 개인행위의 설명 변수이다.

52 다음 괄호 안에 순서대로 들어갈 말로 올바르게 짝지어진 것은?

> 변화 담당자로서의 경영자는 그 역할을 수행함에 있어 흔히 두 가지 학습수단을 주로 이용하게 되는데 하나는 개인이 바람직하지 못한 행위를 보일 때 바람직한 행위를 하도록 여러 형태의 (   )을(를) 주는 것이고 또 다른 하나는 바람직한 행위를 보일 때는 이를 유지–강화하기 위해 여러 가지 (   )을(를) 주는 것이다.

① 벌 – 용기

② 자극 – 칭찬

③ 벌 – 상

④ 경고 – 칭찬

> **52** 상벌은 강화를 위하여 부여하는 자극이다. 상은 학습활동을 촉진시키거나 동기부여를 높이는 작용을 하고, 벌은 어떤 반응이 일어났을 때 그 반응의 발생을 약화시키는 작용을 한다.

> **정답** (50 ③ 51 ① 52 ③)

53 학습(과정) 이론에는 두 가지가 있다. 첫째, 학습을 자극(S)과 반응(R)의 연상(S → R)으로 파악하는 '형태론적 학습', 둘째, 자극과 반응을 연결시키는 데 있어 사고과정(S → O → C)을 포함시키는 '인지론적 학습'이 있다.

54 조직은 조직사회화 프로그램의 도입을 통해 조직에서 요구되는 바람직한 가치와 행동을 개인이 습득할 수 있도록 촉진할 수 있다.
- 멘토링 프로그램의 공식화 : 조직에서는 경영자 측이 제공하는 일반적인 학습 외에도 조직 내 구성원 간의 멘토링 프로그램을 통해 학습을 촉진할 수 있다.
- 직장상사의 솔선수범 행동 : 조직의 상급자가 바람직한 조직행위를 솔선수범하여 실천함으로써 부하에게 모범이 되어 학습을 촉진할 수 있다.
- 업무 실패 사례 공개 프로그램 : 조직 내에서 업무 실패 사례를 모아 공개함으로써 똑같은 업무 실패를 되풀이하지 않도록 하는 것이다. 단, 향후 업무개선에 도움이 되는 사례에 대해서는 시상을 하기도 하면서 구성원 스스로 자기업무를 개선하는 방향으로 프로그램이 진행되어야 한다.

55 학습조직의 특징
- 창의성 : 기존 조직의 관리·통제로 인해 생긴 획일화를 극복하는 데 의의가 있다.
- 지식 공유 : 부서 이기주의 및 NH 증후군을 타파해야 함을 의미한다.
- 실천을 통한 학습 : 새로운 지식의 실질적·적극적 적용 및 활용을 위한 실행여건 마련에 기여한다.

정답 53 ① 54 ② 55 ③

---

53 학습(과정) 이론의 두 가지 형태는 무엇인가?
① 형태론적 학습과 인지론적 학습
② 동태론적 학습과 정태론적 학습
③ 이성적 학습과 감각적 학습
④ 개인적 학습과 사회적 학습

54 학습촉진 방안, 즉 조직사회화 프로그램(Socialization Into An Organization Program)에 해당되지 않는 것은?
① 멘토링 프로그램의 공식화
② 물질적 보상
③ 직장상사의 솔선수범 행동
④ 업무실패사례 공개프로그램

55 학습조직을 특징짓는 3가지 요소에 해당되지 않는 것은?
① 창의성
② 지식 공유
③ 윤리성
④ 실천을 통한 학습

56 다음 중 학습에 대한 조직적 장애물이 <u>아닌</u> 것은?

① 관료주의
② 경쟁적 분위기
③ 조직 규모
④ 조직 폐쇄성

57 다음 중 의사결정의 개념으로 옳은 것은?

① 대체안들 가운데 선택하는 과정
② 대체안들에 대해 토론하는 과정
③ 대체안들을 평가하는 과정
④ 대체안들을 분석하는 과정

58 의사결정의 단계가 순서대로 올바르게 나열된 것은?

① 문제인식 → 대체안 중 선택 → 행동 대체안의 탐색과 평가 → 실행 → 결과평가
② 행동 대체안의 탐색과 평가 → 문제인식 → 대체안 중 선택 → 실행 → 결과평가
③ 문제인식 → 행동 대체안의 탐색과 평가 → 대체안 중 선택 → 결과평가 → 실행
④ 문제인식 → 행동 대체안의 탐색과 평가 → 대체안 중 선택 → 실행 → 결과평가

59 합리적 경제인 모형은 완전한 합리
성을 기초로 한다.

59 다음의 빈칸에 들어갈 적절한 말은 무엇인가?

> (　　　)은 인간은 완전한 합리성에 의해서 자기이득을 극대화
> 하는 의사결정을 하려 하고, 그렇게 하기 위해 가능한 모든 대
> 체안들을 탐색·평가할 수 있다고 가정하는 규범적 모형이다.

① 제한적 합리성 모형
② 합리적 경제인 모형
③ 관리인 모형
④ 정치적 모형

60 확실성·불확실성·위험 아래에서의
의사결정은 구텐베르크의 분류이며,
전략적·관리적·업무적 의사결정
은 앤소프의 분류이다.

60 다음 중 사이먼의 분류에 의한 의사결정 유형은 무엇인가?

① 확실성·불확실성·위험 아래에서의 의사결정
② 전략적·관리적·업무적 의사결정
③ 의사결정 주체에 의한 분류
④ 정형적-비정형적 의사결정

61 성격은 유전 요인, 문화적 요인, 가족
관계 요인, 사회계급과 기타 집단성
원 요인, 성장 및 교육배경, 경험 등
의 요인에 의해 영향을 받으며 형성
·구축되어 온 개인적 속성이다.

61 성격에 대한 설명으로 적절하지 <u>않은</u> 것은?

① 개인의 독특한 심리적 자질들의 총체이다.
② 성격의 중요한 두 측면은 독특함과 일관성이다.
③ 성격은 유전·문화·가족관계·성장 및 교육배경, 경험 등의
요인에 의해 영향을 받는다.
④ 성격은 집단적 속성이다.

정답 (59 ② 　 60 ④ 　 61 ④)

62 "성격은 각 개인의 정신 및 신체적 체계 안에서 그 사람의 특징적 사고와 행동을 결정해 주는 역동적 조직이다."라고 정의한 사람은?

① M. A. 메이

② J. F. 다실

③ R. B. 커널

④ G. W. 올포트

63 다음 중 성격을 결정하는 요인과 관련 <u>없는</u> 것은?

① 생물학적 요인

② 자연환경 요인

③ 개인 고유의 경험

④ 행위특성 요인

64 다음 중 정신역동이론의 설명으로 옳은 것은?

① 기계적 환경결정론에 대항하여 등장하였다.

② 성격에 대한 프로이트의 정신분석이론으로 성격의 동태적 측면을 강조하였다.

③ 성격이 독특한 특질로 구성되고 그 구조가 개인행위를 결정한다고 보는 이론이다.

④ 사람들이 외부에 대하여 적응하는 방식에 따라 사람을 외향형과 내향형으로 분류하는 유형론을 제시하였다.

---

62 성격에 대한 다양한 정의

- G. W. 올포트 : 성격은 각 개인의 정신 및 신체적 체계 안에서 그 사람의 특징적 사고와 행동을 결정해 주는 역동적 조직이다.
- M. A. 메이 : 성격이란 사회에서의 개인의 역할 및 상태를 특징짓는 모든 성질의 통합이다(성격의 사회적 측면 강조).
- B. 노트컷 : 성격은 한 개인이 자신이 속해 있는 집단 내에서 다른 사람들과 다른 자기다운 행동을 보이는 것과 밀접한 관련이 있다.
- J. F. 다실 : 성격은 조직화된 행동의 전반적인 모습이며, 주변의 지인(知人)들이 일관된 상태로서의 특징이라고 인정했을 때 결정될 수 있는 것이다.
- R. B. 커널 : 성격이란 어떤 상황에서 그 사람이 어떻게 행동할지를 추측 및 연상 가능하게 하는 것이다.

63 행위특성 요인이 성격을 결정하는 것이 아니라, 성격이 행위특성을 결정한다.

64 ①은 인본주의 계열 이론, ③은 특질이론, ④는 융의 성격이론과 관련된 내용이다.

정답 62 ④ 63 ④ 64 ②

65 프로이트는 개인 간 성격차이는 기본적 충동(주로 성적 충동)을 처리하는 방식이 다른 데에서 기인한다고 주장하면서 이를 설명하기 위해 '원초아, 자아, 초자아'의 개념을 도입하였다.

66 융의 관점에 따른 성격의 기본 구성요소
- 자아 : 감정, 생각, 지각, 기억
- 개인적 무의식 : 특별한 노력 없이도 의식되는 것, 억압 혹은 망각된 것
- 집단적 무의식 : 조상 대대로 내려오는 습관이나 가치들

67
- 펄스의 형태주의적 관점 : '현재'를 강조했다.
- 벤듀라의 사회학습이론의 관점 : 성격은 관찰에 의해서도 형성이 가능하며, 유전적 영향보다는 환경적 영향이 더 중요하다고 본다(행동주의이론에서 파생).
- 아들러의 개인 심리학적 관점 : 성격은 선천적인 경향보다는 환경적 영향이 더 중요하며, 인간은 사회적 동물이므로 사회적 상호 작용을 얼마나 적극적으로 추구하느냐에 따라 성격이 결정된다고 본다.

정답 65 ④ 66 ④ 67 ①

65 프로이트가 개인 간 성격차이를 설명하기 위해 도입한 3가지 개념에 해당되지 <u>않는</u> 것은?

① 원초아
② 자아
③ 초자아
④ 사회적 자아

66 다음 중 융(Jung)의 관점에서 정의한 성격의 기본 구성요소가 <u>아닌</u> 것은?

① 자아
② 개인적 무의식
③ 집단적 무의식
④ 원초적 무의식

67 다음에서 설명하는 성격이론은 무엇인가?

> 인간은 통합된 유기체로서 행동하기 때문에 전체론적 관점에서 접근해야 한다는 입장을 가졌으며 인간의 의식과 자아인식이 성격을 설명한다고 보았다. 인간의 행동은 무의식적인 어떤 힘에 의해 야기되는 것이 아니며, 그렇기 때문에 행동을 잘 이해하기 위해서는 개인의 내적 준거 틀의 이해가 필요하다는 것이다.

① 로저스의 인본주의적 성격 이론
② 펄스의 형태주의적 관점
③ 벤듀라의 사회학습이론의 관점
④ 아들러의 개인 심리학적 관점

68 매슬로우의 인본주의적 성격이론의 기본전제가 <u>아닌</u> 것은?

① 각 개인은 통합된 전체로 간주되어야 한다.

② 인간의 본성은 본질적으로 악하다.

③ 인간의 악하고 파괴적인 요소는 나쁜 환경에서 비롯된 것이다.

④ 창조성은 인간의 잠재적 본성이다.

69 Allport가 행동과 사고에 미치는 영향력에 따라 분류한 특질의 종류에 해당되지 <u>않는</u> 것은?

① 기본특질

② 주변특질

③ 중심특질

④ 이차적 특질

70 성격의 차원에서 개인 간의 차이를 설명하는 성격변수 중 자신의 목표달성을 위해 다른 사람을 이용하거나 조작하려는 경향과 관련된 성격 특성은 무엇인가?

① 통제위치

② 마키아벨리적 성향

③ 성취욕구

④ 권력욕구

68 인간의 본성은 본질적으로 선하며 인간의 악하고 파괴적인 요소는 나쁜 환경에서 비롯된 것이다.

69 올포트는 특질을 기본특질, 중심특질, 이차적 특질로 나누었다.

70 성격의 차원에서 개인 간의 차이를 설명하는 (특질)변수들로는 통제위치, 마키아벨리적 성향, 성취·권력·친교 욕구 등이 있다. 이 중 마키아벨리적 성향은 마키아벨리의 군주론에서 유래되었으며, 자신의 목표를 달성하기 위해 다른 사람을 이용하거나 조작하려는 경향과 관련된 성격 특성이다.

정답 68② 69② 70②

71 가치는 개인의 행동에 영향을 미친다.

72 **가치의 유형 분류**
- 올포트 : 이론적 가치, 경제적 가치, 심미적 가치, 정치적 가치, 종교적 가치
- Jan G. Barbour : 개인적 차원의 가치, 사회적 차원의 가치, 환경적 차원의 가치
- Christopher Hodgkinson : 옳은 것에 관한 가치, 바람직한 것에 관한 가치

73 VALS(Values and Lifestyle) 척도는 스탠포드 연구소에서 소비자들의 가치관 변화 추이를 추적하기 위해 개발한 척도법이다.

로키치 가치 척도
- 궁극적 가치의 유형 : 안락, 평화, 가족안정, 행복 등
- 수단적 가치의 유형 : 야심적, 관대함, 유능함 등

정답 71 ④ 72 ① 73 ③

---

71 **다음에서 설명하는 개념은 무엇에 관한 것인가?**

> 사람들이 자신을 포함한 세계나 사물·행동 등에 대하여 부여하는 중요성의 정도 또는 그 평가 기준을 의미한다. 즉, 인간이 개인적·사회적으로 어떤 것이 값어치가 있고, 바람직한 것인가를 평가할 때 기준으로 삼는 개념이다.

① 윤리　　　　　　　② 정의
③ 신뢰　　　　　　　④ 가치

72 **가치의 유형 중 밀톤 로키치의 밸류 서베이에 따른 가치관의 분류 유형에 해당되는 것은?**

① 궁극적 가치와 수단적 가치
② 경제적 가치와 심미적 가치
③ 개인적 차원의 가치와 사회적 차원의 가치
④ 옳은 것에 관한 가치와 좋은 것에 관한 가치

73 **가장 흔히 이용되는 가치조사 척도로 가치를 삶의 최종목표인 궁극적 가치와 이의 성취를 위한 수단적 가치로 구분하는 가치척도는 무엇인가?**

① VALS(Values and Lifestyle) 척도
② 궁극적 가치척도
③ 로키치 가치조사 척도
④ 수단적 가치척도

74 다음의 괄호에 들어갈 말로 알맞은 것은?

> (　　)은 일반적으로 구성원이 공유하고 있는 문화에 가치가 스며있다는 전제 하에 소속된 문화와 서브 문화를 관찰·분석해 소비자의 가치를 유추해내는 방법이며, 문화차이를 분석하는 것이 대표적인 방법이다.

① 문화 추론법
② LOV
③ 설문 조사법
④ 수단-목표 연계(Mean-end Chain) 분석법

75 로키치의 가치분류 특성을 결정짓는 2가지 가치유형은?

① 궁극적 가치와 사회적 가치
② 개인적 가치와 수단적 가치
③ 거시적 가치와 미시적 가치
④ 궁극적 가치와 수단적 가치

76 문화적 가치에 대한 설명으로 옳지 <u>않은</u> 것은?

① 한 집단이 갖고 있는 문화적 특성의 핵심이다.
② 사회의 구성원들이 공통적으로 바람직하다고 여기는 것을 의미한다.
③ 사회적 규범의 근거가 된다.
④ 문화적 가치를 공유하는 구성원들의 행동은 전반적으로 상이성을 보인다는 특징이 있다.

---

74 • 케일(Kahle)의 LOV(List Of Values)법은 오직 목표적 가치만을 포함하고 있는 측정도구로서 18항목으로 구성된 RVS가 지닌 서열화 곤란의 문제를 해결하기 위해 항목을 9개의 최종 가치로 줄인 것이다.
• 설문 조사법에는 로키치의 가치 이론과 Kahle의 LOV(List Of Values)법이 있다.
• 수단-목표 연계(Mean-end Chain) 분석법이란 소비자 가치사슬(속성-결과-가치)에 대한 분석을 통해 가치를 측정하는 방법이다. 가치란 바람직한 목표로, 소비의 목표로 간주되며 상품과 상품의 속성은 이러한 가치를 실현시키는 수단으로 지각된다.

75 로키치의 가치분류 특성은 궁극적 가치와 수단적 가치에 의하여 나타난다.
• 궁극적 가치의 유형 : 안락, 평화, 가족안정, 행복 등
• 수단적 가치의 유형 : 야심적, 관대함, 유능함 등

76 문화적 가치를 공유하는 구성원들의 행동은 전반적으로 유사성을 보인다는 특징이 있다.

정답 74 ① 75 ④ 76 ④

77 문화적 가치는 크게 타인 지향적·환경 지향적·자아 지향적 가치의 세 차원으로 구분할 수 있다.
  - 타인 지향적 가치(Other-oriented Values)란 사회 내 구성원들 간 관계를 중시하는 가치차원으로서 특히 마케팅 전략 등에 많은 영향을 미친다.
  - 환경 지향적 가치(Environment-oriented Values)란 물리적·경제적·기술적 환경과 관련된 가치 및 관계를 중시하는 가치 차원이다.
  - 자아 지향적 가치(Self-oriented Values)란 사회가 바람직하다고 생각하는 인생의 목표와 접근방법을 통해 자아실현과 성취 지향적 가치를 추구하는 가치 차원이다.

77 문화적 가치의 차원 중 다음에서 설명하는 가치차원은 무엇인가?

> 사회 내 구성원들 간 관계를 중시하는 가치차원으로서 특히 마케팅 전략 등에 많은 영향을 미친다.

① 타인 지향적 가치
② 환경 지향적 가치
③ 자아 지향적 가치
④ 집단 지향적 가치

78 기억력은 지적 능력의 한 유형이다.

9가지 기본적 신체 능력(플레시먼)
  - 동태적 체력 : 반복적으로 신체 근력을 사용할 수 있는 능력
  - 정태적 체력 : 외부의 물체에 대해서 근력을 사용할 수 있는 능력
  - 폭발성 체력 : 어떤 행위를 함에 있어서 순간적으로 최대의 에너지를 발휘할 수 있는 능력
  - 흉복부(몸통) 체력 : 흉복부(몸통) 근육을 이용한 근력 사용 능력
  - 확장 유연성 : 몸통과 등 근육을 가능한 멀리 크게 움직일 수 있는 능력
  - 동태적 유연성 : 신속하게 반복적으로 동작을 행할 수 있는 능력
  - 동시적 신체 활용력(전반적 신체적 협조) : 여러 신체부위를 동시 활용 시, 그 동시적 활동을 조정할 수 있는 능력
  - 균형 유지력 : 균형 유지가 어려운 상황에서도 균형을 유지할 수 있는 능력
  - 스테미너 : 상당한 기간 동안 지속적으로 최대의 신체적 노력을 지속할 수 있는 능력

78 능력의 한 유형인 신체 능력과 관련하여 플레시먼(E. A. Fleishman)이 제시한 9가지 기본적 신체 능력에 해당되지 <u>않는</u> 것은?

① 동태적 체력
② 정태적 체력
③ 확장 유연성
④ 기억력

정답 77 ① 78 ④

79 다음 괄호 안에 들어갈 말은 무엇인가?

> 능력 차에는 성, 연령, 학력 등을 기준으로 형성된 집단 간에 존재하는 (   )와 특정능력의 개인 간 차이를 의미하는 (   )가 있다.

① 개인 간 능력 차이 – 집단 간 능력 차이
② 사회적 능력 차이 – 개인적 능력 차이
③ 종합적 능력 차이 – 개별적 능력 차이
④ 집단 간 능력 차이 – 개인 간 능력 차이

79 능력은 집단간·개인간 차이가 있다.

80 다음 중 지적 능력 유형에 속하지 <u>않는</u> 것은?

① 신속한 지각능력
② 공간 이해력
③ 귀납적 추리력
④ 균형 유지력

80 균형 유지력은 신체 능력이다.

지적 능력의 유형
• 수리력
• 귀납적 추리력
• 언어 이해력
• 단어 유창성·어휘력
• 기억력
• 신속한 지각 능력
• 공간 이해력·지각력

81 다음 중 주요 능력관리 기법으로 옳게 짝지어진 것은?

① 경력 관리 – 이동·승진 관리 – 직무순환 – 교육훈련 관리
② 보상 관리 – 직무 전문화 – 직무순환 – 교육훈련 관리
③ 커뮤니케이션 관리 – 이동·승진 관리 – 직무성과 관리 – 교육훈련 관리
④ 경력 관리 – 처우 관리 – 직무순환 – 리더십 관리

81 능력관리 기법
• 경력 관리 : 효율적인 인재확보·육성·배치와 조직 구성원의 성취동기 유발을 동시에 추구하는 프로그램
• 이동·승진 관리 : 구성원의 능력이나 직무내용의 변화 또는 조직 운영상의 여러 상황에 따라 배치상의 변화를 주는 인적자원관리 절차
• 직무순환 : 기업이 필요로 하는 시점에 필요한 직무를 조직 구성원에게 계획적으로 체험시키는 인사 관리상의 구조
• 교육훈련 관리 : 기업 조직이 기반이 되어 조직에서 필요로 하는 지식이나 기술 등을 담당자를 통해 피교육자에게 습득하게 하는 조직의 활동

정답 (79 ④ 80 ④ 81 ①)

82 ① 직무순환 : 기업이 필요로 하는 시점에 필요한 직무를 구성원에게 계획적으로 체험시키는 인사관리상의 구조를 의미한다.
② 교육훈련 관리 : 기업 조직이 기반이 되어 조직에서 필요로 하는 지식이나 기술 등을 담당자를 통해 피교육자에게 습득하게 하는 조직의 활동이다.
④ 승진 관리 : 승진은 조직에서 구성원의 직무서열 혹은 자격서열의 상승을 의미하며 이에 대한 관리는 전체적인 인사관리 활동의 성공여부를 결정하는 인사관리의 핵심적 영역에 해당한다.

82 **다음에서 설명하는 것은 무엇인가?**

> 종업원 개개인의 직무·교육훈련 경력 또는 능력·적성 데이터 등의 관리를 통해 조직의 목표와 구성원 개개인의 목표를 조화시키는 것을 의미한다. 즉, 효율적인 인재 확보·육성·배치(자원관리측면)와 조직 구성원의 성취동기 유발을 동시에 추구할 수 있는 프로그램이다.

① 직무순환
② 교육훈련 관리
③ 경력 관리
④ 승진 관리

83 **경력개발의 단계**
- 탐색단계 : 구성원이 교육과 경험을 통해 자신에게 적합한 직업을 선정하려고 노력하거나 여러 기능 분야를 순환하면서 기초적인 경험을 쌓는 단계
- 확립단계 : 선택한 직업 분야에서 정착하려 노력하거나 조직에서 성과를 쌓으며 조직에 몰입하는 단계
- 유지단계 : 자신을 반성하며 경력 경로의 재조정을 고려하는 단계
- 쇠퇴단계 : 퇴직과 더불어 구성원이 자신의 경력에 만족하면서 새로운 생활로 접어드는 단계

83 **경력 관리의 기본적 체계 구성요소 중 하나인 경력개발의 단계를 순서에 맞게 나열한 것은?**

① 탐색단계 – 계획단계 – 유지단계 – 확장단계
② 계획단계 – 확립단계 – 유지단계 – 쇠퇴단계
③ 탐색단계 – 확립단계 – 유지단계 – 쇠퇴단계
④ 계획단계 – 확립단계 – 확장단계 – 쇠퇴단계

정답 (82 ③ 83 ③)

84 괄호 안에 들어갈 알맞은 말은 무엇인가?

> ( )란 조직의 구성원이 한 직무를 그만두고 타 직무를 수
> 행하도록 하는 것을 말하는데, 다시 말해 조직에서 직위를 변
> 경시키는 것이라 할 수 있다.

① 경력 관리
② 직무 관리
③ 리더십 관리
④ 이동 관리

85 다음 중 이동 관리와 관련된 내용으로 올바르게 기술된 것은?

① 이동은 상향적 이동과 하향적 이동으로 나누어진다.
② 승진 및 강등은 수직적 이동에 해당한다.
③ 승진 및 직무순환은 상향적 이동에 해당한다.
④ 전환배치란 단순한 배치가 아닌 기업 조직에 필요한 직무를
계획적으로 체험시키기 위한 인사관리상의 구조를 말한다.

86 승진 정책의 2가지 유형에 해당하는 것은?

① 속인주의와 속업무주의
② 연공주의와 능력주의
③ 연공주의와 속인주의
④ 절충주의와 배타주의

---

84 이동 관리란 조직의 구성원이 한 직무를 그만두고 타 직무를 수행하도록 하는 것을 말하는데, 다시 말해 조직에서 직위를 변경시키는 것이라 할 수 있다. 인사이동이란 종업원이 어떠한 조직에 고용되어 특정 직무에 배치된 뒤, 해당 종업원의 능력이나 직무내용의 변화 또는 조직 운영상의 여러 가지 상황에 따라 수직적·수평적인 배치상의 변화를 주는 인적자원 관리 절차를 의미한다.

85 이동에는 수직적 이동과 수평적 이동이 있다.
- 수직적 이동
  - 승진 : 직무서열 또는 자격서열의 상승, 즉 직위의 등급이나 계급이 올라가는 것
  - 강등 : 직위의 등급이나 계급이 낮아지는 것
- 수평적 이동
  - 전환배치 : 작업조건이나 책임 및 권한에 있어 기존의 직무와는 다른 직무로 이동함을 의미
  - 직무순환 : 단순한 배치가 아닌 기업에 필요한 직무를 계획적으로 체험시키기 위한 인사관리상의 구조

86 승진 정책에는 연공주의와 능력주의가 있는데 반드시 상호 배타적인 것이 아니고 상호 보완적일 수도 있기 때문에 절충주의를 택하는 것이 바람직하다.
- 연공주의 : 승진에 있어서 근무경력, 즉 근속기간에 따라 승진에 우선권을 주는 것
- 능력주의 : 근속기간보다는 종업원의 능력, 즉 조직 구성원이 조직의 목표달성에 기여하는 업무수행 능력에 따라 승진에 우선권을 주는 것
- 속인주의와 속업무주의는 승진 유형을 결정하는 기준

정답 84 ④ 85 ② 86 ②

87 교육은 개인목표에 중점을 두는 반면 훈련은 조직 목표에 중점을 둔다. 또한 기대하는 결과에 따라 훈련은 특정한 행동결과를 기대하지만, 교육은 반드시 그런 것은 아니다. 개발이란 훈련과 교육이 결합된 개념으로 경영자에게 조직 내에서 성공적인 관리자가 되도록 경험·기능·태도를 습득시키는 과정이다.

87 다음은 훈련, 개발 및 교육의 개념적 특징 및 차이에 대한 설명이다. 괄호 안에 들어갈 A, B, C가 맞게 짝지어진 것은?

> 추구하는 목표에 따라 (A)은 조직목표에 중점을 두는 반면 (B)은 개인목표에 중점을 둔다. 또한 기대하는 결과에 따라 (A)은 특정한 행동결과를 기대하지만 (B)은 반드시 그런 것은 아니다. (C)이란 A와 B 두 가지가 결합된 개념이다.

① A - 교육, B - 훈련, C - 개발
② A - 훈련, B - 개발, C - 교육
③ A - 개발, B - 훈련, C - 교육
④ A - 훈련, B - 교육, C - 개발

88 교육훈련 및 학습의 원리에는 결과에 대한 피드백, 훈련의 전이, 강화가 있다.

88 다음 중 교육훈련 및 학습의 원리에 해당되지 않는 것은?
① 결과에 대한 피드백
② 훈련의 전이
③ 목표 관리
④ 강화

정답 87 ④ 88 ③

89 다음에서 기술된 내용은 교육훈련 및 학습의 원리 중 무엇에 대한 설명인가?

> 어떤 행동을 습득한 것이 다른 행동을 습득할 때 미치는 효과를 의미한다. 즉, '교육훈련 참가자가 교육훈련을 통해 얻은 지식, 기술 태도 등을 자신의 업무에 적용하고 특정 기간에 걸쳐 지속적으로 유지하는 것'이라고 정의할 수 있다.

① 결과에 대한 피드백　　② 훈련의 전이
③ 개발　　　　　　　　　④ 강화

90 훈련의 전이 중 긍정적 전이란 무엇인가?

① 이전에 습득한 기능이 새로운 기능을 습득할 때 방해되는 경우
② 기존의 기능이 새로운 기능의 습득에 미미한 영향만을 미치는 경우
③ 이전에 습득한 기능이 새로운 기능을 습득할 때 도움이 되는 경우
④ 자신의 과업에 대해 내재적 흥미를 갖게 하고 나아가 동기유발의 계기를 마련해주는 것

91 요더(D. Yoder)의 훈련평가 기준 중 피훈련자들을 비훈련자와 비교해 그룹으로 비교·평가하는 것을 무엇이라 하는가?

① 훈련 전후의 비교
② 통제그룹
③ 평가기준 설정
④ 훈련자의 행동비교

---

89 훈련의 전이에 따라 대상에 맞는 훈련·개발·평가가 가능해진다.

90 ①·②·③은 훈련의 전이에 대한 내용, ④는 결과에 대한 피드백의 정의
 • 훈련의 전이에는 긍정적 전이, 부정적 전이, 중립적(영) 전이의 3가지 기본 유형이 있다.
　－ 긍정적 전이: 이전에 습득한 기능이 새로운 기능을 습득할 때 도움이 되는 경우
　－ 부정적 전이: 이전에 습득한 기능이 새로운 기능을 습득할 때 방해하는 경우
　－ 중립적(영) 전이: 기존의 기능이 새로운 기능의 습득에 미미한 영향만을 미치는 경우
 • 결과에 대한 피드백은 강화의 일종으로 자신의 과업에 대해 내재적인 흥미를 갖게 하고 나아가서 동기유발의 계기를 마련해 준다.

91 요더(D. Yoder)의 훈련평가 기준에는 훈련 전후의 비교, 통제그룹, 평가기준 설정이 있다. 그중 피훈련자들을 비훈련자와 비교해 그룹으로 비교·평가하는 것은 통제그룹에 해당한다.

정답 89 ②　90 ③　91 ②

Self Check로 다지기 | 제2장

➡ **직무만족의 개념적 특징**
- 직무에 대한 정서적 반응
- 직무에서 개인이 원하는 것과 실제로 얻는 것과의 비교로 나타남
- 담당자의 주관적인 판단에서 비롯되는 주관적인 개념

➡ **학자별 직무만족 영향 요인**
- 허츠버그 : 발전을 통한 인정, 사회·기술적인 환경, 본질적인 작업 측면
- 브룸 : 감독, 승진, 임금, 작업집단, 작업시간, 직무내용
- 로크 : 감독, 승진, 임금, 작업조건, 인정, 부가급부, 동료, 회사의 관리, 직무
- 스미스 : 승진, 임금, 직무, 동료

➡ **직무몰입** : 개인이 자신의 직무에 동화하여 이에 적극적으로 참여하며, 그의 성과 수준이 자기 가치 개념에 매우 중요하다고 지각하는 정도를 나타냄

➡ **스트레스 억제 상황 요인들**
- 예측 가능성 : 스트레스 발생에 대한 예측이 가능하면 스트레스의 강도를 낮출 수 있다.
- 사회·정서적 지원 : 사회·정서적인 교류가 원활할 경우 스트레스를 더 잘 이겨낼 수 있다.
- 인지적 평가 : 동일한 긴장의 상황도 사람에 따라 다르게 지각될 수 있다.
- 대응기술 : 스트레스 대처 능력이 스트레스의 강도를 결정한다.
- 통제 가능성

➡ **역할갈등** : 직무 요구사항들이 개인의 직무요건, 도덕, 가치관과 상반되는 경우에 발생

➡ **역할모호성** : 정보제공의 부족 등으로 인한 역할수행의 불확실성에 의해 발생

➡ **역할소원** : 자아를 안정적으로 유지하는 상태에서 자신에게 주어지는 역할이 자기의 본 모습과 어울리지 않는다고 인지할 때, 역할을 내면적 일체감 없이 수행

➡ **개인 차원에서의 직장 내 스트레스 관리방안** : 극복 및 회피, 건강검사, 기분전환 훈련

➡ 매슬로우의 욕구 5단계 : 생리적 욕구 → 안전·안정의 욕구 → 애정 및 소속감의 욕구 → 존경의 욕구 → 자아실현의 욕구

➡ 공정성이론의 가정
- 직무성과에 부합하는 공정한 보상을 받고자 하는 욕구가 종업원들에게 동기를 부여
- 종업원은 자기노력에 대한 보상을 타인의 보상과 비교하려는 경향
- 종업원은 자신의 직무성과에 따라 공정한 보상을 받을 것이라는 믿음
- 종업원은 자신의 사회적 관계를 평가하려는 경향이 있으며, 이러한 평가는 타인들과의 비교에 의해 이루어짐

➡ 조직 공정성의 3가지 측면 : 분배적 공정성, 절차적 공정성, 관계적 공정성

➡ 신뢰에 대한 영향 요인 : 자신의 신뢰 성향, 교환 당사자 간 유사성, 상대방의 행동특성과 능력, 교류 자체의 특성

➡ 통제위치
- 내재론자 : 운명의 결정에 자신들의 행동이 결정적이라고 믿는다.
- 외재론자 : 자기행동의 결정성보다 기회, 운, 강력한 기관에 더 의존한다.

➡ 로쉬의 교육훈련 평가의 기준 : 훈련실시기간, 생산량, 재해율, 사기, 결근, 단위생산 소요시간, 불량 및 파손

➡ 성격의 기본 구성요소 : 자아, 개인적 무의식, 집단적 무의식

SD에듀와 함께, 합격을 향해 떠나는 여행

제 3 장

집단에 대한 이해

우리 인생의 가장 큰 영광은 결코 넘어지지 않는 데 있는 것이 아니라
넘어질 때마다 일어서는 데 있다.

- 넬슨 만델라 -

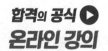
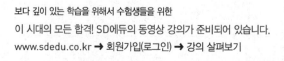

제 3 장 | 집단에 대한 이해

1 집단

(1) 개념

공동목표를 달성하기 위하여 서로 상호작용하여 소속 인식을 지닌 두 명 이상의 구성체

(2) 유형

① 소속집단과 준거집단

② 1차집단과 2차집단

③ 공식적 집단과 비공식집단

(3) 규모 [기출]

① **소규모 집단** : 친밀도가 높고 의사소통이 잘 이루어진다.

② **대규모 집단** : 친밀도가 낮고 의사소통이 잘 이루어지기 어렵다. 무임승차 문제나 사회적 태만이 발생할 수 있다.

(4) 집단 발전의 5단계(Five-stage group-development model)

① **형성(forming)** : 불확실성/탐색

② **혼란(storming)** : 갈등/저항

③ **규범(norming)** : 응집성

④ **실행(performing)** : 완전한 기능/수용

⑤ **해체(adjourning)** : 마무리

더 알아두기

작업집단과 작업팀

• **작업집단** : 구성원 각자가 자신의 책임 영역 내의 일을 수행하고 정보를 공유하며 의사결정을 하는 집단으로 작업팀에 비해 느슨하게 정의된 조직으로 간주한다. 작업수행 성과는 구성원 개개인의 노력을 단순히 합한 것으로 시너지 효과는 매우 미약하거나 없다.

• **작업팀** : 작업집단에 비해 확장된 목표와 운영 방식에 의해 활동하며, 협력을 통한 긍정적 시너지 창출로 인하여 개인의 노력 투입량의 합보다 큰 성과를 달성할 수 있다.

제2절 팀에 대한 이해

1 팀

(1) 개념

소수의 구성 멤버들(적정인원)이 상호 필요한 각자의 기능을 갖고 상호 보완·협동관계를 통해 특정 목적(품질 향상, 고객서비스 개선, 생산성 제고 등) 달성을 위해 구성된 집단을 말한다. 특히 팀은 **특별한 목표**를 갖고 있는 경우가 많다. 집단(Group)이나 팀(Team)을 결정하고 관리하는 일이 중요한 이유는 집단들은 보다 더 큰 조직을 구축하는 초석이 되기 때문이다. 참고로 직무 그룹(Work Group)과 직무 팀(Work Team)은 그 개념이 서로 완전히 다르다. 직무 그룹은 단순히 정보공유를 위해 모인 것이다.

(2) 특징

① 팀은 특별한 목표를 갖는 경우가 많으며 **목표달성**을 위해서는 동료 간 생산적 자극(압력)이 중요하다.

② 모든 팀은 집단이지만, 모든 집단이 팀은 아니다.

③ 팀의 성과는 조직 리더에 의해 결정된다[경영진은 모든 팀원의 인정을 받을 수 있는 목표를 제공하고, 팀원은 자신의 조직목표를 명확히 알아야 하는데 이를 클린목표(Clean Purpose)라 한다].

④ 구성원 간 **상호 보완적 기능**이 매우 중요하다(문제 해결 능력, 기술적·기능적 전문지식 및 경험 등의 공유 필요).

⑤ 팀원의 수도 매우 중요한 요소이다(가능한 팀원 수는 2~25명 정도로 보지만 가장 적정한 팀원의 수는 10명 내외이다).

⑥ 생산성 높은 팀의 특징[클린목표(Clean Purpose)]

  ㉠ 생산성이 높은 팀의 리더는 팀 미션(자신의 팀이 원하는 것이 무엇인지)에 대한 명확한 정의를 통해 미션에 대한 자신 및 팀원들의 공통된 몰입을 극대화한다.

  ㉡ 광범위한 목표·지시를 구체적이고 측정 가능한 성과 목표로 변환시킴으로써 그 구성원들에게 의미 있고 구체적인 목표를 제시한다(구체적인 성과목표 지향).

  ㉢ 최적의 팀 규모(팀원 수) 및 생산성 극대화가 가능한 구성원의 선발·배치가 중요하다(가장 효과적인 팀의 규모는 7~14명이며, 효율적인 구성원의 혼합이 필요하다).

⑦ 생산성 낮은 팀의 특징 기출

  ㉠ 생산성 낮은 팀의 주요 증상

    • 자유롭고 적극적인 의사소통의 부족(조심스런 의사소통)
    • 의견 일치의 결여
    • 회의·모임의 역기능적 현상 및 팀내 갈등 발생
    • 목표의 미달성 등

  ㉡ 팀 생산성 저하의 주요 원인

    • 초점 결여 관련 : 팀의 목표·역할·전략 등의 부족
    • 리더십 부족 관련 : 팀 차원의 지원 및 비전 결여, 일관된 방향성 부족, 예산·자원의 부족 등
    • 역량 부족 관련 : 팀 및 팀원들의 지식 및 핵심 스킬 부족, 지속적 학습·개발 부족 등

(3) 팀의 유형 구분 [기출]

팀의 유형은 셀 수 없을 정도로 많다. 여기서는 로빈슨이 제시한 팀의 4가지 유형에 대해 살펴보기로 하자.

① **문제 해결팀(Problem-solving Team)** : 특정한 문제 해결을 위해 동일 부서에 소속된 멤버 중 몇 명을 선정(5~12명)하여 구성한 팀(Team) 유형이다. 예를 들어 현장직원 5~10명이 모여서 매주 몇 시간씩 품질 관리·개선 문제에 관해 의견을 교환하고 의사결정을 하는 품질 분임조(Quality Circle)나 작업환경 개선을 위해 매주 시간을 내서 토론하는 집단 등이 Problem-solving Team 유형에 속한다.

② **자가 경영 직무팀(Self-managed Work Team)** : 밀접하게 연관돼 있거나 상호 의존적인 일을 하는 사람(전형적으로 10~15인으로 구성)들로 구성되며 관리자 역할까지 팀 단위에 맡기는 유형이다. 이같은 팀 유형에서는 팀 자체적으로 직무와 관련한 일상적 의사결정뿐만 아니라 예산집행, 심지어 인사권까지 행사하면서 관리자의 역할을 수행한다(작업의 계획과 스케줄, 작업지시, 작업속도의 전체적인 조절, 경영관리·운영상의 의사결정, 팀원선발과 성과 평가 등).

③ **기능 융합팀(Cross-functional Team)** : 특별한 직무를 수행하기 위해 서로 다른 다양한 부서에서 정예 멤버들을 차출하여 구성하는 팀의 유형으로 다른 영역에 있는 유사한 직급의 사람들이 공동으로 과업을 성취한다. 조직 내 다양한 영역의 사람들이 모이게 되어 다양한 정보교환, 복합적인 작업의 조정, 새로운 아이디어 창출, 문제점 해결에 효과적이다. 태스크 포스(Task Force)나 위원회 등이 이 유형에 속한다.

④ **가상팀(Virtual Team)** : 공동목표 달성을 위해 따로 떨어져 있는 구성원들을 컴퓨터와 인터넷을 활용(비디오 화상회의, E-mail 등)하여 모아놓은 팀 유형으로 컴퓨터와 인터넷을 통해 이슈와 자료를 서로 공유하고 각자의 역할을 정하여 과업을 수행한 뒤 일을 마치면 사이버 공간에서 통합·완료하는 형태이다.

(4) 집단 응집력 [기출]

① 개념

집단 구성원들은 집단 내에서 공동체 의식을 바탕으로 단합하게 되는데, 이때 서로가 단합하는 힘을 응집력이라고 한다. 응집력은 집단행동에 영향을 미치는 중요한 요소이다. 이러한 집단 응집력은 구성원 간 근접성과 접촉이 많을수록 커지고, 개인 간 매력도에 의해 좌우된다. 그리고 집단 간 경쟁은 집단의 응집력을 높이지만, 집단 내 경쟁은 응집력을 약화시킨다.

② 집단 응집력 제고 요인 [기출]

ⓐ 개인 간 매력도
ⓑ 구성원 간 근접성
ⓒ 목표나 관심의 동질성 및 공유 정도
ⓓ 집단 간 경쟁(외부의 위협이 클수록 응집력 커짐)
ⓔ 관리 가능한 정도의 규모(집단이 작아 상호작용이 많을수록 응집력 커짐)
ⓕ 집단 구성원 가입 자격요건의 엄격성
ⓖ 오랜 시간 같이 근무할수록 커짐
ⓗ 과거에 높은 성과를 낸 경험

2 팀제 조직 기출

(1) 개념 및 의의

① 개념

조직의 일부만이 팀으로서 운영되는 것이 아니라 조직 전체 혹은 조직의 상당 부분이 유기적으로 연계된 팀에 의해서 운영되는 경우가 있는데 우리는 이러한 이상적 유형의 팀제(Team System)를 팀 조직(Team-based Organization)이라 부른다. 팀제란 전통적인 기능 및 계층 중심의 조직구조를 탈피하여 기존의 부·과를 통폐합하고 **업무 중심으로 팀을 만든 후 능력과 적성에 따라 탄력적으로 인재를 팀에 소속시켜 팀장을 중심으로 자율적·독립적으로 운영할 수 있게 설계된 조직이다.** 다시 말해, 팀 조직이란 팀을 중심으로 상호 보완적인 기능을 가진 소수의 사람들이 공동의 목표 달성을 위해 공동의 접근방법을 가지고 신축성 있게 상호 작용하면서, 상호 책임을 공유하고 결과에 대해 공동 책임을 지는 자율권을 가진 조직 단위(일종의 하위집단)이다. 그리고 유연성과 적응성으로 고객에 대한 적극적인 대응성을 보장해 줄 수 있는 조직 운영 방식이다.

최근 팀제의 도입이 확산되는 가장 큰 이유는 경영환경이 급변함에 따라 유연한 조직(Flexible Organization)의 필요성이 커지고, 복잡해지는 업무 성격 때문에 단일부서 독자적으로 업무를 처리하기가 어려워지고 있으며 팀제 도입으로 부서 장벽을 넘어 뛰어난 재능들을 고루 활용해서 성과를 낼 수 있기 때문이다.

② **팀제 조직하의 인사 조직상의 변화(팀제 조직의 구조와 운영)** : 경직적 계층구조의 부·과 개념을 떠나 유연한 평면구조로의 전환을 시도하게 된다. 즉, 수직적 계층조직을 팀 중심의 수평적 조직으로 전환하는 것이다.

㉠ 팀제 조직의 구조 및 보고체계 : 일반적으로 팀제는 팀장과 담당자로 구성된다. 조직체계도 담당, 대리, 과장, 부서장에서 담당자, 팀장으로 간소화되어 팀 내에서는 모든 정보가 공유된다.
- 기존 조직 및 보고 체계 : 담당-과장-부장-사업 본부장-사장
- 팀제 조직 및 보고 체계 : 담당-팀장-사업 본부장-사장

㉡ 팀제 하의 역할·책임 : 전반적으로 조직구성원 각자의 몫을 분명히 하여 모두가 맡은 업무에 전문가가 되도록 장려한다.
- 팀장 : 팀원의 지도·육성·평가, 업무분담 및 팀의 목표 달성을 책임지며, 전문성보다 리더십이나 관리자로서의 자질이 더 중요한 덕목이 된다.
- 간부(선배)팀원 : 관리업무에서 벗어나 실무 담당자 역할과 함께 하부 조직의 리더로서 후배 지도·육성을 책임진다.
- 팀원 : 실무 담당자로서 담당업무에 대한 전문가적 역량과 함께 책임감을 보유해야 한다.

㉢ 권한 : 팀제 하에서는 팀장에게 팀 내 업무분장의 재량권, 팀원에 대한 목표부여 및 인사이동·인사고과의 권한이 있다.

㉣ 직급·지위와 직책의 분리가 이루어지므로 직급·직위 승진과 직책 보임이 구분된다.

㉤ 직급 중심이 아니라 업무 중심의 의사결정이 이루어진다.

팀제 조직하의 인사 조직상의 변화
• 직급·지위와 직책의 분리가 이루어지므로 직급·직위 승진과 직책 보임이 구분된다.
• 조직구성원 각자의 몫을 분명히 하여 모두가 맡은 업무에 전문가가 되도록 장려한다.
• 경직적 고층구조의 부·과 개념을 떠나 유연한 평면구조로의 전환을 시도하게 된다.
• 직급 중심이 아니라 업무 중심의 의사결정이 이루어진다.
• 조직체계도 담당, 대리, 과장, 부서장에서 담당자, 팀장으로 간소화되어 팀 내에서는 모든 정보가 공유된다.

(2) 팀제의 특징 및 종류

① 특징

㉠ 명령지휘 계통이 아니라 **업무·과제·주제** 중심으로 팀을 형성

㉡ 과잉관리 업무를 폐지·축소시키고 팀장을 중심으로 결재단계를 파격적으로 축소하여 조직 슬림화

㉢ 중간관리자는 관리업무가 아닌 담당업무의 전문가로서 역할을 하도록 유도

㉣ **협력을 통한 공동작업**, 팀 성과에 대한 **공동책임**, 목표달성을 위한 공동몰입, **자율**의 보장

② 종류

㉠ 기존 조직과의 관계 기준
• 과·계를 통합하여 중간계층을 제거한 Flat형 팀제
• 기존 골격을 유지하고 팀제 장점을 가미한 대부대과형 팀제
• 특수 업무수행을 위해 별도로 조직한 Project형 팀제 등

㉡ 목적 기준
• 고유 업무를 수행하는 작업팀
• 기존 방식의 개선을 위한 성과 향상팀

㉢ 활동기간 기준
• 신상품 개발 등을 위한 일시적인 팀
• A/S 제공 등을 위한 영구적인 팀

(3) 팀제 조직의 장·단점 [기출]

① 장점

㉠ 직위·직책 분리 → **능력·업적 위주 인사관리**

㉡ 소수정예 인력운영 가능

㉢ 관료화를 방지하고 **조직의 활성화** 추구

㉣ 조직의 기동성 확보 : 업무 중심의 조직이므로 의사결정의 신속성과 기동성을 제고할 수 있음

㉤ 자율성 보장·창의력 제고 : 팀의 **자율적** 운영을 통해 구성원의 자아욕구 충족, 성취감 및 창의력 제고

㉥ 공동 직무의 수행을 통해 조직 내 **단결심 강화**

㉦ 구성원 간 이질성과 **다양성의 결합**·활용을 통한 시너지 효과 창출 촉진

   ◎ 다양한 팀 간의 수평적 연결 관계 창출을 통해 구성원 간 정보 공유 활성화

   ⓩ 경영환경에 유연하게 대처하여 기업의 경쟁력을 높일 수 있음

   ⓧ 조직학습 촉진, 개인 이기주의 및 파벌주의 탈피

② **단점**

   ㉠ 관리자(팀장)의 능력부족으로 조직 갈등 증폭 가능성 존재

   ㉡ **업무 공동화(空洞化) 현상 발생 가능성** → 무임승차 현상, 봉 효과

   ㉢ 업무의 가변성으로 조직 구성원의 긴장과 갈등 증폭

   ㉣ 팀장이 되지 못한 기존조직 간부사원의 사기 저하

   ㉤ 조직 전체의 공감대 및 타 팀과의 협력관계가 느슨해질 수 있고 팀 상호 간 불필요한 경쟁관계 유발 가능성

   ㉥ 계급제적 성격이 강한 사회에서는 성공하기 어려움

(4) 팀(제)의 유효성 악화 요인 및 제고 방안(성공 요인)

① **팀(제)의 유효성 악화 요인**

   ㉠ 관련제도 및 업무의 재편성이 뒤따르지 않거나 팀제 도입 목적이 불분명한 경우

   ㉡ 구성원의 수용의지가 미약하고 팀제에 대한 이해가 부족할 경우(예를 들어 팀제의 가장 큰 문제 중 하나는 멤버 개인이 갖는 거부감으로, 홀로 일할 때 훨씬 더 큰 성과를 내는 멤버에게는 의사결정이 오래 걸리고 다른 사람과의 인간관계까지 신경을 써야만 하는 팀제가 제약이 될 수도 있음)

   ㉢ 팀장의 능력과 리더십이 부족하고 팀원의 전문능력이 떨어질 경우

   ㉣ 상명 하달식의 획일적 업무추진이 이루어지거나 권한위양이 미흡할 경우 또는 서열 중심의 수직적 사고에 익숙하여 팀원들의 역할수행이 제대로 안 될 경우

   ㉤ 조직 내 상명하복 문화가 강하거나 기존의 보상체계가 개개인의 퍼포먼스에 기반을 두어서 오랫동안 유지되어 온 경우

   ㉥ 무임승차자(자신은 노력하지 않으면서 다른 팀원에게 기대어서 가려는 사람) 등으로 인한 감정적인 문제 때문에 시너지 창출 대신 성과가 오히려 더 떨어질 수도 있음

② **팀(제)의 유효성 제고 방안(성공 조건/요인)**

   ㉠ 팀제의 성과를 높이기 위해서는 구성원의 숫자를 적절히 제한(10명 전후)하는 게 좋다.

   ㉡ 기술적 전문성이 있는 멤버와 대인관계에 능숙한 멤버, 문제해결 능력이 뛰어난 멤버, 이 세 가지 각각에서 우수한 멤버를 적절히 혼합하여 구성하는 것이 좋다.

   ㉢ 전사 목표·철학 하에서 팀의 목표와 철학을 명확히 함으로써 팀원들에게 구체적인 목표(Goals)와 의미 있는 비전을 갖게 하고 이를 제시해야 한다.

   ㉣ 개인적 보상뿐 아니라 그룹의 퍼포먼스에 대해서도 별도의 보상체계를 마련한다[삼성전자의 이익 공유(PS)시스템]. 즉, 팀워크 강화를 위해 합리적 업적평가에 근거한 팀 단위의 인센티브가 주어져야 한다.

   ㉤ 팀장은 전문성과 리더십을 보유한 유능한 인물이 되어야 하며, 팀장에게 인사권·예산 편성권 등을 대폭 위양하고 내부운영 또한 팀장의 재량에 의하도록 할 필요가 있다. 동시에 팀원에게는 맡은 업무에 대한 책임과 함께 그에 상응하는 권한을 행사하도록 해야 하며 이를 위해 팀원 각자가 자기 권한과 책임 영역을 명확하게 인식하고 전문가로서의 자세를 갖추어야 한다.

ⓗ 최고 경영층의 적극적인 참여 및 리더십 개발이 뒤따라야 한다.
ⓢ 기업의 규모, 전략, 구성원 의식 및 능력수준 등에 적합한 팀제를 도입하여야 하고, 팀제도입 관련 변화에 대한 저항을 줄일 수 있는 분위기를 조성해야 한다.
ⓞ 팀 조직 운영의 측면에서는 팀의 공동목표 설정·공동책임을 운영원칙으로 하며 팀 목표의 공유, 팀 의사결정에의 참여를 통해 팀 리더십을 창출하여야 한다.

(5) 팀제 조직의 기대효과

① 의사결정의 신속성과 환경 적응력 제고
② 인재양성과 소수정예 인력운영으로 구성원의 지식·경험·정보 활용능력 제고
③ 직위·직책 부족으로 인한 인사적체 해소 및 고직급 인력 활용 가능
④ 원활한 의사소통으로 부서 간 정보 공유와 업무 협조 활성화
⑤ 매출 증대 및 원가 절감 등 경영성과 향상에 기여

더 알아두기

전통적 기능 조직과 팀 조직의 비교 기출

구분	전통적 기능 조직	팀 조직
조직구조	계층적/개인	수평적/팀
직무설계	단일 업무	전체 업무·다수 업무
목표	상부에서 주어짐	스스로 찾아내는 데 시간 투여
리더	강하고 명백한 지도자	리더십 역할 공유
지시·전달	상명하복·지시·품의	상호 충고·전달·토론
정보 흐름	폐쇄·독점	개방·공유
보상	개인주의, 연공주의	팀·능력 위주
책임	개인 책임	공동 책임
평가	상부조직에 대한 기여도로 평가	팀이 의도한 목표달성도로 평가
업무통제	관리자가 계획·통제·개선	팀 전체가 계획·통제·개선

3 팀 관리

(1) 팀 구축법(Team Building) 기출

① 개념

팀 구축법이란 집단 수준의 조직개발(OD) 기법 중 하나로 조직 내에 존재하는 다양한 팀들을 개선·발전시키고 그 유효성을 증대시키는 데 목표가 있다. 이 방법은 레빈(K. Lewin)이 주장한 조직변화 과정의 모형/태도의 변화 과정인 해빙·변화·재동결의 단계를 거쳐 이루어진다. **팀 구축법은 작업 팀의 문제 해결 능력과 효율성을 개선하기 위해 사용되는 방법**으로 과업성과와 관련된 문제 해결에 중점을 둔다. 개인과 마찬가지로 단위부서들도 팀 구성원들이 해결할 수 없는 문제들에 직면할 경우 기능장애를 일으킨다. 팀 구축법은 이러한 문제를 바로잡는 데에 쓰일 수 있다.

② 팀 구축법의 실행단계

ⓐ 팀 기술 연수 : 연수 등을 통해 여러 팀이 변화를 수용할 수 있게 한다.

ⓑ 자료 수집 : 설문지 등을 통해 조직 분위기, 직무만족 등에 관한 자료를 수집한다.

ⓒ 자료 처리 : 수집된 자료를 바탕으로 공개토론 및 우선순위를 결정한다.

ⓓ 행동 계획 : 앞의 토론을 중심으로 수행할 변화 계획을 세운다.

ⓔ 팀 구축 : 각 팀의 유효성 저해 요인을 찾아내고 해결책을 찾는다.

ⓕ 집단 간 팀 구축 : 상호의존 관계에 있는 팀의 문제를 밝히고 협조체계를 구축한다.

(2) 팀 관리의 난점 기출

① 팀 관리가 어려운 이유

ⓐ 관련 팀 간 명확한 책임구분이 어렵고 팀마다 일관된 성과기준을 정하기 어려우며, 팀 간 기술 이전을 기대하기 어렵다.

ⓑ 다른 여러 팀 리더들과의 효율적 의사소통이 쉽지 않다.

ⓒ 팀 간 갈등 해결이 쉽지 않다.

ⓓ 팀 간 원활한 정보공유 체계를 구축하기 쉽지 않다.

ⓔ 작업에 방해되는 프로세스를 재설계해야 한다.

ⓕ 팀 간 희소 자원 배분·조정이 어렵다.

ⓖ 팀들의 시의 적절한 인재 수급, 팀의 시간·에너지 사용 최적화가 어렵다.

② 팀 관리의 실제 적용이 어려운 이유

ⓐ 권한보다 책임이 크다는 인식

ⓑ 실행을 위한 세부 스킬 부족

ⓒ 새로운 구성원들이 불편하다고 인식

제3절 리더십

1 리더십의 개념 및 특성

(1) 개념

리더십(Leadership)이란 리더가 특정한 상황에서 구성원들로 하여금 조직이나 집단의 공동목표를 달성하는 데 필요한 행위를 하도록 영향을 미치는 과정 또는 그러한 능력을 의미한다. 특히 현대 조직에서의 리더십은 (일방적·강압적인 권한·권력 행사가 아닌) 구성원들로부터 동의와 자발적 반응을 이끌어내는 인간 영향력 행사의 과정으로 정의된다. 즉, 리더십이란 영향력 행사의 과정이라 할 수 있고 리더가 이러한 영향력을 행사할 수 있는 것은 권력을 소유함으로써 가능하다.

경영학이나 조직행위론에 있어서 리더십(Leadership)은 경영 자체와 동일시할 만큼 매우 중요한 위치를 차지한다. 왜냐하면 조직 구성원의 활동을 통해서 조직목표의 달성이 성취된다는 사실은 조직 관리자로 하여금 **조직 구성원의 역량을 통합·조정**하는 리더십의 필요성을 더욱 강하게 인식하도록 하기 때문이다. 리더십이론은 1930년대 인간관계론과 1960년대 후기 인간관계론(동기부여이론)의 영향을 받아 발전하면서 그 영역을 넓혀 왔다.

> **더 알아두기**
>
> **학자에 따른 리더십 정의**
> - 스톡딜(R. M. Stogdill) : 리더십이란 목표설정과 목표달성을 지향하도록 집단행위에 영향력을 행사하는 과정이다.
> - 쿤츠(H. Koontz) : 리더십이란 사람들로 하여금 공동목표를 달성하는 데 따라오도록 영향력을 행사하는 것이다.
> - 플레이시먼(E. A. Fleishman) : 리더십이란 어떤 목표나 목표들의 달성을 향하도록 의사소통과정을 통해서 개인 간에 영향력을 행사하려는 시도이다.

(2) 리더십의 특성

① 리더십은 목표 지향적 활동으로 **목표 및 미래 지향적 비전**을 제시할 수 있는 안목과 능력이 중요하다.

② 리더십은 리더와 추종자 그리고 환경 변수 간의 **상호관계**에 초점을 둔다. 즉, 환경을 중시하며 구성원을 이끄는 능력과 조직 내외의 상황관리 능력이 필요하다.

③ 리더십은 공식적 계층구조의 관리자나 책임자만이 갖는 기능이 아니라 동료 간에도 발휘될 수 있으며 조직의 최하위 구성원에 의해서도 어느 정도 발휘될 수 있는 것이다.

④ 리더십은 **권위**를 통해서 발휘되는 기능으로서, 권위란 공식적·법적 지위뿐만 아니라 전문성 등 개인 역량이나 여러 가지 리더의 자질 및 특성에 내재하는 것이다.

⑤ 리더는 공식·비공식 조직을 막론하고 어떤 조직에나 모두 존재한다.

⑥ 리더의 유형은 비고정성이며, 상황에 따라 가변성과 신축성을 보인다.

⑦ 위기상황일 때 리더는 선악구별 기준이 명확한 이원적 세계관을 갖게 되며, 타인의 의사나 충고를 무시하는 성향을 보인다.

(3) 리더의 특성

① **리더의 3가지 자격 요건**

　　㉠ **비전** : 조직이 나아가야 할 길을 다른 사람보다 더 정확히 알아야 한다.

　　㉡ **신뢰** : 구성원으로부터 인간적인 신뢰를 얻어야 한다.

　　㉢ **충성과 지지** : 목표실현·달성을 위하여 구성원들의 충성과 전폭적인 지지를 획득해야 한다.

② **리더와 관리자**

　　㉠ 모든 리더가 관리자는 아니며, 일반적으로 관리자는 공식리더라 할 수 있다.

　　㉡ 관리자의 리더십은 비공식 리더십에 의해 강화될 수 있다.

더 알아두기

리더로서의 특성
- 버나드(C. I. Barnard) : 지적·기술적 능력, 설득력, 결단력, 인내력
- 데이비스(K. Davis) : 인간관계적 태도, 사회적 성숙도, 지능, 내적 동기부여와 성취의욕

---

2 리더십의 중요성 및 역할

(1) 리더십의 중요성

① **시너지 효과 창출** : 리더십은 조직 구성원의 역량과 자원을 결집시켜 단순한 합 이상의 힘을 갖도록 시너지 효과를 창출한다.

② **코치 역할** : 인재육성 마인드를 가진 리더는 구성원들이 개인역량을 배양할 수 있도록 코치 역할을 한다.

③ **지속적 성장 촉진** : 효과적 리더십은 집단 및 조직성과를 좌우하고 환경변화에 적응하도록 촉진함으로써 조직의 지속적 성장을 가능하게 한다.

④ **사기 앙양** : 효과적인 리더십은 구성원들의 사기를 높이고 목표달성에 적극 기여하도록 동기를 부여한다.

⑤ **비전 제시** : 리더는 외부환경 변화에 대한 유용한 정보를 제공하여 조직발전을 주도하고, 변화에 적절히 대처할 수 있도록 경계확장자 또는 연결역할자로서 조직의 비전을 제시한다.

(2) 리더십의 역할

① **진단적 기능** : 리더는 집단을 위하여 상황을 파악·규정·진단한다.

② **처방적 기능** : 리더는 진단·규정된 상황을 해결하기 위하여 집단이 취해야 할 행동을 처방해 주거나 집단을 대표하여 취할 수 있는 행동을 제시하는 기능을 수행해야 한다. 그들은 집단의 목적에 기여할 수 있는 방식으로 문제가 해결되도록 행동계획을 고안해 내야 한다.

③ **동원 기능** : 리더는 그들이 주도하는 집단에 대한 상황규정과 그들이 처방한 행동계획에 대하여 집단의 전폭적이고 유력한 지지를 획득해야 한다.

3 리더십의 본질적 요소

리더십이란 영향력 행사의 과정이라 할 수 있고 리더가 영향력을 행사할 수 있는 것은 바로 권력을 소유함으로써 가능한 것이다. 따라서 '권력과 **영향력**'을 리더십의 본질적 요소라 할 수 있다.

(1) 권력

① **개념** : 개인 또는 집단이 힘・자원・지식 등을 이용하여 다른 개인 또는 집단에게 영향력을 행사하거나 어떤 행동을 하도록 시킬 수 있는 능력을 말한다. 즉, 권력이란 다른 대상으로 하여금 권력보유자가 원하는 어떤 일을 하게 하거나, 원하는 방향으로 행동이 일어나게 할 수 있는 능력인 것이다.

② **권력의 원천** : 개인권력의 원천과 집단권력의 원천이 있다. 기출

  ㉠ 개인권력의 원천 : 프렌치(J. R. P. French)와 레이븐(B. H. Raven)은 개인이 갖는 권력의 원천을 다섯 가지로 분류하고 있다.

  • 보상적 권력 : 권력 행사자의 보상능력에서 기인하는 권력으로 추종자에게 복종의 대가에 따른 보상이 주어지는 경우이다. 추종자는 돈이나 상 등 권력 보유자에 의해 통제된다고 믿는 보상을 얻기 위해 따른다.

  • 강압적 권력 : 해고나 징계, 작업시간 단축 등을 지시・통제할 수 있는 능력에서 기인하는 권력으로 추종자는 이의 처벌을 피하기 위해 따른다.

  • 합법적 권력 : 계층상의 직책에 부여된 직권이나 제도적 근거로부터 나오는 권력으로 권력 보유자가 당연히 요구할 권리가 있고, 추종자는 이를 따를 의무가 있다고 믿기 때문에 따른다. 합법적 권력을 권한이라고도 부른다.

  • 준거적 권력 : 어떤 사람이 특별한 자질을 가지고 있어서 다른 사람들이 그를 닮으려고 할 때 또는 그를 찬양하거나 동일시하며 그의 인정을 받기 원할 때 추종자 자신의 보상심리 충족과 모방심리로 인해 수용되는 권력(일종의 카리스마)이다(특별한 사람을 닮고자 할 때 발생).

  • 전문적 권력 : 권력 행사자가 특정 분야나 상황에 대해서 높은 식견이나 전문지식 및 기술, 정보능력을 가지고 있다고 느낄 때 발생한다(정보의 독점력 등). 학위나 전문성 등에 기인한다.

  ㉡ 집단권력의 원천

  집단권력의 개념은 전략적 상황이론으로 부서 간 권력 획득 및 행사의 원인 문제를 규명하고자 도입한 개념으로 다음과 같은 경우에 집단권력이 형성된다.

  • 한 부서가 환경의 불확실성을 효과적으로 처리할 경우

  • 한 부서가 작업흐름의 중심성이 높을 경우

  • 한 부서의 활동을 조직 내외의 다른 어떤 부서도 대신 수행할 수 없을 경우, 즉 대체성이 낮을 때, 집단 권력이 형성되며 이러한 권력은 영향력의 원천이 됨

(2) 영향력 : 권력행사의 결과 기출

① 영향력이란 다른 사람의 행위에 영향을 미치는 과정, 즉 행사자가 수용자의 태도나 행위를 변화시키는 과정을 말한다.

② **영향력 형성과정** : 순종(Compliance) → 동일화(Identification) → 내면화(Internalization)

  ㉠ 순종이란 보상을 받거나 벌을 피하기 위해서 수용자가 권력 행사자를 따르는 것을 의미한다.

ⓛ 동일화란 수용자가 권력 행사자와의 만족스러운 관계 유지를 위해서 그의 영향력을 받아들일 때 이루어진다.

ⓒ 내면화는 수용자가 권력 행사자에 의해 유도된 행위가 그의 가치관과 일치됨으로써 권력 행사자의 영향력을 받아들일 때 이루어진다.

(3) 권력과 영향력의 관계

① 영향력이란 권력행사에 대한 행동반응이고 권력행사에 따라서 성취된 결과이다.

② 권력이 타인에게 작용할 때를 영향력이라 한다.

③ 권력이란 능력을 가리키는 말이지 실제 작용하는 것을 의미하는 것은 아니다.

4 리더십 이론의 발전과정

(1) 리더십 특성이론

① 개념

리더의 개인적 자질에 초점을 맞추고 이러한 자질들이 리더의 유효성에 어떤 영향을 미치는지를 연구한 이론으로 효과적인 리더들이 갖고 있는 일련의 공통적인 특성, 특질 또는 자질을 규명하려는 이론이다. 리더가 어떤 고유한 특성을 가지면 상황이나 환경이 바뀌더라도 항상 리더가 될 수 있다는 점을 기본 가정으로 하고 있다. 리더 자신이 특성들을 기르도록 스스로 노력해야 함과 동시에 조직차원에서도 리더의 특성을 배양할 수 있도록 교육훈련 프로그램을 시행해야 한다는 점을 강조한다.

② 리더의 특성 요인(리더십에 영향을 주는 특성 요인)

ⓐ 데이비스(K. Davis)
- 지능적
- 사회적 성숙과 여유(정서적 안정, 적극성, 자신감, 자아개념)
- 강한 내적동기 및 성취욕
- 원만한 인간관계

ⓑ 스톡딜(R. M. Stogdill)
- 신체적 특성(연령, 신장, 체중)
- 사회적 배경(학력, 가정, 지역)
- 지적 능력(판단력, 결단력, 사고력)
- 성격(환경 적응성, 신념, 자신감)
- 과업 특성(과업 지향적, 목표달성에 대한 의지)
- 사회적 특성(인간관계)

체크 포인트

특성이론에서의 성공적인 리더십

특성	능력
• 상황 적응력	• 영리함
• 사회 환경에 민감	• 개념 파악 능력
• 야심 있고 성취 지향적	• 창의력
• 결단성	• 재치력
• 협력적	• 화술
• 단호함	• 과업에 대한 지식
• 믿음직함	• 행정 능력
• 지배 욕구가 강함	• 대인관계 능력
• 활동적	
• 자신감이 있음	
• 스트레스에 잘 견딤	
• 책임을 떠맡으려 함	

③ **이론적 한계**

㉠ 지도자로서 구비해야 할 특성요인의 수는 많아지고 특성 간 연관성은 없다.

㉡ 각 지도자가 갖고 있는 자질 간에 충돌하는 요소가 많다.

㉢ 리더의 특성만으로는 리더십 과정을 이해하는 데 한계가 있다.

㉣ 여러 특성이 실제 리더십을 발휘하는 데 밀접한 관계가 없다는 실증적 연구들이 제시되고 있다.

㉤ 계층과 지위에 따라서 경영에 필요한 자질과 특성이 상이하다. 그런데 상황을 고려하지 않고 모든 리더를 동일한 특성으로 분류했다.

㉥ 추종자의 욕구를 과소평가하고 추종자의 자질을 고려하지 않았다.

④ **특성이론의 재조명** : 최근의 리더십 연구에서 리더십을 결정하는 자질특성의 중요성이 다시 부각되는 경향이 있다. 초기 특성연구에서 주목한 리더의 특성·자질에 관한 자료들을 정밀 분석한 결과에 의하면 유효한 리더십이 리더의 특성과 상관관계가 높다는 것이 재확인되고 있기도 하다.

(2) 리더십 행동이론(Leadership Behavioral Theory) 기출

① **개념 및 의의**

리더의 자질(특성)보다는 리더 개인의 행태나 리더십 스타일에 초점을 둔 접근방식으로 성공적인 리더가 어떻게 행동하는지를 규명함으로써 특정한 리더십 행위를 개발하여 구성원의 사기를 높이고 기업의 생산성 향상을 이룰 수 있다고 주장하는 이론이다. 리더십 스타일(Leadership Style) 이론이라고도 한다. 즉, 성공적인 리더는 특정 스타일을 이용하여 목표달성, 높은 생산성, 사기를 유지한다는 것이다. 따라서 리더십 행동이론은 리더가 과업을 부하들에게 어떻게 위양하고, 어떻게 이들과 커뮤니케이션하며, 어떤 방식으로 동기화하고, 어떻게 과업을 수행하는지의 구체적 행위 측면에 초점을 맞춘다.

리더십 행동스타일에 대한 연구는 두 개의 축을 중심으로 이루어져 왔는데, 그 하나는 리더가 부하의 의견을 어느 정도나 참고・반영해야 하느냐 하는 것이며, 다른 하나는 리더가 조직목표와 부하 중 무엇에 더 관심을 가져야 하느냐는 것이다. 이 중에서도 특히 후자에 관한 연구가 많았으며, 리더십 행동이론들은 주로 이와 관련된 연구들이라 할 수 있다.

② **이론적 접근 방식**

㉠ 1차원적 접근 방식

리더의 행동 패턴을 일직선상의 양극단으로 구분 가능한 것으로 보고 어느 것이 더 유효한지를 설명하고자 하는 접근법이다.

- 전제적・민주적・자유 방임적 리더십(Tannenbaum & Schmidt Theory) : 의사결정 과정에서 리더의 권한영역과 부하의 자유재량 영역에 따라 리더십을 분류하고, 전제적 리더와 민주적 리더를 양극으로 하여 하나의 연속선상에서 리더십 스타일을 파악했다.
  - 전제적 리더십(Autocratic Leadership) : 모든 의사결정을 리더 혼자서 행하는 리더십 형태
  - 민주적 리더십(Democratic Leadership) : 리더 자신의 욕구와 제안 및 구성원의 욕구와 제안을 고려하는 참여를 권장하는 리더십 형태(의사결정 권한을 집단 구성원에게 대폭 위양)
  - 자유 방임적 리더십(Laissez-faire Leadership) : 조직 구성원에게 되도록 적은 통제와 영향력을 행사하는 리더십 형태
- 미시간(Michigan) 대학 연구이론[리커트(R. Likert)] : 리더의 행동・집단과정・집단성과 간의 관계에 대한 연구를 통해 어떤 유형의 리더 행동이 업무 집단의 성과와 구성원의 만족을 가져오는지를 밝혀냈다.
  - 직무 중심 리더십 유형(Job-centered Leadership Style) : 낮은 집단 생산성과 직무 만족도를 보임
  - 직원 중심 리더십 유형(Employee-centered Leadership Style) : 높은 집단 생산성과 직무 만족도를 보임

㉡ 2차원적 접근 방식

- 미국 오하이오 주립대학 연구 이론
  - 집단목표 달성 지휘 시 리더의 행동은 **배려(Consideration)**와 **구조화 주도**라는 리더십의 2요인을 중심축으로 하여 4가지 유형으로 나누어진다는 이론을 제시하였다.
    ⓐ 배려(Consideration) : 부하의 복지・안녕・지위에 대한 리더의 관심 정도로 이러한 성향이 강할수록 부하의 의견을 더 중시하고 원만한 관계를 형성한다.
    ⓑ 구조화 주도 : 구성원의 역할 정의・직무수행 절차・지시・보고 등을 포함한 커뮤니케이션 경로를 설정하는 등 직무나 구성원에 대한 조직화를 주도하는 것을 의미하며 이러한 성향이 강할수록 일・과업 중심으로 부하를 평가한다.
    ⓒ 4가지 행위 유형 : 미국 오하이오 주립대학 경영연구소 연구팀(1945)이 개발한 리더 행동기술 질문지(LBDQ)로 리더의 유형을 조사했다. 배려와 구조화 주도를 두 축으로 하여 4가지 유형으로 구분했으며, 배려와 구조화 주도 모두에 높은 관심을 보이는 리더가 유효성이 가장 높은 즉, 성공적인 리더십이라고 하였다.

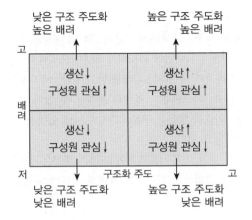

- 관리격자(Managerial Grid) 이론
  - 블레이크(R. R. Blake)와 머튼(J. S. Mouton)의 이론으로 리더십 차원을 인간에 대한 관심과 과업에 대한 관심으로 나누어 바둑판 모형의 좌표를 만들고 이를 기초로 5가지 형태의 리더십으로 구분하였다. 이들 두 가지 행동 측면을 각기 9개의 그리드로 계량화하여 이상적인 리더(9.9형)로서의 리더십 행위를 개발하려는 이론이다.

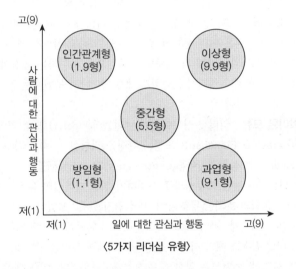

〈5가지 리더십 유형〉

- PM이론(미쓰미) : 오하이오 대학의 연구 개념을 이용하여 개발된 이론으로 리더십의 기능을 성과기능(P)과 유지기능(M)으로 구분하여 리더십을 설명한다.
  - P 기능 : 문제해결 및 목표달성을 지향하는 기능
  - M 기능 : 집단의 자기보존 내지 집단의 과정 자체를 유지·강화하려는 기능
  - 이 이론 모형의 리더십 매트릭스의 4분면은 PM·pM·Pm·pm으로 구성되는데 그 유효성 순위는 PM 〉 pM 〉 Pm 〉 pm 순이다.

③ **연구의 한계**

　　㉠ 2요인 분류방법의 한계 : 대부분의 연구가 리더의 행동과 집단성과나 조직성과를 동시에 측정하는 정태적 상관관계 분석방법에 과도하게 의존함으로써 리더의 행동과 집단성과(조직성과) 간의 인과관계를 파악하기가 어렵다는 한계를 안고 있다. 이 때문에 양 변수 간 인과관계 방향을 명확히 파악할 수 없고, 외생변수의 영향을 통제할 수 없어 내적 타당성이 낮을 수밖에 없다.

　　㉡ 타당성의 문제 : 리더의 행동을 구분·측정하는 데 있어서 신뢰성 있고 타당성 있는 측정방법이 개발·원용되지 않고 있다.

　　㉢ 상황변수에 대한 고려 미흡 : 효과적인 리더의 행동은 상황에 따라 다르다는 사실을 간과하고 있다. 상황변수를 고려하지 않고서는 효과적인 리더의 행동을 파악할 수 없다.

(3) 리더십 상황이론

① **개념 및 의의**

　　리더십 특성이론이나 행동이론은 보편적이고 이상적인 리더의 특성이나 행위유형을 규명하려는 것이었으나, 모든 상황에 적합한 효과적인 리더십 유형을 발견하지 못하였다. 이에 따라 **리더십의 유효성을 상황과 연결시키려는 리더십 상황이론이 등장**하게 되었는데 이 이론은 리더를 둘러싸고 있는 상황에 분석의 초점을 두면서 주어진 상황에 따라 지도자의 능력이나 가치가 달리 평가되고 지도자의 행태와 자질도 달라진다고 주장한다. 즉, 리더십은 직무특성이나 하급자의 성향 등 상황에 따라 다르게 적용되어야 효과적이며 상황에 적절한 리더십 유형이 조직의 효과성을 증진시킨다는 관점의 이론이다. 이 이론은 여러 상황적 조건을 구체화하고 상황적 조건에 따른 리더십 행동과 효과를 집단·조직의 성과와 구성원의 만족감을 중심으로 분석하는 입장이다.

　　그러나 선택변수의 한계나 정태적 분석의 틀에서 벗어나지 못했다는 점, 그리고 연구의 단편성 등이 그 한계로 지적되고 있다.

② **리더십 상황이론 모형** : 리더십 상황이론에는 피들러(Fiedler) 모형(리더십 유효성상황모형), 허시·블랜차드(Hersey & Blanchard) 모형(상황대응 리더십 모형), 경로-목표이론 등이 있다. `기출`

　　㉠ 피들러(Fiedler)의 상황적합이론(Contingency Theory) `기출`

　　　• 개요 : 피들러는 높은 직무성과를 성취하기 위한 리더십의 유효성은 리더의 특성(리더의 LPC scores)과 **상황의 호의성(우호성)**에 따라 결정된다고 보았다. 그는 중요 상황요소를 리더와 구성원 간의 신뢰관계, 과업구조화 정도, 리더 지위의 권력 정도라는 세 가지 요소로 보고, 이를 토대로 LPC 점수를 매겨 리더십 상황을 리더에게 유리한 상황(위의 세 가지 요소가 모두 강한 경우)과 불리한 상황(모두 약한 경우)으로 유형화하였다. 이 모델에서는 상황이 리더에게 유리하거나 불리한 경우에는 업무 지향적 리더십 유형이 적합하고, 상황의 호의성이 중간 정도의 상황에서는 인간관계 지향적 리더십 유형이 적합하다고 본다. 이처럼 리더와 상황과의 적합관계를 평가·파악하기 위해 피들러는 LPC(Least Preferred Co-workers : 리더가 가장 싫어하는 동료 작업자에 대한 생각) 점수법을 사용하였다.

　　　• 리더와 상황의 적합관계 및 유효성

　　　　- LPC(Least Preferred Co-workers) 점수 : 리더가 가장 싫어하는 동료 작업자에 대한 생각을 의미하는 것으로, LPC 척도의 각 항목을 기준으로 리더를 평가하였을 때 LPC 점수가 낮을수록 업무 지향적이고 높을수록 관계 지향적이라고 한다.

- LPC 점수가 낮은 리더(업무 지향적 리더) : 자기 마음에 들지 않는 동료를 부정적으로 보는 리더
- LPC 점수가 높은 리더(관계 지향적 리더) : 자기 마음에 들지 않는 동료를 관대하게 평가하는 리더
- 리더십 유효성 : 상황이 아주 호의적이거나 비호의적인 경우에는 업무 지향적인 리더가 유효한 반면, 상황이 중간 정도의 호의성일 때는 관계 지향적인 리더십이 유효하다고 한다.
- 평가 : 리더십 유형이 특정상황에 따라 각기 다른 유효성을 가지므로, 조직은 상황적 요소를 변경시키거나 리더의 리더십 유형을 변경시킴으로써 작업환경의 유효성을 높일 수 있다는 사실을 규명하여 리더십 연구에 공헌하였으나, 상황분류가 지나치게 단순하고 상황변수의 의미가 분명하지 못하다는 점, 그리고 측정의 타당성과 신뢰성 문제 등이 한계로 지적되고 있다.

ⓛ 허시·블랜차드(Hersey & Blanchard)의 상황적 리더십 모형(Situational Leadership Theory) [기출]
- 개요 : **부하의 성숙도**를 중요한 상황변수로 보고, 부하의 성숙도에 따라 효과적인 리더십 행위 스타일이 다를 수 있다는 것이다. 즉, 인간중심과 과업중심이라는 2개의 변수에 부하의 성숙도라는 변수를 추가하여 3차원적 리더십 모델을 수립하였다. 리더십 유형이 부하의 성숙도 수준이라는 한 가지 상황요인에 따라 결정된다고 보는 경향이 강하며, 과업 차원과 인간관계 차원이라는 리더십의 두 변수가 연속선상에 있지 않고 별개 차원으로 상호 영향을 주지 않으면서 동시에 공존할 수 있다고 본 점이 특징이다.
- 바람직한 리더십 스타일 : 부하의 성숙도가 높을 때는 분권적(위임적) 과업 지향형 리더십이, 부하의 성숙도가 낮을 때는 지시적 과업 지향형 리더십이, 그리고 부하의 성숙도가 중간 정도일 때는 인간관계 지향적 리더십이 적합하다.
  - 권한위양(Delegating)형 : 부하의 성숙도가 높고 유능한 경우에는 의사결정과 수행권한을 부여하여 자율적으로 일하도록 하는 것이 효과적이다.
  - 참여(Participating)형 : 부하가 과업에 대한 이해도는 높지만 의지가 부족하여 관계 지향적 행위가 요구될 때는 결정과정에 참여시키고 의논한다.
  - 명령·지시(Telling)형 : 부하가 과업에 대한 의지는 있지만 방법을 모르는 경우에는 구체적인 업무행위를 지시한다.
  - 강압형 : 부하가 일하기를 싫어하고 아무것도 모르는 경우는 야단치면서 강제로 몰아세우는 리더십이 효과적이다.

ⓒ 경로-목표이론(Path-goal Theory) : 하우스와 미첼(House & Mitchell)
- 개요 : 경로-목표이론(Path-goal Theory)은 구조화주의·배려형 리더십 유형에 동기부여의 기대이론을 접목시킨 이론이라고 볼 수 있다. 이 이론은 리더의 핵심 덕목이 구성원들에게 **업무목표**(Goal)를 명확히 해 주고 **목표달성 방법** 또는 길(Path)을 제시하고 코치해 줌으로써 동기를 부여하는 것이라고 주장한다. 다시 말해서 성공적인 리더는 부하직원이 열심히 일할 수 있도록 영향력을 행사할 수 있는 사람이어야 하고, 부하의 입장에서는 자신들이 추구하는 목표에 도움을 준다고 생각되는 리더의 영향력을 잘 수용하게 된다는 것이다.
- 상황 변수 요인
  - 부하의 특성 : 부하의 능력, 통제의 위치, 욕구와 동기 등
  - 작업 환경의 특성 : 과업의 성격(구조), 작업집단 특성, 공식적 권한관계, 조직적요소 등

- 리더십 행동 유형/스타일 : 하우스는 리더십 행동 유형으로 지시적·후원적·참여적·성취 지향적 리더십의 4가지 유형을 제시하였으며, 효과적 리더십이 되기 위해서는 리더십 스타일이 상황에 적합하게 선택되어야 한다고 주장한다.
  - 지시적 리더(Directive Leader) : 부하가 무슨 일을 해야 할지 구체적으로 지시하고 업무일 정도 잡아주는 등 계획·조직·통제와 같은 공식적인 활동을 강조하는 유형의 리더이다. 구조화된 업무에 적합하다.
  - 지원적 리더(Supportive Leader) : 하급자의 복지와 안녕 및 그들의 욕구에 관심을 기울이고, 구성원들 간 상호 만족스러운 인간관계를 조성하는 유형의 리더이다. 비구조화된 업무에 적합하다.
  - 참여적 리더(Participative Leader) : 부하들을 의사결정에 참여시키고 그들의 의견 및 제안을 고려하는 유형의 리더이다. 하급자들과 정보를 공유하는 스타일이다.
  - 성취 지향적 리더(Achievement Oriented Leader) : 도전적인 목표를 설정하고 성과향상을 추구하며, 하급자들의 능력발휘에 대하여 높은 기대를 설정하는 유형의 리더이다. 하급자들의 성취욕구가 높을 때 적합한 스타일이다.
- 평가
  - 이 이론은 리더십과 동기부여이론을 결합한 것이다.
  - 위의 네 가지 리더십은 한 사람의 리더에 의해서 상이한 상황에 따라 모두 사용될 수 있으므로 리더는 부하들의 특성과 작업환경의 특성을 함께 고려하여 적절한 리더십을 발휘함으로써 부하들의 목표에 대한 유의성과 기대감을 높여 이들의 동기수준, 노력 및 성과와 업무만족도를 제고할 수 있어야 한다는 함의를 제시해 주고 있다.
  - 리더의 성공은 부하들의 특성에도 좌우되지만, 리더 스스로가 주어진 환경에 얼마나 잘 대처하는가에도 좌우된다는 상황이론을 재입증해 주었다.
  - 이론이 너무 복잡하여 검증이 어렵고 명확하게 추구해야 할 목표를 제시하기 어렵기 때문에 경영자들이 실무에 적용하는 데에는 한계가 있다.
  - ㉣ 리더-구성원 교환관계이론(Leader-member Exchange Theory) 기출
    - 개념 : 리더는 모든 하급자를 똑같이 대하지 않고 **집단 내외를 기준**으로 어떤 구성원에게는 더 많은 **관심과 주의**를 집중하는 반면 어떤 구성원에게는 그렇지 않다는 것이다.
    - 외부인과 내부인
      - 내부인(In-group) : 내부인에게는 리더가 많은 자원을 공유하고 관심과 재량권을 준다. 따라서 좋은 성과를 내고 긍정적 직무태도를 보인다.
      - 외부인(Out-group) : 외부인에게는 리더가 관심과 재량권을 주지 않는다. 따라서 직무에 부정적 태도를 보인다.
    - 시사점 : 리더와 구성원들 간의 좋은 관계가 직무만족과 성과향상에 도움이 될 수 있다는 것을 알 수 있다. 리더는 구성원들과 정보·권력을 공유하고 코치로서 역할함으로써 구성원들에게 내부인으로서 적극적으로 조직목표 달성에 기여하도록 동기부여를 할 수 있어야 한다.

(4) 새로운 패러다임의 리더십 이론

1980년대 초까지는 상황이론이 리더십 연구를 주도해 왔으나 기업환경이 급격히 변화하면서 이를 타개하고 지속적인 성장을 이루기 위하여 조직 구성원들의 조직에 대한 강한 일체감과 적극적인 참여를 유발할 수 있는 새로운 리더십들이 지속적으로 제시되고 있다. 그 중 몇 가지 새로운 리더십 이론에 대해 살펴보기로 하겠다.

① **변혁적 리더십(Transformational Leadership)** 기출

　㉠ 개념

　　변혁적 리더십 이론을 가장 처음 주창한 Burns(1978)는 변혁적 리더십이란 미시적 측면에서는 개인 간의 영향력 행사과정이며, 거시적으로는 사회적 체계변화와 조직혁신을 위해 힘을 동원하는 과정이라고 정의하면서, 변혁적 리더란 추종자들의 의식·가치관·태도 등의 혁신을 촉구하는 리더라고 규정했다. 이러한 Burns의 주장을 기초로 변혁적 리더십에 관해 보다 구체적인 이론체계를 구축해 온 Bass(1985, 1996)는 기존의 리더십 이론들은 기본적으로 리더와 부하 간의 거래적 교환관계에 기초를 두고 있기 때문에 종업원들에 대하여 변화와 혁신을 위한 사고와 행동을 촉진할 수 없다고 주장하고 있다. 즉, 거래적 리더십은 기존 조직문화의 틀 안에서 리더가 원하는 목표와 부하들이 바라는 보상 간의 효율적 교환만을 추구할 뿐, 조직의 변화와 쇄신은 추구하지 않기 때문이라는 것이다. Bass는 변혁적 리더는 부하들로부터 신뢰 받고, 개인적 이해를 넘어 조직과 부서의 이익을 위한 헌신적 자세를 갖추는 등 카리스마적 특성과 행동을 취해야 하며, 동시에 부하들에 대한 개별적 배려로 그들을 임파워(Empower)시키고 자기직무에 대한 의미와 자신감을 제고시키며, 기존 사고의 틀을 넘어 창의적 관점과 행동개발을 위한 지적 자극을 부여해야 한다는 점을 강조한다.

　㉡ 변혁적 리더십 구성요인

　　• 카리스마적 리더십(Charismatic Leadership) : 구성원들에게 미래에 대한 비전을 제공하고 자부심을 심어줌으로써 이상적 영향력을 끼치고 존경과 신뢰를 얻는 것이다. 이때의 비전이란 조직이 추구하려는 공유된 가치를 대변하는 것 이상을 의미한다.

　　• 영감적 동기유발(Inspirational Motivation) : 카리스마적 리더십 내부에 존재하는 하위요인으로 추종자들에게 높은 수준의 기대감을 심어주고 현실보다 높은 이상적 목표를 제시함으로써 최대한의 노력을 기울일 수 있도록 동기를 부여한다.

　　• 개별적 배려(Individualized Consideration) : 리더가 자신의 영역 안에 있는 구성원들에게 개별적인 관심을 보여줌으로써 구성원들의 자기 존중감과 자아 정체성을 높이고, 결과적으로 리더가 카리스마적 속성을 보유할 수 있도록 만들고, 부하들로 하여금 리더를 변혁적 인물로 지각하게 하는 데 일조를 한다.

　　• 지적 자극(Intellectual Stimulation) : 리더에 대한 강한 복종이나 신뢰에 의해 특징지어지는 카리스마와는 달리, 부하의 자율성을 보장하고 그들의 의존성향을 제거하는 속성을 지니고 있다. 부하들을 변혁적이고 새로운 시도에 도전하도록 고무하며, 스스로 문제 해결책을 찾도록 격려·자극한다.

② **자율적 리더십** 기출

　㉠ 개념

　　팀 리더와 팀 구성원 모두가 자율적으로 스스로 관리하고 이끌어가는 리더십을 의미한다. 즉, 부하들은 자기규제와 자기통제에 의해 스스로를 이끌어 나가고 리더는 부하들이 그러한 능력을 갖도록 촉진하고 지원하는 리더십을 말한다.

　㉡ 중요성·효용성

　　• 팀 구성원들은 자기존중·자긍심을 갖고 만족스러운 조직생활을 할 수 있다.
　　• 리더는 감시와 통제 대신 새로운 아이디어 또는 팀의 비전을 구상하는 등 발전적인 방향으로 역량을 집중할 수 있다.
　　• 조직 차원에서는 자율적 집단을 구축하여 조직 유효성을 제고할 수 있다.

　㉢ 자율적 리더십 유형

　　• 셀프 리더십(Self Leadership) : 구성원(부하) 중심 개념
　　　– 개념 : 셀프 리더십(Self Leadership)이란 구성원들이 철저한 자기규제와 자기통제를 통해 **스스로를 이끌어 나가고 자율적으로 일하는 것**을 의미한다. 구성원들은 조직에서 리더가 일시적으로 자리를 비울지라도 스스로를 관리·통제하는 동시에 다른 구성원들도 자율적으로 일하도록 지원·촉진할 수 있어야 한다.
　　　– 중요성 : 셀프 리더십은 현대 경영에서 특히 중시되는 자율적 리더십을 함양하는데 핵심적 요소이다. 즉, 셀프 리더십 스킬의 배양을 통해 구성원들은 자기존중·자긍심을 갖고 만족스러운 조직생활을 할 수 있으며 리더는 감시·통제를 줄이고 새로운 아이디어나 조직의 비전을 구상하는 데 힘을 집중할 수 있다.
　　　– 셀프 리더십을 발휘하는 구성원들의 행동 특성
　　　　ⓐ 업무 수행과 결과에 대해 팀원 간 격려를 통한 자기강화를 모색한다.
　　　　ⓑ 자기관찰 및 자기평가를 중시한다.
　　　　ⓒ 자신과 팀의 성과목표에 대한 기대수준을 더욱 높게 올리도록 하는 자기기대를 갖는다.
　　　　ⓓ 자기목표 설정, 사전 연습, 자기비판 등의 행동을 한다.
　　　– 셀프 리더십 스킬의 배양
　　　　ⓐ 임파워먼트를 통해 부하 직원들이 잠재능력을 발휘하도록 자극을 하고 스스로 모범을 보이며, 궁극적으로는 관리가 필요 없는 수준으로까지 조직의 힘을 키우는 역할을 해야 한다.
　　　　ⓑ 집단 구성원들이 리더의 역할을 나누어 수행할 수 있도록 준비시켜야 한다.
　　　　ⓒ 팀 책임을 강조하면서 구성원 각자가 하고 있는 역할이 팀과 조직에 어떠한 공헌을 하고 있는지를 알려 주도록 해야 한다.
　　• 슈퍼 리더십 – 리더 중심 개념
　　　– 개념 : 슈퍼 리더십이란 구성원들을 스스로 파악하여 행동에 옮기고, 그 결과도 책임질 수 있는 **셀프 리더로 만드는** 리더십을 의미한다. 슈퍼 리더십에서는 구성원들이 자발적으로 리더십을 발휘하도록 능력을 개발해주고, 이를 위한 여건을 조성하는 리더의 행동을 특히 강조한다. 즉, 리더가 부하들이 스스로 판단하고 행동에 옮기며 그 결과에 대해서도 책임을 질 수 있도록 부하를 육성하여 셀프 리더로 만드는 리더십이다.

- 슈퍼 리더십의 역할
    ⓐ 모델 역할 : 리더가 먼저 셀프 리더로서 행동모범을 보임으로써 부하의 대리학습을 촉진하는 역할
    ⓑ 코치 역할 : 부하의 장래비전과 목표설정을 적극적으로 지원하여 셀프 리더가 될 수 있도록 도와주는 지원자 역할
    ⓒ 변화 담당자 역할 : 집단이 자율적으로 운영되는 체제로 전환시키는 변화 담당자로서의 역할
- 팔로워십(Followership) 기출
    - 개념 : 부하의 특성·행동 및 리더와의 상호작용에 대한 연구를 통해 입증된 것으로, 부하도 리더에게 중요한 영향을 미친다는 가정 하에 리더십의 상향적 과정에 대한 연구를 통해 확립된 개념이다. 즉, **부하들의 적절한 역할이 리더의 리더십 성과를 좌우**한다는 이론이다. 이를 연구한 학자 켈리는 조직의 성과에 대한 리더의 기여는 10~20% 정도이며, 나머지는 부하들의 팔로워십이 결정한다고 여겨서 부하의 팔로워십에 대한 인식이 매우 중요하다고 보았다.
    - 유능한 부하의 특성
        ⓐ 독자적 판단 및 업무수행 능력 탁월
        ⓑ 자신의 이익을 초월해 조직 및 집단에 몰입
        ⓒ 자기계발을 통해 조직에 공헌할 수 있는 지속적인 업무역량 강화
- 임파워링 리더십(Empowering Leadership) 기출
    - 개념 : 조직의 생명력과 기를 살려주는 리더십으로 부하에게 권한과 책임을 위양해 주고 **목표성취 능력을 키워 주어 신뢰를 구축**함으로써 구성원에게 에너지를 불어넣어 주는 리더십이다. 조직의 구성원이 자신의 일처럼 관심과 열성을 갖고 조직의 개선과 변화에 참여할 수 있는 기본적인 틀을 제시하고 있다는 점에서 주목되고 있다.
    - 특징
        ⓐ 리더는 전통적인 관리자상인 통제자·의사결정자·집행자·아이디어 창안자라기보다는 지원자·코치·활력 있는 분위기 촉진자의 역할을 수행한다.
        ⓑ 임파워링 리더십에서는 리더와 팀원의 역할·책임·행동에 따라 1단계 수직적 명령체계에서 리더가 팀원에 대한 지원 등의 역할만 맡고 종전 리더의 영역에 속했던 책임과 의사결정권을 팀원에게 위임하는 5단계까지 구분된다. 리더는 부서의 활동과 도전 쪽으로 관심을 전환하고 팀원의 활력에 집중한다.
        ⓒ 기존에 나온 Self Leadership과 Super Leadership을 통합한 개념으로 개인(리더 자신과 팔로워)과 조직의 육성·발전을 같이 추구하는 것이다.
    - 리더의 Empowerment 역할에 대한 킬만(R. H. Kilmann)의 정리
        ⓐ 부하의 의사결정 참여를 통한 Empowerment
        ⓑ 자율관리 팀의 구성과 활동을 통한 Empowerment
        ⓒ 경청과 인정을 통한 Empowerment
        ⓓ 교육과 재훈련을 통한 Empowerment
        ⓔ 인센티브 제공을 통한 Empowerment
        ⓕ 고용보장을 통한 Empowerment

ⓖ 조직구조의 간소화(Tall 조직에서 Flat 조직으로 이행)를 통한 Empowerment

ⓗ 중간관리자 역할의 재인식을 통한 Empowerment

ⓘ 관료제적 요소의 제거를 통한 Empowerment

체크 포인트

거래적(교환적) 리더십과 변혁적 리더십 비교

구분	거래적(교환적) 리더십	변혁적 리더십
목표	교환관계	변혁 또는 변화
성격	소극적	적극적
관심 대상	단기적인 효율성과 타산	장기적인 효과와 가치의 창조
동기부여 전략	• 부하들에게 즉각적이고 가시적인 보상으로 동기부여 • 외재적 동기부여	• 부하들에게 자아실현과 같은 높은 수준의 개인적 목표를 동경하도록 동기부여 • 내재적 동기부여
행동의 기준	부하들이 규칙과 관례에 따르기를 선호	변화에 대한 새로운 도전을 하도록 부하를 격려함
적절한 상황	• 업무성과를 조금씩 개선하려 할 때 • 목적을 대체시키려 할 때 • 특정행위에 대해 저항을 감소시킬 때	• 조직합병을 주도하려 할 때 • 조직을 위해 신규부서를 만들려 할 때 • 조직문화를 새로 창출하고자 할 때
리더십 요인	• 업적에 따른 보상 • 예외 관리	• 이상적 영향력 : 부하들에게 강력한 역할 모델이 되는 리더 • 영감적 동기부여 : 부하들의 의욕을 끊임없이 고무시키는 리더 • 지적 자극 • 개별화된 배려

---

5 효과적인 리더십 개발방안

(1) 현대적 리더로서의 자질함양

① 비전을 개발하고 목표를 구체화하여야 한다.

② 부하를 신뢰하고 부하로부터 신망을 얻어야 한다.

③ 항상 솔선수범하여야 한다.

④ 구성원을 배려하는 인간미를 갖추어야 한다.

⑤ 지속적인 자기계발로 업무의 전문가가 되어야 한다.

⑥ 자기 자신에게 반대하는 사람을 중시해야 한다.

⑦ 효과적인 커뮤니케이션 능력을 갖추어야 한다.

⑧ 위험을 감수하는 도전정신을 가져야 하며 구성원들을 지속적으로 임파워먼트시켜야 한다.

⑨ 환경변화에 대한 높은 감수성을 가져야 한다.

⑩ 민주적·인간중심적 리더십을 갖추어야 한다.

(2) 리더십 스타일 개발을 위한 진단과 훈련

① **리더의 자기진단** : 효과적 리더십 개발을 위해서는 LPC 점수 등 체크리스트를 이용한 리더십 스타일에 관한 자기진단이 필요하다. 이를 통해 리더의 특성과 행위도 개발해야 한다.

② **리더십 개발 훈련기법**

　㉠ 개인행동 수준의 리더십 개발 훈련기법
- (리더십 이론과 기술에 대한) 강의
- 사례 연구
- 역할 연기
- 감수성 훈련
- 행동 모형화(강의, 시청각 교육, 그리고 역할 연기 방법에 피드백 강의 기법을 적용하여 개인의 기술 향상이나 행동개선을 가져오게 하는 훈련기법)

　㉡ 집단행동 수준의 리더십 개발 훈련기법
- 팀 구축 : 조직 내 다양한 팀들의 개선 및 유효성 증대를 목적으로 하는 리더십 개발 방법
- 집단대면 기법 : 변화 담당자가 중심이 되어 구성원 간 상호 이해를 증진시키고, 잠재되어 있는 문제를 인식시켜 이의 해결책을 모색하는 것
- 과정 자문법 : 외부 상담자의 도움을 받아 한 집단 내 또는 집단 간에 발생하는 갈등과정을 개선하는 기법
- 제3자 조정법 : 갈등해결을 근본목표로 삼고 있는 이 기법은 과정 자문법과 마찬가지로 관련 과정을 검토하여 갈등의 이유를 진단하고, 제3자를 통하여 갈등에 대한 대책과 해결을 촉진하는 방법
- 설문조사 피드백 : 집단이나 조직문제에 대한 구성원의 설문조사 결과를 도출하고 이것을 피드백 자료로 활용하여 구성원들로 하여금 자기의 집단과 조직문제를 해결하도록 하는 리더십 개발방법

　㉢ 조직행동 수준의 리더십 개발 훈련기법 – 그리드 훈련기법 : 그리드 조직개발 기법의 그리드 훈련의 목적은 6단계의 리더십 개발과정을 통하여 개인 수준의 행동개발로부터 전체 조직의 행동개발에 이르기까지 '이상적인 리더'를 개발하는 데 있다. 그리드 훈련기법의 6단계 과정은 다음과 같다.
- 1단계 : 그리드 세미나 단계
- 2단계 : 팀(워크) 개발 단계
- 3단계 : 집단 간 행동 개발 단계
- 4단계 : 이상적 전략모델 개발 단계
- 5단계 : 이상적 전략모델 실행 단계
- 6단계 : 체계적 비판 단계(이상적 모형의 정착으로 지금까지 시도한 기법들의 실제효과를 측정·평가하고 향후 그리드 조직 개발 수행의 초점을 설정하는 단계)

(3) 인재육성형 리더십의 개발

현대 조직에서의 리더는 본인 스스로가 인재를 육성할 당사자라는 확고한 자세를 갖고 지속적으로 조직 구성원들의 역량을 개발할 수 있는 코치나 촉진자의 역할을 수행해야 한다.

① **인재육성형 리더로서의 역할 수행** : 오늘날 리더는 인재육성형 리더로서의 역할을 수행해야 하는데, 이를 위해서 리더는 사명감과 신념을 갖고 '구성원들의 잠재능력을 진단하여 능력 향상을 촉진하고', '구성원들에게 지적인 자극을 주고', '단계적으로 도전적인 업무를 제시하는 동시에 능력을 발휘할 수 있는 환경을 조성'해야 한다.

② **코칭스킬 함양** `기출`

   ㉠ 현대 기업에서 리더는 현장에서 구성원들에게 업무와 관련하여 업무내용·수행방법·수행요령 등을 일일이 구체적으로 가르쳐 주는 코치의 역할을 수행해야 한다.

   ㉡ 효과적인 코치의 역할을 수행하기 위해서는 '설명(Telling) – 시범(Showing) – 실행(Doing) – 교정(Correcting)'의 체계적 단계를 기초로 효과적인 코칭스킬을 함양해야한다.
   - 설명단계 : 리더가 구성원들에게 업무내용, 업무수행 방법, 시한, 결과 수준에 대해 설명
   - 시범단계 : 리더가 구성원들에게 업무수행 방법 및 요령을 시범적으로 보여줌
   - 실행단계 : 구성원들로 하여금 과업을 실제로 수행하도록 하는 단계
   - 교정단계 : 작업수행 결과에 대한 진단을 통해 이를 교정 또는 칭찬하는 단계

(4) 구성원의 팔로워십과 셀프 리더십 스킬 배양

조직에서 리더십이 효과적으로 발휘되기 위해서는 리더뿐만 아니라 구성원들도 팔로워십과 셀프 리더십 스킬을 배양해야 한다. 즉, 팔로워십은 리더의 영향력을 따르려는 부하들의 특성 및 행동양식으로 조직과 구성원 모두는 팔로워십을 상호 개발하여 이를 명확히 하고 공유해야하는 동시에, 구성원 스스로 자기강화·자기관찰·자기평가·자기기대·자기목표 설정·사전 연습 및 자기비판 등을 통해 자신을 관리하게 되는 셀프 리더십 스킬도 배양해야 한다.

(5) 리더십 상황요인의 개선

효과적인 리더십 개발을 위해서는 리더십 상황요인, 즉 조직 환경요인을 개선할 필요가 있다. 리더십 상황요인(조직 환경) 개선방안은 다음과 같다.

① 리더와 상황의 적합성을 높이는 방향으로 리더의 선발·배치제도를 개선한다.

② 직무 재설계 등 조직 구조적인 요인의 변경을 통하여 리더십 유효성을 제고시킬 수 있다.

③ 예산 전결권·인사권 등 리더의 재량권 확대를 통해 구성원에 대한 리더의 영향력을 증대시킬 수 있다.

④ 인사문제에 관한 규칙·정책·절차 등을 명확히 하여 리더십 효과를 높일 수 있다.

⑤ 리더와 구성원의 상호 신뢰를 기초로 참여경영이 확립될 때 리더십의 효과를 극대화할 수 있다(팔로워십과 리더십이 균형을 이루는 조직의 참여분위기를 형성).

○✕로 점검하자 | 제3장

※ 다음 지문의 내용이 맞으면 ○, 틀리면 ✕를 체크하시오. [1~16]

01 모든 팀은 집단이지만, 모든 집단이 팀은 아니다. (   )

02 권한은 팀제 하에서 팀장에게 팀 내 업무분장에 대한 재량권을 허가하지만, 팀원에 대한 목표부여 및 인사이동·인사고과에 대한 권한은 부여하지 않는다. (   )

03 팀제 조직의 경우 계급제적 성격이 강한 사회에서는 성공하기가 용이하다. (   )

04 팀제 조직의 경우 매출증대 및 원가절감 등 경영성과 향상에 기여한다. (   )

05 쿤츠는 리더십을 "목표설정과 목표달성을 지향하도록 집단행위에 영향력을 행사하는 과정이다." 라고 정의하였다. (   )

06 리더십의 3가지 자격요건으로는 비전, 신뢰, 충성 및 지지가 있다. (   )

07 모든 리더가 관리자이며, 일반적으로 관리자는 공식리더라고 할 수 없다. (   )

08 관리자의 리더십은 비공식 리더십에 의해 강화될 수 있다. (   )

09 리더십이란 개인이나 집단이 힘·지식 등을 활용해서 또 다른 개인 및 집단 등에게 영향력을 행사하거나 어떠한 행동을 하도록 시킬 수 있는 능력을 말한다. (   )

10 영향력의 형성과정은 순종 → 동일화 → 내면화의 과정을 거친다. (   )

11 순종은 수용자가 권력 행사자와의 만족스러운 관계 유지를 위해서 그의 영향력을 받아들일 때 이루어진다. (   )

정답과 해설　01 ○　02 ✕　03 ✕　04 ○　05 ✕　06 ○　07 ✕　08 ○　09 ✕　10 ○　11 ✕

02 권한은 팀제 하에서 팀장에게 팀 내 업무분장에 대한 재량권, 팀원에 대한 목표부여 및 인사이동·인사고과의 권한이 있다.

03 팀제 조직의 경우 계급제적 성격이 강한 사회에서는 성공하기가 어렵다.

05 쿤츠는 리더십을 "사람들로 하여금 공동목표를 달성하는 데 따라오도록 영향력을 행사하는 것이다."라고 정의 하였다.

07 모든 리더가 관리자는 아니며, 일반적으로 관리자는 공식리더라고 할 수 있다.

09 권력이란 개인이나 집단이 힘·지식 등을 활용해서 또 다른 개인 및 집단 등에게 영향력을 행사하거나 어떠한 행동을 하도록 시킬 수 있는 능력을 말한다.

11 순종은 보상을 받거나 또는 벌을 피하기 위해 수용자가 권력 행사자를 따르는 것을 말한다.

12 리더의 특성 요인으로 데이비스는 신체적 특성, 사회적 배경, 지적 능력 등을 들었다. (　　)

13 유방임적 리더십은 조직 구성원들에게 되도록 적은 통제 및 영향력을 행사하는 리더십의 형태이다.
(　　)

14 리더십 상황이론 모형으로는 피들러 모형, 허시·블랜차드 모형, 경로–목표이론 등이 있다.
(　　)

15 슈퍼 리더십은 구성원 중심의 개념이다. (　　)

16 변혁적인 리더십의 관심 대상은 장기적 효과 및 가치의 창조에 있다. (　　)

01 다음 중 팀에 대한 설명으로 적절하지 <u>않은</u> 것은?

① 팀이란 소수의 구성 멤버들이 상호 필요한 각자의 기능을 갖고 상호 보완·협동관계를 통해 특정 목적을 달성하기 위해 구성된 집단을 말한다.

② 모든 팀은 집단이지만, 모든 집단이 팀은 아니다.

③ 각 구성원 간 상호 보완적 기능이 매우 중요하다.

④ 팀에 있어 팀원의 수는 그리 중요한 요소가 아니다.

01 팀에서 팀원의 수는 매우 중요한 요소이다. 바람직한 팀원 수는 2~25명 정도로 보지만 가장 적정한 팀원의 수는 10명 내외이다.

02 생산성 높은 팀의 한 특징으로 "경영진은 모든 팀원들로부터 인정받을 수 있는 목표를 제공하고, 팀원은 자신의 조직목표를 명확히 알아야 한다."라는 개념은 무엇인가?

① 핵심 목표

② 클린 목표(Clean Purpose)

③ 거시 목표

④ 상호보완 목표

02 생산성이 높은 팀은 클린 목표를 가진다.

정답 01 ④ 02 ②

03 생산성이 높은 팀의 리더는 광범위한 목표·지시를 구체화한다.

생산성 높은 팀의 특징
• 생산성이 높은 팀의 리더는 팀 미션(자신의 팀이 원하는 것이 무엇인지)에 대한 명확한 정의를 통해 자신 및 팀원들의 미션에 대한 공통된 몰입을 극대화한다.
• 광범위한 목표·지시를 구체적이고 측정 가능한 성과목표로 변환시킴으로써 그 구성원들에게 의미 있고 구체적인 목표를 제시한다(구체적인 성과목표 지향).

04 **팀의 유형**
• 자가 경영 직무팀(자아 관리팀) : 관리자 역할까지 팀 단위에 맡기는 유형이다.
• 준 자율팀 : 자기 자신의 영역에서 활동을 위해 노력을 투입하지만 감독자에 의해 관리된다.
• 문제 해결팀 : 특정한 문제를 해결하기 위해 같은 부서에 소속된 멤버 중 몇 명을 선정하여 구성한 팀(Team) 유형이다.
• 제안팀 : 비용절감 방법이나 생산성 향상과 같은 특별한 과제를 갖고 임시적으로 구성하는 팀을 말하는데, 임시적이다.
• 기능 융합팀(Cross-functional Team) : 특별한 직무를 수행하기 위해 서로 다른 다양한 부서에서 정예 멤버들을 차출하여 구성하는 팀의 유형으로 태스크 포스나 위원회 등이 이 유형에 속한다.
• 가상팀(Virtual Team) : 공동목표 달성을 위해 따로 떨어져 있는 구성원들을 컴퓨터와 인터넷을 활용(비디오 화상회의, E-mail 등)하여 모아놓은 팀 유형이다.

03 **다음 중 생산성 높은 팀의 특성이 <u>아닌</u> 것은?**

① 생산성이 높은 팀의 리더는 자신과 팀원들의 미션에 대한 공통된 몰입을 극대화 한다.
② 생산성이 높은 팀의 리더는 광범위한 목표·지시를 포괄적이고 측정 가능한 성과 목표로 변환시켜 구성원들에게 제시한다.
③ 가장 효과적인 팀의 규모는 7~14명이며 적절한 구성원의 혼합이 필요하다.
④ 구체적인 성과목표를 지향한다.

04 **다음 중 팀의 유형과 개념의 연결이 옳지 <u>않은</u> 것은?**

① 자아 관리팀 – 자가 경영 직무 팀으로서 관리자 역할까지 팀 단위에 맡기는 유형이다.
② 준 자율팀 – 자기 자신의 영역에서 활동을 위해 노력을 투입하지만 감독자에 의해 관리된다.
③ 문제 해결팀 – 특정한 문제 해결을 위해 같은 부서에 소속된 멤버 중 몇 명을 선정하여 구성한 팀(Team) 유형이다.
④ 제안팀 – 비용절감 방법이나 생산성 향상과 같은 특별한 과제를 갖고 구성하는 영구적인 팀이다.

정답 (03 ② 04 ④)

05 다음에서 설명하는 개념은 무엇인가?

> 집단 구성원들이 집단 내에서 공동체 의식을 바탕으로 서로 단합하는 힘으로서 집단행동에 영향을 미치는 중요한 요소이다. 이것은 구성원 간 근접성과 접촉이 많을수록 커지고, 이는 상호 개인간 매력도에 의해 좌우된다.

① 집단 매력도
② 집단 응집력
③ 집단 몰입
④ 집단 사고

05 집단 구성원들은 집단 내에서 공동체 의식을 바탕으로 단합하게 되는데, 이때 서로가 단합하는 힘을 응집력이라고 한다. 응집력은 집단행동에 영향을 미치는 중요한 요소이다. 이러한 집단 응집력은 구성원 간 근접성과 접촉이 많을수록 커지고, 이는 상호 개인 간 매력도에 의해 좌우된다. 그리고 집단 간 경쟁은 집단의 응집력을 높이지만, 집단 내 경쟁은 응집성을 약화시킨다.

06 다음 중 괄호 안에 들어갈 말로 적절한 것은?

> 팀은 (   )인 기능을 가지는 소수의 사람들이 공동의 목표를 달성하기 위해 책임을 공유하고 문제 해결을 위하여 공동의 접근방식을 사용하는 조직 단위이다.

① 상호 대립적
② 상호 보완적
③ 모순적
④ 상호 자극적

06 팀은 구성원 간의 상호 보완적 관계를 보인다.

정답 (05 ② 06 ②)

07 팀제의 특징
- 명령지휘 계통이 아니라 업무·과제·주제 중심으로 팀을 형성
- 과잉관리 업무를 폐지·축소시키고 팀장을 중심으로 결재단계를 파격적으로 축소하여 조직을 슬림화함
- 중간관리자는 관리업무가 아닌 담당업무의 전문가로서의 역할을 하도록 독려
- 협력을 통한 공동작업, 팀 성과에 대한 공동책임, 목표달성을 위한 공동몰입, 자율의 보장

07 다음 중 팀제 조직의 특징으로 옳은 것은?

① 명령지휘 계통으로 팀을 형성
② 팀장 중심으로 결재단계를 확대시켜 조직 비대화 추구
③ 중간관리자는 담당업무의 전문가로서 역할보다는 관리업무를 하도록 독려
④ 협력을 통한 공동작업, 팀 성과에 대한 공동책임, 목표달성을 위한 공동몰입, 자율의 보장

08 팀제 조직하의 인사 조직상의 변화
- 직급·지위와 직책의 분리가 이루어지므로 직급·직위 승진과 직책보임이 구분된다.
- 조직 구성원 각자의 몫을 분명히 하여 모두가 맡은 업무에 전문가가 되도록 장려한다.
- 경직적 계층구조의 부·과 개념을 떠나 유연한 평면구조로의 전환을 시도하게 된다.
- 직급 중심이 아니라 업무 중심의 의사결정이 이루어진다.
- 조직체계도 담당, 대리, 과장, 부서장에서 담당자, 팀장으로 간소화되어 팀 내에서는 모든 정보가 공유된다.

08 다음 중 팀제 조직하의 인사 조직상의 변화로 옳은 것은?

① 직급·직위 승진과 직책보임의 통합
② 각 팀원의 담당 업무 전문가화
③ 조직체계의 확대
④ 경직적 계층구조 유지

09 조직 내 상명하복 문화가 강할 경우 팀제 도입에 실패할 수 있다.

09 다음 중 팀제 조직의 유효성 악화요인이라고 볼 수 없는 것은?

① 관련제도 및 업무의 재편성이 뒤따르지 않거나, 팀제 도입목적이 불분명한 경우
② 구성원의 수용의지가 미흡하고 팀제에 대한 이해가 부족할 경우
③ 팀장의 능력과 리더십이 부족하고 팀원의 전문능력이 미흡할 경우
④ 조직 내 상명하복 문화가 너무 약할 경우

정답 07 ④ 08 ② 09 ④

10 다음 괄호 안에 들어갈 말로 옳은 것은?

> (   )이란 집단 수준의 조직개발(OD) 기법 중 하나로 조직 내에 존재하는 다양한 팀들을 개선하고 그 유효성을 증대시키는 데 목표가 있다. (   )은 조직변화 과정의 모형/태도의 변화 과정인 해빙·변화·재동결의 단계를 거쳐 이루어진다. (   )은 작업팀의 문제 해결 능력과 효율성을 개선하기 위해 사용하는 방법으로 과업성과와 관련된 문제 해결에 중점을 둔다.

① 그리드 훈련
② 감수성 훈련
③ 코칭스킬
④ 팀 구축법

11 특정한 상황에서 구성원들로 하여금 조직이나 집단의 공동목표를 달성하는 데 필요한 행위를 하도록 영향을 미치는 과정(영향력 행사의 과정) 또는 그러한 능력을 무엇이라 하는가?

① 커뮤니케이션
② 카리스마
③ 리더십
④ 교육훈련

10 ① 그리드 훈련 : 건전한 인간관계, 관리능력의 육성과 업적달성을 목적으로 하는 훈련
② 감수성 훈련 : 사전에 과제나 사회자를 정해주지 않고 이질적이거나 동질적인 피훈련자 끼리 자유로운 토론을 통해 어떤 문제의 해결방안이나 상대방에 대한 이해를 얻도록 하는 훈련
③ 코칭스킬 : 현장에서 구성원에게 업무와 관련한 모든 것들을 일일이 구체적으로 가르쳐 주는 리더의 역할 수행과 관련된 기술

11 리더십(Leadership)이란 리더가 특정한 상황에서 구성원들로 하여금 조직이나 집단의 공동목표를 달성하는 데 필요한 행위를 하도록 영향을 미치는 과정 또는 그러한 능력을 의미한다.

정답 10 ④ 11 ③

12 권력으로 영향력을 행사한다.

12 다음 괄호 안에 들어갈 말로 알맞은 것은 무엇인가?

> 리더가 영향력을 행사할 수 있는 것은 (　　　)을 소유함으로써 가능하다.

① 리더십
② 권력
③ 설득력
④ 커뮤니케이션

13 리더의 3가지 자격 요건
　• 비전: 조직이 나아가야 할 길을 다른
　　사람보다 더 정확히 알아야 한다.
　• 신뢰: 구성원으로부터 인간적인 신
　　뢰를 받아야 한다.
　• 충성과 지지: 목표실현·달성을
　　위하여 구성원들의 열성과 행동의
　　전폭적인 지지를 획득해야 한다.

13 리더의 3가지 자격 요건에 해당되지 <u>않는</u> 것은?

① 비전
② 충성
③ 자금
④ 신뢰

14 리더와 관리자
　• 모든 리더가 관리자는 아니며, 일
　　반적으로 관리자는 공식리더라 할
　　수 있다.
　• 관리자의 리더십은 비공식 리더십
　　에 의해 강화될 수 있다.

14 다음 중 리더와 관리자에 대한 설명으로 옳은 것은?

① 모든 리더가 반드시 관리자는 아니다.
② 리더는 모두 관리자이다.
③ 관리자는 대부분 공식리더가 아니다.
④ 리더와 관리자는 완전히 동일한 개념이다.

정답 12 ② 13 ③ 14 ①

15 다음 중 리더십의 본질적 요소로 바르게 짝지어진 것은 무엇인가?

① 권력과 자금력
② 권력과 영향력
③ 비전과 커뮤니케이션
④ 자금력과 영향력

15 리더십이란 영향력 행사의 과정이라 할 수 있고 리더가 영향력을 행사할 수 있는 것은 바로 권력을 소유함으로써 가능한 것이다. 따라서 권력과 영향력을 리더십의 본질적 요소라 할 수 있다.

16 다음 괄호 안에 들어갈 말로 알맞은 것은 무엇인가?

> (　　　)이란 개인 또는 집단이 힘·자원·지식 등을 이용하여 다른 개인 또는 집단에게 영향력을 행사하거나 어떤 행동을 하도록 시킬 수 있는 능력을 말한다.

① 리더십
② 권력
③ 갈등
④ 영향력

16 권력이란 개인 또는 집단이 힘·자원·지식 등을 이용하여 다른 개인 또는 집단에게 영향력을 행사하거나 어떤 행동을 하도록 시킬 수 있는 능력을 말한다. 즉, 다른 대상으로 하여금 권력보유자가 원하는 어떤 것을 하도록 시키거나, 원하는 방향으로 행동이 일어나게 만들 수 있는 능력인 것이다.

17 권력행사에 대한 행동반응이자 권력행사에 따라서 성취된 결과를 의미하는 것은 무엇인가?

① 리더십
② 권력
③ 영향력
④ 커뮤니케이션

17 영향력이란 권력행사에 대한 행동반응이고 권력행사에 따라서 성취된 결과이다.

정답 　15 ②　16 ②　17 ③

18 권력의 원천에는 개인권력의 원천과 집단권력의 원천이 있다.

18 다음 중 2가지 권력의 원천으로 알맞게 짝지어진 것은?

① 개인권력의 원천 및 집단권력의 원천
② 개인권력의 원천 및 사회권력의 원천
③ 집단권력의 원천 및 사회권력의 원천
④ 내적권력의 원천 및 외적권력의 원천

19 리더십의 역할에는 진단적 기능, 처방적 기능, 동원 기능이 있다.

19 다음 중 리더십의 역할이 <u>아닌</u> 것은 무엇인가?

① 진단적 기능
② 동원 기능
③ 처방적 기능
④ 설득 기능

20 리더십 특성이론
리더의 개인적 자질에 초점을 맞추고 이러한 자질들이 리더의 유효성에 어떤 영향을 미치는지를 연구한 이론으로 효과적인 리더들이 갖고 있는 일련의 공통적인 특성, 특질 또는 자질을 규명하려는 이론이다. 리더가 어떤 고유한 특성을 가지면 상황이나 환경이 바뀌더라도 항상 리더가 될 수 있다는 점을 기본 가정으로 하고 있다.

20 다음에서 설명하는 리더십 이론은 무엇인가?

> 리더가 어떤 고유한 특성을 가지면 상황이나 환경이 바뀌더라도 항상 리더가 될 수 있다는 점을 기본 가정으로 하고 있다.

① 리더십 상황이론
② 리더십 특성이론
③ 리더십 행동이론
④ 자율적 리더십이론

정답 18 ① 19 ④ 20 ②

21 다음 중 리더십에 영향을 주는 리더의 특성 요인으로 다음 사항을 제시한 사람은?

> • 지능적
> • 사회적 성숙과 여유(정서적 안정, 적극성, 자신감, 자아개념)
> • 내적동기 및 성취욕 강함
> • 원만한 인간관계

① 블레이크(R. R. Blake)
② 머튼(J. S. Mouton)
③ 스톡딜(R. M. Stogdill)
④ 데이비스(K. Davis)

21 ①·② 블레이크와 머튼은 리더십 차원을 인간에 대한 관심과 과업에 대한 관심으로 나눈 후 이를 기초로 리더십을 5가지 형태로 구분하였다.
③ 스톡딜 : 리더의 특성 요인으로 신체적 특성, 사회적 배경, 지적 능력, 성격, 과업 특성, 사회적 특성 등을 제시하였다.

22 다음에서 설명하는 리더십 이론은 무엇인가?

> 리더의 자질(특성)보다는 리더 개인의 행태나 리더십 스타일에 초점을 둔 접근방식으로 성공적인 리더가 어떻게 행동하는지를 규명함으로써 특정한 리더십 행위를 개발하고자 하는 이론이다. 리더십 스타일(Leadership Style) 이론이라고도 한다.

① 리더십 상황이론
② 리더십 특성이론
③ 리더십 행동이론
④ 자율적 리더십이론

22 리더십 행동이론은 리더십 스타일 이론이라고 한다.

정답 21 ④ 22 ③

23 매니지리얼 그리드 이론의 5가지 리더십 유형
• 과업형(9,1형)
• 인간관계형(1,9형)
• 방임형(1,1형)
• 이상형(9,9형)
• 중간형(5,5형)
이 중 가장 이상적인 리더의 유형은 (9,9형)이다.

23 관리격자(매니지리얼 그리드) 이론에서 가장 이상적인 리더의 유형은 무엇인가?

① 9,9형
② 3,5형
③ 9,1형
④ 1,9형

24 미국 오하이오 주립대학 연구 이론에서 리더십의 2가지 중요 요인
• 배려(Consideration) : 부하의 복지·안녕·지위에 대한 리더의 관심 정도로 이 성향이 강할수록 부하의 의견을 더 중시하고 원만한 관계를 형성한다.
• 구조화 주도 : 구성원의 역할 정의·직무수행절차·지시·보고 등을 포함한 커뮤니케이션 경로를 설정하는 등 직무나 구성원의 조직화를 주도하는 것을 의미하며 이 성향이 강할수록 일·과업 중심으로 부하를 평가한다.

24 리더십 행동이론의 2차원적 접근방식 중 하나인 미국 오하이오 주립대학 연구 이론에서 리더십 유형제시를 위해 도입한 2가지 중요 요인은 무엇인가?

① 리더의 권한 영역과 부하의 자유재량 영역
② 직무중심 요인과 직원중심 요인
③ 배려(Consideration)와 구조화 주도
④ 성과기능과 유지기능

정답 23 ① 24 ③

25 다음 괄호 안에 들어갈 말로 알맞은 것은 무엇인가?

> (   )이란 리더십의 유효성을 상황과 연결시키려는 이
> 론으로 리더를 둘러싸고 있는 상황에 분석의 초점을 두면서
> 주어진 상황에 따라 지도자의 능력이나 가치가 달리 평가되
> 고 지도자의 행태와 자질도 달라진다고 주장한다. 즉, 리더십
> 은 직무특성이나 하급자의 성향 등 상황에 따라 다르게 적용
> 되어야 효과적이며 상황에 적절한 리더십 유형이 조직의 효
> 과성을 증진시킨다는 관점의 이론이다.

① 리더십 상황이론
② 리더십 특성이론
③ 리더십 행동이론
④ 자율적 리더십이론

26 다음 중 하우스와 미첼(House & Mitchell)의 경로-목표이론 (Path-goal Theory)에서 제시된 4가지 리더십 유형에 속하지 <u>않는</u> 것은?

① 지시적 리더
② 전제적 리더
③ 지원적 리더
④ 참여적 리더

---

25 ② 리더십 특성이론 : 리더의 개인적 자질들이 리더의 유효성에 어떤 영향을 미치는지를 연구하고 효과적인 리더들이 가진 공통적인 특질 또는 자질을 규명하려는 이론
③ 리더십 행동이론 : 리더의 자질보다는 리더 개인의 행태나 리더십 스타일에 초점을 둔 접근방식으로 특정한 리더십 행위를 개발하여 구성원의 사기를 높이고 기업의 생산성 향상을 이룰 수 있다고 주장하는 이론
④ 자율적 리더십이론 : 팀 리더와 팀 구성원 모두가 자율적으로 스스로를 관리하고 이끌어가는 리더십에 관한 이론

26 • 전제적 리더십(Autocratic Leadership)은 모든 의사결정을 리더 혼자서 행하는 리더십의 형태로 리더십 특성이론의 1차원적 접근방식 유형 중 하나이다.
• 하우스는 리더십 행동 유형으로 지시적·지원적·참여적·성취 지향적 리더십의 4가지 유형을 제시하였으며, 효과적 리더십이 되기 위해서는 리더십 스타일이 상황에 적합하게 선택되어야 한다고 강조한다.

정답 25 ① 26 ②

➡ **팀 생산성 저하의 주요 원인**

- 초점 결여 관련
- 역량 부족 관련
- 리더십 부족 관련

➡ **학자에 따른 리더십의 정의**

- 스톡딜 : 리더십이란 목표설정과 목표달성을 지향하도록 집단행위에 영향력을 행사하는 과정
- 쿤츠 : 리더십이란 사람들로 하여금 공동목표를 달성하는 데 따라오도록 영향력을 행사하는 것
- 플레이시먼 : 리더십이란 어떠한 목표 달성을 향하도록 의사소통과정을 통해 개인 간 영향력을 행사하려는 시도

➡ **리더의 3가지 자격요건**

- 비전
- 충성과 지지
- 신뢰

➡ **리더십의 중요성**

- 시너지 효과 창출
- 지속적인 성장 촉진
- 비전 제시
- 코치 역할
- 사기 앙양

➡ **리더십의 역할**

- 진단적 기능
- 동원 기능
- 처방적 기능

➡ **개인권력의 원천**

- 보상적 권력 : 추종자에게 복종의 대가에 따른 보상이 주어지는 경우
- 강압적 권력 : 해고나 징계, 작업시간 단축 등을 지시·통제할 수 있는 능력에서 기인하는 권력
- 합법적 권력 : 권력 보유자가 당연히 요구할 권리가 있고, 추종자는 이를 따를 의무가 있다고 믿기 때문에 따름
- 준거적 권력 : 어떤 사람의 능력에 대해 이를 따르려는 추종자 자신의 보상심리 충족과 모방심리로 인해 수용되는 권력
- 전문적 권력 : 권력 행사자가 특정 상황에 대해 전문지식 및 기술 등을 지니고 있다고 느낄 때 발생

⬦ **영향력 형성과정** : 순종 → 동일화 → 내면화

⬦ **변혁적 리더십 구성요인**
- 카리스마적 리더십
- 개별적 배려
- 영감적 동기유발
- 지적 자극

⬦ **자율적 리더십 유형**
- 셀프 리더십(구성원 중심 개념)
- 팔로워십
- 슈퍼 리더십(리더 중심 개념)
- 임파워링 리더십

⬦ **개인행동 수준의 리더십 개발 훈련기법**
- 리더십 이론과 기술에 대한 강의
- 역할 연기
- 행동 모형화
- 사례 연구
- 감수성 훈련

⬦ **집단행동 수준의 리더십 개발 훈련기법**
- 팀 구축
- 과정 자문법
- 설문조사 피드백
- 집단대면 기법
- 제3자 조정법

⬦ **효과적인 코치의 역할수행을 위한 단계** : 설명 – 시범 – 실행 – 교정

⬦ **슈퍼 리더십의 역할**
- 모델 역할
- 변화 담당자 역할
- 코치 역할

SD에듀와 함께, 합격을 향해 떠나는 여행

제 4 장

조직체에 대한 이해

얼마나 많은 사람들이 책 한 권을 읽음으로써 인생에 새로운 전기를 맞이했던가.

– 헨리 데이비드 소로 –

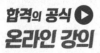
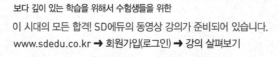

제 4 장 | 조직체에 대한 이해

제1절   조직구조

1   조직구조의 개념

(1) 개념

조직구조(Organizational Structure)란 조직의 각 부분 사이에 성립되어 있는 관계의 유형으로서 기업의 성공적인 경영활동을 위해 필요한 일과 부서, 직위 등을 배열해 놓은 틀 또는 뼈대를 말한다. 이러한 **조직구조는 조직의 기능·권한·책임 등의 배분·조정과 관련되어** 있다. 즉, 조직구조란 조직의 목표를 달성하기 위하여 조직의 과업을 분류·할당하고 구성원의 역할을 규명하며 그 역할 간의 관계를 결정하는 것으로서 전략실행을 원활히 하여 원하는 성과에 도달하게 하는 경영상의 장치인 것이다. 이같은 조직구조는 조직 구성원들 간의 상호작용을 공식적으로 조정할 필요성이 생기면서 발전해왔다. 이런 측면에서 조직구조는 조직 구성원의 '유형화된 상호(교호)작용'의 구조를 의미하기도 한다. 도널드슨(Donaldson)에 따르면 조직구조란 통치체계나 권위관계 등에서 나타나는 조직 내 사람 간의 체계화된 상호관계의 패턴을 의미한다.

(2) 조직구조의 중요성

① 조직 유효성을 결정하는 중요 요인이다.
② 조직의 어떤 한 부문이 조직 내에서 갖는 규모와 위상, 타 부문과의 관계 및 역할을 규정한다.
③ 조직 구성원의 전반적인 행동 및 사고를 규정한다.
④ 조직학습의 촉진 요인이다.
⑤ 바람직한 기업문화를 창달하는 역할을 한다.

2   조직구조 형성의 기초 요소(구성 단위)

조직구조는 '조직 구성원들의 다양한 영향력을 규제하여 **조직의 목표달성을 효과적으로** 달성하도록 설계된 장치'로서 종적으로는 권력이나 권한과 같은 지배구조, 횡적으로는 역할이나 지위와 같은 역할구조를 기초로 형성된다.

(1) 권력과 권한

권력(Power)이나 권한(Authority)은 조직 구성원들이 유형화된 상호작용을 하기 위해 필요한 지배구조의 요소들이다.

① **권력** : 개인 또는 조직단위의 행태를 좌우할 수 있는 능력이다.
② **권한** : 조직의 규범에 의하여 그 정당성이 승인된 권력이다. 권한의 속성에는 권한행사의 대상이 되는 상대방의 복종을 요구할 수 있으며, 정당성이 부여된 권력으로서 조직 내의 공식적 역할과 결부되며, 역할 담당자들의 관계를 설정하는 변수라는 점 등이 있다.

(2) 역할과 지위

① **역할** : 사회적 관계에서 어떤 지위에 있는 사람들이 해야 할 것으로 기대되는 행위나 행동의 범주를 의미하는데, 조직 내에서는 조직구조의 구성단위로서 일·직무·업무·임무·기능 등을 의미하기도 한다. 역할은 역할 담당자들이 달라지더라도 유사성·규칙성·예측가능성을 갖는데, 이는 역할 기대에서 비롯된다.
② **지위** : 어떤 사회적 체제 속에서 개인이 점하는 위치와 상대적 가치 또는 존중도를 의미한다. 조직에 있어서 계층적 서열·등급·순위를 나타내는 지위의 차이는 보수·편익과 권한·책임의 차등에 근거를 두며, 지위가 달라지면 지위 상징도 달라진다.

3 조직구조 구성 요소(주요 변수) : 로빈스 기출

조직구조는 보통 **복잡성**(과업의 분화 정도), **공식화**(직무 표준화 정도), **집권화**(권한의 배분 정도)의 세 가지 요소로 구성된다.

(1) 복잡성(과업의 분화 정도) 기출

복잡성은 조직에서 과업의 분화가 이루어지는 정도를 말한다. 조직형성의 기본적 이유이기도 한 과업의 분화 정도를 통해 조직 내의 자원을 배분하고 부분화하여 보다 효율적·효과적으로 목표를 달성할 수 있게 된다. 분업화의 진행을 통해 과업의 범위는 줄고 구체화되며 더욱 전문화된다. 분업화에는 수평적·수직적·지역적 분화가 있다.

① **수평적 분화** : 조직구조상 같은 계층에서의 분업, 즉 조직 구성원들이 업무를 횡적으로 분할하여 수행하는 형태로 수평적 분화란 조직이 상이한 부서나 전문화된 하위단위로 나누어지는 것을 의미하며 흔히 부문화라고 부른다. 수평적 분화는 '직무 전문화'와 밀접한 관계를 가지는데 조직 내에 전문적인 지식이나 새로운 기술을 요하는 직무의 수가 많을수록 부문화는 심화되고(부문은 많아지고) 수평적 분화에 의한 조직의 복잡성은 증대된다.
② **수직적 분화** : 명령계통과 관련된 개념으로 과업의 분화가 상·하 관계를 가지고 이루어지는 것으로서 조직구조에서 계층 수를 증가시키는 것이다. 수직적 분화가 증가될수록 조직의 위계 수가 늘어나고 복잡성은 더 증가된다. 오늘날 기업은 수직적 분화를 통해 피라미드형의 권한구조를 형성하게

되는데, 이때 통제의 폭과 계층의 수는 서로 밀접한 관계를 가지면서 조직구조를 형성하게 된다. 수직적 분화의 목적은 보고체계를 명시화하는 데 있다.

> **더 알아두기**
>
> **수직적 분화의 수준이 높아질 때의 영향**
> • 하위계층에 대한 감시와 통제가 심해진다.
> • 중요한 의사결정 과정에서 하위계층이 배제되고 조직 구성원의 재량권이 제한될 수 있다.
> • 하위계층은 업무에 필요한 정보나 지식을 획득하기가 어려워진다.
> • 조정이나 의사전달이 복잡해지는 경향이 있다.
> • 공공 전문가 조직에 있어서는 문제를 야기시킬 가능성이 높아진다.

③ **지역적(공간적) 분산**: 조직의 물리적인 시설과 인력이 지리적으로 분산되어 있는 정도를 말한다. 조직의 사무실, 공장 또는 종업원들이 지역적으로 분산되어 있을수록 의사소통, 조정 및 통제가 더 어려워지기 때문에 복잡성은 증가하게 된다. 즉, 수평적·수직적 분화의 정도가 같더라도 지역적(공간적) 분산이 심하면 조직의 복잡성이 증가하게 된다.

(2) 공식화(직무 표준화 정도)

① 공식화란 조직 내의 직무가 문서화·비문서화된 규제를 통해 특정화되어 문서화된 정도를 말한다. 다시 말하면 종업원들의 태도가 문서화된 규칙이나 절차에 의존하는 정도를 의미한다.
② 단순하고 반복적인 직무일수록 공식화의 정도가 높고, 고도로 전문화된 업무일수록 공식화의 정도가 낮다. 따라서 생산부서의 직무는 마케팅이나 연구개발의 직무보다도 공식화의 정도가 높다.
③ 공식화는 조직외부의 고객을 공평하게 처우하기 위해, 조직성과의 효율성 향상을 위해, 조직의 활동을 조정하기 위해 필요하다. 그러나 이러한 공식화는 개인의 자유·평등·반응성을 심각하게 침해할 수 있다는 문제를 안고 있다.

(3) 집권화(권한의 배분 정도)

① 집권화 [기출]
  ㉠ 집권화는 의사결정 권한이 조직 내 상위수준의 관리자에게 집중되는 정도를 말하는데, 집권화의 정도가 높으면 중요한 의사결정이 조직의 상층부에서만 이루어진다는 것을 말한다. 조직 내의 권한위양 정도가 매우 낮아서 의사결정권이 대부분 최고 경영층에 집중되어 있다면 그 조직은 집권화 조직에 속한다고 볼 수 있다. **집권화는 조직 내 결정권의 분배, 공식적 구조, 재량적 권위와 관련이 있다.**
  ㉡ 집권화의 결정요소
    • 리더의 성격(리더의 권력욕, 자기개인의 영향력, 공격적·활동적인 리더십의 정도 등이 강할 때)
    • 조직의 재정 면(가난하면서 개발수요가 많을 때)
    • 조직의 상하 구성원 간 능력차이가 클 경우(상층부 〉 하층부)
    • 조직이 환경을 위기로 인식하는 경우
    • 역사가 짧은 조직, 소규모 조직인 경우

② **분권화**

    ㉠ 분권화란 의사결정권이 상급기관에서 하급기관으로 이전되는 것을 의미한다. 즉, **상급자로부터 하급자에게로 권한이 위임된다는 것**을 의미한다. 분권화가 된다는 것은 간부행태 변경유도 훈련을 통한 민주적 리더십 행사와 하급자들의 상대적 권력 강화를 의미한다. 이러한 분권화가 필요한 이유는 분권화를 통해 조직 전체의 능률성이나 효율성이 증가하기 때문이다.

    ㉡ 분권화의 결정요소 `기출`

- 제품의 다각화 · 다양화
- 자유의 신장을 통해 인간관계에서의 충돌 해결 및 관리의 민주화 실현
- 하위층 사람들의 사기양양
- 관리자로서의 자질 함양
- 집행 면에서 절차와 문서의 간소화
- 신속한 운영
- 조직이 대규모인 경우
- 상층부 본래의 기능을 잘하기 위해

    ㉢ 분권화 성공 조건

- 직원들의 복리 중시, 하의상달 강조, 개인들의 발표 욕구와 능력발휘 욕구를 장려한다.
- 지도자는 부하에게 조언을, 부하가 지시를 바랄 때에는 암시를, 부하와의 간격은 최소화해야 하며 우회적인 환류정보에 의해 통제되어야 한다.

더 알아두기

권한의 위임
- 분권화는 권한의 위임을 통해 실현된다.
- **위임자의 권한 위임 시 고려사항** : 위임자 자신의 능력과 사고방식, 조직을 둘러싼 사회적 환경 및 외부로부터의 압력, 권한의 위임에 대한 법규상의 제한, 위임을 받을 부하의 능력, 조직 내의 업무집행관례, 습관, 리더의 권한 위임 폭에 대한 일반적인 기대 정도
- **이중의 책임 발생** : 권한 위임 시 이중의 책임이 발생하게 된다.

---

(4) 조직구조의 구성 요소(주요 변수) 간 관계 `기출`

① **복잡성과 공식화의 관계** : 수평적 분화는 미숙련자의 고용도 가능하게 하므로 공식화의 정도를 높이고, 수직적 분화는 경영자 및 전문가를 증가시켜 공식화의 정도를 낮춘다.

② **복잡성과 집권화의 관계** : 반비례의 관계를 갖는다.

③ **공식화와 집권화의 관계** : 상황에 따라 긍정 또는 부정적 상관관계를 보인다.

    ㉠ 공식화가 높고 집권화가 높은 경우 : 단순 작업적 조직(비숙련공)

    ㉡ 공식화가 높고 집권화가 낮은 경우 : 전문가 조직(인사관리 문제 관련)

    ㉢ 공식화가 낮고 집권화가 높은 경우 : 전문가 조직(전략적 조직 의사결정 관련)

    ㉣ 공식화가 낮고 집권화가 낮은 경우 : 전문가 조직(업무와 관련한 기술적 문제처리)

4 조직구조의 결정 요소(상황 변수)

구조적 상황이론에 따르면 조직구조의 결정 요인에는 조직이 처한 환경, 기술, 전략 그리고 규모 등이 있다. 즉, 조직구조를 설계할 때 이와 같은 상황변수들의 특징을 고려하여 조직구조의 형태를 선택하여야 보다 효과적이다.

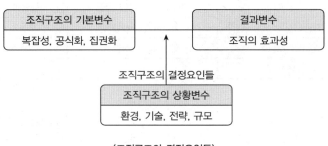

〈조직구조의 결정요인들〉

(1) 환경과 조직구조

① 환경과 조직구조의 관계

조직체를 둘러싼 환경에는 정치·경제·문화·기술 등 여러 가지가 있으며, 항상 변화가 일어나고 있다. 이러한 환경변화는 조직에 따라서 변화의 정도와 중요성이 다르게 작용되며, 환경의 차이는 조직구조와 조직 내부의 경영과정에 많은 영향을 주게 된다. 조직의 목표를 효과적으로 달성하기 위해서는 환경의 불확실성 정도에 따라 적합한 조직설계가 이루어져야 하며, 환경의 불확실성이 낮은 조직과 불확실성이 높은 조직은 분화의 정도, 권한의 위양 정도, 공식화의 정도에 있어서 다른 특성을 나타내게 된다. 즉, 불확실성이 높을 경우 분권화된 조직, 유기적인 조직, 포괄적인 기획과 예측 지향적인 조직이 유리하고, 불확실성이 낮을 경우 집권화된 조직, 공식적인 조직, 생산 지향적인 조직이 유리하다.

② 기계적 구조와 유기적 구조[번스(Burns)와 스토커(Stalker)의 연구] 기출

㉠ 기계적 조직구조 : 의사결정이 상부에 집중되어 있고 분업화, 전문화 및 관료적인 규칙과 절차를 강조하는 조직구조로서 복잡성·공식화·집권화의 정도가 높고, 과업이 일상적이며, 정형화된 행동에 익숙하고, 새로운 상황에 대응하는 속도가 느린 관료제적 조직구조이다. 기계적 조직구조는 관리자의 계층 수가 많은 길쭉한(Tall) 수직적 피라미드형태를 띠며, 상당히 변화가 적고 예측성이 있는 안정적인 환경에 적합하다.

㉡ 유기적 조직구조 : 비교적 유연성과 적응성이 높은 조직구조이다. 분권화된 의사결정과 유연한 절차를 기초로 수직적인 의사소통과 명령 계통보다 수평적 의사소통 및 연결을 강조하고, 지위 권한보다는 전문성과 지식에 기반을 둔 영향력을 행사하며, 구체적인 책임보다는 포괄적인 책임을, 지시보다는 정보의 상호교환에 비중을 두는 비관료적 조직구조이다. 유기적 조직구조는 관리자 틈이 적은 평면형(Flat) 구조로서 끊임없이 변화하는 상대적으로 불확실하고 유동적인 환경에 적절하다.

〈기계적 구조와 유기적 구조〉 기출

구분	기계적 구조	유기적 구조
적합한 환경	안정적 환경	동태적 환경
작업의 분업화	높음	낮음
의사소통	명령과 지시	충고와 자문
권한의 위치	조직의 최고층에 집중	능력과 기술을 가진 곳
갈등해결 방식	상급자의 의사결정	토론과 기타 상호작용
정보의 흐름	제한적이며 하향적	상하로 자유로움
공식화	높음	낮음

(2) 기술과 조직구조

① **기술과 조직구조의 관계** : 페로우(C. Perrow)는 "기술은 조직의 여러 가지 투입물을 조직이 목표로 하는 산출물로 변화시키는 과정 혹은 방법으로서 지식·도구·기법·활동 등을 포함한다."라고 정의하고 있다. 기술은 조직체에서 매우 중요한 상황적 요소로 작용한다. 따라서 기술과 이에 따른 조직행동에 대한 연구는 매우 중요하다.

② **우드워드(J. Woodward)의 연구**

　㉠ 개요 : 영국의 우드워드는 100개의 제조업체를 대상으로 조직구조와 조직체 성과와의 관련성을 연구하는 과정에서, 조직체의 생산기술이 조직구조와 성과에 작용하는 역할이 매우 큰 것을 발견하고 이를 토대로 '기술–조직구조–성과'의 상호관계에 관한 상황이론을 제시하였다. 즉, 기술에 따른 분류와 기업의 조직구조 사이에는 명백한 관계가 있으며, 조직의 유효성은 기술과 조직구조 사이의 적합성 여부와 관계가 있음을 발견하였다. 그의 연구는 생산과정에서 사용되는 기술적 복잡성, 조직의 구조, 그리고 조직의 효과성 사이에 적극적인 결과가 있음을 밝혀 주었으며, 특히 "기술이 조직의 구조를 규정한다."는 유명한 기술 결정론적 명제를 낳았다.

　㉡ 우드워드의 기술조직의 분류 : 우드워드는 기술의 복잡성에 따라 생산형태를 단위소량 생산체계, 대량 생산체계, 연속공정 생산체계로 구분하고 기업조직들을 이 가운데 어느 하나로 범주화시켰다. 이 가운데 연속공정 생산이 가장 기술적 복잡성이 높고, 대량생산이 그 다음이며, 단위소량 생산이 가장 낮다.

　　• 단위소량 생산체계(Unit and Small Batch Production System) : 단품 생산체계라고도하며 고객의 주문에 따라 특별 개별제품을 생산하는 것을 의미한다. 단위소량 생산은 고객의 욕구에 따라 작업별로 생산함을 원칙으로 한다.

　　• 대량 생산체계(Large Batch and Mass Production System) : 표준화되어 있는 몇 종의 제품을 계속 대량생산하는 시장 지향적 생산체계를 말한다.

　　• 연속공장 생산체계(Continuous Process Production System) : 특정 제품을 같은 제조방식에 따라 이미 고정적으로 설치된 장치공정에 의거하여 자동적으로 계속 생산하는 과정이다.

　㉢ 기술과 조직구조 간의 관계

　　• 기술과 조직구조 사이의 관계를 보면 조직구조의 여러 변수가 기술의 복잡성과 정비례하였다. 즉, 단위소량 생산에서 연속공정 생산체계로 이행됨에 따라 관리계층수, 전체 종업원에 대한

관리감독자의 비율, 경영자의 관리폭, 작업 노동자에 대한 스탭의 비율, 직접 노동자에 대한 간접 노동자의 비율 등이 증대된다.

- 우드워드는 기술 형태에 따라 적합한 조직구조가 달라질 뿐만 아니라 기술과 조직유형의 관계에 따라 조직 유효성도 달라진다는 기술 결정론의 입장을 취한다. 즉, 조직의 유효성과 기술에 대한 조직형태의 적합성 사이에 밀접한 관계가 있다는 이 발견은 특정 기술에 따라 적합한 조직의 구조와 관리체계가 다르다는 것을 시사한다. 이는 각 생산체계마다 가장 적합한 조직형태가 있으며, 조직은 사용기술에 적합한 조직형태를 갖추어야 유효성을 제고할 수 있다는 것을 의미한다.
- 생산기술 시스템의 성격이 소규모 주문생산처럼 기술수준이 낮거나, 반대로 복잡한 연속공정과 같이 기술 수준이 높은 경우에는 신축적이고 유기적인 조직구조가 효율적인 반면, 대량생산 시스템처럼 기술수준이 중위권에 속해 있는 경우에는 비교적 기계적이고 관료적인 조직구조가 성과 측면에서 더 바람직하다.

(3) 전략과 조직구조

기업의 성장과정과 전략의 변화에 따라 조직구조를 설계·변경할 수 있으나 완벽하고 이상적인 조직의 설계란 존재하지 않는다. 그리고 전략과 조직을 연결하는 보편타당한 조직원칙도 존재하지 않기 때문에 비슷한 전략을 선택한 두 기업이 전혀 새로운 조직구조를 갖는 경우도 있다. 이것은 각 기업마다 외부적인 상황이 서로 다르고 오랜 세월에 걸쳐 형성된 특유의 기업문화와 내부 권력구조, 그리고 성공여건 내지 기업의 강·약점이 서로 다른데서 그 원인을 찾을 수 있다.

전략과 조직구조는 상호 밀접한 영향을 미치는데 그 순환과정은 전략의 변화에서 시작된다. 조직구조 변화과정은 '환경변화에 따른 신 전략 수립 → 관리상 신 문제 출현 → 기업성과 약화 → 보다 적절한 조직구조로 이동 → 이익수준의 회복' 순이다. 챈들러도 기업전략 변화가 조직구조 변화로 이어진다고 하였다.

(4) 조직규모와 조직구조

공조직 규모가 커지게 되면 어느 정도까지는 복잡성이 증대하다가 체감하게 된다. 또한 조직규모가 커지면 대체로 전문화가 지속되다가 일정 수준에 도달하면 전문화의 진행 정도가 떨어진다. 규모가 커질수록 조직의 행동은 더욱 공식화되고 분권화가 촉진된다.

5 조직구조의 형태와 유형

(1) 로빈스(Robbins)의 일반적 조직형태

① 단순구조

ㄱ 개념 : 단순구조는 단순하고 정교하지 않은 조직구조 형태로 전략 상층부와 업무 핵심층으로만 구성되어 있는 조직이며, 주로 소규모나 사업 초기단계 조직에서 많이 나타나는 형태이다. 단순구조는 계층이나 직무분할이 복잡하지 않고(부문화가 낮음), 통제의 범위가 넓으며, 공식화 정도

도 낮고, 권한이 최고 경영자에게 집중되어 있으며 핵심 운영부서가 유기적 구조인 것이 특징이다. 즉, 단순구조는 집권화된 유기적 구조이다.

ⓛ 장·단점
- 장점 : 신속성, 유연성이 있기에 진취성과 혁신성을 계속적으로 추구할 수 있다.
- 단점 : 기업주에 전적으로 의존하므로 기업주의 판단에 따라 조직의 운명이 좌우된다.

② **관료제** : 전문화를 통해 고도로 정형화된 업무와 공식화된 규칙과 임무를 갖춘 조직으로서 기능적 부서, 집권화된 권한, 협소한 통제범위를 특징으로 한다. 기출

> **더 알아두기**
>
> **베버의 근대적 관료제 특성** 기출
> - 규정에 의거하여 담당자의 역할이 정해지는 지속적인 조직체
> - 문서에 의한 직무수행 및 기록
> - 직무수행을 위한 전문적 훈련
> - 권한과 책임 범위의 명확한 규정
> - 계층적 권한체계

③ **매트릭스 조직구조** 기출
ㄱ 개념 : 매트릭스 조직구조는 소비자 중심의 시장상황과 급변하는 환경에 신속히 대처·적응할 수 있도록 제품별 조직과 기능별 조직을 결합시킨 이중의 명령체계와 책임·평가·보상 체계를 갖춘 조직구조이다. 다시 말해 매트릭스 조직구조는 기존 조직체계에서 특정사업(프로젝트)을 수행하거나 여러 조직단위에 관련된 특정 업무를 수행할 경우 관련된 조직단위들로부터 인원을 차출해서 새로이 형성되는 조직형태이다.

ㄴ 장·단점
- 장점
  - 여러 개의 프로젝트를 동시에 수행할 수 있다.
  - 외부환경 변화에 융통성을 가지게 되어 제품·시장의 변화에 따른 다양한 욕구에 부응할 수 있다.
  - 경영활동이 팀을 통해 이루어지며 구성원 간의 협동심이 증가한다.
  - 개인에게 창의성 및 능력발휘의 기회가 주어지고 전략적인 문제에 대한 시야를 넓힐 수 있게 되어 경영자가 전략적 사고를 갖출 수 있게 된다.
- 단점
  - 조직의 이중 명령구도로 인해 기능 부문과 프로젝트 부문 간에 충돌과 갈등의 소지가 높다.
  - 명령 일원화의 원칙이라는 전통적인 관리원칙을 벗어나 두 명의 상사를 갖는 직위에서는 좌절과 역할 갈등이 발생할 수 있다.
  - 명령 계통 간의 혼선 유발, 상반되는 지시가 업무에 지장을 초래할 수 있다.

ⓒ 매트릭스 조직이 필요한 상황
- 두 개 이상의 전략부문에 대한 동시적·혁신적 목표 존재 시
- 환경변화에 대한 고도의 정보처리가 불확실할 시
- 경영조직의 인적·재무적 자원 제약 시

(2) 민츠버그(Mintzberg)의 조직 구분 [기출]

민츠버그는 기본적인 조직형태를 5가지 유형으로 구분하여 설명하였다.

① **단순조직** : Robbins의 일반적 조직형태 참조

② **기계적 관료제** : 테크노 스트럭쳐와 지원 스탭이 구분되어 업무 핵심층에 대한 정보제공과 조언·지원을 담당하는 형태로 흔히 이야기하는 기능식 조직이다. 전형적으로 단순한 기계적 관료제는 일반적으로 조직의 규모가 크고, 조직환경이 안정되어 있으며, 표준화된 절차에 의해 업무가 수행되는 조직에 적합하다. 기계적 관료제는 표준화를 특징으로 하며 과업이 철저히 분화되어 있고, 일상적·반복적으로 업무를 수행하며, 공식화의 정도가 높고, 의사결정은 명령계통에 따라 이루어지며, 계선과 막료의 활동이 구분되어 있는 관리구조를 지닌 조직이다.

③ **전문적 관료제** : 기능에 따라 조직이 형성되는 것은 기계적 관료제의 특성과 유사하지만 업무 핵심층이 주로 전문직이라는 것이 차이점이다. 이러한 조직의 예는 병원, 대학 등으로 의사나 교수 등이 핵심 업무층을 담당한다.

④ **사업부제 조직구조**

㉠ 개념 : 사업부제 조직구조는 전통적인 기능식 조직구조와는 달리 단위적 분화의 원리에 따라 사업부 단위를 편성하고 각 사업부 단위에 대하여 독자적인 생산·마케팅·재무·인사관리 권한을 부여함으로써 제품별·시장별·지역별로 이익 중심점을 설정하여 독립 채산제를 실시할 수 있는 분권적 조직구조이다. 사업부제 조직의 형태로는 제품별 사업부제, 지역별 사업부제, 고객별 사업부제가 있다. 예를 들어 사업부제는 하나의 제품계열을 담당하는 부서 내에 생산, 판매, 기술개발, 관리 등을 포함시켜 최고경영층의 의사결정 권한을 단위 부서장에게 대폭 위양하는 동시에 각 부서가 마치 하나의 독립회사처럼 자주적이고 독립 채산제적인 경영을 하는 시스템이다.

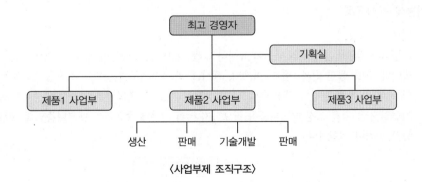

〈사업부제 조직구조〉

ⓛ 장·단점 [기출]
- 장점
  - 제품별로 업적평가가 명확하며 자원배분과 통제가 용이
  - 부문 간의 조정 용이
  - 사업부(소기업)별로 신축성과 창의성을 확보하면서 집권적 스태프와 서비스에 의한 규모의 이익도 추구
  - 사업부장의 총합적 시각에서의 의사결정
- 단점
  - 분권화에 의한 새로운 부문 이기주의 발생과 사업부이익의 부분 극대화
  - 단기적 성과 중시
  - 스태프, 기타 자원의 중복에 의한 조직 슬랙의 증대
  - 전문적 상호 간의 커뮤니케이션 저해

⑤ **애드호크라시** : 임시조직 또는 특별조직이라고 할 수 있으며, 평상시에는 조직이 일정한 형태로 움직이다가 **특별한 일이나 사건이 발생하면 그 일을 담당할 수 있도록 조직을 재빨리 구성하여 업무를 처리하는 조직형태이다.** 그러한 업무처리가 완결되면 임시 부문은 다시 사라지고 원래의 형태로 되돌아가는 조직형태로 변화에 대한 적응성이 높은 것이 특징이다.

(3) 라인 조직구조

① **단일라인 조직** : 한 사람의 의사와 명령이 하부에 직선적으로 전달되는 조직형태이다. 군대식 조직과 같이 지휘 명령권이 명확한 조직이며 계층원리나 명령일원화 원리에 의해서 설계된 조직형태이다.

② **복수라인 조직** : 명령권자 및 수령라인이 복수인 조직형태로서 이와 같은 조직의 시초는 테일러이다. 감독의 전문화라는 장점이 있지만 실제로는 명령 이원화에 따른 문제가 있다.

③ **스탭라인 조직** : 복수기능식 라인 조직의 결점을 보완하고 단일라인 조직의 이점을 살릴 수 있는 혼합형 조직형태로서 라인이 명령권을 갖고 스태프는 권고·조언·자문 등의 기능을 담당하는 조직형태이다.

(4) 기능식 조직구조

① **개념**

기능식 조직구조란 업무의 내용이 유사하고 관련성이 있는 것들을 분류·결합시키는 조직설계의 방법이다. 예를 들면 인사, 재무, 마케팅, 생산 등의 유사업무 기준으로 조직을 설계하는 것이 대표적인 예이다. 특히 환경이 안정적이거나 일상적인 기술 및 조직내부 효율성을 중시하고 규모가 작은 기업일 경우 횡적 조정 메커니즘이 필요하지 않기 때문에 종적관리 메커니즘의 효율성을 고려한 기능식 조직이 적합하다.

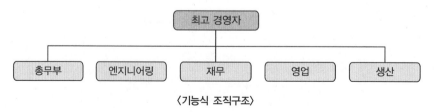

〈기능식 조직구조〉

② **장 · 단점**

　㉠ 장점

　　• 전문화에 의한 지식경험의 축적과 규모의 경제성

　　• 기능별로 최적방법(생산기술 · 품질관리 · 마케팅 등)의 통일적 적용

　　• 자원(사람과 설비)의 공통 이용

　　• 인원 · 신제품 · 신시장의 추가 · 삭감이 신속하고 신축적

　㉡ 단점

　　• 기능별 시각에 따른 전체의 제품이나 서비스 경시

　　• 과도한 권한집중과 의사결정의 지연

　　• 다각화할 경우 제품별 조건 적합적 관리가 불가능

　　• 각 부문의 업적평가 곤란

(5) 전략적 사업단위 조직

① **개념 및 정의**

　전략적 사업단위란 서로 다른 경쟁전략을 수행할 필요성이 있는 사업부를 설계할 경우 원활한 조정과 통제, 업무의 효율성을 위해 각 사업단위마다 독자적인 전략을 수행할 수 있도록 제한적으로 자율성을 부여하는 조직형태이다.

② **특성**

　㉠ 기업규모가 사업부 규모 이상 성장 시 필요하다.

　㉡ 관련 제품라인을 사업부로 묶고 이 사업부들을 묶어 SBU(Strategic Business Unit)로 만든다.

　㉢ 본사 업무의 일부 분담으로 통제범위의 부담을 완화시킨다.

　㉣ 사업단위 내의 효과적인 전략 조정 · 통합이 가능하고, 각 사업단위는 관련 사업부 요구에 신속 대응이 가능하다.

③ **장 · 단점**

　㉠ 장점 : 다각화된 기업의 사업단위 포트폴리오 조직가능, SBU 관련활동 통합 가능, 유사한 사업부 간 상호조정 용이, 최고경영자에게 객관적 · 효과적 · 전략적 시각 제공, 기업수준의 통제범위 축소 가능, 정보과다의 위험 감소 등의 장점이 있다.

　㉡ 단점 : 본사와 일선 라인부문의 이격 심화, SBU 조직목적의 자의적 해석으로 행정상 편의 외 다른 의미의 상실 가능성, SBU 자체 미래 방향설정의 근시안화 가능성, 최고 경영진에 추가 계층 발생, SBU 책임자의 역할과 권한 모호성(CEO와 사업부 관리자 사이에서), SBU 책임자의 의지 및 이해 없이는 사업단위 간 전략적 조화 도출의 곤란, 자원배분 시 사업단위 간 첨예한 대립 발생가능성, 조직 전체의 의사소통과 유연성 감소 등의 단점이 있다.

(6) 프로젝트 조직 [기출]

① **개념**

　프로젝트 조직이란 특정한 목표를 달성하기 위하여 일시적으로 조직 내의 인적 · 물적 자원을 결합하는 조직형태로, 여기서 프로젝트란 조직이 여러 노력을 집중하여 해결하고자 하는 과제를 말한다. 프로젝트 자체가 계획수행의 시간적 유한성을 가지고 있으므로 프로젝트 조직도 해산을 전제로 편

성된 임시적 · 일시적 · 잠재적 조직이다.

② 특성

ⓐ 프로젝트 조직은 경영조직을 프로젝트별로 분화하여 조직화를 꾀한 형태로 특정 프로젝트를 중심으로 프로젝트에 필요한 업무를 종합화한 횡적 조직이다. 즉, 조직을 제품 · 서비스 · 지역 · 시장 · 고객 등을 기준으로 분리하고, 제품기준으로 분리된 경우 제품조직이 각각의 제품을 생산할 수 있도록 생산 · 판매 · 연구개발 등 여러 기능이 한 부서 내에 포함되도록 설계한 조직구조이다.

ⓑ 직능부제나 사업부제 조직이 고정화된 정태적 조직인 데 반해 프로젝트 조직은 프로젝트가 완료되면 해산되는 일시적 · 잠정적 · 동태적 조직이다.

ⓒ 조직 활동이 권한의 계층적 관계에 의해 움직이는 것이 아니라 직능상의 횡적인 상호관계에 의해서 움직이고 있다.

ⓓ 각 사업부는 경영전반에 대한 자율적인 관리 권한을 가지며, 사업부의 책임 관리자가 생산되는 제품과 관련된 모든 업무에 대하여 전적인 책임을 지고 전략을 수립한다.

(7) 팀 조직 [기출]

① 개념

전통적인 기능중심의 계층형 조직구조에서 탈피, 수평 조직화와 슬림화의 원리를 추구하기 위해 조직 내 모든 하위 단위를 팀으로 재편성한 조직구조이다. 팀 조직은 명령지휘 계통이 아니라 **업무 · 과제 · 주제 중심**으로 조직을 편성하기 때문에 중간 관리자는 관리업무를 주 업무로 하던 것에서 벗어나 담당업무의 전문가 역할을 할 수 있다.

② 장 · 단점

ⓐ 장점 : 업무중심의 조직이므로 의사결정의 **신속성**과 기동성 제고, 이질성과 다양성의 결합을 통한 **시너지 효과** 촉진, 정보와 사고의 **교류 용이성** 등의 장점이 있다.

ⓑ 단점 : 팀장의 능력에 대한 의존도가 커서 팀장의 리더십 부족이 조직운영의 비효율을 초래할 수 있고 팀원의 전문능력 부족 시 원만한 팀 유지에 어려움이 있을 수 있다.

(8) 네트워크 조직 [기출]

① 개념

정보통신기술을 활용하여 조직의 **유연성**과 **연계성**의 극대화를 이루면서 새로운 기술과 조류변화에 신속히 대응하는 조직형태이다. 즉, 핵심제품 제조기술과 같은 가장 핵심적인 부문만을 소유하고 그 외의 제품 생산 · 판매 · 유통 등의 기능은 이러한 기능만을 핵심 분야로 삼아 활동하는 다른 기업과의 네트워크 형성을 통해 수행한다.

② 장 · 단점

ⓐ 장점

• 조직의 개방화 · 슬림화 · 수평구조화를 용이하게 한다.

• 조직운영에 있어 임파워먼트와 혁신 경쟁력 배양을 가능하게 한다.

ⓛ 단점
- 조직이 네트워크에 의해 전략이나 행동에 제약을 받기가 쉽다.
- 상호 간의 제약으로 네트워크 전체가 폐쇄되고 초기의 느슨한 관계에서 발휘되던 장점을 잃을 수 있다.
- 네트워크 관리가 철저하지 않을 경우 기술·경영노하우 등을 외부기업과 공유하는 과정에서 지식의 일방적 유출로 네트워크 파트너가 경쟁자로 등장할 가능성이 있다.

(9) 가상 조직(Virtual Organization)

① 개념
고객욕구 다양화와 급속한 기술변화의 환경에서 기업이 기술 개발비를 감당하기 힘들 경우 이를 극복하기 위해 정보네트워크 기술을 기반으로 가상공간에서 새로운 기업 간 협력을 획득하기 위해 구축하는 조직형태이다.

② 기업 간 협력관계와의 차이점
가상 조직에 참여하는 기업들은 최종 제품의 성공을 위해 노력하고 정보통신기술을 이용하여 주로 가상공간에서 기업 간 협력을 진행한다.

(10) 사내 벤처·분사 조직
조직 구성원의 기업가 정신을 고취하여 조직의 내·외부에 자율적인 사내기업을 설치·운영함으로써 지속적인 혁신과 조직변화를 촉진하려는 조직구조이다. 기존 사업부문 일부 혹은 신규 사업부문을 본사로부터 독립시켜 독립 법인화하거나 신규 사업팀 조직을 완전 자율 경영체제로 운영하는 것이다. 이 같은 조직구조 하에서는 본사와의 갈등관리, 근로자들이 신뢰할 수 있는 분위기 조성에 유의해야 한다.

제2절 조직문화 기출

1 조직문화의 개념

(1) 개념
기업 조직이 처한 경영환경 안에서 조직 자체의 목적을 이루어나가는 과정 중 형성되는 조직문화는 조직 구성원들이 공유하는 가치와 신념 및 이념, 관습, 전통, 규범 등을 총칭(통합)하는 개념으로 조직 구성원 개개인 및 기업 조직의 행동에 영향을 미치는 기본적 요인이다. 따라서 조직문화는 기업을 이끄는 동인이자 정신적 배경이며, 구성원들의 사고와 행동에 방향과 힘을 주는 바탕으로 조직 구성원들을 결합시키고 직장 생활의 의미와 목적을 부여하여 그들의 행동을 결정하는 중요한 요소이다.

> **더 알아두기**
>
> **다양한 조직문화의 정의**
> • 샤프리츠 : 문화란 의미·방향·협력 등을 제시하는 통합문화의 개념이며, 개인의 입장에서는 성격과 통일된 조직의 문화
> • 루이스 : 조직행동을 위한 일련의 공통된 이해
> • 볼먼과 딜 : 문화는 발생한 것을 의미
> • 핸디 : 일반화된 생활양식이나 규범 체제
> • 실과 마틴 : 구성원들이 공유하는 가치·믿음·기대 등에 초점

(2) 조직문화의 특성

① 조직에 존재하는 공통적 특징들이 집합적으로 작용한다.

② 조직구조, 동기, 리더십, 의사결정, 커뮤니케이션 등과 상호작용한다.

③ 조직문화는 기술적 용어이다.

> **더 알아두기**
>
> **조직문화와 유사한 개념**
> • 조직 풍토 : 조직 구성원들이 감지하는 조직체에 대한 인상
> • 조직 분위기 : 조직 구성원이 인지하는 조직체에 대한 상징

(3) 기업문화의 유형

① **딜(Deal)과 케네디(Kennedy)의 유형** : 강한 기업문화는 구성원의 명확한 신념과 고유가치, 일상생활에서의 가치구현 및 이를 뒷받침해주는 제도의 유무에 따라 결정된다.

② **해리슨(R. Harrison)의 유형** : 조직 권한의 집권성 정도 또는 공식화 정도에 따라 기업문화를 '관료 기업문화, 권력 기업문화, 행렬 기업문화, 핵화 기업문화'로 구분했다.

　㉠ 관료적 기업문화 : 관료적 기업문화 하에서의 조직의 운영은 합리적이고 분권적이며, 책임과 역할이 잘 정비되어 있고, 질서와 규칙에 의해 조직적으로 움직인다. 종업원들은 정해진 규칙과 역할분담에 따라 기계적으로 움직이므로 목적의식이나 공약수준이 낮고 이기적 경향이 높은 조직문화의 성격을 띤다. 이는 단순한 업무를 수행하는 부품조립 공장 등에서 볼 수 있다.

　㉡ 권력적 기업문화 : 강력한 힘을 가진 실력자나 소수의 핵심 인물들에 의해 팀의 프로젝트를 완성하는 문화이다. 이러한 문화는 광고제작 업무 등에서 많이 나타난다.

　㉢ 핵화 기업문화 : 연구소와 같은 집단에서 볼 수 있는데, 구성원 개인마다 고유의 정체성을 유지하면서도 상호 유연한 관계를 형성하고 있는 문화유형이다.

　㉣ 행렬 기업문화 : 카리스마가 강한 리더가 지배하므로 다소 비합리적인 요소도 나타나지만 전문기능 인력들이 팀을 이루어 목적을 달성해 나가는 특징이 있다. 이러한 기업문화는 수작업 또는 가부장적 중소기업에서 많이 볼 수 있다.

③ **데니슨(Denison)의 유형** : 기업환경 변화와 기업행동 경향을 중심으로 기업문화를 '집단문화, 위계문화, 개발문화, 합리문화'로 구분하였다.

④ **이장호의 유형**

  ㉠ 외향적 기업문화(고객 지향적 기업문화)와 내향적 기업문화(효율성 중시, 비용절감)

  ㉡ 과업 지향적 기업문화(기계적 효율성 강조)와 사회 지향적 기업문화(구성원의 사회적 욕구 중시)

  ㉢ 획일적 기업문화(동질적 회사 이미지 강조)와 개성적 기업문화(구성원의 다양성 존중)

  ㉣ 위험 회피적 기업문화(신중하고 보수적)와 임기 응변적 기업문화(직관에 의존하며 임기응변에 능함)

⑤ **퀸의 조직문화(기업문화) 유형** : 조직은 상호 모순되는 가치들을 동시에 만족시켜야 높은 성과를 얻을 수 있다. 이에 따라 조직의 문화는 위계·질서 지향성과 내·외부 지향성을 기준으로 '인적자원형', '개방체계형', '위계질서형', '생산중심형'의 네 가지로 구분할 수 있다. 기출

2 조직문화의 기능 및 중요성

(1) 조직문화의 기능 기출

조직문화의 역할이 강할수록 기업 조직의 활동에 있어서 통일된 지각을 형성하게 해줌으로써 조직 내 통제에 긍정적인 역할을 할 수가 있다. 하지만 이러한 조직문화가 반드시 긍정적인 기능만을 제공하는 것은 아니다. 조직문화의 기능을 순기능 및 역기능으로 분류하면 다음과 같다.

① **조직문화의 순기능**

  ㉠ 조직 구성원들의 정보 탐색 및 그에 따른 해석·축적·전달 등을 용이하게 할 수 있으므로, 구성원들에게 공통의 **의사결정 기준**을 제공해주는 역할을 한다.

  ㉡ 조직 구성원에게 공통적인 행동방식 및 사고를 제공함으로써 조직 내 갈등 해소에 도움을 줄 뿐만 아니라 구성원들에게 일체감을 형성하게 하여 조직 구성원들의 **내면적 통합**을 이끌어내는 역할을 한다.

  ㉢ 조직 구성원들의 고유 가치에도 동기부여를 함으로써 종업원들의 근로의욕 및 조직에 대한 몰입도를 높여주는 역할을 한다.

  ㉣ 조직 구성원들의 행동을 형성하는 데 있어서의 통제 메커니즘의 역할을 수행한다.

② **조직문화의 역기능**

  ㉠ 환경변화에 따른 조직 구성원들의 적응문제가 발생할 수 있고 새로운 조직가치 등의 개발이 요구될 시에 내부적으로 대립하게 되는 저항의 문제가 있다.

  ㉡ 종업원 개개인의 문화와 회사 조직 간 **문화의 충돌**이 우려된다.

  ㉢ 타 조직과의 인수·합병 시 두 조직문화 간의 갈등으로 인한 충돌이 우려된다.

(2) 조직문화의 중요성

경영자들이 조직문화에 대해 지대한 관심을 갖는 이유는 기업문화가 그 특성과 강도에 의해서 기업의 유효성을 결정한다고 믿고 있기 때문이다.

① 기업의 전략수행에 영향을 미친다. 기업전략 실현을 위해서 기업은 그 문화를 분석하여 그에 알맞은 방식으로 경영을 해야 하며 필요하다면 그 문화를 변화시켜야 한다.

② 합병 또는 다각화를 시도하는 경우에도 문화적 요소를 고려하여야 한다. 합병이 이루어진 두 기업은 상이한 문화적 특성을 가지고 있으므로 진정한 내부적 통합을 이루지 못하면 기업은 새로운 사업 분야에서 성공할 수 없다.

③ 조직 내 집단 간 갈등에 영향을 미친다. 조직 내 집단 별로 상이한 문화를 가질 수 있으며 이러한 하위문화를 통합해 주는 기업의 공통 문화가 존재하지 않는 경우에는 문화적 특성의 차이로 인하여 심각한 집단 간 갈등이 발생한다.

④ 의사소통에 영향을 미친다. 상이한 문화를 가진 집단 구성원들 간에는 상황을 해석하는 방식과 지각의 내용이 달라질 수 있으며 사용하는 언어의 개념에도 차이가 있어 상호 간의 효율적 의사소통이 어려워진다.

⑤ 생산성에 영향을 미친다. 구성원들이 자신의 성장과 기업의 발전을 일체로 생각하는 문화적 특성에 따라 기업의 생산성에 중요한 영향을 미친다.

3 조직문화의 구성 요소

(1) 구성원의 의식수준에 의한 샤인(Schien)의 모형

샤인(Schien)의 기업문화 모델에 의하면 조직문화는 세 가지 차원으로 구성되어 있으며, 이 차원들 간의 상호작용을 통해 변화·발전해 나간다. 여기서 세 가지 차원이란 '잠재적 단계에 속하는 조직 활동에 대한 기본적인 가정들, 가정에서 파생되는 가치관, 가치관이 표출되어 나타나는 가시적인 인공물이나 창작물' 등을 의미한다.

① 기본가정(믿음) - 잠재적 단계

첫 번째 차원은 그 문화권에 소속된 사람들이 당연하다고 생각하는 기본적인 믿음으로서 관찰이 불가능하고, 당연한 것으로 간주되며 의식 이전의 영역에 존재하는 것이다. 즉, 조직 구성원들이 인식하고 있지 않은 선의식적 가치이며 가치와 밀접히 연관된 개념이다. 이러한 기본전제는 조직 구성원의 지각과 사고 및 감정에 영향을 주어 구성원의 태도와 행동 형성에 결정적인 역할을 하기 때문에 조직문화 형성에 가장 중요한 요소가 된다.

② 가치관

두 번째 차원은 기본적인 믿음이 표출되어 인식의 수준으로 나타나는 것으로 물리적 환경 기준 또는 구성원들의 합의에 의해 옳고 그름이 결정되는 가치관을 말한다.

조직 구성원들이 일반적으로 인식하고 있는 행동의 지침으로서 인공적 창조물을 지배하는 요소이다.

③ 인공적 창조물 – 가시적 단계

세 번째 차원은 가치관의 표출을 통해 인간이 창출한 인공물·기술·예술·행동양식 등이다. 표면적으로 나타나 눈으로 볼 수 있는 물질적·상징적 그리고 행동적 인공 창조물을 의미하는 것으로 조직에 대한 전체적인 인상과 표면적인 조직문화적인 특성을 형성하는 데 가장 직접적이고 결정적 역할을 한다.

(2) 파스칼과 피터스의 7S 모형 [기출]

① 공유가치(핵심)
② 전략
③ 조직구조
④ 제도와 절차
⑤ 구성원
⑥ 관리기술
⑦ 리더십 스타일

4 조직문화의 형성 요인

조직문화는 조직의 역사를 통한 경험과 여기에서 파생된 전통으로서 조직이 직면하는 두 가지 문제, 즉 외부환경 적응과 내부통합 문제를 해결하는 과정에서 형성된다. 즉, 조직문화는 구성원들이 이 두 가지 문제에 대한 해결 방법을 발견하거나 개발해내는 과정에서 지식과 믿음을 공유할 때 형성된다.

(1) 외적 환경 요인

조직문화는 국가의 사회문화, 관습, 규범 등에 의하여 영향을 받으며 그 외에도 기업이 제조·판매하는 제품이나 서비스, 시장 환경의 변화, 제품의 수명주기, 정부 규제의 통제와 완화조치, 자원조달 가능성, 인플레이션, 세제, 금리, GNP 성장률 등 다양한 경제적·기술적 환경 등에 의하여 영향을 받는다.

(2) 내적 환경 요인

동일한 사회문화에 속한 조직들도 나름대로 독창적인 조직문화를 형성하는데 이러한 독창적인 조직문화 형성에 영향을 미치는 요인은 다음과 같다.

① 창업주나 최고경영자의 경영이념
② 조직의 역사와 안정적인 Membership
③ 대체문화의 존재여부
④ 업종, 규모 및 경쟁의 정도
⑤ 조직의 유형적 환경(지리적 위치, 건물 형태) 및 조직이 속한 문화
⑥ 조직의 전략과 관리체계
⑦ 조직 구성원들의 교육정도

5 조직문화와 조직설계

(1) 조직문화와 조직설계의 관계

조직설계가 잘 되었다 할지라도 조직 구성원들이 공유하고 있는 문화가 잘못되어 있다면 조직설계는 제 기능을 발휘할 수 없다. 때문에 조직설계는 조직문화와 상호 적합한 관계를 이루어야 비로소 조직의 유효성을 높일 수 있다. 조직문화는 외부환경의 적응, 내부에서의 통합, 조직의 역사 등에 의하여 형성되고 조직의 문화적 차원에 영향을 미쳐 서로 상이한 문화유형을 창출해 낸다.

(2) 조직문화 설계이론 기출

숄츠(Scholz)는 조직문화와 조직설계가 어떻게 연계되는지에 따라 조직문화를 '환경적 차원, 내부적 차원, 진화적 차원' 등 세 가지 관점에서 제시하였으며, 각 차원은 조직문화의 형성요인인 외부환경에의 적응, 내부적 통합, 조직의 역사와 각각 연결되어 있다. 이 세 가지 차원을 사용하여 상이한 조직문화 유형을 제시하고 있다.

① **환경적 차원의 조직문화 유형**

  ㉠ 강인하고 억센 문화 : 위험이 높고 행동결과에 대한 피드백이 빠른 환경을 가진 기업의 문화

  ㉡ 열심히 일하고 잘 노는 문화 : 상대적으로 위험이 적으면서 피드백이 빠른 환경을 가진 기업의 문화

  ㉢ 회사의 운명을 거는 문화 : 모험적인 의사결정을 요구하는 환경을 가진 기업의 문화

  ㉣ 과정을 중시하는 문화 : 위험과 피드백이 거의 없는 환경을 가진 기업의 문화

② **내부적 차원의 조직문화 유형** : 문제 해결 태도와 관련된 기업 내부적 상황에 관한 것을 말한다.

  ㉠ 생산적 문화 : 생산과정이 기본적으로 일정하고 작업과정이 상당히 표준화되어 있으며, 숙련기술이 많이 필요하지 않은 기업의 문화

  ㉡ 관료적 문화 : 업무의 비 일상성 정도가 생산성 문화보다 높으며, 역할과 관련된 권한과 책임이 구체적으로 명시된 기업의 문화

  ㉢ 전문적 문화 : 과업수행의 어려움과 과업의 다양성 관점에서 비 일상성이 높고, 구성원들은 특정 분야에 대한 전문가들이 대부분인 기업의 문화

③ **진화적 차원의 조직문화 유형** : 기업의 성장단계에 따라 나타나는 문화적 특성에 관한 것이다.

  ㉠ 안정적 문화 : 기본적으로 내부 지향적이고 과거 지향적이다.

  ㉡ 반응적 문화 : 내부 지향적이고 현재 지향적이며, 최소위험을 추구하고, 변화를 거의 수용하지 않는다.

  ㉢ 예측적 문화 : 일부분은 내부 지향적이면서 일부분은 외부 지향적인 문화로서 익숙한 위험을 추구하며 점진적 변화를 수용한다.

  ㉣ 탐험적 문화 : 외부 지향적이고 위험과 이익의 상치관계를 고려하여 행동하고 많은 변화를 수용한다.

  ㉤ 창조적 문화 : 외부 지향적이고 익숙하지 않은 위험을 매우 선호하고 새로운 변화를 계속 추구한다.

6 조직 진화에 따른 조직문화 기능 변화 기출

조직문화의 기능은 조직의 성장에 따라 변화하게 된다.

(1) 창립과 성장 초기단계

조직문화는 안정적이고 예측 가능한 환경을 창출하며 일체감과 의사소통의 체계를 제공하여 긍정적인 성장요인이 된다. 따라서 좀 더 정교하게 개발되어 명확하게 표현될 필요가 있다.

① 문화는 독특한 능력과 일체감의 원칙이다.

② 문화는 조직을 하나로 묶어 주는 접착제 역할을 한다.

③ 조직은 통합과 명료성을 추구한다.

④ 몰입의 증거로서 사회화를 강조한다.

(2) 창업자에서 2세대 경영자로의 계승단계

① 문화는 급진파와 보수파 간의 싸움터가 된다.

② 계승 후보자는 문화요소를 보전할 것인지 변화시킬 것인지에 따라 결정된다.

(3) 성장 중간단계

여러 하위문화가 생성되기 때문에 전체문화와 하위문화의 관계를 효과적으로 관리하는 것이 필요하다. 조직은 지리적 확장, 신제품 개발, 새로운 시장 확보, 비용절감과 자원 확보를 위한 수직적 통합, 합병 및 매수, 사업부화 등을 통해 성장을 추구한다.

① 새로운 하위문화가 생성됨에 따라 문화적 통합 정도가 약화된다.

② 중요한 목표, 가치관, 가정의 사실이 일체감의 위기를 창출한다.

③ 문화변화의 방향을 관리하기 위한 기회가 제공된다.

(4) 성숙단계

조직문화가 어떤 영역에서 일부 역기능으로 작용하기 때문에 문화를 변화시킬 필요성이 생기게 된다. 이 단계에서 혁명, 조직개편, 대규모 인력교체 등을 통해 완전히 새로운 문화를 창출하는 것은 문화적 연속성을 상실시키는 방법이다.

① 문화가 혁신의 제약조건으로 작용한다.

② 문화는 과거의 영광을 보전하며, 자부심, 자기방어의 원천이 된다.

(5) 변혁기

① 문화변화는 필수적이지만 문화의 모든 요소를 변화시키는 것은 아니다.

② 문화의 핵심요소를 확인하여 보존해야 한다.

③ 문화변화를 관리하거나 점진적으로 진화해 가도록 할 수 있다.

(6) 파괴기

통합, 매수, 파산과정을 통한 전체적인 조직개편으로 문화를 파괴시킨다.

① 문화가 기본적인 패러다임 수준에서 변한다.

② 대규모 인력 교체를 통해 문화를 변화시킨다.

7 조직문화와 변화 관리

(1) 변화 관리의 필요성

조직의 성과를 높이기 위해서는 이에 적합한 행동이 요구되고 이를 위해서는 조직 구성원의 기본전제와 가치관의 변화가 있어야 한다. 또한 조직문화의 변화를 위해서는 체계적인 변화계획과 관리가 필요하다.

(2) 조직행동 및 문화 변화의 과정(단계) 기출

① **변화의 필요성 인식**

　㉠ 현재의 조직 분위기나 구성원 행동의 문제가 집단과 조직의 성과에 미치는 영향을 인식시키는 단계이다.

　㉡ 변화 담당자들은 성과와 효율성에 관한 자료나 구성원 상호작용에 관한 자료를 토대로 **조직체의 문제점을 구성원에게 피드백**하여 조직 분위기 개선과 **구성원 행동상의 변화**에 긍정적인 태도를 갖도록 유도한다.

② **해빙**

　㉠ 변화에 대한 고정적 태도는 이를 강화시키는 가치의식과 사고방식 때문이므로 구성원의 **고정된 관점과 가치의식을 변화**시키는 단계이다.

　㉡ 구성원으로 하여금 폐쇄적인 관점, 불신적 태도, 안일한 과업행동을 제고하도록 하면서 개방적이고 신뢰적인 대인관계, 성취 지향적인 과업행동의 만족감 등 새로운 관점과 가치관을 수용할 수 있는 의식 구조로 변화시킨다.

③ **변화 주입**

　㉠ 새로운 관점과 태도가 행동변화를 유도할 수 있도록 변화를 실제로 주입하는 단계이다.

　㉡ **새로운 전제와 가치관**을 통하여 만족과 자아실현 욕구를 실제로 충족할 수 있도록 체험시키고 새로운 변화를 주입하여 바람직한 행동을 유도한다.

④ **재동결**

　㉠ 새로운 가치관과 태도 및 실제 행동을 반복·강화하여 영구적인 행동패턴으로 정착시키는 단계이다.

　㉡ 집단 구성원의 상호관계나 보상제도 등의 직무환경 조건을 변화시킴으로써 새로운 행동을 강화시킨다.

(3) 조직행동 및 문화 변화의 접근 방법 및 수단

① 조직행동 및 문화 변화의 접근 방법 [기출]

  ㉠ 일방적 접근법 : 조직변화에 관한 모든 결정을 상위 계층이 일방적으로 수행하고 변화를 단독으로 집행하여 하위계층의 집단 구성원에 대해서는 변화과정에 대한 참여를 제한하는 방법이다.

  ㉡ 공유적 접근법 : 경영층이 조직변화를 포함한 모든 조직관리 권한을 가지고 있지만 그 권한을 상황에 따라 적절히 행사하는 방법이다. 즉, 구성원의 참여를 유도하고 협조를 얻어 조직문화 변화를 효과적으로 달성하려는 접근 방법이다.

  ㉢ 위임적 접근법 : 구성원들이 변화과정에 공동으로 참여하여 참여과정에서 구조적 제약조건 없이 구성원들이 자유롭게 변화의 모든 문제에 관여할 수 있다. 즉, 권한과 역할이 구성원에게 최대한 위임되어 있는 것이다.

  이 세 가지 접근법 중 변화 담당자의 역할이 최대한 발휘될 수 있는 공유적 접근 방법이 가장 효과적이라고 할 수 있다.

② 조직행동 및 문화 변화의 수단 [기출]

  ㉠ 비전, 환경 및 전략의 선택

  ㉡ 변화 담당자로서의 경영자의 리더십

  ㉢ 교육훈련 멘토 프로그램의 개발 및 운영

  ㉣ 조직 개발(리더십 역량을 배양할 수 있는 종합적 조직 개발)

  ㉤ 보상 체계(구성원의 바람직한 행동에 대한 지속적 보상 체계를 통해 조직문화 강화 또는 개조)

  ㉥ 조직구조(추구하고자 하는 문화가치와 일관성이 있는 조직구조 설계)

  ㉦ 표어 및 의례의식[구두(언어) 상징, 행동적 상징, 물적 상징]

더 알아두기

딜과 케네디(Deal&Kenndy)의 조직문화 형성의 구성요소 [기출]
환경, 기본가치, 중심인물, 의례와 의식, 문화적 네트워크

조직 시민 행동 [기출]
직무에 대한 최소한의 요구를 넘어서서 조직을 위해 과업 수행을 지원하는 사회적, 심리적 맥락의 유지와 강화에 기여하는 행동이다.

오건(Organ)	윌리엄스(Williams)와 앤더슨(Anderson)
예의	개인에 대한 행동(OCBI) : 조직 내의 구성원을 돕는 행동
이타주의	
성실성	조직에 대한 행동(OCBO) : 조직에 이익이 되는 행동
시민 덕목	
스포츠맨십	

조직변화 기출

현재의 상태와 안정을 유지하고자 변화에 반발하는 구성원들의 성향을 의미한다. 일반적으로 변화는 기존의 관행을 거부하고 기득권을 위협하기 때문에 저항을 불러일으킨다.

구분	저항의 이유	극복 전략
개인적 차원	습관, 경제적 요인, 안전에 대한 욕구, 새로운 방식에 대한 두려움, 선택적 지각	교육과 커뮤니케이션, 구성원의 참여 유도
조직적 차원	구조적 관성, 집단 타성, 변화 범위의 제한, 전문성에 대한 위협, 권력관계에 대한 위협, 자원분배에 대한 위협	상부의 촉진과 지원, 협상과 타협, 강제

○X로 점검하자 | 제4장

※ 다음 지문의 내용이 맞으면 ○, 틀리면 ×를 체크하시오. [1~17]

01 조직구조는 조직의 유효성을 결정짓는 중요한 요인이다. (   )

02 수직적 분화의 수준이 높아질수록 하위계층에 대한 감시 및 통제가 약해진다. (   )

03 수직적 분화의 수준이 높아질수록 조정 및 의사전달이 복잡해지는 경향을 띠게 된다. (   )

04 단순하면서도 반복적인 직무일수록 공식화의 정도가 낮다. (   )

05 유기적인 조직구조는 비교적 유연성 및 적응성이 높은 조직구조이다. (   )

06 프로젝트 조직은 해산을 전제로 구성되는 임시적이면서 일시적·잠재적인 조직이다. (   )

07 네트워크 조직은 조직의 개방화·슬림화·수평구조화를 용이하게 한다. (   )

08 핸디는 조직문화를 "의미·방향·협력 등을 제시하는 통합문화의 개념이며, 개인의 입장에서는 성격과 통일된 조직의 문화"라고 정의하였다. (   )

09 조직문화의 외적 환경 요인은 국가의 사회문화, 관습, 규범, 제품수명주기, 인플레이션, 세제, 금리 등이다. (   )

10 조직 풍토는 조직 구성원이 인지하는 조직체에 대한 상징이다. (   )

11 조직 분위기는 조직 구성원들이 감지하는 조직체에 대한 인상을 말한다. (   )

정답과 해설   01 ○ 02 × 03 ○ 04 × 05 ○ 06 ○ 07 ○ 08 × 09 ○ 10 × 11 ×

02 수직적 분화의 수준이 높아질수록 하위계층에 대한 감시 및 통제가 심해진다.
04 단순하고 반복적인 직무일수록 공식화의 정도가 높다.
08 핸디는 조직문화를 "일반화된 생활양식이나 규범체제"라고 하였다.
10 조직 풍토는 조직 구성원들이 감지하는 조직체에 대한 인상이다.
11 조직 분위기는 조직 구성원이 인지하는 조직체에 대한 상징을 말한다.

12 조직구조는 구성원들의 전반적인 행동 및 사고 등을 규정한다. ( )

13 지위란, 어떠한 사회적 체제 속에서 개인이 점하는 위치, 상대적인 가치 및 존중도를 말한다.
( )

14 조직구조에서 복잡성과 집권화의 관계는 서로 비례적인 관계를 가진다. ( )

15 공조직 규모가 커지게 되면 일정 정도까지는 복잡성이 증대되다가 체감하게 된다. ( )

16 단일라인 조직은 업무의 내용이 서로 유사하고 관련성이 있는 것들을 분류·결합시키는 조직설계의 방법이라 할 수 있다. ( )

17 조직문화는 조직구조, 동기, 리더십 등과 서로 상호작용한다. ( )

01 다음 중 조직구조에 대한 설명으로 옳지 <u>않은</u> 것은?

① 조직의 각 부분들 사이에 성립되어 있는 관계의 유형이다.

② 경영활동을 위해 필요한 일과 부서, 직위 등을 배열해 놓은 틀 또는 뼈대를 말한다.

③ 조직 구성원의 '유형화된 상호(교호)작용'의 구조이다.

④ 조직 유효성에 거의 영향을 미치지 않는다.

01 조직구조는 조직 유효성을 결정하는 주요 요인이다.

02 다음 중 조직구조 형성의 종적 기초요소(구성단위)로 바르게 짝지어진 것은?

① 권력과 역할

② 권력과 권한

③ 역할과 지위

④ 역할과 권한

02 조직구조는 조직 구성원들의 다양한 영향력을 규제하여 조직의 목표달성을 효과적으로 달성하도록 설계된 장치로서, 종적으로는 권력이나 권한과 같은 지배구조, 횡적으로는 역할이나 지위와 같은 역할구조를 기초로 형성된다.

03 조직규범에 의하여 그 정당성이 승인된 권력을 무엇이라 하는가?

① 정권

② 권한

③ 권위

④ 권리

03 권한이란 조직의 규범에 의하여 그 정당성이 승인된 권력을 의미한다.

정답 (01 ④ 02 ② 03 ②)

04 복잡성의 유형에는 수평적 분화, 수직적 분화, 지역적 분화가 있다.

04 조직구조의 구성요소(기본변수) 중 복잡성의 유형에 속하지 <u>않는</u> 것은?

① 수평적 분화
② 수직적 분화
③ 지역적 분화
④ 조직적 분화

05 • 공식화 : 조직 내의 직무가 문서화된 정도 또는 종업원들의 태도가 문서화된 규칙이나 절차에 의존하는 정도를 의미한다. 단순하고 반복적인 직무일수록 공식화의 정도가 높고, 고도로 전문화된 업무일수록 공식화의 정도가 낮으며, 생산부서의 직무는 마케팅이나 연구개발 직무보다 공식화 정도가 높다.
• 의사결정 권한이 조직 내 상위수준의 관리자에게 집중되는 정도를 의미하는 것은 집권화이다.

05 다음 중 공식화에 대한 설명으로 옳은 것은?

① 의사결정 권한이 조직 내 상위수준의 관리자에게 집중되는 정도를 의미한다.
② 단순하고 반복적인 직무일수록 공식화의 정도가 높다.
③ 고도로 전문화된 업무일수록 공식화의 정도가 높다.
④ 생산부서의 직무는 마케팅이나 연구개발의 직무보다도 공식화의 정도가 낮다.

06 수평적 분화는 미숙련자의 고용이 가능하므로 공식화의 정도를 높이고, 수직적 분화는 경영자 및 전문가를 증가시키므로 공식화의 정도가 낮아진다.

06 다음 중 복잡성과 공식화의 관계에 대한 설명으로 옳은 것은?

① 수평적 분화는 공식화의 정도를 높인다.
② 수직적 분화는 공식화의 정도와 전혀 관련이 없다.
③ 수평적 분화는 공식화의 정도를 약화시킨다.
④ 수직적 분화는 공식화의 정도를 높인다.

정답 (04④ 05② 06①)

07 다음 괄호 안에 들어갈 말로 알맞게 짝지어진 것은?

> 구조적 상황이론에 따르면 조직구조의 결정 요인에는 (　　), (　　), (　　), (　　) 등이 있다.

① 환경, 정보, 문화, 리더십
② 환경, 기술, 전략, 규모
③ 문화, 기술, 전략, 가치
④ 문화, 기술, 전략, 규모

07 조직구조의 결정 요인에는 조직이 처한 환경, 기술, 전략 그리고 규모 등이 있다.

08 다음 중 밑줄 친 '이것'이 지칭하는 것은 무엇인가?

> 페로우(C. Perrow)는 이것을 "조직의 여러 가지 투입물을 조직이 목표로 하는 산출물로 변화시키는 과정 혹은 방법으로서 지식·도구·기법·활동을 포함한다."라고 정의한다.

① 기술　　　　　② 환경
③ 규모　　　　　④ 전략

08 조직구조와 기술의 관계에 대한 정의이다.

09 Robbins의 일반적 조직형태 중 하나인 단순구조에 대한 설명으로 옳지 <u>않은</u> 것은?

① 단순하고 정교하지 않은 조직구조 형태
② 전략 상층부와 업무 핵심층으로만 구성
③ 주로 소규모나 사업 초기단계 조직에서 많이 나타나는 형태
④ 계층이나 직무분할이 상당히 복잡

09 단순구조는 계층이나 직무분할이 복잡하지 않다(부문화가 낮다).

정답 (07 ② 08 ① 09 ④)

10 애드호크라시란 임시조직 또는 특별 조직이라고 할 수 있으며, 평상시에 는 조직이 일정한 형태로 움직이다 가 특별한 일이나 사건이 발생하면 그 일을 담당할 수 있도록 조직을 재 빨리 구성하여 업무 처리가 이루어 지는 조직형태이다.

10 다음 중 임시조직 또는 특별조직 구조라고 할 수 있는 것은?

① 사업부제 조직
② 관료제
③ 매트릭스 조직
④ 애드호크라시

11 • 스탭라인 조직구조 : 복수기능식 라 인 조직의 결점을 보완하고, 단일 라인 조직의 이점을 살릴 수 있는 혼합형 조직형태
• 기능식 조직구조 : 업무의 내용이 유사하고 관련성이 있는 것들을 분 류·결합시키는 조직설계의 방법

11 다음에서 설명하는 조직구조는 무엇인가?

> 한 사람의 의사와 명령이 하부에 직선적으로 전달되는 조직 형태이다. 군대식 조직과 같이 지휘 명령권이 명확한 조직이 며 계층 원리나 명령일원화 원리에 의해서 설계된 조직형태 이다.

① 단일라인 조직구조
② 단순 조직구조
③ 스탭라인 조직구조
④ 기능식 조직구조

12 직능부제나 사업부제 조직이 고정화 된 정태적 조직인 데 반해 프로젝트 조 직은 프로젝트가 완료되면 해산되는 일시적·잠정적·동태적 조직이다.

12 다음 중 프로젝트 조직에 대한 설명으로 옳지 <u>않은</u> 것은?

① 특정목표 달성을 위해 일시적으로 조직 내의 인적·물적 자원 을 결합하는 조직형태이다.
② 프로젝트를 중심으로 프로젝트에 필요한 업무를 종합화한 횡 적 조직이다.
③ 직능부제나 사업부제 조직처럼 고정화된 정태적 조직이다.
④ 해산을 전제로 편성된 임시적·일시적·잠재적 조직이다.

정답 10 ④ 11 ① 12 ③

13 다음 중 조직문화에 대한 설명으로 옳지 <u>않은</u> 것은?

① 조직 구성원들이 공유하는 가치·신념·관습·전통·규범의 총칭이다.

② 조직문화는 구성원들을 하나로 결합시켜 준다.

③ 조직문화는 기술적 용어이다.

④ 기업조직의 행동에는 큰 영향을 미치지만 조직 구성원 개개인의 행동에는 영향을 미치지 못한다.

14 조직 권한의 집권성 정도 또는 공식화 정도에 따라 조직문화를 '관료 기업문화, 권력 기업문화, 행렬 기업문화, 핵화 기업문화'로 구분한 사람은?

① Deal Kennedy

② Harrison

③ Denison

④ 이장호

15 다음 중 Denison이 제시한 기업문화 유형에 속하지 <u>않는</u> 것은?

① 위계문화

② 개발문화

③ 집단문화

④ 행동문화

---

13 조직문화는 조직 구성원 개개인 및 기업 조직의 행동에 영향을 미치는 기본적 요인이다.

14 ① Deal Kennedy : 기업문화는 구성원의 명확한 신념과 고유가치, 일상생활에서의 가치구현 및 이를 뒷받침해주는 제도에 따라 결정된다고 보았다.

③ Denison : 기업환경 변화와 기업행동 경향을 중심으로 기업문화를 '집단문화, 위계문화, 개발문화, 합리문화'로 구분하였다.

④ 이장호 : 기업문화를 '외향적 기업문화와 내향적 기업문화, 과업 지향적 기업문화와 사회 지향적 기업문화, 획일적 기업문화와 개성적 기업문화, 위험 회피적 기업문화와 임기응변적 기업문화'로 구분하였다.

15 데니슨은 기업환경 변화와 기업행동 경향을 중심으로 기업문화를 '집단문화, 위계문화, 개발문화와 합리문화'로 구분하였다.

정답 13 ④ 14 ② 15 ④

16 조직문화의 순기능
• 공통의 의사결정 기준 제공
• 조직 내 갈등 해소에 기여
• 구성원들의 일체감 형성, 내면적 통합 유도
• 종업원들의 근로의욕 및 조직에 대한 몰입도 제고
• 조직 종업원들의 행동에 대한 통제 메커니즘 역할 수행

16 다음 중 조직문화의 기능으로 옳지 <u>않은</u> 것은?

① 행위에 대한 통제
② 조직몰입 제고
③ 공통의 의사결정 기준 제공
④ 보상 극대화

17 샤인(Schien)의 기업문화 모델에 의하면, 조직문화는 세 가지 차원으로 구성되는데 여기서 세 가지 차원이란 '잠재적 단계에 속하는 조직 활동에 대한 기본적인 가정들, 가정에서 파생되는 가치관, 가치관이 표출되어 나타나는 가시적인 인공물이나 창작물' 등을 의미한다.

17 다음 중 샤인이 제시한 조직문화의 3가지 차원이 <u>아닌</u> 것은?

① 인공물 및 창조물
② 가치관
③ 기본적 가정
④ 윤리

18 가치관은 샤인이 제시한 조직문화의 3가지 차원 중 하나이다.

기업문화의 구성요소 7S
• 공유가치(핵심)
• 전략
• 구조
• 제도와 절차
• 구성원
• 관리기술
• 리더십 스타일

정답 16 ④ 17 ④ 18 ④

18 파스칼과 피터스의 7S 모형에서 기업문화의 구성요소로서의 7S에 해당되지 <u>않는</u> 것은?

① 공유가치
② 전략
③ 제도와 절차
④ 가치관

19 조직문화의 형성 요인 중 외적 환경 요인에 해당되는 것은?

① 창업주나 최고 경영자의 경영이념
② 조직의 유형적 환경(지리적 위치, 건물 형태)
③ 조직의 전략과 관리체계
④ 시장 환경의 변화

20 숄츠(Scholz)가 제시한 조직문화의 3가지 차원에 해당되지 <u>않는</u> 것은?

① 환경적 차원
② 사회적 차원
③ 내부적 차원
④ 진화적 차원

21 숄츠(Scholz)의 3가지 조직문화 차원 중 하나인 내부적 차원의 조직문화 유형이 <u>아닌</u> 것은?

① 생산적 문화
② 탐험적 문화
③ 전문적 문화
④ 관료적 문화

19 • 외적 환경 요인: 국가의 사회문화, 관습, 규범, 제품이나 서비스, 시장 환경의 변화, 제품의 수명주기, 정부규제의 통제와 완화 조치, 자원조달 가능성, 인플레이션, 세제, 금리, GNP성장률 등 다양한 경제적·기술적 환경 등
• 내적 환경 요인: 창업주나 최고경영자의 경영이념, 조직의 역사와 안정적인 Membership, 대체문화의 존재여부, 업종·규모 및 경쟁의 정도, 조직의 유형적 환경(지리적 위치, 건물형태) 및 조직이 속한 문화, 조직의 전략과 관리체계, 조직 구성원들의 교육 정도 등

20 숄츠(Scholz)는 조직문화와 조직설계가 어떻게 연계되는지에 따라 조직문화를 '환경적 차원, 내부적 차원, 진화적 차원' 등 세 가지 관점으로 제시하였다.

21 탐험적 문화는 진화적 차원의 조직문화 유형 중 하나이다.

정답 19 ④   20 ②   21 ②

22 조직행동 및 문화 변화의 과정
- 변화의 필요성 인식 : 현재의 조직 분위기나 구성원 행동의 문제가 조직의 성과에 미치는 영향을 인식시키는 단계
- 해빙 : 구성원의 고정된 관점과 가치의식을 변화시키는 단계
- 변화 주입 : 새로운 관점과 태도가 행동변화를 유도할 수 있도록 변화를 실제로 주입하는 단계
- 재동결 : 새로운 가치관과 태도 및 실제 행동을 반복·강화하여 영구적인 행동패턴으로 정착시키는 단계

22 조직행동 및 문화 변화의 과정(단계)이 순서대로 바르게 나열된 것은?

① 변화 필요성 인식 – 해빙 – 변화 주입 – 재동결
② 해빙 – 변화 필요성 인식 – 변화 주입 – 재동결
③ 변화 주입 – 변화 필요성 인식 – 해빙 – 재동결
④ 해빙 – 변화 주입 – 변화 필요성 인식 – 재동결

23 조직행동 및 문화 변화의 접근방법에는 '일방적 접근법, 공유적 접근법, 위임적 접근법' 세 가지가 있는데 이 중 변화 담당자의 역할이 최대한 발휘될 수 있는 공유적 접근법이 가장 효과적이라고 할 수 있다.

23 조직행동 및 문화 변화의 접근방법 세 가지 중 가장 효과적인 방법은 무엇인가?

① 일방적 접근법
② 공유적 접근법
③ 논리적 접근법
④ 위임적 접근법

정답 22 ① 23 ②

Self Check로 다지기 | 제4장

➡ **분권화의 결정요소** : 제품의 다각화·다양화, 하위층 사람들의 사기앙양, 관리자로서의 자질 함양, 절차와 문서의 간소화

➡ **기계적 구조와 유기적 구조의 비교**

구분	기계적 구조	유기적 구조
적합한 환경	안정적 환경	동태적 환경
작업의 분업화	높음	낮음
의사소통	명령과 지시	충고와 자문
권한의 위치	조직의 최고층에 집중	능력과 기술을 가진 곳
갈등해결 방식	상급자의 의사결정	토론과 기타 상호작용
정보의 흐름	제한적이며 하향적	상하로 자유로움
공식화	높음	낮음

➡ **민츠버그의 조직 구분** : 단순조직, 기계적 관료제, 전문적 관료제, 사업부제 조직구조, 애드호크라시

➡ **Harrison의 기업문화 유형** : 관료적 기업문화, 권력적 기업문화, 핵화 기업문화, 행렬 기업문화

➡ **Deal Kennedy의 기업문화 유형** : 강한 기업문화는 구성원의 명확한 신념과 고유가치, 일상생활에서의 가치구현 및 이를 뒷받침해 주는 제도의 유무에 따라 결정

➡ **Denison의 기업문화 유형** : 집단문화, 위계문화, 개발문화, 합리문화 등으로 구분

➡ **파스칼과 피터스의 7S 모형** : 공유가치, 전략, 조직구조, 제도와 절차, 구성원, 관리기술, 리더십 스타일

➡ **진화적 차원의 조직문화 유형** : 안정적 문화, 반응적 문화, 예측적 문화, 탐험적 문화, 창조적 문화

➡ **내부적 차원의 조직문화 유형** : 생산적 문화, 관료적 문화, 전문적 문화

➡ 조직문화의 중요성
- 기업전략수행에 영향을 미침
- 합병 및 다각화를 하는 경우에도 문화적 요소를 고려
- 조직 내 집단 간 갈등에 영향을 미침
- 의사소통에 영향을 미침
- 생산성에 영향을 미침

➡ 기계적 조직구조 : 의사결정이 상부에 집중되어 있고 분업화, 전문화 및 관료적인 규칙과 절차를 강조

➡ 유기적 조직구조 : 분권화된 의사결정과 유연한 절차를 기초로 수직적인 의사소통과 명령 계통보다 수평적 의사소통 및 연결을 강조하고, 지위 권한보다는 전문성과 지식에 기반을 둔 영향력을 행사하며, 구체적인 책임보다는 포괄적인 책임을, 지시보다는 정보의 상호교환에 비중을 둠

➡ 우드워드의 기술조직의 분류 : 단위소량 생산체계, 대량 생산체계, 연속공장 생산체계

➡ 기능식 조직구조 : 업무의 내용이 유사하고 관련성이 있는 것들을 분류·결합시키는 조직설계의 방법

➡ 프로젝트 조직 : 특정 목표를 달성하기 위해 일시적으로 조직 내 인적·물적자원을 결합하는 조직형태

➡ 네트워크 조직 : 정보통신 기술을 활용해서 조직의 유연성 및 연계성의 극대화를 이루면서 새로운 기술과 조류변화에 신속히 대응하는 조직형태

➡ 가상조직 : 정보네트워크 기술을 기반으로 가상공간에서 새로운 기업 간 협력을 획득하기 위해 구축하는 조직형태

➡ 애드호크라시 : 임시조직 또는 특별조직이라고 할 수 있으며, 평상시에는 조직이 일정한 형태로 움직이다가 특별한 일이나 사건이 발생하면 그 일을 담당할 수 있도록 조직을 재빨리 구성하여 업무를 처리하는 조직형태

부록

합격의 공식 SD에듀 www.sdedu.co.kr

최종모의고사

지식에 대한 투자가 가장 이윤이 많이 남는 법이다.

– 벤자민 프랭클린 –

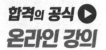
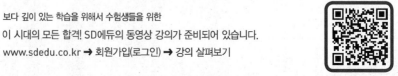

제한시간: 50분 | 시작 ___시 ___분 – 종료 ___시 ___분

정답 및 해설 251p

01 조직에 대한 정의 중 버나드가 말한 것으로 옳은 것은?

① 다수의 개인이 목표 달성을 위해 상호작용하는 구조화된 체계
② 2인 이상의 사람들의 힘과 활동을 의식적으로 조정하는 협력체
③ 특정 목적의 달성을 위해 조직 구성원 간 상호작용하는 인간의 협동집단
④ 합리적이고 조정·분화된 기능을 통해 정해진 목표를 달성하기 위해 만들어진 개인과 집단의 실체

02 다음 중 과학적 관리론에 대한 내용으로 옳지 않은 것은?

① 전문화에 입각한 체계적인 직무의 설계
② 시간 및 동작연구에 따른 과업의 관리
③ 사회인 가설에 입각
④ 생산 공정에 있어서의 표준화

03 다음 중 조직유효성에 대한 두 가지 접근법으로 옳게 짝지어진 것은?

① 목표 접근법, 시스템 접근법
② 개방 접근법, 목표 접근법
③ 시스템 접근법, 폐쇄 접근법
④ 개방 접근법, 폐쇄 접근법

04 다음에서 설명하는 개념은 무엇인가?

> 어떠한 대상 또는 사람에 대한 일반적인 견해가 그 대상이나 사람의 구체적인 특성을 평가하는 데 있어 영향을 미치는 현상이다.

① 상동적 태도
② 현혹효과
③ 대비오류
④ 유사효과

05 다음 중 성격이 다른 하나는?

① 구조적 특성
② 작업경험
③ 직무관련 특성
④ 잔류의도

06 다음 설명 중 옳지 않은 것은?

① 인적·물적 자원의 효율적인 활용을 통한 생산성 증대의 시도로서 나타난 최초의 관리이론은 인간관계론이다.
② 힉스는 조직을 '다수의 개인이 목표달성을 위해 서로 상호작용하는 구조화된 체계'라고 정의하였다.
③ 조직은 성장 및 변화에 대응하는 동태적인 균형을 추구한다.
④ 조직행동론의 주 연구대상으로는 생산성·근무태도 등과 같은 종업원들의 성과를 결정하는 요인이라 할 수 있다.

07 다음 중 조직차원에서의 직무만족이 중요한 이유로 옳게 짝지어진 것은?

> ㉠ 성과에 영향
> ㉡ 원만한 인간관계
> ㉢ 결근율 및 이직률 감소
> ㉣ 회사 홍보에 기여

① ㉠, ㉡, ㉢
② ㉡, ㉢
③ ㉠, ㉣
④ ㉠, ㉡, ㉢, ㉣

08 다음 내용이 설명하는 것은?

> 이것이 높은 사람은 주어진 직무를 상당히 선호하고, 직무에 있어서도 최선을 다하므로 이직 및 결근율 등이 매우 낮은 것으로 나타난다. 특히 이직률을 예측하는 데 있어 더욱 일관된 결과를 나타내는 특징이 있다.

① 직무결과
② 직무몰입
③ 직무이탈
④ 직무만족

09 다음 중 X이론에 대한 설명으로 옳지 않은 것은?

① 인간은 게으르고 일하기를 싫어한다.
② 인간은 생리적 욕구와 안정 욕구에 의해 동기화된다.
③ 자기중심적이며, 조직의 요구에 무관심하다.
④ 변화를 수용하며, 적극적이다.

10 다음 중 불공정성을 감소시키기 위해 개인이 보이는 동기부여 행동의 유형을 모두 고르면?

> ㉠ 투입 및 산출의 변경
> ㉡ 인식의 왜곡
> ㉢ 평가의 변경
> ㉣ 비교대상 변경
> ㉤ 결근율

① ㉠, ㉡, ㉣
② ㉡, ㉣, ㉤
③ ㉢, ㉤
④ ㉠, ㉡, ㉢, ㉣, ㉤

11 다음 중 강화 관리 원칙의 수립에 해당하지 않는 것은?

① 강화박탈의 원칙
② 즉각적 강화원칙
③ 강화부여의 원칙
④ 강화결속의 원칙

12 다음 중 직무충실화의 효율적인 실행을 하기 위한 조건으로 옳지 않은 것은?

① 일에 대한 책임감의 증대
② 전체가 아닌 부분으로서의 일을 맡김
③ 업무수행 과정의 재량권을 부여
④ 개인의 차이를 고려

13 다음 중 개인 임파워먼트 촉진 방안으로 보기 어려운 것은?

① 역량에 기초한 임금제도의 도입
② 의미 있는 사회적 보상의 개발
③ 스트레스 관리
④ 권한 위양

14 다음 중 기업 조직에서의 직접적인 신뢰 형성 요인으로 보기 어려운 것은?

① 근접성   ② 배려

③ 능력   ④ 일관성

15 M. A. 메이가 정의한 '성격'의 정의로 가장 올바른 것은?

① 어떠한 상황에서 그 사람이 어떻게 행동할지를 추측 및 연상이 가능하게 하는 것

② 사회에서의 개인의 역할 및 상태를 특징짓는 모든 성질의 통합

③ 조직화된 행동의 전반적인 모습이며, 주변의 지인들이 일관된 상태로서의 특징이라고 인정했을 때 결정될 수 있는 것

④ 각 개인의 정신 및 신체적 체계 안에서 그 사람의 특징적인 사고 및 행동을 결정해 주는 역동적 조직

16 다음 중 지적능력의 유형에 속하지 않는 것은?

① 어휘력

② 수리력

③ 연역적 추리력

④ 언어 이해력

17 다음 중 팀에 대한 설명으로 바르지 않은 것은?

① 팀원의 수는 중요하지 않다.

② 구성원 간 상호 보완적 기능이 중요하다.

③ 팀 성과는 조직의 리더에 의해 결정된다.

④ 모든 팀은 집단이지만, 모든 집단이 팀은 아니다.

18 다음 중 리더의 자격요건에 해당하지 않는 것은?

① 신뢰

② 충성과 지지

③ 금전적 보상능력

④ 비전

19 다음 중 리더십의 중요성에 대한 것으로 옳지 않은 것은?

① 비전 제시

② 일시적인 성장 촉진

③ 코치 역할

④ 시너지 효과 창출

20 다음 중 변혁적 리더십의 구성요인으로 옳지 않은 것은?

① 셀프 리더십

② 카리스마적 리더십

③ 개별적 배려

④ 영감적 동기유발

21 다음 중 변혁적 리더십에 대한 설명으로서 옳지 않은 것은?

① 변혁이나 변화를 추구한다.

② 상당히 적극적이다.

③ 변화에 따른 새로운 도전을 할 수 있도록 부하를 격려한다.

④ 단기적인 빠른 효과와 가치를 창조한다.

22 다음 중 조직구조에 대한 설명으로 옳지 <u>않은</u> 것은?

① 기업의 사회적 책임을 결정하는 중요 요인이다.

② 조직 구성원의 전반적인 행동 및 사고를 규정한다.

③ 조직학습의 촉진 요소이다.

④ 올바른 기업문화를 창달하는 역할을 수행한다.

23 수직적 분화의 수준이 높아질수록 나타나는 영향으로 옳지 <u>않은</u> 것은?

① 하위계층에 대한 감시 및 통제가 심해진다.

② 조정 및 의사전달이 단순해지는 경향을 보인다.

③ 하위 계층의 경우 업무에 필요한 정보 및 지식 등을 얻기가 까다로워진다.

④ 공공 전문가 조직에 있어서는 문제를 야기시킬 가능성이 높아진다.

24 다음 중 민츠버그가 말하는 기본적인 조직형태에 해당하지 <u>않는</u> 것은?

① 전문적 관료제 ② 기계적 관료제
③ 가상 조직 ④ 단순조직

25 다음 중 핸디가 정의한 조직문화의 정의로서 가장 적절한 것은?

① 조직행동을 위한 일련의 공통된 이해

② 문화는 발생한 것을 의미

③ 구성원들이 공유하는 가치·믿음·기대 등에 초점

④ 일반화된 생활양식 또는 규범 체제

26 다음 중 내부적 차원의 조직문화의 유형으로 옳지 <u>않은</u> 것은?

① 전문적 문화
② 반응적 문화
③ 생산적 문화
④ 관료적 문화

27 다음 중 조직행동론의 개념으로 옳지 <u>않은</u> 것은?

① 인간의 행동을 연구하는 학문이다.

② 사회학은 조직행동 분야에 가장 큰 영향을 미친 학문이다.

③ 조직행동론의 연구 대상은 조직 내 구성원들의 행동이나 태도이지만 모든 행동이나 태도는 아니다.

④ 조직행동론의 학문적 기반은 근본적으로 행동과학이다.

28 다음 중 조직행동론의 분석 수준이 <u>다른</u> 하나는?

① 개인의 가치관
② 창의성
③ 스트레스
④ 리더십

29 조직행동론의 이론적 전개과정 중 신고전이론으로 일컬어지는 시기는 언제인가?

① 1910년대 ~ 1920년대
② 1920년대 ~ 1930년대
③ 1930년대 ~ 1940년대
④ 1940년대 ~ 1950년대

30 행동과학이론의 특징으로 옳지 <u>않은</u> 것은?

① 행동과학의 연구 대상은 인간의 모든 행동 또는 행위이다.
② 행동과학자들은 강압-타협 체계를 매우 중시한다.
③ 인간행위에 관한 일반화를 시도한다.
④ 개인의 주관이 개입되지 않은 객관적·과학적인 방법으로 증거를 수집한다.

31 다음 상황이론의 변수 중 조직 유효성 변수에 해당하는 것은?

① 환경
② 조직구조
③ 관리체계
④ 성과

32 다음과 같은 특징을 갖는 직무성과 평가방법은 무엇인가?

> • 일정 기간 내의 작업량 또는 일정 작업량 수행에 드는 시간을 산출하여 이를 기준으로 성과를 평가하는 것
> • 단순 연속생산 작업에만 사용될 수 있음

① 정기적 시험법
② 산출 기록법
③ 가점 감점법
④ 종합 순위법

33 다음 중 조직몰입도가 높게 나타나는 경우가 <u>아닌</u> 것은?

① 저학력인 경우
② 연령이 낮은 경우
③ 역할 갈등이 적은 직무를 맡은 경우
④ 분권화된 조직 구성원일 경우

34 전략적 선택이론에 대한 설명으로 옳지 <u>않은</u> 것은?

① 상황이론에 대한 경쟁적인 패러다임으로 등장했다.
② 거시적 분석방법으로 조직현상을 연구한다.
③ 인간 본성의 가정에서는 결정론이 아닌 임의론을 지향·강조한다.
④ 차일드에 의해 도입되었다.

35 직무만족에 대한 설명으로 옳지 <u>않은</u> 것은?

① 강한 내재적 가치관을 지닌 사람은 열악한 근무환경에서도 기꺼이 업무를 수행한다.
② 근무환경은 직무만족 영향 요소 중 가장 중요한 변수이다.
③ 작업집단의 규모가 작을수록 직무만족도는 하락한다.
④ 담당자의 주관적인 판단에서 비롯된 주관적 개념이다.

36 E. A. Locke가 제시한 직무만족 요인을 모두 고른 것은?

> ㄱ. 작업조건
> ㄴ. 교육 및 지능
> ㄷ. 커뮤니케이션
> ㄹ. 임금
> ㅁ. 부가급부

① ㄱ, ㄴ, ㄷ
② ㄴ, ㄷ, ㄹ
③ ㄱ, ㄹ, ㅁ
④ ㄷ, ㄹ, ㅁ

37 직무 요구사항들이 개인의 직무요건, 도덕, 가치관과 상반되는 경우에 발생하는 것은 무엇인가?

① 역할모호성
② 역할과다
③ 역할갈등
④ 역할소원

38 정형적 의사결정에 대한 설명으로 옳지 않은 것은?

① 사이먼이 분류한 의사결정의 유형이다.
② 반복적·일상적 인과관계에 관한 상당한 확실성이 있는 문제를 다룬다.
③ 일상적·구조화된 문제 해결이 많은 조직 형태에서 주로 이루어진다.
④ 해결안은 문제가 정의된 후에 창의적인 직관에 의존하여 결정한다.

39 토론 집단법의 토론리더의 역할로 옳지 않은 것은?

① 모든 구성원이 토론에 참여하도록 유도해야 한다.
② 토론이 중단될 경우 개입하여 해결안을 제안해야 한다.
③ 신랄한 비판이나 공격으로부터 구성원을 보호해야 한다.
④ 해결안의 제약 요인들을 모두 명확히 해야 한다.

40 다음은 조직행동 및 문화 변화의 과정 중 어느 단계에 해당하는가?

> • 구성원의 고정된 관점과 가치의식을 변화시키는 단계
> • 새로운 관점과 가치관을 수용할 수 있는 의식구조로 변화시키는 단계

① 필요성 인식 단계
② 해빙 단계
③ 변화 주입 단계
④ 재동결 단계

제한시간: 50분 | 시작 ___시 ___분 - 종료 ___시 ___분

⊡ 정답 및 해설 255p

01 다음 중 조직행동론의 4가지 의존변수로 옳지 <u>않은</u> 것은?

① 이직
② 생산성
③ 결근여부
④ 성실성

02 다음 인간관계론에 대한 내용으로 옳지 <u>않은</u> 것은?

① 공식조직집단의 중요성을 강조한다.
② 사회인 가설을 기반으로 하고 있다.
③ 폐쇄적인 조직의 경향을 지닌다.
④ 민주적인 조직관리체제를 지향한다.

03 다음 중 시스템 접근법의 측정지표로서 바르지 <u>않은</u> 것은?

① 조직몰입
② 이직률
③ 급여인상
④ 직무만족

04 다음 중 조직몰입의 결과변수로 보기 <u>어려운</u> 것은?

① 작업경험
② 참여도
③ 잔류의도
④ 직무노력

05 다음 중 관료제론의 특징으로 보기 <u>어려운</u> 것은?

① 계층성의 대규모 구조
② 전문화·분업화된 조직
③ 법규 강조
④ 비합법적인 권위의 지배원리

06 다음 중 E. A. Locke의 직무만족요인에 해당하지 <u>않는</u> 것은?

① 감독
② 인정
③ 이직
④ 동료

07 다음 내용 중 옳지 <u>않은</u> 것은?

① 조직행동론의 분석 수준으로는 개인 수준, 집단 수준, 조직 수준의 3가지가 있다.
② 관료제는 파벌주의 가능성이 상당히 낮다.
③ 관료제는 형식적인 규칙 및 규정 등 일종의 형식주의에 집착하는 경향이 있다.
④ 조직행동론의 목적으로는 조직의 인간행동에 대해 이를 과학적으로 설명·예측·통제하는 데 기여하는 것이라 할 수 있다.

08 다음 중 매슬로우의 욕구 5단계설의 순서가 바르게 배열된 것은?

① 생리적 욕구 → 안전·안정의 욕구→ 애정 및 소속감의 욕구 → 존경의 욕구 → 자아실현의 욕구
② 생리적 욕구 → 애정 및 소속감의 욕구 → 안전·안정의 욕구 → 존경의 욕구 → 자아실현의 욕구
③ 생리적 욕구 → 안전·안정의 욕구→ 존경의 욕구 → 애정 및 소속감의 욕구 → 자아실현의 욕구
④ 생리적 욕구 → 애정 및 소속감의 욕구 → 존경의 욕구 → 안전·안정의 욕구 → 자아실현의 욕구

09 다음 빈칸에 들어갈 말로 가장 적절한 것은?

브룸의 기대이론
동기부여 = 기대 × ( ) × 유의성

① 보상성　　② 성실성
③ 보장성　　④ 수단성

10 다음 내용이 설명하는 것은?

어떠한 행동을 함으로써 어떤 혐오자극이 제거되면 그 행동이 일어날 확률이 높아지는 현상을 말한다.

① 목표설정이론
② 도피학습
③ 회피학습
④ 긍정적 강화

11 종업원들에게 직무 전문화의 결과인 단일 과업수행에서 탈피해서 일정 기간이 지나면 작업조 내에서 타 과업으로 이동시킴으로써 능률성의 저조를 극복하도록 하는 것을 무엇이라고 하는가?

① 직무순환
② 직무설계
③ 직무확대
④ 직무축소

12 다음 중 성과 – 보상의 결속관계 강화를 위한 보상관리의 원칙으로 옳지 <u>않은</u> 것은?

① 수시성의 원칙
② 가시성의 원칙
③ 고비용의 원칙
④ 중요성의 원칙

13 다음 중 윤리경영의 특성으로 옳지 <u>않은</u> 것은?

① 경영활동에 있어서의 옳고 그름에 대한 판단이다.
② 경영활동에 대한 규범을 제시해준다.
③ 응용윤리이다.
④ 경영활동에 대한 보상의 기준이다.

14 다음 중 학습조직의 특징으로 보기 <u>어려운</u> 것은?

① 실천을 통한 학습
② 개방성
③ 지식의 공유
④ 창의성

15 타인에 대해 통제력을 행사하거나 또는 영향을 미치려는 욕구를 무엇이라고 하는가?

① 권력욕구
② 친교욕구
③ 성취욕구
④ 소유욕구

16 다음 중 요더의 교육훈련평가의 기준으로 보기 <u>어려운</u> 것은?

① 통제그룹
② 평가기준 설정
③ 단위생산 소요시간
④ 훈련 전·후의 비교

17 다음 중 생산성이 낮은 팀의 주요 증상에 해당하지 <u>않는</u> 것은?

① 의견일치의 결여
② 팀내 갈등 발생
③ 자유롭고 적극적인 의사소통의 부족
④ 목표의 달성

18 다음 중 리더십의 역할에 해당하지 <u>않는</u> 것은?

① 동원 기능
② 강제적 기능
③ 처방적 기능
④ 진단적 기능

19 다음 중 프렌치와 레이븐이 말하는 개인권력의 원천으로 옳지 <u>않은</u> 것은?

① 전문적 권력
② 합법적 권력
③ 강압적 권력
④ 집중적 권력

20 다음 중 그 성격이 <u>다른</u> 하나는?

① 셀프 리더십
② 코칭스킬
③ 슈퍼 리더십
④ 팔로워십

21 다음 중 개인행동 수준의 리더십 개발 훈련 기법으로 보기 어려운 것은?

① 사례연구
② 감수성 훈련
③ 과정 자문법
④ 역할연기

22 다음 중 조직구조의 구성 요소로서 옳지 않은 것은?

① 집권화
② 동일화
③ 복잡성
④ 공식화

23 다음 중 매트릭스 조직구조에 대한 설명으로 옳지 않은 것은?

① 동시에 여러 개의 프로젝트에 대한 수행이 가능하다.
② 명령 계통 간 혼선이 유발될 수 있다.
③ 외부환경에 대한 융통성의 부재로 인해 제품 및 시장의 변화에 따른 다양한 욕구에 대해 부응할 수 없다.
④ 경영활동이 팀을 통해 이루어지며, 구성원 간 협동심이 증가한다.

24 다음 중 기능식 조직구조에 대한 설명으로 옳지 않은 것은?

① 각 부문의 업적평가가 용이
② 과도한 권한집중과 의사결정의 지연
③ 기능별로 최적방법에 대한 통일적 적용
④ 자원의 공통이용

25 다음 중 파스칼과 피터스의 7S 모형에 해당하지 않는 것은?

① 자본
② 구성원
③ 관리기술
④ 리더십 스타일

26 다음 중 성격이 다른 하나는?

① 창조적 문화
② 탐험적 문화
③ 전문적 문화
④ 예측적 문화

27 관료제의 특징으로 옳지 않은 것은?

① 능률적이다.
② 파벌주의의 가능성이 낮다.
③ 변화에 대한 저항이 강하다.
④ 의사결정 과정이 복잡하여 신속한 의사결정이 어렵다.

28 인간관계론의 한계로 옳지 않은 것은?

① 지나친 공식조직 중시
② 합리적·경제적 요인 경시
③ 지나친 인간적 요소 강조
④ 폐쇄적 조직관

29 다음에서 설명하는 직무성과 평가 시 발생 가능한 오류는 무엇인가?

> • 일종의 고정관념이나 편견에 의한 대인 평가
> • 피평가자에 대한 편견에 의해 발생하는 오류

① 논리오차   ② 상동효과

③ 후광효과   ④ 중심화 경향

30 조직몰입에 대한 설명으로 옳지 <u>않은</u> 것은?

① 조직몰입도와 이직률 간에는 역의 관계가 있다.

② 과업의 요구사항에 거부감을 갖는 경우 조직몰입은 가능해도 직무몰입은 어려울 수 있다.

③ 조직몰입과 성과와의 관련성은 높다.

④ 직무는 조직 목표달성의 주요 메커니즘이다.

31 직무 만족의 일차적 결정 요소는 무엇인가?

① 보상 체계(급여)

② 직무 자체

③ 조직 구조

④ 승진 가능성

32 스트레스에 대한 설명으로 옳지 <u>않은</u> 것은?

① 적당한 스트레스는 오히려 유용하다.

② 스트레스에 영향을 미치는 요인들이 발생하면 반드시 스트레스가 유발된다.

③ 새로운 기술의 습득에는 적당한 스트레스가 필수적이다.

④ 스트레스의 의미와 개념이 명확히 통일되어 있지 않은 것이 현실이다.

33 맥클레랜드의 성취동기이론 중 성취 욕구 수준 개발 지침에 대한 설명으로 옳지 <u>않은</u> 것은?

① 과업 재배치를 통해 성과에 대한 정기적 피드백을 받게 한다.

② 자신의 이미지를 지속적으로 유지하도록 한다.

③ 상상력을 통제한다.

④ 우수한 성과모델을 모범으로 따르도록 한다.

34 로크의 목표설정이론에서 좋은 목표의 요건으로 옳지 <u>않은</u> 것은?

① 난이도는 능력 범위 내에서 약간 쉬운 것이 좋다.

② 과업목표는 복잡한 것보다 단순한 것이 좋다.

③ 능력이 뛰어날수록 어려운 목표가 좋다.

④ 목표달성에 상응하는 보상이 주어져야 한다.

35 다음에 해당하는 정의의 유형은 무엇인가?

> 현대 사회의 정치·사법 분야에서 강하게 적용되는 개념으로 모든 인간이 동등한 대우를 받아야 한다는 가치에 입각한 정의의 개념

① 개인적 정의
② 보편적 정의
③ 평균적 정의
④ 배분적 정의

36 다음 중 조직행위론에서 가장 중시하는 학습과정은 무엇인가?

① 고전적 조건화
② 조작적 조건화
③ 관찰 학습
④ 인지 학습

37 올포트의 특질이론에 대한 설명으로 옳지 <u>않은</u> 것은?

① 프로이트의 성격결정론적 입장과 상통한다.
② 무의식적인 요소를 조절·통제할 수 있다고 여긴다.
③ 건강한 성격의 사람은 무의식적인 힘의 영향을 받지 않는다.
④ 환경조건보다 성격구조를 중요시한다.

38 다음 중 수평적 이동에 해당하는 것을 모두 고르면?

> ㄱ. 승진
> ㄴ. 전환배치
> ㄷ. 강등
> ㄹ. 직무순환

① ㄱ, ㄴ
② ㄴ, ㄷ
③ ㄴ, ㄹ
④ ㄷ, ㄹ

39 다음에서 설명하는 권력의 원천은 무엇인가?

> 계층상의 직책에 부여된 직권이나 제도적 근거로부터 나오는 권력

① 강압적 권력
② 보상적 권력
③ 합법적 권력
④ 준거적 권력

40 다음에서 설명하는 Harrison의 기업문화의 유형은 무엇인가?

> 연구소와 같은 집단에서 볼 수 있으며, 구성원 개인마다 고유의 정체성을 유지하면서도 상호 유연한 관계를 형성하고 있는 문화유형

① 관료적 기업문화
② 권력적 기업문화
③ 핵화 기업문화
④ 행렬 기업문화

제1회 정답 및 해설 | 조직행동론

01	02	03	04	05	06	07	08	09	10	11	12	13	14	15
②	③	①	②	④	①	④	②	④	①	③	②	④	①	②
16	**17**	**18**	**19**	**20**	**21**	**22**	**23**	**24**	**25**	**26**	**27**	**28**	**29**	**30**
③	①	③	②	①	④	①	②	③	④	②	②	④	②	②
31	**32**	**33**	**34**	**35**	**36**	**37**	**38**	**39**	**40**					
④	②	②	②	③	③	③	④	②	②					

01 정답 ②
①은 힉스, ③은 베버, ④는 포터가 내린 조직에 대한 정의이다.

02 정답 ③
테일러의 과학적 관리론은 경제인 가설에 기초하고 있다.

03 정답 ①
조직유효성에 대한 두 가지 접근법에는 목표 접근법과 시스템 접근법이 있다.

04 정답 ②
현혹효과는 평가대상의 능력 중 특정 요소가 유난히 뛰어나거나 부족할 때 그 외의 평가요소에 대해서도 특정 요소에 대한 평가의 후광을 받아서 뛰어나게 보이거나 못하게 보이는 경향을 말한다.

05 정답 ④
①·②·③은 조직몰입에 있어서의 선행변수에 속하며, ④는 결과변수에 속한다.

06 정답 ①
자원의 효율적인 활용을 통한 생산성 증대의 시도로 제시된 최초의 관리이론은 과학적 관리론이다.

07 정답 ④
조직차원에서의 직무만족이 중요한 이유에는 성과에 영향, 원만한 인간관계, 결근율 및 이직률의 감소, 회사의 홍보에 기여 등이 있다.

08 정답 ②
직무몰입은 자신의 직무에 동화해서 이에 대해 적극적으로 참여하며, 그의 성과 수준이 자기 가치 개념에 매우 중요하다고 지각하는 정도를 나타내는 개념이다.

09 정답 ④
X이론은 변화를 싫어하며, 저항적이다.

10 정답 ①
불공정성을 감소시키기 위해 개인이 보이는 동기부여 행동의 유형으로는 ㉠, ㉡, ㉣ 외에도 투입 또는 산출에 대한 지각 변경, 타인의 투입 또는 산출의 변경, 이탈 등이 있다.

11 정답 ③

강화 관리 원칙의 수립
- 강화결속의 원칙
- 즉각적 강화원칙
- 강화크기 적정성의 원칙
- 강화박탈의 원칙

12 정답 ②

② 부분이 아닌 전체로서의 일을 맡긴다.

13 정답 ④

개인 임파워먼트 촉진 방안
- 스트레스 관리
- 역량에 기초한 임금제도의 도입
- 의미 있는 사회적 보상의 개발

14 정답 ①

직접적인 신뢰 형성 요인으로는 능력, 배려, 일관성, 개방성 등이 있다.

15 정답 ②

①은 커널, ③은 다실, ④는 올포트가 성격에 대한 정의를 내린 것이다.

16 정답 ③

지적능력의 유형으로는 ①·②·④ 외에도 귀납적 추리력, 기억력, 신속한 지각능력, 공간 이해력 등이 있다.

17 정답 ①

팀원의 수는 매우 중요한 요소이다.

18 정답 ③

리더의 자격요건으로는 비전, 신뢰, 충성과 지지 등이 있다.

19 정답 ②

리더십의 중요성
- 시너지 효과 창출
- 코치 역할
- 지속적 성장 촉진
- 사기 앙양
- 비전 제시

20 정답 ①

변혁적 리더십의 구성요인
- 카리스마적 리더십
- 영감적 동기유발
- 개별적 배려
- 지적 자극

21 정답 ④

변혁적 리더십은 장기적인 효과 및 가치를 창조한다.

22 정답 ①

조직구조는 조직의 유효성을 결정짓는 중요한 요인이다.

23 정답 ②

수직적 분화의 수준이 높아질수록 조정 및 의사전달이 복잡해지는 경향을 보인다.

24 정답 ③

민츠버그가 말하는 기본적인 조직형태로는 단순 조직, 기계적 관료제, 전문적 관료제, 사업부제 조직, 애드호크라시 등이 있다.

25 정답 ④

①은 루이스, ②는 볼먼과 딜, ③은 실과 마틴이 정의한 내용이다.

26 정답 ②

②는 진화적 차원의 조직문화 유형에 속한다.

27 정답 ②

조직행동론은 다양한 학문분야의 영향을 받아 발전해 왔는데, 특히 정치학, 인류학, 사회심리학, 사회학, 심리학 등의 영향을 많이 받았으며, 이 중 심리학은 조직행동 분야에 가장 큰 영향을 미친 학문으로 조직행동론의 지식체계에 공헌한 바가 크다.

28 정답 ④

조직행동론은 개인, 집단, 조직 전체 차원의 세 가지 분석 수준에 초점을 둔다. ①·②·③은 개인 수준의 분석 수준에 해당하고 ④는 집단 수준의 분석 수준에 해당한다.

29 정답 ③

일반적으로 베버의 관료제를 조직행동 이론의 시발점으로 하여 테일러의 과학적 관리법이 성장·발전한 1930년대까지의 조직이론을 고전이론이라고 하고, 이후 호손 연구를 통해서 크게 성장·발전한 인간관계론이 주류를 이루었던 1940년대까지의 조직이론을 신고전이론이라고 한다.

30 정답 ②

행동과학자들은 협동─동의 체계 또는 권력 평등화 체계를 매우 중시한다. 셰퍼드는 전통적 경영이론을 강압─타협 체계로 규정하였는데, 이는 여러 가지 부정적 결과를 일으켜 이에 대응하여 행동과학자들이 제시한 것이 협동─동의 체계, 권력 평등화 체계이다.

31 정답 ④

상황이론의 변수
• 상황변수 : 환경, 기술, 규모
• 조직 특성 변수 : 조직구조, 관리체계
• 조직 유효성 변수 : 성과, 능률

32 정답 ②

산출 기록법은 종업원의 직무성과 평가방법 중 하나로 일정 기간 내의 작업량 또는 일정 작업량 수행에 드는 시간을 산출하여 이를 기준으로 성과를 평가하는 것이다. 따라서 작업량을 양적으로 파악하는 작업이 우선되어야 하는데 이를 위해서는 필히 직종이 고려되어야 하며 그에 따라 표준작업량이나 표준 작업 시간이 산정되어야 한다.

33 정답 ②

조직몰입의 개인적 요인에는 연령, 근속년수, 성별, 학력 등이 있으며 고연령, 장기근속, 여성, 저학력일수록 몰입도가 높게 나타나는 경향이 있다.

34 정답 ②

전략적 선택이론은 상황이론의 연구와 동일한 분석수준(미시적 분석방법으로 조직현상을 연구)을 취한다는 공통점이 있다.

35 정답 ③

작업집단의 규모는 사회적 영향 요인의 하나로서 작업집단의 규모가 클수록 직무만족도는 하락한다.

36 정답 ③

E. A. Locke의 직무만족 요인
• 회사의 관리
• 동료
• 감독
• 작업조건
• 부가급부
• 인정
• 승진
• 임금
• 직무

37 정답 ③

역할갈등이란 조직 내에서 구성원의 욕구와 역할의 요구가 불일치하거나 또는 특정의 역할을 전부 수행하기가 불가능하여 서로 대립·상충되는 기대들 사이에 처해 있는 상황을 말한다.

38 정답 ④

정형적 의사결정은 문제 해결에 대한 정책 결정의 선례가 있는 반복적·관례적·일상적인 정책결정을 의미하며, 해결안은 조직정책 및 절차에 따라서 사전에 명시한다.

39 정답 ②

토론리더는 토론이 중단될 경우 개입하지 말아야 하며 제안을 하거나 선도적인 질문도 하지 말아야 한다.

40 정답 ②

해빙 단계 : 변화에 대한 고정적 태도는 이를 강화시키는 가치의식과 사고방식 때문이므로 구성원의 고정된 관점과 가치의식을 변화시키는 단계이다.

01	02	03	04	05	06	07	08	09	10	11	12	13	14	15
④	①	③	①	④	③	②	①	④	②	①	③	④	②	①
16	17	18	19	20	21	22	23	24	25	26	27	28	29	30
③	④	②	④	②	③	②	③	①	①	③	②	①	②	③
31	32	33	34	35	36	37	38	39	40					
①	②	②	①	③	②	①	③	③	③					

01 정답 ④
조직행동론의 4가지 의존변수
- 생산성
- 결근여부
- 이직
- 직업만족도

02 정답 ①
인간관계론은 비공식집단의 중요성을 강조한다.

03 정답 ③
시스템 접근법의 측정지표
- 직무만족
- 조직몰입
- 근로생활의 질
- 이직률
- 결근율

04 정답 ①
①은 조직몰입의 선행변수에 속한다.

05 정답 ④
관료제론의 특징
- 계층성의 대규모 조직
- 전문화·분업화된 조직
- 합법적인 권위의 지배원리
- 법규 강조

06 정답 ③
E. A. Locke의 직무만족요인으로는 회사의 관리, 동료, 감독, 작업조건, 부가급부, 인정, 승진, 임금, 직무 등이 있다.

07 정답 ②
관료제는 파벌주의의 가능성이 높다.

08 정답 ①
매슬로우의 욕구 5단계설
생리적 욕구 → 안전·안정의 욕구 → 애정 및 소속감의 욕구 → 존경의 욕구 → 자아실현의 욕구

09 정답 ④
브룸의 기대이론
동기부여 = 기대 × 수단성 × 유의성

10 정답 ②

도피학습은 바람직한 행동을 일으키기 위해서 혐오자극이 먼저 제시되어야 한다는 점에서 일 반적으로 최종수단으로 사용되기보다는 회피조 건 형성을 습득하기 위한 예비훈련으로 활용하 게 된다.

11 정답 ①

직무순환은 직무 전문화로 인해 야기되는 문제 를 해결하기 위해 도입된 개념으로 직원들을 유 사직무에 순환 보직시킴으로써 단순 반복적인 활동에서 오는 직무에 대한 권태 및 싫증을 감소 시키기 위한 것을 말한다.

12 정답 ③

성과 – 보상의 결속관계 강화를 위한 보상관리의 원칙
• 중요성의 원칙
• 수시성의 원칙
• 가시성의 원칙
• 저비용의 원칙

13 정답 ④

윤리경영의 특성
• 경영활동에 있어서의 옳고 그름에 대한 판단이다.
• 경영활동에 대한 규범을 제시해 준다.
• 응용윤리이다.
• 경영의사결정의 도덕적 가치기준이다.

14 정답 ②

학습조직의 특징으로는 창의성, 지식 공유, 실천 을 통한 학습 등이 있다.

15 정답 ①

권력욕구의 초점은 자기 영향력 확대 및 자기사 단 형성 등의 조직내부 측면이 아닌 조직외부에 대한 영향력 행사에 놓여야 한다.

16 정답 ③

③은 로쉬의 교육훈련평가의 기준에 속한다.

17 정답 ④

④ 목표의 미달성이다.

18 정답 ②

리더십의 역할
• 진단적 기능
• 처방적 기능
• 동원 기능

19 정답 ④

프렌치와 레이븐이 말하는 개인권력의 원천
• 보상적 권력
• 강압적 권력
• 합법적 권력
• 준거적 권력
• 전문적 권력

20 정답 ②

①·③·④는 자율적 리더십의 유형에 속한다.

21 정답 ③

③은 집단행동 수준의 리더십 개발 훈련기법에 해당한다.

22 **정답** ②

조직구조의 구성 요소로는 복잡성, 공식화, 집권화 등이 있다.

23 **정답** ③

외부환경에 대한 융통성이 있어 제품 및 시장의 변화에 따른 다양한 욕구에 대해 부응할 수 있다.

24 **정답** ①

기능식 조직구조는 각 부문의 업적평가가 곤란하다.

25 **정답** ①

파스칼과 피터스의 7S 모형으로는 공유가치, 전략, 조직구조, 제도 및 절차, 구성원, 관리기술, 리더십 스타일 등이 있다.

26 **정답** ③

①·②·④는 진화적 차원의 조직문화의 유형이고, ③은 내부적 차원의 조직문화의 유형에 속하는 내용이다.

27 **정답** ②

관료제는 인간보다는 조직의 구조, 원리 등에 초점을 맞추고 조직목표 달성의 효율성 제고를 추구하는 조직이론이다. 능률적이고 안정성·질서가 있다는 장점이 있으나 형식적인 규칙과 규정 등 형식주의에 집착하며, 파벌주의의 가능성이 높다.

28 **정답** ①

인간관계론은 비공식 집단을 지나치게 중시함으로써 합리적이고 공식적인 조직 활동을 약화시키는 결과를 초래했으며, 인간을 너무 중시함으로써 조직 없는 인간이론이라는 비판을 받게 되었다.

29 **정답** ②

상동효과는 개인차를 무시한 채 소속집단에 대한 고정관념을 토대로 지각함으로써 개인의 행동·성격을 소속집단의 속성으로 범주화시키는 경향으로 일종의 고정관념이나 편견에 의한 대인 평가이다.

30 **정답** ③

조직몰입이 강한 조직 구성원일수록 조직을 위해 직무에 많은 노력을 기울이게 된다. 그러나 이러한 노력이 곧 성과로 이어지는 것은 아니다. 따라서 조직몰입과 성과와의 관련성은 그리 분명하지 않다.

31 **정답** ①

급여는 직무만족의 일차적 결정 요소이다. 이때 급여의 절대성과 상대적 공정성이 중요한 문제가 된다.

32 **정답** ②

스트레스에 영향을 미치는 요인들이 발생한다고 하여 반드시 스트레스가 유발되는 것은 아니다. 스트레스는 상황에 따라 발생하지 않을 수도 있고 나타난다 해도 그 정도가 각자에게 달리 나타날 수 있다.

33 정답 ②

맥클레랜드는 성취동기를 성공추구의 비교적 안정된 요인으로 보고, 성취 욕구 수준 개발 지침을 제시하였다. 성취욕이 강한 사람은 자신을 사랑하고 적절한 도전과 책임을 추구하므로 자신의 이미지를 바꾸게 하는 것이 좋다.

34 정답 ①

좋은 목표는 능력 범위 내에서 약간 어려운 것이 좋다.

35 정답 ③

평균적 정의에는 모든 인간을 평등하게 대함, 법 앞의 평등, 기회의 평등(교육의 평등), 인격적 평등 등이 해당된다.

36 정답 ②

조직행위론에서 가장 중시하는 학습과정은 조작적 조건화이다. 왜냐하면 경영자의 통제에 따라 가장 쉽게 변화시킬 수 있는 행위가 조작적 행위이기 때문이다.

37 정답 ①

올포트는 특질을 기본특질, 중심특질, 이차적 특질로 분류하였고, 프로이트의 성격결정론적 입장에 반대하였다.

38 정답 ③

ㄱ, ㄷ은 수직적 이동에 해당한다.

39 정답 ③

합법적 권력은 계층상의 직책에 부여된 직권이나 제도적 근거로부터 나오는 권력으로 권력 보유자가 당연히 요구할 권리가 있고, 추종자는 이를 따를 의무가 있다고 믿기 때문에 따른다. 합법적 권력을 권한이라고도 부른다.

40 정답 ③

Harrison은 조직 권한의 집권성 정도 또는 공식화 정도에 따라 기업문화를 관료 기업문화, 권력 기업문화, 행렬 기업문화, 핵화 기업문화로 구분하였다. 그중 구성원 개인이 고유의 정체성을 유지하면서도 상호 유연한 관계를 형성하고 있는 유형은 핵화 기업문화에 해당한다.

빨리보는 간단한 키워드

행운이란 100%의 노력 뒤에 남는 것이다.

－랭스턴 콜먼－

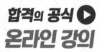

제1장   조직행동 개요

제1절 조직행동의 개념

1 조직의 개념 및 특성

(1) 조직이란 '개인으로서는 성취 불가능한 목표를 달성하기 위하여 함께 모여 일하는 인간의 집합체이자 의식적으로 구성한 사회적 체제'

(2) 조직의 특성
① 개인들로 구성된 하나의 사회체계이며 조직 전체의 목적을 가진 하위체계들로 구성된 통합시스템
② 공동의 목적을 위해 정립된 체계화된 구조
③ 투입, 산출, 피드백을 통해 외부환경과 상호작용을 하는 개방체계
④ 조직은 경계를 가지고 있으며, 이 경계를 통하여 조직 내 요소와 조직 외 요소를 구분(투과할 수 있는 경계 보유)
⑤ 성장과 변화에 대응하는 동태적 균형 추구

2 조직행동론 개요

조직행동론은 조직 내 개인 및 집단, 그리고 조직차원의 행동이나 태도에 대한 체계적 연구를 통해 조직의 성과를 높이고 구성원의 조직생활의 질을 높이기 위한 학문 분야

조직행동론의 목적	조직행동론의 네 가지 의존적 행동변수
• 인간행동의 설명 • 인간행동의 예측 • 인간행동의 통제	• 생산성 • 결근 여부 • 이직 • 직업만족도

3 조직행동이론의 전개과정

(1) 막스 베버(Max Weber)의 관료제 특징

① 법규의 지배(합법적인 직무배정과 직무수행)

② 계층적 조직(계층에 의한 관리)

③ 문서주의(문서에 의한 행정)

④ 임무수행의 비정의성 및 공사의 구별

⑤ 관료의 전문화(업무 전문화)

⑥ 관료의 전임화

⑦ 고용관계의 자유 계약성

(2) 테일러의 과학적 관리론의 4가지 관리 원칙

① 개인의 작업별 각 요소를 과학화(우선순위 정하기)

② 종업원을 과학적으로 선발한 뒤 첫 단계에서 설명된 방식으로 직무를 수행하도록 훈련·교육·개발 시킴

③ 관리자들과 종업원들은 친밀하고도 우호적인 유대관계를 유지하고 상호 협력함

④ 관리자가 해야 할 일과 작업자가 해야 할 일을 명확히 구분하고, 관리자와 작업자는 분담된 업무를 확실히 수행해야 함

(3) 페이욜의 14대 경영관리 원칙

① 분업의 원칙

② 권한과 책임의 원칙

③ 규율의 원칙

④ 명령 일원화 원칙

⑤ 지휘 일원화 원칙

⑥ 조직 전체 이익 우선의 원칙

⑦ (적정)보상의 원칙

⑧ 중앙 집권화의 원칙

⑨ 계층 조직화의 원칙

⑩ 질서(유지)의 원칙

⑪ 공평성의 원칙

⑫ 고용안정(정년보장)의 원칙

⑬ 능동적 창의성의 원칙

⑭ 구성원 협동단결의 원칙

(4) 인간관계론의 주요 특징

① 능률관 측면에서 사회적 능률관을 주창

② 비공식 집단의 중요성 강조

③ 민주적 조직관리와 참여 강조

④ 인간을 피동적 존재로 인식하며 능률 중시

⑤ 팀워크를 기반으로 한 협동적 집단주의에 의한 생산성 향상 추구

(5) 호손공장 실험 이해

엘튼 메이요(Elton Mayo, 1880~1949)	호손 실험(Hawthorne Experiment)
호손공장 실험 결과를 통해 조직 구성원은 사회적 존재라는 사실을 확인. 인간관계나 심리적 요인의 효율적 관리가 조직 구성원의 능률성과 생산성을 좌우하는 핵심 요인이라고 주장	호손공장에서 조명실험, 계전기조립실험, 면접실험, 뱅크선 작업실험에서 작업환경, 근무조건, 휴식, 임금 등보다 관리자의 인간적인 대우나 구성원 간의 친밀한 관계와 분위기 등과 같은 사회·심리적 요인이 생산성 증진에 더욱 중요하게 작용됨

(6) 근대적 관리론의 특징

버나드의 협동체계론	사이먼의 조직적 의사결정론
• 조직의 경영적·기술적 측면보다 사회적·심리적 측면 강조 • 조직을 '2인 이상의 힘과 활동을 의식적으로 조정하는 협동체제'라고 정의(협동 시스템) • 버나드의 권한수용이론은 구성원의 동의 형성을 매우 중시 • 조직에 있어 능률성(욕구충족도)에 의한 대내적 균형과 유효성(목표달성도)에 의한 대외적 균형이 매우 중요함	• 핵심을 의사결정으로 보고, 인간을 제한된 합리성을 갖는 관리인으로 인식 • 조직을 제한된 합리성을 갖는 작업자와 경영자의 의사결정 시스템, 개인목표와 조직목표의 조화를 강조 • 권한 수용설의 입장을 취함. 즉, 구성원들의 동의형성 및 자기통제 강조 • 조직에서 부여하는 권력, 종업원들의 자기통제, 종업원에 대한 유효성 기준의 설득, 교육 훈련 등

(7) 행동과학이론

① 행동과학은 종합적인 학문으로 인간의 모든 행위를 과학적으로 연구·분석함

② 행동과학의 연구 대상은 인간의 모든 행동과 행위

③ 연구 방법은 과학적 연구방법과 개별 사회과학, 즉 종합 과학적 접근방법

④ 주요 특징으로는 변화 담당자와 권력 평등화 개념의 행동과학

⑤ 행동과학자들은 협동-동의 체계, 권력 평등화 체계 매우 중시

⑥ 심리학, 사회학, 인류학 등을 통한 인간 행위에 관한 일반화 시도

(8) 리버트의 권력평등화에 대한 설명

① 인간의 정신·정서, 즉 사기, 감정, 심리적 안정에 주로 관심을 집중함

② 개인-집단 및 조직에 있어서 점진적이고 내부적으로 발생한 변화를 높게 평가

③ 과업의 성취뿐만 아니라 인간의 성장과 실현에 많은 가치를 두며 이 양자 간의 인과관계의 정도를 파악하려고 함

④ 조직에 있어서 권력은 현존하는 권력주의적 위계질서에서보다는 공평하게 배분되어야 함

(9) 시스템이론, 상황이론, 전략적 선택이론 이해

시스템(체계)이론	• 행동과학과 자연과학에 기준을 둠 • 분류 : 사회체계이론, 일반체계이론, 생태체계이론 • 시스템이란 조직 내의 모든 요소들이 서로 유기적인 관계를 가진 구성체 • 특징 : 목표 지향성, 개방성, 전체성과 경계성, 상호관련성 및 의존성, 통제 메커니즘, 계층성, 균형 유지성, 시스템 유형 분류, 폐쇄 체계, 개방 체계, 환경과의 균형 유지를 위한 자기통제 사이클, 하위시스템의 분류
상황이론	• 시스템이론이 갖고 있는 한계를 극복하고 조직이나 경영에 효율적으로 적용 • 상황이론의 변수 : 상황변수, 조직특성변수, 조직유효성변수 • 조직 유효성에 대한 두 가지 접근법 : 목표 접근법과 시스템 접근법 • 이론적 특성으로는 조직의 구성요소 간의 적합성 모색, 조직의 유효성 증진, 조직을 분석 단위로 연구 • 환경을 독립변수, 조직을 종속변수로 봄 • 조직의 유효성이라는 변수를 위하여 조직구조와 상황변수의 관계를 살펴봄
전략적 선택이론	• 차일드(Child)에 의해서 도입되었고, 상황이론에 대한 경쟁적인 패러다임으로 등장하게 됨 • 개념은 의사결정자들이 일정한 선택의 재량을 가지고 있다는 것을 강조 • 조직을 때때로 환경을 조직에 유리하도록 조종·통제할 수 있는 영향력과 스스로 창조할 수 있는 능력을 가진 존재로 봄 • 조직의 구조는 의사결정권자들의 능력에 의해 환경변화에 잘 적응하고 능동적으로 대처할 수 있도록 전략적으로 선택·결정될 수 있음을 강조 • 전략은 일시적 처방이 아닌 지속적, 미래지향적인 방향성을 가지고 수단과 목표를 포함하는 개념

제2절 직무성과

1 직무성과 관리의 개념

(1) 직무성과 관리란 기업의 전략과 종업원의 공헌을 연결시키는 방법론이며, 전략에 기초를 둠

(2) 성과관리 과정은 성과계획, 성과모니터링, 개발, 성과평가, 보상의 단계들이 서로 피드백하며 이루어지는 체계적인 과정

2 종업원의 직무성과 평가 방법

평가 방법	유형 분류	세부 내용
직무성과 업무보고에 의한 방법	자유 기술식 업무 보고법	평가 기간 중 종업원이 보여준 성적·성격 등을 중심으로 평가
	웨이트식 업무 보고법	평가 기간 중 작업성과를 구체적이면서 자유로이 기술하는 방법
기록에 의한 방법	산출 기록법	일정기간 내의 작업량, 일정 작업량 수행에 드는 시간 산출
	정기적 시험법	평가 기간 내 일정 시점에서의 작업량 조사
	가점 감점법	평가 기간 중 종업원의 작업태도, 작업방법, 성과 등에 평가
성적순위 서열법	종합 순위법	근무성적을 종합적으로 상호 비교하여 순위를 매기는 방법
	분석 순위법	각 평가 요소에 대하여 순위를 매긴 후 종합하여 성적을 산출하는 방법
인물명세표에 의한 방법	프로브스트법(체크리스트법)	평가를 인사 담당 부/과에 전담시키는 방법
	종합 평정법	피평가자를 종합적·전체적 관점에서 평가
척도에 의한 방법	도식평정 척도법	연속 척도법, 비연속 척도법
	성적 평어법	각 평가 단계에 '수, 우, 미...', 'A, B, C...' 등의 등급을 부여 평가

직무성과 평가 시 발생 가능한 오류	종업원 평가결과의 조정방법

• 논리오차
• 상동효과
• 후광(광휘/현혹)효과
• 항상오차(관대화, 가혹화, 중심화 경향)
• 대비효과
• 유사효과
	• 척도측정 조정방법
	• 편차치(표준점수) 조정방법
	• (종합평가 시) 조정과 결과연결의 구별방법
	  – 산술적 평가에 의한 조정방법
	  – 정규분포에 의한 조정방법

제3절 조직몰입

1 조직몰입의 개념 및 특징

(1) **개념** : 조직몰입이란 조직 구성원 개개인의 조직에 대한 동일시와 몰입의 상대적 정도, 즉 한 개인이 자기가 속한 조직에 대한 어느 정도의 일체감을 가지고 조직 활동과 직무에 몰두하느냐 하는 정도를 의미

(2) **특징**

① 조직에 대한 정서적 반응

② 직무만족과 같이 주관적 개념

③ 조직에 대해 원하는 것과 실제 얻는 것과의 비교

(3) 차원(유형)

① 정서적 몰입

② 지속적 몰입

③ 규범적 몰입

2 조직몰입의 선행 변수와 결과 변수

선행 변수(결정 요소)	결과 변수
개인적 요인	참여도
직무관련 특성	잔류의도
구조적 특성	직무몰입
직업 경험	직무노력

3 조직몰입의 관리 방안

(1) 개인적 의미가 있는 목표를 성취할 수 있도록 기회 제공

(2) 가급적 조직 구성원들이 보다 많은 자율성과 책임감을 갖도록 직무 수정

(3) 경영자는 조직 구성원들의 복지후생에 진심으로 관심을 갖고 실행하는 노력

(4) 조직목표에 대한 조직 구성원들의 이해를 촉진시켜 목표를 공유

4 조직몰입과 직무만족의 차이점

(1) 조직몰입이 조직 전체에 대한 개인감정을 반영한다는 점에서 보다 포괄적인 개념, 직무만족은 직무나 직무와 관련된 측면에 대한 반응만 의미

(2) 직무환경의 변화에 따라 직무만족 수준은 변할 수 있으나 조직몰입은 쉽게 변하지 않는 특성

제2장 개인행동의 이해

제1절 직무만족

1 직무만족의 중요성

(1) 개인 차원(조직외부 차원)의 중요성

① **가치판단의 측면** : 직장생활은 개인에게 만족의 기회 제공
② **정신건강 측면** : 직장생활의 불만족이 삶 자체에 대한 불만
③ **신체건강 측면** : 일에 만족을 느끼는 사람의 수명은 긴 반면에 직무에 대한 불만은 스트레스, 권태, 동맥경화, 소화불량, 고혈압 등 유발

(2) 조직 차원에서 직무만족이 중요한 구체적인 이유

① 성과에 영향
② 원만한 인간관계
③ 결근율·이직률 감소
④ 회사 홍보에 기여

2 직무만족의 영향 요인과 결정 요인

(1) 직무만족의 영향 요인

성격	개인의 감정, 사고, 행동의 지속적인 패턴으로 직무만족에 영향을 미침
가치관	업무 결과에 대한 확신을 의미하며 내재적 가치와 외재적 가치로 나눔
근무환경	일반적으로 수행직무 자체, 직무 수행과정에서 상대하는 사람, 작업환경, 근무시간, 급여, 직무 안정성 등
사회적 영향 요인	동료, 집단, 문화 등 사회적 요인들, 사회심리학적 요인, 급여, 승진기회, 조직의 복지정책, 절차·조직구조 등

(2) 직무만족의 결정 요인

보상 체계(급여)	급여는 직무만족의 일차적 결정 요소
직무 자체	직무의 만족과 흥미의 정도, 책임 및 학습의 정도, 작업조건, 직무의 중요성 등
승진 가능성	승진, 승진기회 비율과 공정성 등
동료 작업자와의 관계	우호적·협조적 태도, 기술적 능력에 기반을 둔 후원적 태도 등
리더십 스타일(감독)	감독자의 기술·관리능력 및 직원에 대한 배려·관심의 정도
조직구조	직위수준이 자신의 능력에 부합, 분권화, 공식화 수준 등

3 직무만족 이론

(1) 직무만족의 결정 요인 : 근무환경을 능력 활용도, 성취도, 보상 등의 세부 요인으로 구분하여 각 측면에 대한 종업원의 만족 정도를 연구하는 모형

(2) 허츠버그의 직무만족 2요인이론 : 불만족해소 차원(위생 요인)과 만족증대 차원(동기 요인)이라는 별개의 차원으로 이루어져 있고, 이 중 만족증대 차원만이 직무만족 촉진요인으로 작용한다는 이론

(3) 직무만족의 불일치 모형 : 종업원들은 자신의 직무와 이상적인 직무를 비교할 수 있을 때 자신의 직무에 대한 기대가 높고 이 기대가 충족되지 못하면 그 사람은 직무에 대한 불만족을 느낀다고 설명

(4) 직무만족의 형평이론 : 근로자는 각자 특유의 전형적인 직무만족 수준인 형평 수준을 가지고 있어 직무만족은 장기간에 걸친 안정된 태도

4 직무만족도 측정 방법 및 기법

(1) 직무만족도 측정 방법
    ① **복합척도** : 근로자의 긍정적 또는 부정적 평가의 합을 그 사람의 직무만족으로 보는 간접적인 방법
    ② **단일척도** : 직무만족에 대한 직접적인 질의로 직무 전반에 대한 직무만족을 측정하는 방법

(2) 직무만족도 측정 기법
    ① 점수법
    ② 중요 사건법
    ③ 면접법
    ④ 외현 행동법
    ⑤ 행동 경향법 등

(3) 미네소타 만족 설문(MSQ)의 장단점
    ① **장점** : 비교적 간단하고 여러 사람을 동시에 측정할 수 있고, 조직 간 직무만족도의 상대적 비교 가능
    ② **단점** : 응답자가 응답을 왜곡시킬 수 있고, 설문 문항에 대한 응답자들의 의미 파악이 동일하지 않을 수 있음

제2절 스트레스

1 스트레스

(1) 스트레스의 개념

① **생리학적 정의** : 생리적 시스템 내에서 구체적으로 일어난 모든 변화로 이루어져 있는 특정요구에 대한 신체의 비특정적 반응

② **심리학적 정의** : 사람들의 불확실성이 장기간 지속되고 개인이 불확실성에 의해 특정한 의사결정 및 문제해결 상황에 직면하게 되는 인지상태

③ **행동과학적 정의** : 스트레스를 환경과 개인의 부적합관계로 인식. 즉 스트레스는 직무요구와 개인의 기술·역량이 불일치하거나, 환경이 개인의 능력으로 해결할 수 있는 차원 이상의 것을 요구하거나, 또는 개인의 욕구가 직무환경에 의해 충족되지 못함으로써 발생

④ **조직심리학적 정의** : 직무 스트레스는 직무관련 요인들이 개인의 심신으로 하여금 정상적인 기능을 이탈하게 함으로써 종업원에게 영향을 미침

(2) 스트레스의 기능

① **순기능** : 최상의 기쁨이나 자극 또는 흥분을 유발

② **역기능** : 많은 사람들에게 불안, 긴장 및 걱정 등 유발

스트레스 유발 요인	스트레스 억제 상황 요인들
• 힘든 선택 • 고도의 능력과 책임을 요하는 힘든 업무와 과도한 근무시간 • 복잡한 인간관계 – 냉혹함 • 압박감 • 욕구좌절 • 갈등 : 접근·접근형, 회피·회피형, 접근·회피형 • 고립 : 신체적, 정서적, 사회·직업적	• 예측 가능성 • 사회·정서적 지원 • 인지적 평가 • 대응 기술 • 통제 가능성

2 직무 스트레스

(1) 개념 : 직무 스트레스란 개인이 일과 관련해서 경험하는 긴장 상태로 직무관련 요인들로 인해 개인의 심신이 정상적 기능을 이탈하게 되는 것

(2) 직무 스트레스의 원인

① **환경적 요인** : 불황기와 같은 경제적 요인, 정치·사회·기술적 요인 등, 작업환경 등의 내부환경도 스트레스 유발 요인

② **조직적 요인** : 스트레스의 원인은 조직·집단·직무차원으로 세분화

③ **개인적 요인**

㉠ 가정 등 개인적 생활요인도 스트레스의 원인

㉡ 환경에 대한 개인의 통제 능력에 따라 스트레스 유발 정도가 달라짐

(3) 직무 스트레스의 영향

① **조직적 영향** : 생산성의 감소는 물론 직무 불만족으로 인한 결근 및 이직률의 증가, 재해사고의 증가 및 이로 인한 각종 의료비 지출 등

② **개인적 영향** : 지속적 스트레스는 각종 정신·신체 질환을 야기하며, 과로사는 스트레스와 가장 관련이 깊음

③ 스트레스는 자존감을 떨어뜨리고 불안이나 우울을 증가시킴. 알코올이나 약물의 남용도 스트레스가 원인

3 직무 스트레스 관리 방안

조직수준	개인수준
• 직무 재설계 • 참여적 관리 • 탄력적 작업일정 계획 • 사회적 지원 • 경력 개발 • 역할 분석 • 목표설정 • 의사소통의 원활화 및 구성원 지원 프로그램	• 극복 및 회피 • 건강검사 • 기분전환 훈련

제3절 동기부여

1 동기부여의 중요성

(1) 조직 구성원들이 적극적·능동적으로 업무를 수행하게 함으로써 자아실현 기회 부여

(2) 구성원 개개인으로 과업수행에 대한 자신감과 자긍심을 갖게 함

(3) 구성원들의 능동적 업무수행 의지를 강화시킴으로써 직무만족과 생산성을 높이고 나아가 조직 유효성 제고

(4) 경쟁우위 원천으로서의 사람의 중요성이 커짐으로써 개인의 동기부여는 기업경쟁력 강화의 핵심 수단이 됨

(5) 동기부여는 변화에 대한 구성원들의 저항을 줄이고 자발적 적을 촉진함으로써 조직변화를 용이하게 하는 추진력이 됨

2 동기부여의 접근법

(1) 전통적 관리법(경제인 가설)

① **X이론** : 수동적인 인간은 생리적, 안전 욕구에 자극을 주는 금전적 보상과 처벌 위협에 동기가 부여된다고 가정하는 이론(인간의 하위욕구를 자극시키거나 만족시키는 외적 통제를 강화하는 방향)

② **Y이론** : 상위욕구충족을 원하는 인간은 근본적으로 자기통제를 할 수 있으며, 창의적으로 일할 수 있어 자아만족과 자기실현 등 상위욕구에 의해 동기부여가 된다고 가정

(2) 인간관계론적 접근법(사회인 가설)

조직에서 성과를 내는 데 있어 인적 요소의 중요성 강조. 종업원들은 업무와 관련하여 자신이 중요한 존재로 인식되기를 원한다는 사실

(3) 인적·자원적 접근법(복잡한 인간 가설)

인적자원 모형은 인간관계론적 접근법에 의해 제시된 가정이 인간 행위를 제대로 설명해 주지 못한다는 인식하에 제시된 모형

(4) 내용 접근법과 과정 접근법

동기부여의 이론은 동기부여 촉진 요인이 개인 내부에 존재한다는 가정하에 무엇이 이를 촉진하는가를 연구하는 내용 접근법과 어떠한 과정을 통해 발생하는가를 연구하는 과정 접근법

3 동기부여 내용이론의 전개

(1) 대표적인 동기부여 내용이론 및 과정이론

내용이론	과정이론
• 매슬로의 욕구단계이론 • 알더퍼의 ERG이론 • 맥클레팬드의 성취동기이론 • 허츠버그의 2요인이론 • 맥그리거의 X·Y이론	• 브룸의 기대이론 • 아담스의 공정성이론 • 목표설정이론 • 포터와 롤러의 모델(기대이론과 공정이론의 결합) • 강화이론

① **동기부여 내용이론** : 욕구 5단계

㉠ 1단계 : 생리적 욕구단계

㉡ 2단계 : 안전·안정의 욕구단계

㉢ 3단계 : 애정 및 소속감의 욕구단계

   ⓔ 4단계 : 존경 욕구단계

   ⓜ 5단계 : 자아실현 욕구단계

 ② **알더퍼의 ERG이론**

   ㉠ 개념 : 알더퍼는 매슬로우의 욕구단계설을 수정하여 인간의 욕구를 존재 욕구, 관계 욕구, 성장 욕구의 3단계로 구분한 ERG이론을 제시. 욕구 분류는 계층적 개념이 아니라 어떤 순서가 있지 않음

더 알아두기

욕구 3단계

알더퍼의 욕구 3단계	매슬로우의 욕구
존재 욕구 : 인간존재의 유지에 필요한 생리적 · 물질적 욕구	생리적 욕구, 안전의 욕구
관계 욕구 : 바람직한 인간관계에 대한 욕구	애정 · 소속감 욕구(사회적 욕구), 안정 욕구(일부), 존경 욕구(일부)
성장 욕구 : 자기능력개발 및 새로운 능력보유 노력을 통해 자기 자신의 지속적인 성장과 발전을 추구하려는 욕구	자기실현 욕구와 존경 욕구(일부)

   ㉡ 평가 : 연구조사가 가능한 이론으로 매슬로우나 허츠버그의 2요인이론보다 훨씬 유용하고 현실적인 방안이라고 평가

 ③ **맥클레랜드의 성취동기이론**

   ㉠ 개념 : 인간의 욕구에 기초하여 동기화를 설명하려는 이론으로서 인간 행위에 대한 동기부여의 동인을 개인의 욕구에서 찾음

   ㉡ 성취욕이 강한 사람의 특징

    • 스스로 성과목표를 설정하기를 원함

    • 30%~50%의 성공률을 가진 목표 선호

    • 업무수행에 관한 즉각적이고 효율적인 피드백을 선호

    • 문제해결에 대한 책임을 스스로 지려 하는 경향이 강함

   ㉢ 성취 욕구 수준 개발 지침

    • 과업 재배치를 통해 성과에 대한 정기적 피드백을 받음

    • 우수한 성과모델을 모범으로 따르도록 함

    • 자신의 이미지를 바꾸게 함

    • 상상력을 통제함

(2) 허츠버그의 2요인이론(직무만족이론) : 연구를 통해 만족을 주는 요인인 동기요인과 불만족을 제거해 주는 요인인 위생요인을 구분한 동기-위생요인이론

① **동기요인** : 작업자로 하여금 직무만족을 느끼게 하고, 작업자의 동기부여를 유발하는 직무내용, 직무 자체, 성취감, 책임감, 안정감, 성장과 발전, 도전감 등

② **위생요인** : 직무에 대한 불만족 제거 요인으로 작업조건, 회사의 정책과 방침, 감독 스타일, 개인 간 인간관계, 임금 등 직무환경과 관련된 요인

(3) **맥그리거의 X·Y이론** : 매슬로우의 욕구단계이론을 바탕으로 하여 기존의 인간관과 대비되는 새로운 인간관으로 Y이론형 인간관을 제시

① **X이론** : 인간은 생리적·안전 욕구에 자극을 주는 금전적 보상과 처벌 위협에 의해 동기가 부여된다고 주장하는 이론

② **Y이론** : X이론의 인간관을 부정·비판하면서 제시된 새로운 인간관인 Y이론은 상위욕구충족을 원하는 인간은 근본적으로 자기를 통제할 수 있다고 주장

구분	X이론(권위주의적 관리)	Y이론(참여적 관리)
기본 전제	• 인간은 게으르고 일하기 싫어함 • 야망도 없고 책임지기 싫어하며 지시받기를 좋아함 • 변화를 싫어하며 저항적 • 자기중심적이고 조직요구에 무관심 • 인간은 조직의 문제 해결에 필요한 창의력 부족 • 인간은 생리적 욕구와 안정 욕구에 의해 동기화	• 인간은 만족감을 느낄 경우 자발적으로 일하려 함 • 반드시 조직요구에 수동적이거나 반항적이지 않고, 조직의 목표에 관여하게 되면 자기지향과 자기통제를 행함 • 적절한 상황에서는 책임을 지려는 욕구까지 있음 • 창조적이고 상상력이 있음
관리 방식	• 조직목적 달성을 위해 강제·처벌·위협 등을 가해야 함 • 일을 기피하는 것을 막기 위하여 업적에 대한 적절한 보상도 강조 • 관리층이 적극적인 지도와 통제의 역할을 해야 함 • 조직운영에 있어 위의 두 가지 전략 중 택일하거나 두 가지를 절충하여 사용 • X이론에 의한 관리방식은 과학적 관리론에 근거한 관리 철학	• 권한 위임에 의한 분권적 구조 확립, 민주적 리더십과 권한 위임 강조 • 자주관리체제 확립 • 권위는 상하좌우로 흐르게 하고 이를 장려 • 경제적 보상과 더불어 인간적 보상 제공 • 직무는 개인의 전인성 인정 • Y이론에 의한 관리방식은 인간관계론에 근거한 관리철학

4 동기부여과정이론

(1) **브룸의 기대이론** : 기대-유의성이론으로 한 개인의 어떤 행위에 대한 동기부여의 정도는 행위가 가져다줄 결과에 대한 기대의 매력 정도에 의해 결정됨

더 알아두기

기대이론의 동기부여 공식

동기부여(M) = 기대(E) × 수단성(I) × 유의성(V)

① **기대(Expectancy)** : 일정한 노력을 기울이면 일정 수준의 업적을 올릴 수 있다고 믿는 가능성

② **수단성(Instrumentality)** : 1차 성과 목표 달성은 2차 보상을 획득하는 수단, 어떤 업적을 올리면 그것이 바람직한 보상으로 연결된다고 믿는 가능성

③ **유의성(Valence)** : 개인이 느끼는 산출물의 중요성이나 가치의 정도를 나타내는 매력 또는 유인력

(2) 아담스의 공정성이론

① **개념** : 공정성이론은 인지부조화이론과 분배정의 개념에 입각하여 조직 내의 개인들이 자신의 투입 대비 산출 비율과 비교하여 공정 시 최선을 다함. 반면 불공정 시 이 불공정을 해소·수정하려는 방향으로 동기화

② **조직 공정성의 3가지 측면** : 분배적, 절차적, 관계적

③ **불공정상태 해소방안** : 투입의 변경, 투입, 산출의 변경, 인식의 왜곡, 타인의 투입 또는 산출의 변경, 비교 대상 변경, 이탈

(3) 로크의 목표설정이론

① **개념** : 목표설정과 과업성과 간의 관계를 연구하여 목표 달성 의도가 직무에 대한 동기부여의 주요 원천이라는 목표설정이론을 정립

② **좋은 목표의 요건** : 난이도, 구체성, 수요성, 참여성, 피드백, 단순성, 합리적 보상, 경쟁, 능력

(4) 강화이론 : 강화전략 유형

① **적극적 강화**

　㉠ 내재적 강화요인 : 성취감, 만족감, 자긍심과 같이 직무수행에서 생기는 심리적 보상

　㉡ 외재적 강화요인 : 직무수행 그 자체와는 직접적 관련이 없는 구성원의 바람직한 행위에 대해 주어지는 임금이나 승진과 같은 경제적 성격의 보상

② **소극적 강화**

　㉠ 도피 학습 : 어떤 행동을 함으로써 어떤 혐오자극이 제거되면 그 행동이 일어날 확률이 높아지는 현상

　㉡ 회피 학습 : 혐오자극을 피하기 위하여 어떤 행동을 학습하는 것

③ **소거** : 어떤 행동을 감소시키거나 중단시키기 위해서 이전에 제공되던 긍정적 결과를 제거하는 방법

④ **벌** : 바람직하지 않은 구성원의 행위를 제거하기 위해 구성원에게 취하는 제재

(5) 강화효과 극대화 방안

① **강화효과의 조건**

　㉠ 보상 자체가 매력이 있어야 함

　㉡ 보상은 바람직한 행위와 긴밀한 연관관계가 있어야 함

　㉢ 바람직한 행위가 어느 정도 가능한 것이어야 함

② **강화 관리 원칙 수립**

　㉠ 강화결속의 원칙

ⓒ 즉각적 강화원칙

ⓒ 강화박탈의 원칙

(6) 강화 일정계획 수립방안

① **연속강화계획** : 행동이 일어났을 때마다 강화물이 주어지는 것. 학습된 행동이 처음으로 도입될 때 용이하게 사용됨

② **부분(단속)강화법**

ⓐ 고정간격 강화계획 : 일정 간격으로 강화요인을 제공하는 방법

ⓑ 고정비율 강화계획 : 행동의 결과에 따라 일정량의 비율로 성과급이 지급되는 경우

ⓒ 변동간격 강화계획 : 불규칙한 시간 간격으로 강화요인을 제공하는 방법

ⓓ 변동비율 강화계획 : 불규칙적인 비율로 강화요인이 제공되는데 간격은 일정하되 배분량이 불규칙한 보너스 지급

(7) 인지평가이론 : 개인이 조직으로부터 보상을 받을 때 어떻게 받는 것이 동기화에 가장 효율적인지에 초점을 맞춘 이론. 내적 동기부여 요소와 외적 동기부여 요소가 상호 연결되어 있다고 주장

(8) 상호작용이론 : 동기부여는 개인의 내부에만 국한된 것이 아니라 환경 혹은 타인과의 접촉·관계에 의해서도 발생한다고 주장하는 이론

> **더 알아두기**
>
> **만족한 상호작용 상태 → 동기향상**
> • 환경 혹은 타인과의 접촉이나 관계에 의해서 발생
> • 내부원인과 외부(환경)와의 관계에서 결정
> • 환경에 적극적으로 대응하는 성향

5 동기부여 증진 방안

(1) 개인 차원의 동기부여 증진 방안

① **적극적인 업무 자세의 함양**

ⓐ 정기적이고 자발적인 피드백

ⓑ 성공 인물을 모범으로 벤치마킹

ⓒ 적절한 도전과 책임 추구

ⓓ 현실적 관점에서 사고하고 목표성취 방식에 대해 적극적으로 사고 → 자신의 자존심이나 기존 행동을 보호하려는 자기 장애화주의

② **명확한 자기 경력의 구상**

　ⓐ 실현 가능하며 도전적인 목표 수립

　ⓑ 자신의 경력에 대한 애착과 경력개발 프로그램에 적극 참여

　ⓒ 불안감이나 실패에 대한 두려움에서 탈피하고 이를 실행

(2) 조직 차원의 동기부여 증진 방안

① **직무 재설계의 도입** : 직무 재설계 방법에는 직무 전문화, 직무순환, 직무확대 그리고 직무확대의 발전된 개념인 직무 충실화, 탄력적 근무시간제 운영 등이 있음. 과업의 실행뿐만 아니라 관리기능인 담당과업의 계획·통제권한 및 자율성을 부여하는 방법

② **성과에 따른 합리적 보상 프로그램**

　ⓐ 공정성 있는 임금 구조 개발

　ⓑ 메리트 임금제도와 인센티브 시스템 도입

　ⓒ 성과-보상의 결속 관계 강화를 위한 보상관리의 원칙

　　• 중요성의 원칙

　　• 융통성의 원칙

　　• 수시성의 원칙

　　• 가시성의 원칙

　　• 저비용의 원칙

③ **동기부여 관리제도 개선**

　ⓐ 공정한 인사정책 실시

　ⓑ 내부 노동시장 개발

　ⓒ 승진 및 직무순환 제도 개선

　ⓓ 생애복지 프로그램 설계

④ **개인 임파워먼트 실행**

　ⓐ 개념 : 임파워먼트는 내재화된 몰입을 강조하는 동기부여이론으로써, 구성원들이 자발적으로 따라오게 하는 경영을 강조함

　ⓑ 임파워먼트의 특징

　　• 구성원들로 하여금 자신의 일이 회사의 성패를 좌우한다는 강한 사명의식을 갖도록 함

　　• 우수인력의 확보·양성에 초점을 두며 업무수행 기량을 향상시키는데 초점을 둠

　　• 담당직무에 대한 의사결정권을 갖게 하여 직무에 대한 통제감을 높임으로써 무기력감과 스트레스를 해소하고 강한 업무의욕을 갖도록 하여 성취감을 향상

　　• 구성원들이 고객에 대한 서비스를 향상시키고 환경변화에 신속히 대응할 수 있도록 함

　ⓒ 임파워먼트의 유형

　　• 개인수준의 자기 임파워먼트

　　• 집단·조직의 상호작용적 임파워먼트 : 권한 위양, 능력함양 촉진

　ⓓ 임파워먼트 촉진 방안

　　• 개인 임파워먼트 촉진 방안 : 스트레스 관리, 역량에 기초한 임금제도 도입, 의미 있는 사회적 보상의 개발

- 집단 임파워먼트 촉진 방안
- 조직 임파워먼트 촉진 방안

제4절 윤리, 신뢰, 정의

1 윤리(윤리경영)

(1) 윤리의 개념 : 윤리는 행위의 옳고 그름과 선악을 구분하는 원칙인 동시에 행동의 기준이 되는 가치체계이자 인간이 지켜야 할 도덕적 행동규범

(2) 윤리경영의 개념 및 특성

① **개념** : 윤리경영이란 경영활동의 옳고 그름을 구분해 주는 규범적 기준을 사회의 윤리적 가치체계에 두는 경영방식으로 투명하고 공정하며 합리적으로 경영활동을 전개

② **특성**

㉠ 경영활동의 옳고 그름에 대한 판단
㉡ 경영활동의 규범 제시
㉢ 경영의사결정의 도덕적 가치기준
㉣ 응용윤리

(3) 윤리경영의 구성요소

① **경영자 윤리** : 조직 내에서 지위에 따라 윤리경영을 실천할 책임을 가짐
② **종업원 윤리** : 기업에 대한 윤리와 사생활에 대한 윤리라는 두 가지 내용으로 이루어져 있음

(4) 기업 경영윤리에 대한 태도에 따른 경영방식 분류 : 기업의 경영방식을 기업윤리에 대한 태도를 기준으로 분류하면 비윤리경영, 초윤리경영, 윤리경영의 3가지로 분류됨

(5) 윤리경영의 영향 요인

① **슈어메르혼의 윤리경영의 영향 요인**

㉠ 개인적 요인 : 가족의 영향, 종교적 가치, 금전적 욕구, 자아의 강도, 개인적 신념 및 욕구, 조직에 대한 내면화, 직무종속성, 조직목표와의 갈등, 직위, 연령, 학력 등
㉡ 조직적 요인 : 회사의 공식정책, 상사 또는 동료의 행동, 성과압력, 업종, 규모, 기업문화, 직무특성, 도덕적 갈등, 경영자의 태도
㉢ 사회적 요인 : 사회윤리 풍토, 사회적 규범·풍토, 사회의 기대, 정치윤리 풍토, 정부규제, 전반적 경쟁

② **트레비노의 경영자 윤리 영향 요인**
　　㉠ 자아 강도 : 자아 강도가 낮은 경영자에 비해 자아 강도가 높은 경영자가 윤리적 행위에 있어서 더 철저한 일관성 유지
　　㉡ 직무 종속성 : 직무 독립성을 확보하지 못한 경영자보다 직무 독립성을 확보한 경영자가 윤리 · 도덕적 행위와 인식에 있어서 더 철저한 일관성을 유지
　　㉢ 통제의 위치 : 외재론자적 경영자보다 내재론자적 경영자가 윤리 · 도덕적 행위와 인식에 있어서 더 철저한 일관성을 보여줌

더 알아두기

건전한 직업윤리
- 전문의식
- 천직의식
- 직분의식
- 책임의식
- 소명의식

---

2 신뢰

(1) 개념 : 신뢰란 개인 · 집단 · 조직 등 다양한 개체 간의 관계에서 발생하는 사회적 현상으로서 사회적 관계 속에서 형성되는 상대에 대한 호혜적 믿음이며 합리적 계산의 복잡성을 단순화시켜주는 기대

(2) 신뢰에 대한 영향 요인 : 자신의 신뢰 성향, 상대방의 행동특성과 능력, 교류 자체의 특성 등

(3) 신뢰의 발전 단계 : 신뢰는 일반적으로 '타산적 신뢰 → 지식기반 신뢰 → 동일화의 신뢰' 단계의 과정을 거쳐 발전하는 경향(르위키와 벙커)

3 정의

(1) 개념 : 사회 구성 및 유지를 위해 사회 구성원들이 공정하고 올바른 상태를 추구해야 함

(2) 사회적 정의(아리스토텔레스에 의한 정의의 분류)
　① **보편적 정의** : 개인이 사회의 일원으로서 보편적으로 지켜야 할 도덕적 의무에 관한 것
　② **평균적 정의** : 현대 사회 정치 · 사법 분야에서 강하게 적용되는 개념으로 모든 인간이 동등한 대우를 받아야 한다는 가치에 입각한 정의의 개념
　③ **배분적 정의** : 사회 · 경제적인 측면에 주로 적용되는 개념으로 각자 개인의 능력이나 사회에 대한 공헌 · 기여 정도에 따라 다른 대우를 받아야 한다는 개념

제5절 학습과 의사결정

1 학습

(1) 개념 : 학습이란 개인의 반복적인 연습이나 직·간접적 경험의 결과로서 유발되는 비교적 영속적인 행동의 변화를 의미

(2) 학습의 속성 : 행동의 변화, 영구적 변화, 직간접적 경험·연습·훈련을 통한 성취

(3) 학습(과정) 이론

① **형태론적 접근방법**

㉠ 고전적 조건화 : 반사적 행위

파블로프의 동물실험을 통해 제시된 방법으로, 무조건자극을 조건자극과 연결시켜 행동의 변화를 가져오게 하는 것

㉡ 조작적 조건화 : 조작적 행위

스키너가 주장한 이론으로, 학습이란 상황에 따라 적합한 방식으로 행동하도록 개인을 조건화하는 과정

② **인지론적 접근방법(사회적 학습)** : 벌이나 보상과 같은 외부적 요인들뿐만 아니라 인지와 지각 같은 내부적 요인들에 의해서도 학습이 이루어짐

㉠ 관찰 학습 : 직접 경험뿐만 아니라 다른 사람에게서 일어난 것을 관찰하거나 전해 듣는 것만으로도 학습이 이루어짐

㉡ 인지 학습 : 외부현상을 단순히 인지함으로써 이루어지는 학습을 의미

(4) 학습촉진 방안-조직사회학 프로그램의 도입

① **멘토링 프로그램의 공식화** : 조직에서 이루어지는 학습은 경영자 측이 제공하는 일반적 학습뿐만 아니라 조직 내 선후배 간, 동료 간의 조언이나 도움을 통해서도 상당히 많이 이루어짐

② **직장상사의 솔선수범 행동** : 조직의 상급자가 바람직한 조직행위를 솔선수범하여 실천함으로써 부하에게 모범이 되어 학습을 촉진할 수 있음

③ **업무 실패 사례 공개 프로그램** : 조직 내에서 업무 실패 사례를 모아 공개함으로써 똑같은 업무 실패를 되풀이하지 않도록 하기 위한 것

2 의사결정

(1) 의사결정의 개념과 중요성

① **개념** : 대체안들 가운데 선택하는 과정, 여러 대안 중에서 조직목표 달성에 최적안을 찾는 과정

② **의사결정의 중요성**

㉠ 모든 경영계층의 활동에 의사결정이 필요하며, 조직이나 집단의 지속적인 성장·유지를 위해서는 상황에 적합한 합리적 의사결정 능력이 반드시 있어야 함

ⓛ 의사결정이 어떻게 이루어지느냐 하는 것은 조직 유효성에 중대한 영향을 미침
ⓔ 최근 경영환경의 불확실성으로 업무가 복잡해지고 위험이 커지면서 집단 및 조직의 조직적 의사
결정 능력의 중요성이 더욱 커지고 있음

(2) 의사결정의 단계 : 의사결정은 '문제의식 → 행동 대체안의 탐색과 평가 → 대체안 중 선택 → 실행
→ 결과평가'의 단계로 이루어지며 필요 시 재순환

(3) 의사결정의 유형

① **정형적－비정형적 의사결정(사이먼의 분류)**
ⓐ 정형적 의사결정 : 문제 해결에 대한 정책결정의 선례가 있는 반복적·관례적·일상적인 정책
결정을 의미
ⓑ 비정형적 의사결정 : 비정형적 의사결정은 의사결정자의 상황이 독특해서 정형적 의사결정에서
처럼 사전에 결정된 정책과 절차가 없고, 상황이 구조화되어 있지 않음
② **확실성·불확실성·위험 아래에서의 의사결정(구텐베르크의 분류)**
ⓐ 확실성 아래에서의 의사결정이란 의사결정의 결과를 확실하게 예측할 수 있는 상황에서의 의사
결정
ⓑ 불확실성 아래에서의 의사결정이란 의사결정의 결과를 확실하게 예측할 수 있는 상황에서의 의
사결정
ⓒ 위험 아래에서의 의사결정은 확실성과 불확실성의 중간으로 결과에 대한 확률이 주어질 수 있는
상황에서의 의사결정

(4) 전략적·관리적·업무적 의사결정(앤소프의 분류)

① 전략적 의사결정은 조직의 목표 달성을 위한 상위목표의 결정으로서 최고 관리층들이 주로 많이 하
는 거시적·추상적·포괄적인 내용을 포함하는 의사결정
② 관리적 의사결정은 기업의 내부 문제에 관한 전술적 의사결정으로 전략적 의사결정을 구체화하기
위한 것
③ 업무적 의사결정은 전략적·관리적 의사결정을 보다 구체화하기 위한 것으로 기업자원의 전환과정
에 있어서의 효율을 최대화하기 위한 의사결정

〈개인적 의사결정과 집단적 의사결정의 비교〉

요인	개인적 의사결정	집단적 의사결정
가용시간	비교적 여유가 없을 때	비교적 시간 여유가 있을 때
의사결정 분위기	분위기가 경쟁적일 때	분위기가 문제해결에 지원적일 때
개인의 특성	개인들이 협력할 수 없을 때	집단 구성원이 함께 일한 경험을 갖고 있을 때
의사결정의 수용도	수용도가 중요하지 않을 때	집단 구성원의 수용이 소중할 때
문제/과업의 유형	창의성 또는 능률이 요구될 때	다양한 지식과 기술이 요구될 때

(5) 집단 의사결정의 효율화 방안

① 집단사고의 최소화

㉠ 집단사고의 정의 : 집단사고란 응집력이 높은 집단에서 구성원들 간 합의에 대한 요구가 지나치게 큼에 따라 다른 현실적 대안의 모색을 방해하게 되는 것

㉡ 집단사고의 증상에는 불사신이라는 환상, 도덕적이라는 가정, 합리화, 상대집단에 대한 부정적인 고정관념, 자기검열, 만장일치라는 착각, 심리적 감시, 반대자에 대한 압력 등이 있음

② 집단사고의 최소화 방안

㉠ 집단 리더들이 구성원들로 하여금 여러 제안에 대해 비판적 평가자가 되도록 장려

㉡ 제안 활성화를 통해 가능성 있는 제안들을 보다 많이 끌어내야 함

㉢ 집단 구성원 자신들을 직접 관여시키는 방법들

③ 의사결정 기법의 개발

㉠ 명목 집단법(NGT)

• 개념 : 문자 그대로 이름만 집단이지 구성원들 상호 간에 대화나 토론 없이 각자 서면으로 아이디어를 제출하고 토론 후 표결로 의사결정을 하는 기법

• 명목 집단법의 장・단점

  – 장점 : 모든 구성원들이 타인들의 영향을 받지 않고 독립적으로 문제를 생각하고, 의사결정을 마치는데 약 2시간 소요

  – 단점 : 토론을 이끄는 리더가 적절한 훈련을 받고 자질을 갖추고 있어야 하며, 한 번에 한 문제밖에 처리할 수 없음

㉡ 델파이법(Delphi method)

• 개념 : 델파이법은 우선 한 문제에 대해서 몇몇 전문가들의 독립적인 의견을 우편으로 수집하고 의견들을 요약해서 전문가들에게 다시 배부한 다음 일반적인 합의가 이루어질 때까지 서로의 아이디어에 대해서 논평하도록 하는 방법

• 특징 : 델파이법은 그 어떤 방법보다도 논리적・객관적으로 체계적인 분석을 수행하고 수차례에 걸친 피드백을 통해 다수의 의견을 종합하여 보다 체계화・객관화시킬 수 있는 매우 유용한 기법

㉢ 토론 집단법(상호작용 집단법)

• 개념 : 명목 집단법과 함께 조직에서 가장 흔히 사용되는 방법으로 한 사람의 리더가 토론을 이끌어가면서 의사결정을 하는 방법

• 토론리더의 훈련

  – 객관적으로 문제를 설명하고, 해결안이나 선호안을 제시하지 말 것

  – 필수적인 정보들을 제공하고 해결안의 제약 요인들을 모두 명확히 할 것

  – 한 사람의 독주를 막고 모든 구성원이 토론에 참여하도록 유도

  – 토론이 중단될 경우 개입하지 말아야 함

  – 토론이 발전될 수 있는 촉진적인 질문을 할 것

  – 진전을 보인 몇 가지 논의를 요약하고 명확히 할 것

제6절 성격과 문화적 가치

1 성격에 대한 다양한 정의

(1) **G. W. 올포트** : 성격은 각 개인의 정신 및 신체적 체계 안에서 그 사람의 특성적 사고와 행동을 결정해 주는 역동적 조직

(2) **M. A. 메이** : 성격이란 사회에서의 개인의 역할 및 상태를 특징짓는 모든 성질의 통합

(3) **B. 노트컷** : 성격은 한 개인이 자신이 속해 있는 집단 내에서 다른 사람들과 다른 자기다운 행동을 보이는 것과 밀접한 관련이 있음

(4) **J. F. 다실** : 성격은 조직화된 행동의 전반적인 모습이며, 주변의 지인들이 일관된 상태로서의 특징이라고 인정했을 때 결정될 수 있음

(5) **R. B. 커널** : 성격이란 어떤 상황에서 그 사람이 어떻게 행동할지를 추측 및 연상 가능하게 하는 것

2 성격의 중요성과 분류

(1) **성격의 중요성** : 특정 직무의 특성과 배치될 자원의 개인적 성격을 비교해서 선발·충원·배치 계획에 활용하면 조직 유효성을 획기적으로 향상시킬 수 있음

(2) **성격의 분류**
① **핵심적 성격** : 유전에 의해 형성된 개인의 선천적 특성으로 후천적 노력에 의해서도 변하지 않고 인간 행동에 영향을 줌
② **주변적 성격** : 생활환경의 영향을 받아 후천적으로 형성·습득된 후천적 특성으로 상황에 따라 변할 수도 있음

3 성격 결정 요인 : 사회·문화환경 요인

(1) **문화환경**
① 문화란 사회의 구성원으로서 개인이 획득하는 지식·신념·도덕·관습 등의 총체로서, 한 집단을 이루는 사람들의 독특한 생활 및 행동방식이자 가치규범
② 사회집단이나 문화에 따라 집단 및 소속 구성원들의 성격에 뚜렷한 규칙성이 발견됨(개인, 집단)

(2) 가정환경과 성격 형성의 관계

① **프로이트** : 가정은 최초의 교육의 장으로서 성격·태도·가치관의 기본 틀을 형성하고 생활습관의 기본을 습득하는 곳

② **설리번** : 부모의 영향을 가장 많이 받는 유아기는 성격 발달에 가장 중요한 시기이기 때문에 이 시기 부모의 불화는 자녀의 내면적 갈등을 초래

③ **카디너** : 자녀들의 기본적인 성격을 결정짓는 것은 자녀들에 대한 부모의 양육방식

(3) 가정환경 내의 문화적·경제적 상황 요인

① 부모의 교양·교육 수준, 가정 분위기 등의 가정 내 문화적 상황 요인들은 아동의 성격형성에 중요한 영향을 미침

② 가정의 경제적 상태도 아동의 성격형성 및 유형에 상당한 영향을 미침

(4) 학교환경

① 학교 또는 학급에서 어떤 지위를 획득하고 어떤 역할을 수행하느냐에 따라 개인의 성격 및 행동양식이 영향을 받게 되고, 행동 특성에도 형성되게 됨

② 아동은 집단으로서의 학교생활을 통해 동료의식, 대인관계, 집단표준을 습득하고 형성하게 되고, 개인의 성격형성에 큰 영향을 줌

③ 개인의 성격형성에는 학급집단의 성질이나 분위기보다 클럽이나 서클이 더 큰 영향을 미침

4 성격(퍼스낼리티) 이론

(1) **프로이트의 정신역동(정신분석) 이론** : 프로이트는 인간의 행위가 무의식에 의해서 지배되며, 개인 간 성격차이는 기본적 충동을 처리하는 방식이 다른 데에서 기인한다고 주장, 원초아, 자아, 초자아의 개념을 도입함

① **원초아(Id)** : 성격의 기초 구성요소로 쾌락을 극대화하고 고통을 극소화하기 위해 노력하는 에너지의 원천, 무의식의 핵심이며 원시적 본능의 창고 역할

② **자아(Ego)** : 자아는 의식이며 성격의 현실 지향적인 부분. 원초아의 확장으로서 원초아가 현실을 이해하고 평가하게 함으로써 원초아의 에너지를 성취 가능한 방향으로 지도하는 역할을 담당

③ **초자아(Super Ego)** : 초자아는 양심으로 간주되며, 성격에 윤리적·도덕적 차원을 추가. 자아가 현실적이라면 초자아는 이상적인 것

(2) **융의 관점** : 융은 프로이트와 마찬가지로 무의식적인 동기를 강조하는 동시에 프로이트와 달리 성적 특징을 강조하기도 함. 사람들이 외부에 대하여 적응하는 방식에 따라 사람을 외향형과 내향형으로 분류(유형론)

① **외향형** : 신체 에너지가 밖으로 넘치기 때문에 항상 외부에 의해 행동이 유발되고 타인이나 환경에 의해 영향을 많이 받는 성격유형

② **내향형** : 신체 에너지가 안으로 움츠러들기 때문에 안에서만 맴돌게 됨. 외부 환경과 차단된 채 자기 주관에만 집중하고 타인과의 관계도 가능한 한 피하려고 하는 성격유형

③ **성격의 기본 구성요소** : 자아, 개인적 무의식, 집단적 무의식

> **더 알아두기**
>
> **집단적 무의식의 원형**
> • 페르조나 : 자기가 속해있는 사회가 인정하는 도덕적·규범적 얼굴
> • 양성적 본능 : 여성성과 남성성
> • 쉐도우 : 사회에서 규제받거나 금지되는 본능적인 욕구, 잔인성, 부도덕함
> • 자기 : 페르조나, 양성성, 쉐도우를 잘 통합해 건강한 성격을 형성하도록 이끄는 역할

④ **건강한 성격 및 기능의 조화를 이룬 성격의 특징**
  ㉠ 건강한 성격이란 사고기능, 감정기능, 감각기능, 직관기능이 균형 있게 조화를 이루고 있으며 의식 안에서 조절할 수 있는 성격
  ㉡ 기능의 조화를 이룬 성격의 특징
    • 사회생활을 위해 행동하는 '나'와 '내면의 나'를 돌아보고 '내면의 나'를 파괴하는 행동을 삼가
    • 자신의 성격을 지배하는 주기능과 보조기능의 흐름을 읽어 여러 상황에 적응

(3) 인본주의적 성격이론(로저스, 매슬로우)

① **로저스의 인본주의적 성격이론** : 로저스의 성격이론은 '자기이론', '현상학적 이론' 또는 '자기실현이론'이라고 불리며, 주요 내용은 다음과 같음
  ㉠ 개인의 세계 : 체험의 세계를 말하는데 체험이란 특정 순간에 개인이 의식하는 것 총체적인 현상적 장을 말함
  ㉡ 자기 : 자기 개념은 현재 자기가 어떤 사람인가에 대한 개념, 즉 자신의 자아상인데 '현재의 나'라는 존재의 인식과 '내가 할 수 있는 것'이라는 기능의 인식
  ㉢ 자기실현 : 인간의 궁극적인 목적은 유기체로서 유기체의 유지·향상을 위해 인간의 모든 잠재력을 개발하는 것

② **매슬로우의 인본주의적 성격이론**
  ㉠ 기본적 전제
    • 각 개인은 통합된 전체로 간주되어야 함
    • 인간의 본성은 본질적으로 선하며, 인간의 악하고 파괴적인 요소는 나쁜 환경에서 비롯된 것임
    • 창조성이 인간의 잠재적 본성
  ㉡ 내적 본성
    • 내적 본성의 일부는 모든 인간에게 보편적이지만 일부는 개인마다 고유
    • 인간의 내적 본성은 기본적 욕구, 정서, 능력 등으로 이루어짐
    • 내적 본성은 악하지 않고, 선하거나 중립적
    • 내적 본성은 미묘하고 섬세하며 약하므로 습관, 문화적 기대, 그릇된 태도 등에 의해 쉽게 압도

- 내적 본성에 따라 인생을 살게 되면 건강하고 행복한 삶을 살 수 있게 되고, 내적 본성을 촉진
  ・충족하는 경험은 성취감과 자기의 성장발달을 가져오며 건강한 자존심과 자신감을 낳음
  ⓒ 욕구 : 매슬로우는 타 이론의 욕구개념과 구별하기 위해 욕구를 두 가지 형태로 구분하고 있음
  - 제1형태 : 기본 욕구로 음식, 물, 쾌적한 온도, 신체 안전, 애정, 존경 등이 있음
  - 제2형태 : 성장 욕구로 잠재능력, 기능, 재능 등이 있음
  ⓔ 자아실현의 장애요인
  - 이기적이고 관료적인 사회적 환경으로 인해 자아실현을 위한 성장 기회 상실
  - 안전 욕구가 가져다주는 부정적인 측면, 즉 실패 위험으로부터 도피하여 안전의 보호로 되돌아
    가려는 경향
  - 많은 사람이 자신의 잠재력에 대해 잘 모름

(4) 특질(Trait)이론

① **개념** : 성격이 독특한 특질로 구성되고 그 구조가 개인의 행위를 결정한다고 보는 이론
② **올포트의 특질이론** : 개인행동의 결정요소로서 성격구조 중요시
③ **특질의 종류** : 행동과 사고에 미치는 영향력에 따른 분류
  ㉠ 기본특질 : 특정인의 생애를 구성하는 특성으로 전반적이고 대부분의 행동에 영향을 줌
  ㉡ 중심특질 : 보편적 영향을 주는 주요 성격
  ㉢ 이차적 특질 : 사람들의 행동을 예언할 수 있는 구체적이고 개인적인 특성
  ㉣ 프로이트의 성격결정론적 입장에 반대
  ㉤ 무의식적인 요소를 조절・통제할 수 있다고 여김
  ㉥ 대체적으로 건강한 성격의 사람은 무의식적인 힘의 영향을 받지 않음
  ㉦ 고유자아(proprium)란 그 사람이 가지고 있는 독특한 어떤 것

(5) 펄스의 형태주의적 관점

① 지금 현재, 바로 여기에 사는 것이 중요
② 외부조절에 의해 움직이는 사람이 아니라 가능한 한 외부의 힘을 스스로 조절할 수 있는 자아 조절
  능력을 가짐
③ 편견이나 선입견, 고정관념 등을 버리고 자아경계와 세계의 경계를 보다 건강하고 성숙하게 살아가
  도록 함

(6) 벤듀라의 사회학습이론의 관점

① 성격은 관찰에 의해서도 형성이 가능, 유전적 영향보다는 환경적 영향이 더 중요
② **벤듀라의 성격형성 과정**
  ㉠ 주의 집중 : 자기 앞에 전개된 상황에 선택적인 관심을 가짐
  ㉡ 파지 과정 : 주의를 두었던 장면을 머리에 기억해 놓음
  ㉢ 운동재생 과정 : 기억해 놓았던 것을 행동으로 표현하는 것
  ㉣ 동기 과정 : 운동재생 과정이 긍정적 강화를 받느냐 부정적 강화를 받느냐에 따라 사회적 행동의
    습득 및 수행 여부 결정

(7) 아들러의 개인 심리학적 관점

① 성격은 선천적인 경향보다는 환경적 영향이 더 중요함

② 그 사람이 속해 있는 사회의 양식이나 태어날 때 출생순위에 의해서도 성격은 많은 영향을 받음

> **더 알아두기**
>
> **올포트와 매슬로우의 공통점**
> - 각 개인을 미래지향적인 인간으로 봄
> - 인간의 본성을 낙관적이고 긍정적으로 봄
>   - 인간은 선천적이고 긍정적
>   - 인간은 존경받을 만함
>   - 인간은 자신의 잠재력을 실현해 나가는 가능성이 있는 존재

(8) Big5 성격요소(성격의 5요인설)

① **외향성** : 인간관계에서 편안함을 느끼는 정도

② **원만성** : 타인에게 순응하고 협조적인 정도

③ **성실성** : 계획을 세우고 책임감 있게 실행하는 정도

④ **안정성** : 긴장하지 않고 스트레스를 견딜 수 있는 정도

⑤ **개방성** : 새로운 것에 대한 관심과 창의성의 정도

(9) 성격 변수 : 성격의 차원에서 개인 간의 차이를 설명하는 변수들로는 '통제위치, 마키아벨리적 성향, 성취·권력·친교욕구' 등이 있음

① **통제위치** : 한 사람이 삶을 통해 얻은 결과에 대해 자기 자신의 행동이 얼마나 영향을 줄 수 있을 것이라 믿고 있는지를 측정하는 개념. 내재론자와 외재론자로 구분

② **마키아벨리적 성향** : 마키아벨리의 『군주론』에서 유래. 자신의 목표를 달성하기 위해 다른 사람을 이용하거나 조작하려는 경향과 관련된 성격 특성

③ **성취·권력·친교욕구**

  ㉠ 성취욕구 : 강력한 목표 지향적 욕구 및 직무를 수행하려는 강박관념

  ㉡ 권력욕구 : 다른 사람에 대해 통제력을 행사하거나 영향을 미치려는 욕구

  ㉢ 친교욕구 : 다른 사람과 유쾌한 감정관계를 확립·유지·회복하려는 욕구

5 문화적 가치

(1) 가치 : 사람들이 자신을 포함한 세계나 사물·행동 등에 대하여 부여하는 중요성의 정도 또는 그 평가 기준 의미

(2) 다양한 가치의 정의

① **호치킨슨(Hodgkinson)** : 가치는 바람직함에 대한 관념으로 동기유발의 힘을 가짐
② **맥커러프(McCullough)** : 가치란 개인취향을 초월하는 개념으로 공동체에 의해 용인되는 요구를 담고 있음
③ **왈도(Waldo)** : 가치문제는 목표들 간 또는 목표성취 수단들 간의 선택문제
④ **클러크혼(Kluckhohn)** : 가치란 바람직함에 대한 명시적이거나 묵시적인 관념

(3) 가치의 특성

① 가치는 위계구조를 가지며, 하나의 가치는 다른 여러 가치와 밀접하게 연결돼 있음
② 가치는 일관성·상대성·안전성을 가지고 있음
③ 갈등해결과 의사결정의 중요한 지침
④ 가치란 소비자가 현실 세계를 반영하도록 변환한 근본적 욕구의 표상
⑤ 가치는 관념적·추상적이며 사회적으로 학습되는 것
⑥ 가치는 개인들이 어떻게 행동할까에 대한 예측지표가 됨

(4) 가치의 유형

① **밀톤 로키치의 밸류 서베이에 따른 가치관의 분류**
  ㉠ 궁극적 가치 : 가장 바람직한 존재양식(성취감, 평등, 자유, 행복, 내적 조화, 쾌락, 구원, 지혜, 자아존중, 편안한 삶 등)
  ㉡ 수단적 가치 : 궁극적 가치를 달성하기 위한 수단(근면, 능력, 청결, 정직, 상상력, 독립성, 지능, 논리 등)
② **올포트의 가치관 분류**
  ㉠ 이론적 가치
  ㉡ 경제적 가치
  ㉢ 심미적 가치
  ㉣ 정치적 가치
  ㉤ 종교적 가치
③ **가치의 척도**
  ㉠ 로키치 가치조사 척도(RVS) : 가장 흔히 이용되는 가치조사 척도조사로 가치를 삶의 최종목표인 궁극적 가치와 이의 성취를 위한 수단적 가치로 구분
  ㉡ VALS 척도 : 스탠포드 연구소에서 소비자들의 가치관 변화 추이를 추적하기 위해 개발한 척도법
④ **가치 측정 조사법**
  ㉠ 문화 추론법
  ㉡ 수단-목표 연계 분석법
  ㉢ 설문 조사법

(5) 문화적 가치

① **문화적 가치의 개념** : 한 집단이 갖고 있는 문화적 특성의 핵심으로서 그 사회의 구성원들이 공통적으로 바람직하다고 여기는 것을 의미
    ㉠ 사회학적 관점 : 문화적 가치란 집단의 정체성 또는 복지에 중요하다고 인정되는 활동, 관계, 느낌 또는 목표들에 관한 보편적인 신념
    ㉡ 심리학적 관점 : 개인적으로나 사회적으로 추구될 가치가 있다고 여겨지는 존재의 일반적인 상태
② **문화적 가치의 차원**
    ㉠ 타인 지향적 가치 : 사회 내 구성원들 간 관계를 중시하는 가치 차원으로서 특히 마케팅 전략 등에 많은 영향을 미침
    ㉡ 환경 지향적 가치 : 물리적·경제적·기술적 환경과 관련된 가치 및 관계를 중시하는 가치 차원
    ㉢ 자아 지향적 가치 : 사회가 바람직하다고 생각하는 인생의 목표와 접근 방법을 통해 자아실현과 성취 지향적 가치를 추구하는 가치 차원

제7절 능력

1 개념

무엇인가를 해낼 수 있는 개인의 역량(임무)을 의미

2 능력의 유형

신체 능력과 지적 능력

(1) 9가지 기본적 신체 능력

① 동태적 체력
② 정태적 체력
③ 폭발성 체력
④ 흉복부(몸통) 체력
⑤ 확장 유연성
⑥ 동태적 유연성
⑦ 동시적 신체 활용력
⑧ 균형 유지력
⑨ 스테미너

(2) 7가지 지적 능력

① 수리력

② 귀납적 추리력

③ 언어 이해력

④ 어휘력

⑤ 기억력

⑥ 신속한 지각능력

⑦ 공간 이해력

3 능력 차이

(1) 집단 간 능력 차이 : 집단 차이란 성, 연령, 학력 등을 기준으로 분리된 집단 간에 존재하는 능력 차이를 말함

(2) 개인 간 능력 차이 : 개인 차이란 특정 능력의 개인 간 차이를 의미

4 능력관리 기법

(1) 경력관리

① **개념** : 경력관리란 종업원 개개인의 직무 경력이나 교육훈련 경력 또는 능력·적성 데이터 등의 관리를 통해 조직의 목표와 구성원 개개인의 목표가 조화되도록 하는 것

② **경력관리의 목적**

㉠ 인재확보·육성·배치 및 직무능력 향상

  • 종업원 직무능력 및 자질 향상

  • 후계자 확보

  • 이직 방지

㉡ 종업원의 성취동기 유발 : 경력관리는 종업원들이 직장에 대해 확고한 안정감을 갖고 자기 능력을 최대한 발휘할 수 있게 함으로써 성취동기를 유발

㉢ 경력관리의 기본적 체계

  • 경력목표 : 구성원 개개인이 경력상 도달하고 싶은 미래의 직위

  • 경력계획 : 경력 목표에 이르는 경력경로를 선택하는 의사결정 과정

  • 경력개발 : 구성원 개개인이 경력목표를 설정하고 달성하기 위한 경력계획을 수립한 후 기업조직의 요구와 개인의 요구가 합치될 수 있도록 각 개인의 경력을 개발하고 지원해주는 활동

(2) **직무순환**

① **개념** : 기업이 필요로 하는 시점에 필요한 직무를 조직 구성원에게 계획적으로 체험시키는 인사 관리상의 구조

② **직무순환의 장·단점**

㉠ 장점 : 직무순환을 통해 새로운 업무를 습득케 하는 동시에 직무에 대한 싫증이나 소외감을 감소시켜 주는 효과

㉡ 단점 : 직무에 대한 전문화 수준을 떨어뜨릴 수 있고, 새로운 직무 교육에 많은 노력과 시간이 소요됨

(3) **교육훈련 관리**

① 교육은 개인목표에 중점을 두는 반면 훈련은 조직목표에 중점

② **교육훈련과 학습의 원리**

㉠ 결과에 대한 피드백

㉡ 훈련의 전이 : 어떤 행동의 습득이 다른 행동을 습득할 때 미치는 효과를 의미

㉢ 강화 : 훈련 및 개발의 결과로 특정 행동이 형성·수정·유지되기 위해서는 행동에 따른 보상이 주어져야 함. 가장 강력한 보상은 피훈련자들의 직접 감독자가 제공하는 것

③ **교육훈련의 과정 및 목적**

㉠ 교육훈련 과정 : 필요성 분석 → 프로그램 설계 → 프로그램 실시 → 교육훈련 평가 → 종합시스템 연계

㉡ 교육훈련의 목적 : 교육훈련은 조직 구성원들이 가지고 있는 지식·태도·기술을 발전시켜 구성원들의 직무만족을 증대시키는 동시에 해당 직무수행 능력을 향상시켜 구성원들이 더 중요한 직무를 수행할 수 있도록 함

④ **교육훈련의 필요성 분석**

㉠ 조직수준의 필요성 : 조직 전반적인 차원에서 필요성을 분석하여 조직 차원에서 잠재된 성과 향상 및 부정적이거나 불필요한 요소 제거 등의 명확한 교육훈련 목표를 달성하기 위한 교육훈련

㉡ 직무수준의 필요성 : 성공적인 과업 수행을 위해 조직 구성원들이 갖추어야 할 지식·기술·태도 등의 습득을 위해 필요한 교육훈련

㉢ 개인수준의 필요성 : 개인 단위로 훈련 및 개발의 결과를 분석·평가함으로써 파악할 수 있음

(4) **교육 훈련의 평가**

① **요더의 훈련평가 기준** : 훈련 전후의 비교, 통제그룹, 평가기준 설정

② **로쉬의 기준** : 생산량, 단위생산 소요시간, 훈련 실시 기간, 불량 및 파손, 자재 소모, 품질, 사기, 결근, 퇴직, 재해율, 일반관리 및 관리자 부담 등

제3장　집단에 대한 이해

제1절 집단에 대한 이해

1 개념

공동목표를 달성하기 위하여 서로 상호작용하여 소속 인식을 지닌 두 명 이상의 공동체

2 규모 및 집단 발전의 단계

(1) 소규모 집단(친밀도 높음), 대규모 집단(친밀도 낮음)

(2) **집단 발전의 5단계** : 형성 → 혼란 → 규범 → 실행 → 해체

제2절 팀에 대한 이해

1 팀

(1) **정의** : 소수의 구성 멤버들이 상호 필요한 각자의 기능을 갖고 상호 보완·협동 관계를 통해 목적 달성을 위해 구성된 집단

(2) **팀의 특징**
　　① 팀은 특별한 목표를 갖는 경우가 많으며 목표 달성을 위해서는 동료 간 생산적 자극이 중요
　　② 모든 팀은 집단이지만, 모든 집단이 팀은 아님
　　③ 팀의 성과는 조직 리더에 의해 결정됨
　　④ 구성원 간 상호 보완적 기능이 매우 중요
　　⑤ 팀원의 수도 매우 중요한 요소
　　⑥ 생산성 높은 팀의 특징(클린목표)
　　　　㉠ 리더는 팀 미션에 대한 명확한 정의를 통해 미션에 대한 자신 및 팀원들의 공통된 몰입을 극대화
　　　　㉡ 광범위한 목표·지시를 구체적이고 측정 가능한 성과목표로 변환시킴으로써 그 구성원들에게 의미 있고 구체적인 목표를 제시
　　　　㉢ 최적의 팀 규모 및 생산성 극대화가 가능한 구성원의 선발·배치가 중요

⑦ 생산성 낮은 팀의 특징
　　㉠ 생산성 낮은 팀의 주요 증상
　　　• 자유롭고 적극적인 의사소통의 부족
　　　• 의견 일치의 결여
　　　• 회의 · 모임의 역기능적 현상 및 팀내 갈등 발생
　　　• 목표의 미달성 등
　　㉡ 팀 생산성 저하의 주요 원인
　　　• 초점 결여 관련 : 팀의 목표 · 역할 · 전략 등의 부족
　　　• 리더십 부족 관련 : 팀 차원의 지원 및 비전 결여, 일관된 방향성 부족, 예산 · 자원의 부족 등
　　　• 역량 부족 관련 : 팀 및 팀원들의 지식 및 핵심 스킬 부족, 지속적 학습 · 개발 부족 등

(3) 로빈슨이 제시한 팀의 4가지 유형
　① 문제 해결팀
　② 자가 경영 직무팀
　③ 기능 융합팀
　④ 가상팀

2　팀제 조직

(1) 팀제 개념
　① **팀제 조직 하의 인사 조직상의 변화**
　　㉠ 팀제 조직의 구조 및 보고체계
　　㉡ 팀제 하의 역할 · 책임
　　㉢ 권한
　　㉣ 직급 · 지위와 직책의 분리
　　㉤ 업무 중심의 의사결정

(2) 팀제의 특징 및 종류
　① **특징**
　　㉠ 명령지휘 계통이 아니라 업무 · 과제 · 주제 중심으로 팀을 형성
　　㉡ 과잉관리 업무를 폐지 · 축소시키고 팀장을 중심으로 결재단계를 파격적으로 축소하여 조직 슬림화
　　㉢ 중간관리자는 관리업무가 아닌 담당업무의 전문가로서 역할을 하도록 유도
　　㉣ 협력을 통한 공동작업, 팀 성과에 대한 공동책임, 목표달성을 위한 공동몰입, 자율의 보장
　② **종류**
　　㉠ 기존 조직과의 관계 기준
　　㉡ 목적 기준
　　㉢ 활동기간 기준

(3) 팀(제)의 유효성 악화 요인 및 제고 방안(성공 요인)

① 팀(제)의 유효성 악화 요인
ㄱ 관련제도 및 업무의 재편성이 뒤따르지 않거나 팀제 도입 목적이 불분명한 경우
ㄴ 구성원의 수용의지가 미약하고 팀제에 대한 이해가 부족할 경우
ㄷ 팀장의 능력과 리더십이 부족하고 팀원의 전문능력이 떨어질 경우
ㄹ 상명하달식의 획일적 업무추진이 이루어지거나 권한 위양이 미흡할 경우
ㅁ 서열 중심의 수직적 사고에 익숙하여 팀원들의 역할수행이 제대로 안 될 경우
ㅂ 조직 내 상명하복 문화가 강하거나 기존의 보상체계가 개개인의 퍼포먼스에 기반을 두어서 오랫동안 유지되어 온 경우
ㅅ 무임승차자 등으로 인한 감정적인 문제 때문에 시너지 창출 대신 성과가 오히려 더 떨어질 수 있음

② 팀(제)의 유효성 제고 방안(성공 조건/요인)
ㄱ 성과를 높이기 위해 구성원의 숫자를 적절히 제한(10명 전후)
ㄴ 기술적 전문성이 있는 멤버와 대인관계에 능숙한 멤버, 문제해결 능력이 뛰어난 멤버 등 각각의 우수한 멤버를 적절히 혼합하여 구성
ㄷ 팀의 목표와 철학을 명확히 함으로써 팀원들에게 구체적인 목표와 의미 있는 비전을 갖게 함
ㄹ 팀워크 강화를 위해 합리적 업적평가에 근거한 팀 단위의 보상체계를 마련
ㅁ 팀장은 전문성과 리더십을 보유한 유능한 인물. 팀장에게 인사권·예산편성권 등을 대폭 위양하고 내분 운영
ㅂ 최고 경영층의 적극적인 참여 및 리더십 개발
ㅅ 기업의 규모, 전략, 구성원 의식 및 능력수준 등에 적합한 팀제를 도입
ㅇ 팀 조직 운영의 측면에서는 팀의 공동목표 설정·공동책임을 운영원칙으로 함

더 알아두기

전통적 기능 조직과 팀 조직의 비교

구분	전통적 기능 조직	팀 조직
조직구조	계층적/개인	수평적/팀
직무설계	단일 업무	전체업무·다수업무
목표	상부에서 주어짐	스스로 찾아내는 데 시간 투여
리더	강하고 명백한 지도자	리더십 역할 공유
지시·전달	상명하복·지시·품의	상호 충고·전달·토론
정보 흐름	폐쇄·독점	개방·공유
보상	개인주의·연공주의	팀·능력 위주
책임	개인 책임	공동 책임
평가	상부조직에 대한 기여도로 평가	팀이 의도한 목표달성도로 평가
업무통제	관리자가 계획·통제·개선	팀 전체가 계획·통제·개선

3 팀 관리

(1) 팀 구축법 : 팀 구축법은 작업팀의 문제해결 능력과 효율성을 개선하기 위해 사용되는 방법으로 과업성
과와 관련된 문제해결에 중점을 둠

(2) 팀 구축법의 실행단계
　① 팀 기술 연수
　② 자료 수집
　③ 자료 처리
　④ 행동 계획
　⑤ 팀 구축
　⑥ 집단 간 팀 구축 등

제3절 리더십

1 리더십의 개념 및 특성

(1) 학자에 따른 리더십 정의
　① **스톡딜** : 목표설정과 목표달성을 지향하도록 집단행위에 영향력을 행사하는 과정
　② **쿤츠** : 사람들로 하여금 공동목표를 달성하는 데 따라오도록 영향력 행사
　③ **플레이시먼** : 어떤 목표나 목표들의 달성을 향하도록 의사소통 과정을 통해 개인 간에 영향력 행사

(2) 리더십의 특성
　① 목표 지향적 활동으로 목표 및 미래 지향적 비전을 제시
　② 환경을 중시하며 구성원을 이끄는 능력과 조직 내외의 상황관리 능력 필요
　③ 리더십은 조직의 최하위 구성원에 의해서도 발휘될 수 있음
　④ 리더십은 권위를 통해서 발휘되는 기능
　⑤ 리더는 공식 · 비공식 조직에서도 모두 존재
　⑥ 리더의 유형은 비고정성이며, 상황에 따라 가변성과 신축성을 가짐
　⑦ 위기 상황일 때 리더는 타인의 의사나 충고를 무시하는 경향을 보임

(3) 리더의 특성

리더의 3가지 자격 요건	리더와 관리자
비전, 신뢰, 충성과 지지	• 모든 리더가 관리자는 아니며, 관리자는 공식 리더라 할 수 있음 • 관리자의 리더십은 비공식 리더십에 의해 강화될 수 있음

• 버나드 : 지적 · 기술적 능력, 설득력, 결단력, 인내력
• 데이비스 : 인간관계적 태도, 사회적 성숙도, 지능, 내적 동기부여와 성취의욕

2 리더십의 중요성 및 역할

(1) 리더십의 중요성

① 시너지 효과 창출

② 코치 역할

③ 지속적 성장 촉진

④ 사기 앙양

⑤ 비전 제시

(2) 리더십의 역할

① **진단적 기능** : 집단을 위해 파악·규정·진단

② **처방적 기능** : 행동을 제시하는 기능 수행

③ **동원 기능** : 집단의 전폭적이고 유력한 지지 획득

3 리더십의 본질적 요소

(1) 권력의 원천

① **개인권력의 원천** : 프렌치와 레이븐은 5가지로 분류

㉠ 보상적 권력

㉡ 강압적 권력

㉢ 합법적 권력

㉣ 준거적 권력

㉤ 전문적 권력

② **집단권력의 원천**

㉠ 한 부서가 환경의 불확실성을 효과적으로 처리할 경우

㉡ 한 부서가 작업흐름의 중심성이 높을 경우

㉢ 한 부서의 활동을 조직 내외의 다른 어떤 부서도 대신 수행할 수 없을 경우

(2) **영향력** : 권력행사의 결과

순종(Compliance) → 동일화(Identification) → 내면화(Internalization)

(3) 권력과 영향력의 관계

① 영향력이란 권력행사에 대한 행동반응이고 권력행사에 따라서 성취된 결과

② 권력이 타인에게 작용할 때를 영향력이라 함

③ 권력이란 능력을 가리키는 말로서 실제 작용하는 것은 아님

4 리더십 이론의 발전과정

(1) 리더십 특성이론

① **개념** : 리더의 개인적 자질에 초점을 맞추고 이러한 자질들이 리더의 유효성에 어떤 영향을 미치는 지를 연구한 이론

② **리더의 특성 요인(리더십에 영향을 주는 특성 요인)**

    ㉠ 데이비스
- 지능적
- 사회적 성숙과 여유
- 강한 내적동기 및 성취욕
- 원만한 인간관계

    ㉡ 스톡딜
- 신체적 특성
- 사회적 배경
- 지적 능력
- 성격
- 과업 특성
- 사회적 특성

(2) 리더십 행동이론

① **이론적 접근 방식**

    ㉠ 1차원적 접근 방식
- 전제적·민주적·자유방임적 리더십
  - 전제적 리더십
  - 민주적 리더십
  - 자유방임적 리더십
- 미시간 대학 연구이론
  - 직무 중심 리더십 유형
  - 직원 중심 리더십 유형

    ㉡ 2차원적 접근 방식
- 미국 오하이오 주립대학 연구 이론
  - 집단목표 달성 지휘 시 리더의 행동은 배려와 구조화 주도
  - 리더십의 2요인을 중심축으로 하여 4가지 유형으로 나누어진다는 이론 제시
  - 배려 : 부하의 복지·안녕·지위에 대한 리더의 관심 정도
  - 구조화 주도 : 구성원의 역할 정의·직무수행 절차·지시·보고 등
  - 4가지 행위 유형 : 미국 오하이오 주립대학 경영연구소 연구팀이 개발한 리더 행동기술 질문지

- 관리격자 이론
  - 블레이크와 머튼의 이론으로 이론(바둑판 모형의 좌표를 만들고 이를 기초로 5가지 형태의 리더십 구분)
  - 5가지 리더십 유형 : 과업형(9.1형), 인간관계형(1.9형), 방임형(1.1형), 이상형(9.9형), 중간형(5.5형)
- PM이론 : 리더십의 기능을 성과기능(P)과 유지기능(M)으로 구분
  - P 기능 : 문제해결 및 목표 달성을 지향하는 기능
  - M 기능 : 집단의 자기보존 내지 집단의 과정 자체를 유지·강화하려는 기능
  - 이 이론 모형의 리더십 매트릭스의 4분면은 PM·pM·Pm·pm으로 구성되는데, 그 유효성 순위는 PM 〉 pM 〉 Pm 〉 pm 순임

② **연구의 한계**
  ㉠ 2요인 분류방법의 한계
  ㉡ 타당성의 문제
  ㉢ 상황변수에 대한 고려 미흡

(3) 리더십 상황이론 : 리더십의 유효성 상황과 연결시키려는 이론

① **리더십 상황이론 모형**
  ㉠ 피들러의 상황적합이론 : 피들러는 높은 직무성과를 성취하기 위한 리더십의 유효성은 리더의 특성과 상황의 호의성에 따라 결정된다고 봄
  ㉡ 리더와 상황의 적합관계 및 유효성
    - LPC(Least Preferred Co-worker) 점수
    - LPC 점수가 낮은 리더(업무 지향적 리더)
    - LPC 점수가 높은 리더(관계 지향적 리더)
    - 리더십 유형 : 상황이 아주 호의적이거나 비호의적인 경우에는 업무 지향적인 리더가 유효한 반면, 상황이 중간 정도의 호의성일 때는 관계 지향적인 리더십이 유효

② **허시·블랜차드의 상황적 리더십 모형**
  ㉠ 부하의 성숙도를 중요한 상황변수로 보고, 부하의 성숙도에 따라 효과적인 리더십 행위 스타일이 다를 수 있음. 리더십 유형이 부하의 성숙도 수준이라는 한 가지 상황요인에 따라 결정된다고 보는 경향이 강함
  ㉡ 바람직한 리더십 스타일 : 권한위양형, 참여형, 명령·지시형, 강압형 등

③ **경로-목표이론** : 하우스와 미첼
  ㉠ 개요 : 경로-목표이론은 구조화주의·배려형 리더십 유형에 동기부여의 기대이론을 접목시킨 이론
  ㉡ 상황변수 요인
    - 부하의 특성 : 부하의 능력, 통제의 위치, 욕구와 동기 등
    - 작업환경의 특성 : 과업의 성격(구조), 작업집단 특성, 공식적 권한관계, 조직적 요소 등

ⓒ 리더십 행동 유형/스타일 : 하우스의 리더십 4가지 유형

- 지시적 리더
- 지원적 리더
- 참여적 리더
- 성취 지향적 리더

④ **리더-구성원 교환관계 이론**

ⓐ 개념 : 리더는 모든 하급자를 똑같이 대하지 않고 집단 내외를 기준으로 어떤 구성원에게는 더 많은 관심과 주의를 집중하는 반면 어떤 구성원에게는 그렇지 않음

ⓑ 외부인과 내부인

- 내부인 : 리더가 많은 자원을 공유하고 관심과 재량권을 줌 → 긍정적 태도를 보임
- 외부인 : 리더가 관심과 재량권을 주지 않음 → 직무에 부정적 태도를 보임

(4) 새로운 패러다임의 리더십 이론

① **변혁적 리더십**

ⓐ 개념 : Burns(1978)는 변혁적 리더십이란 미시적 측면에서는 개인 간의 영향력 행사과정이며, 거시적으로는 사회적 체계변화와 조직혁신을 위해 힘을 동원하는 과정이라고 정의. 변혁적 리더란 추종자들의 의식·가치관·태도 등의 혁신을 촉구하는 리더라고 규정

ⓑ 변혁적 리더십 구성요인

- 카리스마적 리더십
- 영감적 동기유발
- 개별적 배려
- 지적 자극

② **자율적 리더십**

ⓐ 개념 : 팀 리더와 팀 구성원 모두가 자율적으로 스스로 관리하고 이끌어가는 리더십을 의미

ⓑ 중요성·효용성

- 팀 구성원들은 자기존중·자긍심을 갖고 만족스러운 조직생활을 할 수 있음
- 리더는 감시와 통제 대신 새로운 아이디어, 팀의 비전을 구상하는 등 발전적인 방향으로 역량을 집중
- 조직 차원에서는 자율적 집단을 구축하여 조직 유효성 제고

ⓒ 자율적 리더십 유형 : 셀프 리더십[구성원(부하) 중심 개념]

- 개념 : 셀프 리더십이란 구성원들이 철저한 자기규제와 자기통제를 통해 스스로를 이끌어 나가고 자율적으로 일하는 것을 의미
- 중요성 : 셀프 리더십은 현대 경영에서 특히 중시되는 자율적 리더십을 함양하는데 핵심적 요소
- 셀프 리더십을 발휘하는 구성원들의 행동 특성
  - 업무수행과 결과에 대해 팀원 간 격려를 통한 자기강화를 모색
  - 자기관찰 및 자기평가를 중시
  - 자신과 팀의 성과목표에 대한 기대수준을 더욱 높게 올리도록 하는 자기기대를 가짐
  - 자기목표, 사전 연습, 자기비판 등의 행동을 함

③ **임파워링 리더십(Empowering Leadership)**

　㉠ 개념 : 조직의 생명력과 기를 살려주는 리더십으로 부하에게 권한과 책임을 위양해 주고 목표성
　　취 능력을 키워 주어 신뢰를 구축함으로써 구성원에게 에너지를 불어넣어 주는 리더십

　㉡ 임파워링 리더십의 특징
　　• 리더는 지원자·코치·활력 있는 분위기 촉진자의 역할을 수행함
　　• 리더와 팀원의 역할·책임·행동에 따라 1단계 수직적 명령체계에서 리더가 팀에 대한 지원
　　• 기존에 나온 셀프 리더십과 슈퍼 리더십을 통합한 개념으로 개인과 조직의 육성·발전을 같이
　　　추구

　㉢ 리더의 임파워먼트 역할에 대한 킬만의 정리
　　• 부하의 의사결정 참여를 통한 임파워먼트
　　• 자율관리 팀의 구성과 활동을 통한 임파워먼트
　　• 경청과 인정을 통한 임파워먼트
　　• 교육과 재훈련을 통한 임파워먼트
　　• 인센티브 제공을 통한 임파워먼트
　　• 고용보장을 통한 임파워먼트
　　• 조직구조의 간소화를 통한 임파워먼트
　　• 중간관리자 역할의 재인식을 통한 임파워먼트
　　• 관료제적 요소의 제거를 통한 임파워먼트

더 알아두기

거래적(교환적) 리더십과 변혁적 리더십 비교

구분	거래적(교환적) 리더십	변혁적 리더십
목표	교환관계	변혁 또는 변화
성격	소극적	적극적
관심 대상	단기적인 효율성과 타산	장기적인 효과와 가치의 창조
동기부여전략	• 부하들에게 즉각적이고 가시적인 보상으로 동기부여 • 외재적 동기부여	• 부하들에게 자아실현과 같은 높은 수준의 개인적 목표를 동경하도록 동기부여 • 내재적 동기부여
행동의 기준	부하들이 규칙과 관례에 따르기를 선호	변화에 대한 새로운 도전을 하도록 부하를 격려함
적절한 상황	• 업무성과를 조금씩 개선하려 할 때 • 목적을 대체시키려 할 때 • 특정행위에 대해 저항을 감소시킬 때	• 조직합병을 주도하려 할 때 • 조직을 위해 신규부서를 만들려 할 때 • 조직문화를 새로 창출하고자 할 때
리더십 요인	• 업적에 따른 보상 • 예외 관리	• 이상적 영향력 : 부하들에게 강력한 역할 모델이 되는 리더 • 영감적 동기부여 : 부하들의 의욕을 끊임없이 고무시키는 리더 • 지적 자극 • 개별화된 배려

5 효과적인 리더십 개발방안

(1) 현대적 리더로서의 자질함양

① 비전을 개발하고 목표 구체화

② 부하를 신뢰하고 부하로부터 신망을 얻어야 함

③ 항상 솔선수범

④ 구성원을 배려하는 인간미를 갖춤

⑤ 지속적인 자기계발로 업무의 전문가가 되어야 함

⑥ 자기 자신에게 반대하는 사람을 중시

⑦ 효과적인 커뮤니케이션 능력

⑧ 위험을 감수하는 도전정신을 가져야 하며 구성원들을 지속적으로 임파워먼트시켜야 함

⑨ 환경변화에 대한 높은 감수성

⑩ 민주적·인간중심적 리더십을 갖추어야 함

(2) 리더십 스타일 개발을 위한 진단과 훈련 : 리더십 스타일에 관한 자기진단이 필요

① **리더십 개발 훈련기법**

㉠ 개인행동 수준의 리더십 개발 훈련기법

- 리더십 이론과 기술에 대한 강의

- 사례 연구

- 역할 연기

- 감수성 훈련

- 행동 모형화

㉡ 집단행동 수준의 리더십 개발 훈련기법

- 팀 구축 : 조직 내 다양한 팀들의 개선 및 유효성 증대를 목적으로 하는 리더십 개발 방법

- 집단대면 기법 : 변화 담당자가 중심이 되어 구성원 간 상호 이해를 증진시키고 잠재되어 있는 문제를 인식시켜 이의 해결책을 모색

- 과정 자문법 : 외부 상담자의 도움을 받아 한 집단 내 또는 집단 간에 발생하는 갈등과정을 개선하는 기법

- 제3자 조정법 : 갈등해결의 근본목표로 삼고 있는 이 기법은 관련 과정을 검토하여 갈등의 이유를 진단하고, 제3자를 통하여 갈등에 대한 대책과 해결을 촉진하는 방법

- 설문조사 피드백 : 구성원의 설문조사 결과를 도출하고 이것을 피드백 자료로 활용하여 구성원들로 하여금 자기의 집단과 조직문제를 해결하도록 하는 리더십 개발 방법

② **인재육성형 리더십의 개발**

㉠ 인재육성형 리더로서의 역할 수행 : 리더는 사명감과 신념을 갖고 구성원들의 잠재능력을 진단하여 능력 향상을 촉진하고, 구성원들에게 지적인 자극을 주고, 단계적으로 도전적인 업무를 제시하는 동시에 능력을 발휘할 수 있는 환경을 조성함

㉡ 효과적인 코치의 역할수행 : '설명 – 시범 – 실행 – 교정'의 체계적 단계

㉢ 리더와 구성원들도 팔로워십과 셀프 리더십 스킬을 배양

㉣ 리더십 환경요인, 즉 조직 환경요인을 개선

제4장 조직체에 대한 이해

제1절 조직구조

1 조직구조 형성의 기초 요소(구성 단위)

(1) 권력과 권한(종적 요소)

(2) 역할과 지위(횡적 요소)

2 조직구조 구성 요소(중요 변수) : 로빈스

(1) 복잡성(과업의 분화 정도)

① **수평적 분화** : 조직 구성원들이 업무를 횡적으로 분할하여 수행하는 형태
② **수직적 분화** : 과업의 분화가 상·하 관계를 가지고 이루어지는 것으로서 조직구조에서 계층 수를 증가시키는 것
③ **지역적(공간적) 분산** : 조직의 물리적인 시설과 인력이 지리적으로 분산되어 있는 정도

(2) 공식화(직무 표준화 정도)

① 조직 내의 직무가 문서화·비문서화된 규제를 통해 특정화되어 문서화된 정도
② 생산부서의 직무는 마케팅이나 연구개발의 직무보다도 공식화의 정도가 낮음
③ 조직외부의 고객을 공평하게 처우하기 위해, 조직성과의 효율성 향상을 위해, 조직의 활동을 조정하기 위해 필요
④ **조직구조의 구성요소(주요 변수) 간 관계**
　㉠ 복잡성과 공식화의 관계 : 수평적 부화는 미숙련자의 고용도 가능하게 하므로 공식화의 정도를 높이고, 수직적 분화는 경영자 및 전문가를 증가시켜 공식화의 정도를 낮춤
　㉡ 복잡성과 집권화의 관계 : 반비례의 관계를 가짐
　㉢ 공식화와 집권화의 관계 : 상황에 따라 긍정 또는 부정적 상관관계를 보임
　　• 공식화가 높고 집권화가 높은 경우 : 단순 작업적 조직(비숙련공)
　　• 공식화가 높고 집권화가 낮은 경우 : 전문가 조직(인사관리 문제 관련)
　　• 공식화가 낮고 집권화가 높은 경우 : 전문가 조직(전략적 조직 의사결정 관련)
　　• 공식화가 낮고 집권화가 낮은 경우 : 전문가 조직(업무와 관련한 기술적 문제처리)

3 조직구조의 결정 요소(상황 변수)

(1) 환경과 조직구조

① **환경과 조직구조의 관계** : 환경에는 정치·경제·문화·기술 등 여러 가지가 있으며 환경의 차이는 조직구조와 조직 내부의 경영과정에 많은 영향을 줌

② **기계적 구조와 유기적 구조** : 번스와 스토커의 연구

　㉠ 기계적 조직구조 : 의사결정이 상부에 집중되어 있고 분업화, 전문화 및 관료적인 규칙과 절차를 강조하는 조직구조

　㉡ 유기적 조직구조 : 비교적 유연성과 적응성이 높은 조직구조, 관리자 틈이 적은 평면형 구조로서 끊임없이 변화하는, 상대적으로 불확실하고 유동적인 환경에 적절

구분	기계적 구조	유기적 구조
적합한 환경	안정적 환경	동태적 환경
작업의 분업화	높음	낮음
의사소통	명령과 지시	충고와 자문
권한의 위치	조직의 최고층에 집중	능력과 기술을 가진 곳
갈등해결 방식	상급자의 의사결정	토론과 기타 상호작용
정보의 흐름	제한적이며 하향적	상하로 자유로움
공식화	높음	낮음

(2) 기술과 조직구조

① **기술과 조직구조의 관계** : 페로우의 지식·도구·기법·활동

② **우드워드의 연구** : '기술 – 조직구조 – 성과'의 상호관계에 관한 상황이론 제시

　㉠ 우드워드의 기술조직의 분류

　　• 단위소량 생산체계

　　• 대량 생산체계

　　• 연속공장 생산체계

　㉡ 기술과 조직구조 간의 관계

　　• 조직구조의 여러 변수가 기술의 복잡성과 정비례

　　• 조직의 유효성과 기술에 대한 조직형태의 적합성 사이에 밀접한 관계가 있음

　　• 신축적이고 유기적인 조직구조가 효율적인 반면, 비교적 기계적이고 관료적인 조직구조가 성과 측면에서 바람직

(3) 전략과 조직구조

① 전략과 조직구조는 상호 밀접한 영향을 미치는데 그 순환과정은 전략의 변화에서 시작

② **조직구조 변화과정** : 환경변화에 따른 신전략 수립 → 관리상 신문제 출현 → 기업성과 약화 → 보다 적절한 조직구조로 이동 → 이익수준의 회복

(4) 조직규모와 조직구조

① 공조직 규모가 커지게 되면 복잡성이 증대하다가 체감

② 조직규모가 커지면 대체로 전문화가 지속되다가 일정 수준에 도달하면 전문화의 진행 정도가 떨어짐

③ 규모가 커질수록 조직의 행동은 더욱 공식화되고 분권화가 촉진됨

4 조직구조의 형태와 유형

(1) 로빈스의 일반적 조직형태

① **단순구조** : 단순하고 정교하지 않은 조직구조 형태로 전략 상층부와 업무 핵심층으로만 구성되어 있는 조직

ㄱ 장점 : 신속성, 유연성이 있기에 진취성과 혁신성을 계속적으로 추구

ㄴ 단점 : 기업주에 전적으로 의존하므로 기업주의 판단에 따라 조직의 운명이 좌우됨

② **관료제** : 정형화된 업무와 공식화된 규칙과 임무를 갖춘 조직으로서 기능적 부서, 집권화된 권한, 협소한 통제범위를 특징으로 함

더 알아두기

베버의 근대적 관료제 특성
- 규정에 의거하여 담당자의 역할이 정해지는 지속적인 조직체
- 문서에 의한 직무 수행 및 기록
- 직무 수행을 위한 전문적 훈련
- 권한과 책임 범위의 명확한 규정
- 계층적 권한 체계

---

③ **매트릭스 구조** : 제품별 조직과 기능별 조직을 결합시킨 이중의 명령체계와 책임·평가·보상 체계를 갖춘 조직구조

ㄱ 장점
- 여러 개의 프로젝트 동시 수행
- 외부환경 변화에 융통성과 제품·시장의 변화에 따른 다양한 욕구
- 경영활동이 팀을 통해 이루어지며 구성원 간의 협동심 증가
- 개인에게 창의성 및 능력 발휘의 기회가 주어짐

ㄴ 단점
- 조직의 이중 명령구도로 인해 기능 부문과 프로젝트 부문 간에 충돌과 갈등의 소지가 높음
- 좌절과 역할 갈등 발생할 수 있음
- 명령 계통 간의 혼선 유발, 상반되는 지시가 업무에 지장 초래

(2) **민츠버그의 조직 구분** : 조직형태를 5가지 유형으로 구분

① **단순조직**

② **기계적 관료제**

③ **전문적 관료제**

④ **사업부제 조직구조**

    ㉠ 장점 : 제품별로 업적평가가 명확하며 자원배분과 통제가 용이, 부문 간의 조정 용이, 사업부별로 신축성과 창의성을 확보하면서 집권적 스태프와 서비스에 의한 규모의 이익도 추구, 사업부자의 총합적 시각에서의 의사결정

    ㉡ 단점 : 분권화에 의한 새로운 부문 이기주의 발생과 사업부 이익의 부분 극대화, 단기적 성과 중시, 스태프·기타 자원의 중복에 의한 조직 슬랙의 증대, 전문적 상호 간의 커뮤니케이션 저해

⑤ **애드호크라시** : 특별한 일이나 사건이 발생하면 그 일을 담당할 수 있도록 조직을 재빨리 구성하여 업무를 처리하는 조직형태

    ㉠ 장점

- 전문화에 의한 지식경험의 축적과 규모의 경제성
- 기능별로 최적방법의 통일적 적용
- 자원의 공통 이용
- 인원·신제품·신시장의 추가·삭감이 신속하고 신축적

    ㉡ 단점

- 기능별 시각에 따른 전체의 제품이나 서비스 경시
- 과도한 권한집중 의사결정의 지연
- 다각화할 경우 제품별 조건 적합적 관리가 불가능
- 각 부문의 업적평가 곤란

(3) **전략적 사업단위 조직**

① **특성**

    ㉠ 기업규모가 사업부 규모 이상 성장 시 필요

    ㉡ 관련 제품라인을 사업부로 묶고 이 사업부들을 묶어 SBU로 만듦

    ㉢ 본사 업무의 일부 분담으로 통제범위의 부담을 완화

    ㉣ 사업단위 내의 효과적인 전략 조정·통합이 가능하고, 각 사업단위는 관련 사업부 요구에 신속 대응

② **장·단점**

    ㉠ 장점 : 다각화된 기업의 사업단위 포트폴리오 조직기능, SBU 관련활동 통합 가능, 유사한 사업부 간 상호조정 용이, 최고경영자에게 객관적·효과적·전략적 시각 제공, 기업수준의 통제범위 축소 가능, 정보 과다의 위험 감소 등

    ㉡ 단점 : 본사와 일선 라인부문의 이격 심화, SBU 조직목적의 자의적 해석으로 행정상 편의 외 다른 의미의 상실 가능성, SBU 자체 미래 방향설정의 근시안화 가능성, 최고 경영진에 추가 계층 발생, SBU 책임자의 역할과 권한 모호성, SBU 책임자의 의지 및 이해 없이는 사업단위 간 전략적 조화 도출의 곤란, 자원배분 시 사업단위 간 첨예한 대립 발생가능성, 조직 전체의 의사소통과 유연성 감소 등

(4) 팀 조직

① 전통적인 기능중심의 계층형 조직구조에서 탈피, 수평 조직화와 슬림화의 원리를 추구하기 위해 조직 내 모든 하위 단위를 팀으로 재편성한 조직구조

② 명령지휘 계통이 아니라 업무·과제·주제 중심으로 조직을 편성

③ **장·단점**

　㉠ 장점 : 업무중심의 조직이므로 의사결정의 신속성과 기동성 제고, 이질성과 다양성의 결합을 통한 시너지 효과 촉진, 정보와 사고의 교류 용이성 등

　㉡ 단점 : 팀장의 리더십 부족이 조직 운영의 비효율을 초래할 수 있고, 팀원의 전문능력 부족 시 원만한 팀 유지에 어려움이 있을 수 있음

(5) 네트워크 조직

① 정보통신기술을 활용하여 조직의 유연성과 연계성의 극대화를 이루면서 새로운 기술과 조류 변화에 신속히 대응하는 조직형태

② **장·단점**

　㉠ 장점
- 조직의 개방화·슬림화·수평구조화를 용이하게 함
- 조직운영에 있어 임파워먼트와 혁신 경쟁력 배양을 가능하게 함

　㉡ 단점
- 조직이 네트워크에 의해 전략이나 행동에 제약을 받기가 쉬움
- 상호 간의 제약으로 네트워크 전체가 폐쇄되고 초기의 느슨한 관계에서 발휘되던 장점을 잃을 수 있음
- 네트워크 관리가 철저하지 않을 경우 기술·경영노하우 등을 외부기업과 공유하는 과정에서 지식의 일방적 유출로 네트워크 파트너가 경쟁자로 등장할 가능성이 있음

제2절 조직문화

1 조직문화의 개념

(1) 조직문화는 조직 구성원들이 공유하는 가치와 신념 및 이념, 관습, 전통, 규범 등을 총칭하는 개념으로 조직 구성원 개개인 및 기업조직의 행동에 영향을 미침

> **더 알아두기**
>
> **다양한 조직문화의 정의**
> - 샤프리츠 : 문화란 의미·방향·협력 등을 제시하는 통합문화의 개념이며, 개인의 입장에서는 성격과 통일된 조직의 문화
> - 루이스 : 조직행동을 위한 일련의 공통된 이해
> - 볼먼과 딜 : 문화는 발생한 것을 의미
> - 핸디 : 일반화된 생활양식이나 규범 체제
> - 실과 마틴 : 구성원들이 공유하는 가치·믿음·기대 등에 초점

(2) 조직문화의 특성

① 조직에 존재하는 공통적 특징들이 집합적으로 작용

② 조직구조, 동기, 리더십, 의사결정, 커뮤니케이션 등과 상호작용

③ 조직문화는 기술적 용어

(3) 기업문화의 유형

① **딜(T. Deal)과 케네디(A. Kennedy)의 유형** : 강한 기업문화는 구성원의 명확한 신념과 고유가치, 일상생활에서의 가치 구현 및 이를 뒷받침해주는 제도의 유무에 따라 결정

② **해리슨(R. Harrison)의 유형** : 조직 권한의 집권성 정도 또는 공식화 정도에 따라 기업문화 유형 분류

    ㉠ 관료적 기업문화

    ㉡ 권력적 기업문화

    ㉢ 핵화 기업문화

    ㉣ 행렬 기업문화

③ **데니슨(Denison)의 유형** : 기업환경 변화와 기업행동 경향을 중심으로 기업문화를 '집단문화, 위계문화, 개발문화, 합리문화'로 구분

2 조직문화의 기능 및 중요성

(1) 조직문화의 기능

① **조직문화의 순기능**

    ㉠ 구성원들에게 공통의 의사결정 기준을 제공해주는 역할을 함

    ㉡ 조직 내 갈등 해소에 도움을 주고 구성원들에게 일체감을 형성하여 내면적 통합을 이끌어냄

    ㉢ 종업원들의 근로의욕 및 조직에 대한 몰입도를 높여주는 역할을 함

    ㉣ 조직 구성원들의 행동을 형성하는 데 있어서의 통제 메커니즘의 역할을 수행함

② **조직문화의 역기능**

    ㉠ 환경변화에 따른 조직 구성원들의 적응문제가 발생할 수 있고 새로운 조직가치 등의 개발 시 대립할 수 있음

       ⓛ 종업원 개개인의 문화와 회사 조직 간 문화의 충돌이 우려

       ⓒ 타 조직과의 인수·합병 시 두 조직문화 간의 갈등으로 인한 충돌 우려

(2) 조직문화의 중요성

    ① 기업의 전략수행에 영향을 미침

    ② 합병 또는 다각화를 시도하는 경우에도 문화적 요소를 고려

    ③ 조직 내 집단 간 갈등에 영향을 미침

    ④ 의사소통에 영향을 미침

    ⑤ 생산성에 영향을 미침

3 조직문화의 형성 요인

조직문화는 조직의 역사를 통한 경험과 여기에서 파생된 전통으로서 조직이 직면하는 두 가지 문제, 즉 외부환경 적응과 내부통합 문제를 해결하는 과정에서 형성됨

(1) 외적 환경 요인

    ① 국가의 사회문화, 관습, 규범 등에 의하여 영향을 받음

    ② 기업이 제조·판매하는 제품이나 서비스, 시장 환경의 변화, 제품의 주기, 정부 규제의 통제와 완화

       조치, 자원조달 가능성 등에도 영향을 받음

    ③ 인플레이션, 세제, 금리, GNP 성장률 등 경제적·기술적 환경 등에 영향을 받음

(2) 내적 환경요인

    ① 창업주나 최고경영자의 경영이념

    ② 조직의 역사와 안정적인 멤버십

    ③ 대체문화의 존재 여부

    ④ 업종, 규모 및 경쟁의 정도

    ⑤ 조직의 유형적 환경 및 조직이 속한 문화

    ⑥ 조직의 전략과 관리체계

    ⑦ 조직 구성원들의 교육 정도

4 조직문화와 조직설계

숄츠(Scholz)는 조직문화와 조직설계가 어떻게 연계되는지에 따라 조직문화를 환경적 차원, 내부적 차원, 진화적 차원 등 세 가지 관점에서 제시함

(1) **환경적 차원의 조직문화 유형** : 강인하고 억센 문화, 열심히 일하고 잘 노는 문화, 회사의 운명을 거는 문화, 과정을 중시하는 문화

(2) **내부적 차원의 조직문화 유형** : 생산적 문화, 관료적 문화, 전문적 문화

(3) **진화적 차원의 조직문화 유형** : 안정적 문화, 반등적 문화, 예측적 문화, 탐험적 문화, 창조적 문화

5 조직 진화에 따른 조직문화 기능 변화

(1) 창립과 성장 초기단계

(2) 창업자에서 2세대 경영자로의 계승단계

(3) 성장 중간단계

(4) 성숙단계

(5) 변혁기

(6) 파괴기

6 조직문화와 변화 관리 : 체계적인 변화 계획과 관리가 필요

(1) **조직행동 및 문화변화의 과정(단계)** : 변화의 필요성 인식 → 해빙 → 변화 주입 → 재동결

(2) **조직행동 및 문화변화의 접근 방법**
    ① 조직행동 및 문화변화의 접근 방법
       ⊙ 일방적 접근법
       ⓒ 공유적 접근법
       ⓒ 위임적 접근법

② **조직행동 및 문화변화의 수단**

　㉠ 비전, 환경 및 전략의 선택

　㉡ 변화 담당자로서의 경영자의 리더십

　㉢ 교육훈련 멘토 프로그램의 개발 및 운영

　㉣ 조직 개발

　㉤ 보상 체계

　㉥ 조직구조

　㉦ 표어 및 의례의식

더 알아두기

딜과 케네디의 조직문화 형성의 구성요소

환경, 기본가치, 중심인물, 의례와 의식, 문화적 네트워크

조직 시민 행동

오건(Organ)	윌리엄스(Williams)와 앤더슨(Anderson)
예의	개인에 대한 행동 : 조직 내의 구성원을 돕는 행동
이타주의	
성실성	조직에 대한 행동 : 조직에 이익이 되는 행동
시민 덕목	
스포츠맨십	

조직변화

구분	저항의 이유	극복 전략
개인적 차원	습관, 경제적 요인, 안전에 대한 욕구, 새로운 방식에 대한 두려움, 선택적 지각	교육과 커뮤니케이션, 구성원의 참여 유도
조직적 차원	구조적 관성, 집단 타성, 변화 범위의 제한, 전문성에 대한 위협, 권력관계에 대한 위협, 자원 분배에 대한 위협	상부의 촉진과 지원, 협상과 타협, 강제

SD에듀와 함께, 합격을 향해 떠나는 여행

독학학위제 2단계 전공기초과정인정시험 답안지(객관식)

★ 수험생은 수험번호와 응시과목 코드번호를 표기(마킹)한 후 일치여부를 반드시 확인할 것.

전공분야

성명

수험번호

(1) 2

(2) ① ● ③ ④

※ 감독관 확인란

(인)

관리번호	(연번)

(응시자용)

과목코드	응시과목

교시코드 ① ② ③ ④

1	① ② ③ ④	21	① ② ③ ④
2	① ② ③ ④	22	① ② ③ ④
3	① ② ③ ④	23	① ② ③ ④
4	① ② ③ ④	24	① ② ③ ④
5	① ② ③ ④	25	① ② ③ ④
6	① ② ③ ④	26	① ② ③ ④
7	① ② ③ ④	27	① ② ③ ④
8	① ② ③ ④	28	① ② ③ ④
9	① ② ③ ④	29	① ② ③ ④
10	① ② ③ ④	30	① ② ③ ④
11	① ② ③ ④	31	① ② ③ ④
12	① ② ③ ④	32	① ② ③ ④
13	① ② ③ ④	33	① ② ③ ④
14	① ② ③ ④	34	① ② ③ ④
15	① ② ③ ④	35	① ② ③ ④
16	① ② ③ ④	36	① ② ③ ④
17	① ② ③ ④	37	① ② ③ ④
18	① ② ③ ④	38	① ② ③ ④
19	① ② ③ ④	39	① ② ③ ④
20	① ② ③ ④	40	① ② ③ ④

답안지 작성시 유의사항

1. 답안지는 반드시 컴퓨터용 사인펜을 사용하여 다음 보기와 같이 표기할 것.
   보기 정답 표기: ● 잘못된 표기: ⊗ ⊙ ○ ◑
2. 수험번호 (1)에는 아라비아 숫자로 쓰고, (2)에는 ● 와 같이 표기할 것.
3. 과목코드는 뒷면 "과목코드번호"를 보고 해당과목의 코드번호를 찾아 표기하고,
   응시과목란에는 응시과목명을 한글로 기재할 것.
4. 교시코드는 문제지 전면 의 교시를 해당란에 ● 와 같이 표기할 것.
5. 한번 표기한 답은 긁거나 수정액 및 스티커 등 어떠한 방법으로도 고쳐서는
   아니되고, 고쳐 칠한 문항은 "0"점 처리함.

과목코드	응시과목

교시코드 ① ② ③ ④

1	① ② ③ ④	21	① ② ③ ④
2	① ② ③ ④	22	① ② ③ ④
3	① ② ③ ④	23	① ② ③ ④
4	① ② ③ ④	24	① ② ③ ④
5	① ② ③ ④	25	① ② ③ ④
6	① ② ③ ④	26	① ② ③ ④
7	① ② ③ ④	27	① ② ③ ④
8	① ② ③ ④	28	① ② ③ ④
9	① ② ③ ④	29	① ② ③ ④
10	① ② ③ ④	30	① ② ③ ④
11	① ② ③ ④	31	① ② ③ ④
12	① ② ③ ④	32	① ② ③ ④
13	① ② ③ ④	33	① ② ③ ④
14	① ② ③ ④	34	① ② ③ ④
15	① ② ③ ④	35	① ② ③ ④
16	① ② ③ ④	36	① ② ③ ④
17	① ② ③ ④	37	① ② ③ ④
18	① ② ③ ④	38	① ② ③ ④
19	① ② ③ ④	39	① ② ③ ④
20	① ② ③ ④	40	① ② ③ ④

[이 답안지는 마킹연습용 모의답안지입니다.]

절취선

독학학위제 2단계 전공기초과정인정시험 답안지(객관식)

★ 수험생은 수험번호와 응시과목 코드번호를 표기(마킹)한 후 일치여부를 반드시 확인할 것.

컴퓨터용 사인펜만 사용

전공분야	
성명	

수 험 번 호										

과목코드	응시과목

응시과목 (1~40번 객관식 마킹란)

교시코드	① ② ③ ④

※ 감독관 확인란

관 리 번 호 (연번)
(응시자수)

답안지 작성시 유의사항

1. 답안지는 반드시 컴퓨터용 사인펜을 사용하여 다음 보기와 같이 표기할 것.
   보기 잘 된 표기: ●
   잘못된 표기: ⊘ ⊗ ⊙ ⊖ ○○ ●

2. 수험번호 (1)에는 아라비아 숫자로 쓰고, (2)에는 "●"와 같이 표기할 것.

3. 과목코드는 뒷면 "과목코드번호"를 보고 해당과목의 코드번호를 찾아 표기하고,
   응시과목란에는 응시과목명을 한글로 기재할 것.

4. 교시코드는 문제지 전면 의 교시를 해당란에 "●"와 같이 표기할 것.

5. 한번 표기한 답은 긁거나 수정액 및 스티커 등 어떠한 방법으로도 고쳐서는
   아니되고, 고친 문항은 "0"점 처리함.

[이 답안지는 마킹연습용 모의답안지입니다.]

절취선

독학학위제 2단계 전공기초과정인정시험 답안지(객관식)

★ 수험생은 수험번호와 응시과목 코드번호를 표기(마킹)한 후 일치여부를 반드시 확인할 것.

전공분야	
성명	

수험번호

(1) 2 –

(2) ① ● ③ ④

과목코드

교시코드	응시과목

응시과목											
1	① ② ③ ④	11	① ② ③ ④	21	① ② ③ ④	31	① ② ③ ④
2	① ② ③ ④	12	① ② ③ ④	22	① ② ③ ④	32	① ② ③ ④
3	① ② ③ ④	13	① ② ③ ④	23	① ② ③ ④	33	① ② ③ ④
4	① ② ③ ④	14	① ② ③ ④	24	① ② ③ ④	34	① ② ③ ④
5	① ② ③ ④	15	① ② ③ ④	25	① ② ③ ④	35	① ② ③ ④
6	① ② ③ ④	16	① ② ③ ④	26	① ② ③ ④	36	① ② ③ ④
7	① ② ③ ④	17	① ② ③ ④	27	① ② ③ ④	37	① ② ③ ④
8	① ② ③ ④	18	① ② ③ ④	28	① ② ③ ④	38	① ② ③ ④
9	① ② ③ ④	19	① ② ③ ④	29	① ② ③ ④	39	① ② ③ ④
10	① ② ③ ④	20	① ② ③ ④	30	① ② ③ ④	40	① ② ③ ④

과목코드

교시코드	응시과목

응시과목											
1	① ② ③ ④	11	① ② ③ ④	21	① ② ③ ④	31	① ② ③ ④
2	① ② ③ ④	12	① ② ③ ④	22	① ② ③ ④	32	① ② ③ ④
3	① ② ③ ④	13	① ② ③ ④	23	① ② ③ ④	33	① ② ③ ④
4	① ② ③ ④	14	① ② ③ ④	24	① ② ③ ④	34	① ② ③ ④
5	① ② ③ ④	15	① ② ③ ④	25	① ② ③ ④	35	① ② ③ ④
6	① ② ③ ④	16	① ② ③ ④	26	① ② ③ ④	36	① ② ③ ④
7	① ② ③ ④	17	① ② ③ ④	27	① ② ③ ④	37	① ② ③ ④
8	① ② ③ ④	18	① ② ③ ④	28	① ② ③ ④	38	① ② ③ ④
9	① ② ③ ④	19	① ② ③ ④	29	① ② ③ ④	39	① ② ③ ④
10	① ② ③ ④	20	① ② ③ ④	30	① ② ③ ④	40	① ② ③ ④

답안지 작성시 유의사항

1. 답안지는 반드시 컴퓨터용 사인펜을 사용하여 다음 [보기]와 같이 표기할 것.
   [보기] 잘된 표기: ● 잘못된 표기: ⊗ ⊖ ⊙ ○ ◑ ◐
2. 수험번호 (1)에는 아라비아 숫자로 쓰고, (2)에는 "●"와 같이 표기할 것.
3. 과목코드는 뒷면 "과목코드번호"를 보고 해당과목의 코드번호를 찾아 표기하고,
   응시과목란에는 응시과목명을 한글로 기재할 것.
4. 교시코드는 문제지 전면 의 교시를 해당란에 "●"와 같이 표기할 것.
5. 한번 표기한 답은 긁거나 수정액 및 스티커 등 어떠한 방법으로도 고쳐서는
   아니되고, 고친 문항은 "0"점 처리함.

※ 감독관 확인란	
(인)	

관 리 번 호	
(연번)	
	(응시자수)

[이 답안지는 마킹연습용 모의답안지입니다.]

독학학위제 2단계 전공기초과정인정시험 답안지(객관식)

컴퓨터용 사인펜만 사용

★ 수험생은 수험번호와 응시과목 코드번호를 표기(마킹)한 후 일치여부를 반드시 확인할 것.

전공분야

성명

수 험 번 호

응시과목	과목코드

응시과목	과목코드

교시코드 ① ② ③ ④

교시코드 ① ② ③ ④

※ 감독관 확인란

(인)

관리번호
(연번)
(응시자수)

답안지 작성시 유의사항

1. 답안지는 반드시 컴퓨터용 사인펜을 사용하여 다음 보기와 같이 표기할 것.
   보기) 잘된표기: ● 잘못된표기: ⊗ ⊗ ⊙ ○●

2. 수험번호 (1)에는 아라비아 숫자로 쓰고, (2)에는 "●"와 같이 표기할 것.

3. 과목코드는 뒷면 "과목코드번호"를 보고 해당과목의 코드번호를 찾아 표기하고,
   응시과목란에는 응시과목명을 한글로 기재할 것.

4. 교시코드는 문제지 전면 의 교시를 해당란에 "●"와 같이 표기할 것.

5. 한번 표기한 답은 긁거나 수정액 및 스티커 등 어떠한 방법으로도 고쳐서는
   아니되고, 고친 문항은 "0"점 처리됨.

적합서

컴퓨터용 사인펜만 사용

★ 수험생은 수험번호와 응시과목 코드번호를 표기(마킹)한 후 일치여부를 반드시 확인할 것.

전공분야

성 명

(1)

2

(2)

① ② ● ④

수 험 번 호

| | - | | | - | | | | - | | | | |

과목코드

응시과목

1	① ② ③ ④	21	① ② ③ ④
2	① ② ③ ④	22	① ② ③ ④
3	① ② ③ ④	23	① ② ③ ④
4	① ② ③ ④	24	① ② ③ ④
5	① ② ③ ④	25	① ② ③ ④
6	① ② ③ ④	26	① ② ③ ④
7	① ② ③ ④	27	① ② ③ ④
8	① ② ③ ④	28	① ② ③ ④
9	① ② ③ ④	29	① ② ③ ④
10	① ② ③ ④	30	① ② ③ ④
11	① ② ③ ④	31	① ② ③ ④
12	① ② ③ ④	32	① ② ③ ④
13	① ② ③ ④	33	① ② ③ ④
14	① ② ③ ④	34	① ② ③ ④
15	① ② ③ ④	35	① ② ③ ④
16	① ② ③ ④	36	① ② ③ ④
17	① ② ③ ④	37	① ② ③ ④
18	① ② ③ ④	38	① ② ③ ④
19	① ② ③ ④	39	① ② ③ ④
20	① ② ③ ④	40	① ② ③ ④

교시코드

① ② ③ ④

답안지 작성시 유의사항

1. 답안지는 반드시 컴퓨터용 사인펜을 사용하여 다음 보기와 같이 표기할 것.
   보기) 잘된 표기: ●
   잘못된 표기: ⊗ ⊗ ⦶ ⊙ ○ ○ ◑

2. 수험번호 (1)에는 아라비아 숫자로 쓰고, (2)에는 "●"와 같이 표기할 것.

3. 과목코드는 뒷면 "과목코드번호"를 보고 해당과목의 코드번호를 찾아 표기하고,

4. 응시과목란에는 응시과목명을 한글로 기재할 것.

5. 교시코드는 문제지 전면 의 교시를 해당란에 "●"와 같이 표기할 것.

한번 표기한 답은 긁거나 수정액 및 스티커 등 어떠한 방법으로도 고쳐서는 아니되고, 교친 문항은 "0"점 처리함.

[이 답안지는 마킹연습용 모의답안지입니다.]

※ 감독관 확인란

(인)

관 리 번 호

응시과목

과목코드

1	① ② ③ ④	21	① ② ③ ④
2	① ② ③ ④	22	① ② ③ ④
3	① ② ③ ④	23	① ② ③ ④
4	① ② ③ ④	24	① ② ③ ④
5	① ② ③ ④	25	① ② ③ ④
6	① ② ③ ④	26	① ② ③ ④
7	① ② ③ ④	27	① ② ③ ④
8	① ② ③ ④	28	① ② ③ ④
9	① ② ③ ④	29	① ② ③ ④
10	① ② ③ ④	30	① ② ③ ④
11	① ② ③ ④	31	① ② ③ ④
12	① ② ③ ④	32	① ② ③ ④
13	① ② ③ ④	33	① ② ③ ④
14	① ② ③ ④	34	① ② ③ ④
15	① ② ③ ④	35	① ② ③ ④
16	① ② ③ ④	36	① ② ③ ④
17	① ② ③ ④	37	① ② ③ ④
18	① ② ③ ④	38	① ② ③ ④
19	① ② ③ ④	39	① ② ③ ④
20	① ② ③ ④	40	① ② ③ ④

교시코드

① ② ③ ④

독학학위제 2단계 전공기초과정인정시험 답안지(객관식)

컴퓨터용 사인펜만 사용

★ 수험생은 수험번호와 응시과목 코드번호를 표기(마킹)한 후 일치여부를 반드시 확인할 것.

전공분야

성명

수 험 번 호

응시과목

과목코드

교시코드
① ② ③ ④

응시과목

과목코드

교시코드
① ② ③ ④

답안지 작성시 유의사항

1. 답안지는 반드시 컴퓨터용 사인펜을 사용하여 다음 보기와 같이 표기할 것.
   보기 잘된표기: ● 잘못된 표기: ⊘ ⊗ ⊙ ◑ ◐ ⬤

2. 수험번호 (1)에는 아라비아 숫자로 쓰고, (2)에는 "●"와 같이 표기할 것.

3. 과목코드는 뒷면 "과목코드번호"를 보고 해당과목의 코드번호를 찾아 표기하고, 응시과목란에는 응시과목명을 한글로 기재할 것.

4. 교시코드는 문제지 전면 의 교시를 해당란에 "●"와 같이 표기할 것.

5. 한번 표기한 답은 긁거나 수정액 및 스티커 등 어떠한 방법으로도 고쳐서는 아니되고, 고친 문항은 "0"점 처리됨.

※ 감독관 확인란

(인)

관 리 위

(연번)

호

(응시자수)

정취서

독학학위제 2단계 전공기초과정인정시험 답안지(객관식)

★ 수험생은 수험번호와 응시과목 코드번호를 표기(마킹)한 후 일치여부를 반드시 확인할 것.

전공분야

성명

수험번호									

(1) 2

(2) ④ ③ ● ①

과목코드	응시과목				
	1	①	②	③	④
	2	①	②	③	④
	3	①	②	③	④
	4	①	②	③	④
	5	①	②	③	④
	6	①	②	③	④
	7	①	②	③	④
	8	①	②	③	④
	9	①	②	③	④
	10	①	②	③	④
	11	①	②	③	④
	12	①	②	③	④
	13	①	②	③	④
	14	①	②	③	④
	15	①	②	③	④
	16	①	②	③	④
	17	①	②	③	④
	18	①	②	③	④
	19	①	②	③	④
	20	①	②	③	④
21	①	②	③	④
22	①	②	③	④
23	①	②	③	④
24	①	②	③	④
25	①	②	③	④
26	①	②	③	④
27	①	②	③	④
28	①	②	③	④
29	①	②	③	④
30	①	②	③	④
31	①	②	③	④
32	①	②	③	④
33	①	②	③	④
34	①	②	③	④
35	①	②	③	④
36	①	②	③	④
37	①	②	③	④
38	①	②	③	④
39	①	②	③	④
40	①	②	③	④

교시코드 ① ② ③ ④

답안지 작성시 유의사항

1. 답안지는 반드시 컴퓨터용 사인펜을 사용하여 다음 보기와 같이 표기할 것.
   보기) 잘된 표기: ● 잘못된 표기: ⊗ ⊙ ○ ◑ ●
2. 수험번호 (1)에는 아라비아 숫자로 쓰고, (2)에는 "●"와 같이 표기할 것.
3. 과목코드는 뒷면 "과목코드번호"를 보고 해당과목의 코드번호를 찾아 표기하고,
4. 응시과목란에는 응시과목명을 한글로 기재할 것.
   교시코드는 문제지 전면 의 교시를 해당란에 "●"와 같이 표기할 것.
5. 한번 표기한 답은 긁거나 수정액 및 스티커 등 어떠한 방법으로도 고쳐서는 아니되고, 고친 문항은 "0"점 처리함.

※ 감독관 확인란
(인)

감독관 확인란

관 리 번 호	
(연번)	(응시자수)

[이 답안지는 마킹연습용 모의답안지입니다.]

독학학위제 2단계 전공기초과정인정시험 답안지(객관식)

컴퓨터용 사인펜만 사용

★ 수험생은 수험번호와 응시과목 코드번호를 표기(마킹)한 후 일치여부를 반드시 확인할 것.

전공분야

성명

수 험 번 호			

교시코드	① ② ③ ④

응시과목

과목코드		응시과목			

1 ① ② ③ ④ 21 ① ② ③ ④
2 ① ② ③ ④ 22 ① ② ③ ④
3 ① ② ③ ④ 23 ① ② ③ ④
4 ① ② ③ ④ 24 ① ② ③ ④
5 ① ② ③ ④ 25 ① ② ③ ④
6 ① ② ③ ④ 26 ① ② ③ ④
7 ① ② ③ ④ 27 ① ② ③ ④
8 ① ② ③ ④ 28 ① ② ③ ④
9 ① ② ③ ④ 29 ① ② ③ ④
10 ① ② ③ ④ 30 ① ② ③ ④
11 ① ② ③ ④ 31 ① ② ③ ④
12 ① ② ③ ④ 32 ① ② ③ ④
13 ① ② ③ ④ 33 ① ② ③ ④
14 ① ② ③ ④ 34 ① ② ③ ④
15 ① ② ③ ④ 35 ① ② ③ ④
16 ① ② ③ ④ 36 ① ② ③ ④
17 ① ② ③ ④ 37 ① ② ③ ④
18 ① ② ③ ④ 38 ① ② ③ ④
19 ① ② ③ ④ 39 ① ② ③ ④
20 ① ② ③ ④ 40 ① ② ③ ④

과목코드		응시과목			

1 ① ② ③ ④ 21 ① ② ③ ④
2 ① ② ③ ④ 22 ① ② ③ ④
3 ① ② ③ ④ 23 ① ② ③ ④
4 ① ② ③ ④ 24 ① ② ③ ④
5 ① ② ③ ④ 25 ① ② ③ ④
6 ① ② ③ ④ 26 ① ② ③ ④
7 ① ② ③ ④ 27 ① ② ③ ④
8 ① ② ③ ④ 28 ① ② ③ ④
9 ① ② ③ ④ 29 ① ② ③ ④
10 ① ② ③ ④ 30 ① ② ③ ④
11 ① ② ③ ④ 31 ① ② ③ ④
12 ① ② ③ ④ 32 ① ② ③ ④
13 ① ② ③ ④ 33 ① ② ③ ④
14 ① ② ③ ④ 34 ① ② ③ ④
15 ① ② ③ ④ 35 ① ② ③ ④
16 ① ② ③ ④ 36 ① ② ③ ④
17 ① ② ③ ④ 37 ① ② ③ ④
18 ① ② ③ ④ 38 ① ② ③ ④
19 ① ② ③ ④ 39 ① ② ③ ④
20 ① ② ③ ④ 40 ① ② ③ ④

교시코드	① ② ③ ④

답안지 작성시 유의사항

1. 답안지는 반드시 컴퓨터용 사인펜을 사용하여 다음 보기와 같이 표기할 것.
   보기 잘 된 표기: ●
   잘못된 표기: ⓥ ⓧ ◑ ⊙ ○ ◐ ●

2. 수험번호 (1)에는 아라비아 숫자로 쓰고, (2)에는 "●"와 같이 표기할 것.

3. 과목코드는 "뒷면" 과목코드번호를 보고 해당과목의 코드번호를 찾아 표기하고, 응시과목란에는 응시과목명을 한글로 기재할 것.

4. 교시코드는 문제지 전면 의 교시를 해당란에 "●"와 같이 표기할 것.

5. 한번 표기한 답은 긁거나 수정액 및 스티커 등 어떠한 방법으로도 고쳐서는 아니되고, 고친 문항은 "0"점 처리함.

※ 감독관 확인란

(인)

관 리 번 호	호
(연번)	(응시자수)

[이 답안지는 마킹연습용 모의답안지입니다.]

절취선

SD에듀 독학사 경영학과 2단계 조직행동론

개정12판1쇄 발행	2023년 04월 12일 (인쇄 2023년 02월 14일)
초 판 발 행	2011년 03월 15일 (인쇄 2011년 01월 17일)
발 행 인	박영일
책 임 편 집	이해욱
편 저	독학학위연구소
감 수	정병태
편 집 진 행	송영진 · 김다련
표지디자인	박종우
편집디자인	김경원 · 장성복
발 행 처	(주)시대고시기획
출 판 등 록	제10-1521호
주 소	서울시 마포구 큰우물로 75 [도화동 538 성지 B/D] 9F
전 화	1600-3600
팩 스	02-701-8823
홈 페 이 지	www.sdedu.co.kr

I S B N	979-11-383-4133-2 (13320)
정 가	24,000원

SD에듀 독학사
경영학과

why

왜? 독학사 경영학과인가?

4년제 경영학 학위를 최소 시간과 비용으로 단 1년 만에 초고속 합격 가능!

1 조직, 인사, 재무, 마케팅 등 기업 경영과 관련되어 기업체 취직에 가장 무난한 학과

2 감정평가사, 경영지도사, 공인노무사, 공인회계사, 관세사, 물류관리사 등 자격증과 연관

3 노무사, 무역·통상전문가, 증권분석가, 회계사 등의 취업 진출

경영학과 과정별 시험과목(2~4과정)

1~2과정 교양 및 전공기초과정은 객관식 40문제 구성
3~4과정 전공심화 및 학위취득과정은 객관식 24문제+**주관식 4문제** 구성

※ SD에듀에서 개설된 과목은 굵은 글씨로 표시하였습니다.

2과정(전공기초)	3과정(전공심화)	4과정(학위취득)
회계원리	**재무관리론**	**재무관리**
인적자원관리	**경영전략**	**마케팅관리**
마케팅원론	**노사관계론**	**회계학**
조직행동론	**소비자행동론**	**인사조직론**
경영정보론	**재무회계**	
마케팅조사	**경영분석**	
원가관리회계	투자론	
생산운영관리	경영과학	

SD에듀 경영학과 학습 커리큘럼

기본이론부터 실전문제풀이 훈련까지!
SD에듀가 제시하는 각 과정별 최적화된 커리큘럼에 따라 학습해보세요.

STEP 01
기본이론
핵심이론 분석으로
확실한 개념 이해

STEP 02
문제풀이
OX문제+실전예상문제를
통해 실전문제에 적용

STEP 03
모의고사
최종모의고사로
실전 감각 키우기

STEP 04
핵심요약
빨리보는 간단한 키워드로
중요 포인트 체크

독학사 경영학과 2~4과정 교재 시리즈

독학학위제 공식 평가영역을 100% 반영한 이론과 문제로 구성된 완벽한 최신 기본서 라인업!

START

2과정

▶ **전공 기본서** [전 7종]
- 경영정보론 / 마케팅원론 /
  조직행동론 / 원가관리회계 /
  인적자원관리 / 회계원리 /
  마케팅조사

▶ **경영학 벼락치기** [통합본 전 1종]
- 경영정보론+마케팅원론+
  조직행동론+인적자원관리+
  마케팅조사+회계원리

3과정

▶ **전공 기본서** [전 6종]
- 재무회계 / 경영분석 /
  소비자행동론 / 경영전략 /
  노사관계론 / 재무관리론

4과정

▶ **전공 기본서** [통합본 전 2종]
- 재무관리+마케팅관리 /
  회계학+인사조직론

GOAL!

※ 표지 이미지 및 구성은 변경될 수 있습니다.

➕ **독학사 전문컨설턴트가 개인별 맞춤형 학습플랜을 제공해 드립니다.**

SD에듀 홈페이지 **www.sdedu.co.kr**　상담문의 **1600-3600**　평일 9~18시 / 토요일·공휴일 휴무

나는 이렇게 합격했다

여러분의 힘든 노력이 기억될 수 있도록
당신의 합격 스토리를 들려주세요.

합격생 인터뷰
상품권 증정

추첨을 통해
선물 증정

베스트 리뷰자 1등
아이패드 증정

베스트 리뷰자 2등
에어팟 증정

SD에듀 합격생이 전하는 합격 노하우

"기초 없는 저도 합격했어요
여러분도 가능해요."

검정고시 합격생 이*주

"불안하시다고요?
SD에듀와 나 자신을 믿으세요."

소방직 합격생 이*화

"강의를 듣다 보니
자연스럽게 합격했어요."

사회복지직 합격생 곽*수

"선생님 감사합니다.
제 인생의 최고의 선생님입니다."

G-TELP 합격생 김*진

"시험에 꼭 필요한 것만 딱딱!
SD에듀 인강 추천합니다."

물류관리사 합격생 이*환

"시작과 끝은 SD에듀와 함께!
SD에듀를 선택한 건 최고의 선택"

경비지도사 합격생 박*익

합격을 진심으로 축하드립니다!

합격수기 작성 / 인터뷰 신청

QR코드 스캔하고 ▷ ▷ ▷ ▶
이벤트 참여하여 푸짐한 경품받자!

합격의 공식
SD에듀